柏拉图全集

第一卷

王晓朝 译

人民出版社

目　　录

中文版序

汪子嵩

继苗力田主持翻译的《亚里士多德全集》出版以后，由王晓朝翻译的《柏拉图全集》又将陆续出版，对于我国学习和研究古代希腊思想史，这是值得庆幸的好事。

柏拉图的对话是古代希腊留给我们的，最早由哲学家亲自写定的完整的著作。苏格拉底以前的哲学家留下的只是一些残篇，苏格拉底自己没有写过什么著作，他的思想活动，主要只能从柏拉图的对话中才能窥见。在近代，西方曾经有些研究者怀疑柏拉图对话的真伪问题，但现在学者们几乎公认极大多数对话确实出自这位哲学家的手笔。

柏拉图的对话无疑是希腊文化留下的瑰宝。它不但为我们展示了一个在西方哲学史上最早的，也是两千多年来影响最大的理性主义的哲学体系；而且在文学史上也是极其优美的杰作，尤其是在他的早中期对话中，既充满了机智幽默的谈话，又穿插了许多动人的神话故事和寓言。他的对话可以与希腊古代的史诗、著名的悲剧和喜剧媲美，是世界上不朽的文学名著。因此不但为学习哲学和文学的人所必读，而且是世界各国许多人所喜读。我国从20世纪20年代起就有人翻译柏拉图对话了，但直到现在，可能还有柏拉图全部著作的将近一半左右篇幅尚未翻译出版，所以这部全集的出版是十分必要的、及时的。

一

关于柏拉图的生平和著作的情况,译者在导言中已经作了必要的介绍,我在这里只想补充谈几点自己的体会。

柏拉图是苏格拉底的学生,他们生活的时代已经是雅典的民主政治从兴盛繁荣走向衰落。一些政治野心家在公民会议上靠着蛊惑人心的演说煽动群众,夺取政权,成为专制独裁者,使人民从主人沦为群氓;雅典终于在伯罗奔尼撒战争中失败了,政治和经济遭受重创,国内道德沦丧。当时活跃在思想界的是一批自命为青年导师的智者,他们虽然提出了“人是万物的尺度”,用以反对旧有的“神是万物的尺度”,突出了人的尊严和地位,起了重要的启蒙和革命的作用;但是他们又将“人”解释为只是个别的个人,我感觉是甜的就是甜的,陷入了主观主义和感觉主义,否认有客观的真理,甚至提出只有维护强者的利益才是正义。正是在这种情况下,苏格拉底挺身而出,以螫刺、惊醒雅典的“牛虻”自居。他经常和智者、青年们讨论什么是正义、什么是勇敢等伦理问题,他们都以某一具体的实例作为回答,苏格拉底挑出其中的矛盾,迫使他们承认自己的无知。这就是苏格拉底使用的辩证法,也是“辩证法”一词的原始含义。柏拉图的早期对话几乎全是这种苏格拉底式的辩证法的具体运用和精采表述。

原来苏格拉底所要探求的并不是某一特殊的可以称为正义或勇敢的道德行为,而是正义作为正义或勇敢作为勇敢的普遍的本质定义,它不是依某个人或某些人的爱好,也不是因时因地而有所不同;它应该是普遍适用的,在同类事物中只有一个,它是纯粹的,是永恒不变的,是绝对的。这样的正义或勇敢(的本质),是只有理性才能认识,感觉无法认知的。人从感觉产生意见,它是不确定的，甚至是虚幻的；只有从理性才能产生确定的真正的知识，才能认识客观真理。柏拉图发展了苏格拉底的思想，将理性提高到最崇高的位置，可以说他将“人是万物的尺度”又提到“只有人类理性才是认识和评价万物的最高准则”的高度。

柏拉图将每一同类事物的本质定名为 Idea，一般译为“理念”。柏拉图在有些对话中是将它解释为思想中主观的“念”的，但在更多处却说它是理性认识的对象，是客观的存在，所以有人主张译为“型”或“相”，本书均译为“相”。对于苏格拉底提出的什么是正义或勇敢的问题，柏拉图认为正确的回答应该是正义有“正义的相”，勇敢有“勇敢的相”。他由此创立了被称为“相论”的理性主义的哲学体系，主要见于他的中期对话《斐多篇》和《国家篇》。这在西方哲学史上，是现在能够见到的最早提出的完整的哲学体系。两千多年来，它在西方哲学史上的影响几乎是无与伦比的，对世界哲学的发展也产生了深远的影响。

在柏拉图的相论中出现了两个世界：一个是相的世界，另一个是现实的世界；前者是真实的，后者是变幻的。这样便发生了这两个世界的关系问题：它们是不是相互分离的？这就是说，相的世界是不是也和现实世界一样，是独立自存的？早在柏拉图的学园内部，在他的学生们中间就已经为这个问题发生争论，他的弟子亚里士多德在《形而上学》中便有两处批评柏拉图将“相”和具体事物分离的学说，他认为普遍只能存在于具体事物之中，而不能在具体事物之外独立自存。这个问题是哲学史上著名的所谓分离问题，两千多年来许多哲学家一直围绕这个问题争辩不休。

这个相和具体事物的关系，从本体论说，就是普遍和个别的关系；从认识论说，就是理性认识和感性认识的关系；从政治和伦理生活说，也就是理想和现实的关系。这些都是历代哲学家、思想家永恒讨论的话题。

柏拉图既是哲学家,又是文学家、诗人,同时又是热衷于政治的思想家。他很想将他那套应该根据理性标准建立的政治体制在现实世界中实现,为当时混乱纷争的希腊城邦树立一个样板。为此他三次远赴西西里,希望那里的叙拉古城邦的执政者能够接受他的教导,按照理性治理城邦。结果是一次次都失败了,他只能返回雅典,在他创立的学园中著书立说。他最负盛名的对话《国家篇》大概是他返回雅典之后写成的,比较完整地论述了他的理想的政治制度。他认为一个城邦是由三部分人分工组成的:一部分是统治者,他们必须具有最高的知识,表现人的理性,智慧是他们的美德,由此柏拉图提出了所谓"哲学王"的想法;第二部分是保卫城邦的武士,表现人的激情,他们的美德是勇敢;除此以外的一般公民,表现人的欲望,接受理性的指导和武士的保卫;如果这三部分人都能正确地负起各自的职责,和谐共处,便是节制的美德。一个城邦如果能够达到这样的程度,便是实现了城邦的正义。这样,柏拉图对"正义的相"作了一个具体的说明,使它不再只是一个空洞的名称了。

在当时希腊诸城邦中,柏拉图比较服膺斯巴达。斯巴达在社会政治经济制度方面虽然比较落后,还保留了原始公社的不少残迹,比如没有私有制,财物由全体公民共享(农牧业劳动是由被他们征服的异族奴隶承担的),婴儿也由公社共养等;但是斯巴达崇奉尚武精神,养成精锐善战的军队,在伯罗奔尼撒战争中大获全胜,战败了雅典,夺取了希腊城邦盟主的地位。柏拉图因此设想在他的理想城邦中男女间可以任意相处,生产的婴儿应该共同抚养和教育;没有私有财产,尤其是担任行政职务的统治者更不应该有私人的房屋和土地,他们只能从公民那里得到作为服务报酬的工资,大家一起消费。这就是柏拉图提出的共产、共妻、共子的主张。(他的弟子亚里士多德批评他,说这种主张是违背人的固有天性的。)人们已经从仰望神话中的天国,转变为要开始设计地上人间的乐园了。柏拉图是这种理想主义在西方的最早创始者。

柏拉图的思想是有发展变化的,现在公认他的对话可以分为早期、中期和后期。早期对话主要表现苏格拉底式的辩证法,中期对话建立柏拉图自己的相论,这些是清楚的,是学术界比较一致的看法。但是后期对话的主要特点是什么呢?在学者中就有各种不同的解释:有的说是他原有相论的发展和扩大,但是不少学者指出:在较前的后期对话《巴门尼德篇》的第一部分中,巴门尼德对少年苏格拉底的相论提出了严格的批评,在这些批评论证中有一些和后来亚里士多德对柏拉图相论的批评是一致的。这是不是表示柏拉图已经发现了自己相论中存在问题,因此加以批评?他是要否定原来的相论呢,还是仅仅要作一些修正?

如果我们将他后期对话中的一些论点和中期对话中的论点作比较,确实可以发现它们有许多不同之点。比如:在他的相论中,从感觉得到的意见和由理性得到的知识是绝对对立的,但是在《泰阿泰德篇》中,他却认为由意见也可以产生真的知识。他原来强调只有智慧才能得到真正的善和幸福,感情和欲望只能服从理性知识,但在《斐莱布篇》中,他却论证善是智慧和快乐的结合。在他的相论中,更多注意的是伦理和政治方面的问题,有关抽象的概念和范畴的讨论不多,但在后期对话中,对于抽象的范畴或“种”,如ON(英文Being,一般译为“存在”,有人主张译为“是”)、“一”、“动”和“静”、“同”和“异”等,几乎经常成为思辩讨论的重要题目。又如在他的相论中,主要讨论的几乎都是涉及人和社会方面的问题,对于早期希腊哲学集中讨论的关于万物的本原即自然哲学的问题很少提到,但在后期对话《蒂迈欧篇》中,他却提出了一个完整的宇宙论体系,由创世者(Demiurgos)创造宇宙的学说。它在历史上起了很大作用,被早期基督教哲学家奉为理论基础。在政治思想上,柏拉图在理想国中提出哲学王,主张贤人政制(aristocracy 这个字,希腊文是指由出身好的人担任统治,这个“出身好”既可以理解为出身于高贵的家族,便可以译为贵族政制,柏拉图便被说成是一个“反动的奴隶主贵族的哲学家”;但也可以理解为赋有好的品格,便可以译为贤人或好人政制;统观全文,柏拉图显然是在后一意义上使用这个词的),他主张实行人治。但在实践中一再失败以后,他大概认识到这样的贤人是可想而不可得的,在后期对话《政治家篇》中表现出从人治转向法治的思想,到他最后也是最长的对话《法篇》中,他批评斯巴达只崇尚武力和战争,不知道城邦最好的状态是和平;认为不能给统治者以过分强大的权力,必须对他们进行监督和限制,因此城邦必须制定详尽的法律。《法篇》为理想城邦的政治、经济、社会、文化各个方面规定了法律条款,成为后来罗马法的蓝本。柏拉图的政治思想已经从人治转为法治。

柏拉图的后期对话不仅在内容上和他的早、中期对话有很大不同,而且在写作的文字形式上也发生了很大的变化。在早、中期著作中,对话形式非常明显,一问一答均简明扼要,生动活泼,富有文学色彩;而在后期著作中却常常从简短的对话变成冗长的独白,如《蒂迈欧篇》便通篇由主要发言人蒂迈欧长篇大论地申述他的宇宙论学说,是一篇具有深刻思辩的、却又有点枯燥乏味的哲学论文,失去了对话的文学意味,《法篇》也有类似的情况。再有,便是苏格拉底在对话中的地位也有了明显的改变。在早、中期对话中,苏格拉底是其中的主角,领导主宰谈话的进程;但在后期著作中,他的地位改变了:在《巴门尼德篇》中,少年苏格拉底是被爱利亚学派的老哲学家巴门尼德批判的对象;在《智者篇》和《政治家篇》中,主宰对话的是一位由爱利亚来的客人,少年苏格拉底成为被追询的对象;在《蒂迈欧篇》中,苏格拉底仅在开始时作为主持人出现,指定蒂迈欧发言,接着便全部由蒂迈欧讲述;到最后的《法篇》中,在对话者的名单中便根本见不到苏格拉底的名字了。从这个对话名单中，我们可以设想柏拉图的哲学兴趣似乎已经从以继承和发展苏格拉底的思想为主，转向爱利亚学派的思想了。

我国过去对柏拉图哲学的翻译、介绍和研究，一直集中于他的早、中期对话，尤其是被称为“理想国”的《国家篇》；对他的后期对话中的思想，很少被提及和重视。但是他的后期思想在古代希腊思想的发展史上，以至在整个西方思想的发展史上都起过重要的作用，因此我在这里多讲了一些，希望能够引起研究柏拉图的学者的兴趣和重视。虽然这些后期对话的译文在《全集》第一卷中是看不到的，要在以后几卷中才能读到。

二

在我国，将柏拉图的对话译为中文还是开始得比较早的，20世纪二三十年代就有吴献书先生译的《理想国》(即《国家篇》)、郭斌和、景昌极先生译的《柏拉图五大对话集》、张师竹先生初译、张东荪先生改译的《柏拉图对话集六种》相继出版。他们译的都是柏拉图的早、中期对话，并且都是用文言文翻译的。其中除郭斌和先生用希腊文译校外，其余均根据英译文转译，主要是 Jowett 的译本和娄卜丛书的希、英文对照的《柏拉图文集》中的英译文。

我国近代翻译界先驱严复先生的后裔严群先生精通希腊文，是本书译者王晓朝的尊师。他早在40年代便已译有柏拉图对话多种，解放后一再修改润色，于1963年出版后期对话《泰阿泰德》和《智术之师》(即《智者篇》)，1983年出版早期对话三种，1985年严先生去世后，经学生整理，于1993年又出版对话三种，其中包括后期对话《费雷泊士》(即《斐莱布篇》)。严先生的译文也使用严复的文言文体。译文以希腊原文为基准，根据娄卜丛书的《柏拉图文集》,参考公认的权威英译本。

我国的哲学翻译工作在50年代有很大的发展。1957年以后陆续出版的由北京大学哲学系外国哲学史教研室编译的一套《西方古典哲学原著选辑》完全用白话文翻译,在《古希腊罗马哲学》中,将柏拉图对话中的许多重要论点分别作了摘译,译者是任华先生,主要根据的也是娄卜丛书本。

1986年郭斌和先生和他的学生张竹明先生用白话文翻译《理想国》全文出版,他们根据的是娄卜丛书本和牛津版 Jowett & Campbell 的希腊原文,并参考了多种英译文。

1963年出版了朱光潜先生翻译的《柏拉图文艺对话集》,他将柏拉图前后期七篇对话中有关文学艺术的论述全文或部分地译出。2000年又出版了杨绛先生翻译的《斐多》。这两位文学大师虽然是根据英、法译文转译的,但他们的中译文当然是非常精美的,表现了柏拉图著作的文学风采。

此外还应当指出,1995年由苗力田主编,作为高等学校文科教材的《古希腊哲学》选译本中,对柏拉图的中、后期的重要对话中的重要内容,都作了选译,这部分负责编译者是余纪元,他根据的主要是娄卜丛书的希腊原文。

从以上并不完备的介绍中,可以看到柏拉图对话的中文翻译虽然至今还不够完全,但是不断有所前进:译文从文言转为白话,向更有规范的现代汉语发展;翻译从英、德、法文转译趋向根据希腊原文;翻译的范围也从早、中期对话扩大到后期对话。这些变化为现在翻译《全集》开辟了途径。

在以上介绍前辈学者的译著中,我没有提到1943年出版的陈康先生译注的《柏拉图巴曼尼得斯篇》,因为我认为陈先生这部著作并不是一般的翻译作品,应该说它是用中文写出的、对柏拉图《巴门尼德篇》作出创造性阐释的研究性专著。柏拉图的这篇对话,两千多年来被学术界认为是一个最大的谜。它分为两个部分:第一部分是老年哲学家巴门尼德批评少年苏格拉底的相论,第二部分是巴门尼德引导少年苏格拉底进行思想训练,提出八组假设的逻辑推论,得出不同的结果。从古至今学者们一直在争辩:被批评的少年苏格拉底的相论是不是柏拉图自己的相论?第二部分的八组逻辑推论是什么意思?它和第一部分又有什么联系?许多学者作出各种猜想,都没有能解开这个谜。当代哲学史家W.K.C·格思里在他著名的《希腊哲学史》第四、第五卷中对柏拉图的每篇对话都作了详细的论述,但他认为要理解《巴门尼德篇》的目的,实在是很困难的,因此对它的第二部分只写了短短三页,没有作认真的解释。王晓朝翻译这部《全集》主要参考用的英译本《柏拉图对话全集》的编者E·汉密尔顿为《巴门尼德篇》写的提要中也说:这篇对话给读者带来极大的困难,它那些不断在字面上变动的论证实在令人难以理解,例如他说的"'一'在时间中变得比自己年老些时,也就比它自己年轻些"等等。对于这篇几乎令所有学者感到困惑的对话,陈先生提出了他自己的解释。

陈先生认为了解这篇对话的关键就是所谓分离问题,哲学史一般都认为在柏拉图的相论中,相和具体事物是相互分离的。1940年陈先生在德国柏林大学作的博士论文《亚里士多德论分离问题》对此作了深入的研究,他将柏拉图和亚里士多德著作中所有关于分离的论述全部集中整理、分类研究,发现分离问题的实质是自足,像两个具体事物甲和乙可以彼此分开,在空间中独立自存,才是所说的分离。而柏拉图的相乃是事物追求的目的,它和事物只在尊荣和价值上有高低程度的不同,彼此间有距离,而不是空间上的分离。陈先生以这个观点分析《巴门尼德篇》中少年苏格拉底的相论,认为少年苏格拉底是明确主张相和具体事物之间是互相分离的,他将相看成和具体事物一样,也是在空间中独立自存的,这就是将抽象的相也物体化了,因此无法说明相和具体事物的联系和结合,他的相论只能被巴门尼德驳倒。陈先生认为少年苏格拉底的相论并不是柏拉图自己的相论,它们是有根本区别的。他还专文考证少年苏格拉底的相论大约是当时柏拉图学园中某些人提出的主张。

这样,问题便集中到分离和结合的关系上:相和具体事物是分离还是结合的?在什么情况下它们相互分离,什么情况下可以结合?《巴门尼德篇》的第二部分中的思想训练,便是以八组虚拟的逻辑推论形式研究这个问题。它是从第一部分中引申出来的,所以这两个部分有密切联系,由它们组成的这篇对话成为一个统一的整体。但是在这八组推论中,柏拉图首先提出的却不是相和个别事物的结合和分离,而是抽象的相和相之间的结合和分离问题。因为在柏拉图原来的相论中,每一类事物的同名的相如"人的相"和"大的相",也是彼此独立的,柏拉图并没有专门讨论它们之间的关系。不过在《巴门尼德篇》中,柏拉图将同一类事物的普遍的相改为最普遍的范畴,如"是(Being)"、"一"、整体和部分、动和静、同和异、大和小等等,讨论它们之间的结合和分离问题。他先选择两个最普遍的范畴——"一"和"是"作为虚拟推论的前提。第一组推论的前提是:如果一和是不结合,只是孤立的一,那么它便不能和许多对立的范畴如整体和部分、动和静等等相结合,它便什么都不是,甚至也不是一自己。第二组推论的前提与之相反:如果一和是互相结合,那么它便可以和许多对立的范畴相结合,甚至它既是知识,又是感觉,又是意见。以后的推论实际上说明了:具体事物就是这些普遍范畴的集合体。这些结论都是经过复杂的逻辑推论才得出的,上述汉密尔顿提出的年龄问题,便是第二组推论中的第13个推论。柏拉图以相当复杂的逻辑步骤论证:一和是相结合,便也可以和"年老些"与"年少些"这对相反的范畴相结合。

(152A—155C)陈先生不但为这个推论中的每一逻辑判断作了详细的注释,而且还写了一篇专文《柏拉图年龄论研究》(载《陈康论希腊哲学》)。

陈先生对《巴门尼德篇》所作的解释,在柏拉图其他后期对话中可以得到佐证。其一是在《智者篇》中的"通种论"。柏拉图选取了在《巴门尼德篇》中出现过的三对对立的范畴(他称为"种"):是和不是、动和静、同和异(这些都是在其他后期对话中也经常提到,作为重要讨论对象的),用详细的逻辑论证,证明它们是彼此相通,即可以互相结合的。在《巴门尼德篇》中,这种结合还只是虚拟的可能性,到《智者篇》中,"通种论"已经变为正面的证明了。佐证之二是在《斐莱布篇》中,柏拉图将"划分"和"结合"的方法提高到"辩证法"的高度。在柏拉图的对话中,关于辩证法有三种不同的说法:在早期对话中,他说的辩证法就是这个字的最初词义,即苏格拉底的对话问答法。在中期对话《国家篇》中,他认为辩证法是高于其他一切学科的学问,它能认知"相"以至最高的"善",相当于后来亚里士多德所说的"第一哲学",不过他不称为哲学而称为辩证法。但对于这门学问的具体内容,他没有作深入的探讨。到后期对话《智者篇》和《政治家篇》中,爱利亚的来客要少年苏格拉底为智者和政治家下定义,定义的方法叫二分法,即将事物不断划分(分析),如《智者篇》中将事物分为生物和无生物,生物又分为动物和植物,动物又分为两足的和四足的;将这些分析的结果综合起来,"两足的动物"便是"人"的定义。在《政治家篇》中对此加以纠正,说只有在合适的点(即"种")上划分,才能得出正确的结果。如果只将动物分为两足的和四足的,并不能显示人的特征,反而将鸟和人分到同一类去了;必须将两足动物再分为有翼的和无翼的,只有"无翼的两足动物"才是人的定义。(这就是人类最初认识的科学分类法,后来亚里士多德经常举这个例子。)作为政治家,他具有的知识应当和工人、农民、医生的实践知识不同,是理论性的;但他的理论知识又不是评论性的,而是指导性的;政治家是统治人的,但统治又可以分为“依靠暴力”和“根据自愿”两种,依靠暴力统治的是暴君,只有根据公民自愿统治的才是真正的政治家。柏拉图认为只有这样,既从相似事物中分析它们的差别,又能综合把握它们的共同性,即既能从一中看到多,又能从多中把握一,能够将一和多统一起来的,才是“真正的辩证法,它能够使人更好地通过理性发现真理”。(287A)①

柏拉图在后期对话中所说的这第三种辩证法,实际上就是分析与综合的辩证法,也就是寻求一和多的辩证关系的方法,是哲学研究的重要方法。自从柏拉图提出以后,首先为亚里士多德所接受,成为他进行哲学研究的重要方法。

古希腊爱利亚学派的巴门尼德首创 Being(希腊文 ON)的一元论,提出“是”和“不是”是辨别命题的真和假的标准。柏拉图在早、中期对话中对此没有专门重视,直到后期对话《巴门尼德篇》开始,将 Being 和“一”作为最普遍的范畴,讨论它们和其他普遍范畴的分离和结合的问题;在其他后期对话中更不断深入讨论普遍范畴间的分析和综合的问题,认为这是最高的哲学——辩证法。柏拉图的后期思想对亚里士多德哲学的形成和发展起了很大的影响作用。亚里士多德专门研究 Being 的问题,提出研究最普遍最纯粹的 Being as Being(希腊文 to on hei on)即是“第一哲学”的任务,从而在西方哲学史上开创了 Ontology(一般译为“本体论”,现在也有人主张译为“存在论”或“是论”)。他的主要研究方法就是对 Being 作了各种分析和综合,比如将它分析为本体(实体)及其属性

① 参看汪子嵩:《柏拉图谈辩证法》,载纪念贺麟先生的生平与学术的《会通集》,三联书店 1993 年版。

——性质、数量、关系等十个范畴，分析为形式与质料、本质与偶性、潜能与现实等等，然后又将它们综合起来，研究它们相互之间的关系。不过柏拉图的分析与综合和亚里士多德的分析与综合有一点重要的区别：柏拉图对它们主要是作抽象的逻辑推理，亚里士多德却特别重视根据经验事实对它们作推理论证。柏拉图在《巴门尼德篇》第二部分所作的抽象范畴间的逻辑推理，可以说是后来黑格尔的《逻辑学》的先河；而亚里士多德的本体论学说，可以说是为当时哲学和科学的研究提供了科学的方法论。

当我们仔细阅读柏拉图和亚里士多德的著作时，可以发现亚里士多德的思想，无论是形而上学、自然哲学、逻辑学以至伦理学和政治学，都深受柏拉图后期对话的思想影响，其中有些是对柏拉图思想的继承和发展，有些则是批评和修正。这是符合历史事实的，因为当代西方学者们的研究已经证明：当青年亚里士多德到雅典进柏拉图学园学习时，进入老年的柏拉图已经开始撰写他的后期对话了。因此我们必须研究柏拉图的后期对话，才能理解从柏拉图哲学向亚里士多德哲学的发展过程，才能理清从巴门尼德开始的，经过柏拉图到亚里士多德思想的发展线索，才能说明西方哲学中本体论的开创和形成。

陈康先生一贯认为：学术研究的内容是会变动的，随着新资料的发现或观点的发展，研究的结论先后会有所不同。他认为重要的乃是研究的方法。他将他的研究方法概述为："每一结论，无论肯定与否定，皆从论证推来。论证皆循步骤，不作跳跃式的进行。分析务必求其精详，以免混淆和遗漏。无论分析、推论或下结论，皆以其对象为依归，各有它的客观基础，不作广泛空洞的断语，更避免玄虚到使人不能捉摸其意义的冥想，来'饰智惊愚'。研究前人思想时，一切皆以此人著作为根据，不以其与事理或有不符，加以曲解(不混逻辑与历史为一谈)。研究问题时，皆以事物的实况为准,不顾及任何被认为圣经贤训。总之,人我不混,物我分清。一切皆取决于研究的对象,不自作聪明,随意论断。"[1] 60年前,陈先生将当时欧洲大陆流行的这种严格的学术研究方法介绍进中国,他用这种方法研究译注了这部柏拉图的《巴门尼德篇》。

王晓朝告诉我:在翻译这部《柏拉图全集》以后,他们几位年轻的学者还将对柏拉图的对话,分篇进行研究注释。我想,这将是大大推动我国希腊哲学史研究的好事。翻译和研究本来是相辅相成,相互促进的。翻译必须先对原著的逻辑有所研究和理解,所以是以研究为基础;研究既然用中文写出,也就必须对原著有所翻译。现代西方学术界对于研究古典著作又提出了新的研究方法,如分析法、解释法等。现在中西方学术交流日益频繁,我国的年轻学者们既可直接接受西方的学术训练,又经常参加国际学术活动,当然可能以新的研究方法创造出新的研究成果,既参考借鉴前辈学者的经验,又超过前辈学者的成就。

* * *

从70年代我们开始编写《希腊哲学史》起,王晓朝就参加了我们的工作,并为该书第一卷编写"译名对照表"。他在原杭州大学攻读硕士学位期间,便已从严群先生修习古希腊文;后来在英国攻读博士学位期间,又专攻古希腊文两年。他的希腊文根底,应该说是比较着实的,但他还谦虚地说:"译者至今仍未能达到抛开辞典和各种已有西文译本,仅依据希腊原文进行翻译的水准。"他以娄卜丛书《柏拉图文集》的希腊原文为基准,参考了学术界公认的权威英译本。这种态度是实事求是的。我只读了其中之一短篇对

① 《陈康哲学论文集》"作者自序",台湾联经1985年版。

话，对他的译文不能妄加评说。好在译者以极为诚挚的态度，欢迎读者的批评。我认为要使我国的学术研究繁荣起来，学术批评是必不可少的。不过学术评论必须建立在正确的态度上，应该是经过读书研究，采取平等的切磋讨论的方式；而不应该是盛气凌人、毫无根据地扣大帽子的“大批判”的方式。

中译者导言[①]

柏拉图(公元前427年—前347年)是古希腊最有代表性的大思想家、大哲学家、大文学家、大教育家。他的思想与著作(主要是对话)对西方哲学理念与整个文化的发展发挥过重要作用,有着极其深远的影响,把他在西方思想史和文化史上的地位比作中华文化传统中的孔子丝毫也不过分。

希腊文化是西方文化的两大源头(古希伯来与古希腊)之一,是古希腊人留给全人类的一笔巨大的精神遗产,而柏拉图对话就是希腊文化宝库中最有代表性的宝藏。柏拉图对话不仅属于西方人,而且也属于全人类。

翻译柏拉图对话不需要花很多篇幅去说明理由。但是,为了帮助广大读者阅读和使用这部中译《柏拉图全集》,译者有义务提供相关背景材料。

一、柏拉图生平概述

柏拉图的思想影响很大,但记载他的生平的史料不多。人们介绍他的生平主要依据第欧根尼·拉尔修的《著名哲学家的生平和学说》和柏拉图自传性的《第七封信》。《著名哲学家的生平和学

---

① 本文撰写时借鉴了范明生先生的《柏拉图哲学述评》和汪子嵩先生等撰写的《希腊哲学史》中的相关部分,特致谢意。

说》的作者第欧根尼·拉尔修是公元一世纪的传记作家。他记载了众多希腊哲学家的思想和生平,全书共十卷,其中第三卷全部用于记载柏拉图,共109节。柏拉图的《第七封信》是柏拉图传世书信(共13封)中最长的一封,大多数学者承认这封信是柏拉图真作,把它当作可靠的史料进行研究和引证。

柏拉图(Plato)于公元前427年5月7日出生在雅典附近的伊齐那岛。他的父亲阿里斯通(Ariston)和母亲珀克里提俄涅(Perictione)都出自名门望族。父亲的谱系可以上溯到雅典最后一位君王科德鲁斯(Codrus)。母亲出自梭伦(Solon)家族。柏拉图属于梭伦的第六代后裔。

柏拉图原名阿里斯托克勒(Aristocles)。据说,他的体育老师见他体魄强健,前额宽阔,就把他叫做柏拉图,而在希腊文中"plato"的意思就是宽广。柏拉图有两个哥哥阿得曼图(Adeimantus)和格劳孔(Glaucon),在柏拉图对话中常有出现。柏拉图还有一个姐姐名叫波托妮(Potone),她是后来柏拉图学园的继承人斯彪西波(Speusippus)的母亲。柏拉图的父亲去世后,他的母亲改嫁给她的堂叔皮里兰佩(Pyrilampes),生子安提丰(Antiphon)。皮里兰佩和雅典民主派领袖伯里克利(Pericles)关系密切,柏拉图在《卡尔米德篇》中以颂扬的口吻提到过他的这位继父。

柏拉图出生的那年伯罗奔尼撒战争已经进行到第四个年头。柏拉图从小在继父家度过,受到良好的教育。他在青年时期热衷于文艺创作,写过赞美酒神的颂诗和其他抒情诗,富有文学才能。大约20岁时,柏拉图追随哲学家苏格拉底(Socrates),直到苏格拉底被雅典当局处死为止,前后约有七八年时间。在此期间,雅典发生了一系列重大事件:伯罗奔尼撒战争以雅典失败而告终;"三十僭主"推翻民主政制,但因施行暴政而在八个月后又被群众推翻;雅典恢复民主政治,但它又以莫须有的罪名处死了苏格拉底。苏格拉底之死给柏拉图留下了终身难以忘怀的印象,也改变了他一生的志向。从他70高龄时撰写的自传式的《第七封信》中可以看出,他在青年时期热衷于政治,希望能参加政治事务,公正地治理城邦,但是实际经验告诉他,包括雅典在内的所有城邦都不能做到这一点。最后,他认为只有在正确的哲学指导下才能分辨正义和非正义,只有当哲学家成为统治者,或者当政治家成为真正的哲学家时,城邦治理才能是真正公正的。这就是他在《国家篇》① 中提出的一个重要思想,即所谓的"哲学王",让哲学家治理国家,或让统治者成为哲学家。

柏拉图主要是哲学家,但也可以说他是一位政治家,一位政治思想家。柏拉图青年时产生的政治志向实际上贯穿他一生,他后来三次西西里之行就是为了实现他的政治理想。在他的对话中有不少地方讨论政治问题,集中讨论政治问题的除了《国家篇》以外,还有《政治家篇》和《克里底亚篇》。《克里底亚篇》是柏拉图的最后一篇对话,虽然只写了一个开头,但柏拉图在其中提出一个理想的"大西洋岛",成为后来西方思想家们的乌托邦的原型,英国近代哲学家培根就写过一本《新大西洋岛》。

苏格拉底去世以后,柏拉图遵从老师的教导外出游历。他于公元前399年离开雅典,先后到过麦加拉、埃及、居勒尼、南意大利和西西里等地,到公元前387年才返回雅典。他在游历中考察了各地的政治、法律、宗教等制度,研究了数学、天文、力学、音乐等理论和各种哲学学派的学说。在这样广博的知识基础上,柏拉图逐步形成了他自己的学说,以及对改革社会制度的见解。他回到雅

① 《国家篇》在过去译为《理想国》,就其希腊原名 Politeia 而言,没有"理想"的意思。但就其内容来说,柏拉图确实在书中阐述了一个理想的国家,它是柏拉图的"理想国"。

典以后便建立学园,全面制定他自己的哲学体系,进一步传播他的学说,培养人才,期望实现他的理想。

公元前387年,柏拉图在朋友的资助下在雅典城外西北角的阿卡德摩(Academus)建立学园。此地原为阿提卡英雄阿卡德摩的墓地,设有花园和运动场。这是欧洲历史上第一所综合性传授知识、进行学术研究、提供政治咨询、培养学者和政治人才的学校。柏拉图的学园建校后园址长期未变,直到公元前86年罗马统帅苏拉围攻雅典时才被迫迁入城内,以后一直存在到公元529年被东罗马皇帝查士丁尼下令关闭为止,前后持续存在达九百年之久。以后西方各国的主要学术研究院都沿袭它的名称叫Academy。

学园的创立是柏拉图一生最重要的功绩。当时希腊世界大批最有才华的青年受它的吸引,来到这里。他们聚集在柏拉图周围从事科学研究和学术讨论,为后来西方各门自然科学和社会科学的发展提供了许多原创性的思想。柏拉图的后半生除了短期去过西西里以外都在这里度过,他的著作大多数在这里写成。可以说,柏拉图的学园在西方开创了学术自由的传统,是希腊世界最重要的思想库和人才库。还应该提到的是,柏拉图建立的学园Academy和后来西方各国沿袭这个名称的各种纯学术研究团体也有不同,柏拉图学园的目的之一就是要为城邦培养治理人才,与当时许多城邦有政治联系。虽然柏拉图在实践中经过多次碰壁以后,他的政治理想也有所降低了,但他想按照哲学的正义原则治理城邦的思想却并没有放弃。他的一生虽然以主要的精力从事哲学研究,越来越少参加政治实践,但想以他的思想影响城邦统治者,俨然以"帝王师"自居,这一点倒是和中国儒家的传统相近的。

为了能够实践自己的政治理想,柏拉图曾三次赴西西里岛与叙拉古统治者狄奥尼修一世(Dionysus)打交道,希望说服后者制定新政,用最好的法律来治理这个国家,但最后还是遭到失败。

从此以后,柏拉图放弃了参与政治实践,将全部精力用于办好学园。

公元前347年,柏拉图在参加一次婚礼宴会时无疾而终,享年80,葬于他耗费了半生才华的学园。柏拉图晚年在希腊世界享有崇高的声誉,他当时在人们心目中的形象可用他的学生亚里士多德的悼词来佐证:

“岿岿盛德,莫之能名。
光风霁月,涵育贞明。
有诵其文,有瞻其行。
乐此盛世,善以缮生。”①

二、柏拉图著作的真伪及次序

柏拉图的大部分著作都是对话。在希腊历史上,这种体裁虽然不是他第一个使用,但“柏拉图使这种写作形式得到完善,所以应该把发明对话并使之富有文采的功劳归于他”。② 柏拉图的对话不仅是哲学著作,而且也是文学作品,和著名的希腊史诗和戏剧一样,有着非常优美的文采,又有极其感人的魅力。“在柏拉图手里,对话体运用得特别灵活,不从抽象概念而从具体事例出发,生动鲜明,以浅喻深,由近及远,去伪存真,层层深入,使人不但看到思想的最后成就或结论,而且看到活的思想的辩证发展过程。柏

① 罗泽编:《亚里士多德残篇》第623页,中译文引自吴寿彭《亚里士多德传》,《哲学史论丛》,1980年,第434页,吉林人民出版社出版。诗中大意是说,柏拉图的崇高与伟大难以用言语来颂扬,他的文章和道德都已经达到最高境界,现在再也没有一个人能够达到他这样高的成就了,他是仁慈的、幸福的。

② 第欧根尼·拉尔修:《著名哲学家的生平和学说》第3卷,第48节。

拉图树立了这种对话体的典范,后来许多思想家都采用过这种形式,但是至今没有人能赶上他。柏拉图的对话是希腊文学中的一个卓越的贡献”。①

柏拉图对话所涉及的内容极为广泛,哲学、伦理、自然科学问题、政治、教育、语言、艺术,等等,几乎无所不谈。他以前的所有希腊哲学家的名字和某些重要学说都在对话中出现,惟有德谟克利特除外。他以前的希腊重要诗人、戏剧家的名字也多数出现在对话中。所以我们可以说柏拉图的对话是希腊文化的一部百科全书。通过阅读柏拉图对话,我们可以了解希腊民族的精神世界,从中得到精神的享受和文化的熏陶。

柏拉图对话的真伪,是二千多年来一直有争议的问题,我们在此作详细介绍。第欧根尼·拉尔修在《著名哲学家的生平和学说》第三卷中用了15节(第48—62节)的篇幅介绍柏拉图著作,其中比较重要的内容有:

一、早在公元前三世纪时,拜占庭的学问渊博的亚历山大图书馆馆长阿里斯托芬(约公元前257—前180年,和著名喜剧作家阿里斯托芬同名)曾将柏拉图的对话按三篇一组的次序,分成以下各组:第一组:《国家篇》、《蒂迈欧篇》、《克里底亚篇》;第二组:《智者篇》、《政治家篇》、《克拉底鲁篇》;第三组:《法篇》、《弥努斯篇》、《厄庇诺米篇》;第四组:《泰阿泰德篇》、《欧绪弗洛篇》、《申辩篇》;第五组:《克里托篇》、《斐多篇》、《书信》。其他对话则作为独立著作,没有规定次序。②

二、公元一世纪时亚历山大里亚的塞拉绪罗(死于公元36年)

① 朱光潜:《柏拉图文艺对话集》译后记,第335页。

② 第欧根尼·拉尔修:《著名哲学家的生平和学说》第3卷,第61—62节。

说柏拉图的著作真的有 56 种,他将《国家篇》的十卷算成十种,12 卷的《法篇》算成 12 种,实际上只有 36 种。塞拉绪罗给每一种加上两个标题,一个是对话人的名字,另一个是讨论的主题,还说明这对话是属于什么性质的。他按四篇一组(tetralogy)把全部对话分为九组:第一组:《欧绪弗洛篇》,或论虔敬,试验的,《苏格拉底的申辩》,伦理的,《克里托篇》,或论责任,伦理的,《斐多篇》,或论灵魂,伦理的;第二组:《克拉底鲁篇》,或论正名,逻辑的,《泰阿泰德篇》,或论知识,试验的,《智者篇》,或论存在,逻辑的,《政治家篇》,或论君王,逻辑的;第三组:《巴门尼德篇》,或论“相”,逻辑的,《斐莱布篇》,或论快乐,伦理的,《会饮篇》,或论善,伦理的,《斐德罗篇》,或论爱,伦理的;第四组:《阿尔基比亚德 I 篇》,或论人性,助产术的,《阿尔基比亚德 II 篇》,或论祈祷,助产术的,《希帕库篇》,或爱好获得者,伦理的,《竞争者篇》,或论哲学,伦理的;第五组:《塞革亚篇》,或论哲学,助产术的,《卡尔米德篇》,或论自制,试验的,《拉凯斯篇》,或论勇敢,助产术的,《吕西斯篇》,或论友爱,助产术的;第六组:《欧绪德谟篇》,或论诡辩,反驳的,《普罗泰戈拉篇》,或论智者,批判的,《高尔吉亚篇》,或论修辞,反驳的,《美诺篇》,或论美德,试验的;第七组:《大希庇亚篇》,或论美,反驳的,《小希庇亚篇》,或论虚假,反驳的,《伊安篇》,或论《伊利昂纪》,试验的,《美涅克塞努篇》,或葬礼演说,伦理的;第八组:《克利托芬篇》,或异论,伦理的,《国家篇》,或论正义,政治的,《蒂迈欧篇》,或论自然,物理的,《克里底亚篇》,或大西洋岛故事,伦理的;第九组:《弥努斯篇》,或论法,政治的,《法篇》,或论立法,政治的,《厄庇诺米篇》,或夜间议会或哲学家,政治的,《书信》,13 封信,伦理的。①

① 第欧根尼·拉尔修:《著名哲学家的生平和学说》第 3 卷,第 59—61 节。

三、第欧根尼·拉尔修指出:以下十篇托名柏拉图的对话,已被认为是伪作。它们是:《弥冬篇》(Midon)或《养马人篇》;《厄律克西亚篇》(Eryxias)或《厄拉西特拉图篇》;《阿尔孔篇》(Alcyon)或《西绪福篇》(Sisyphus);《阿克西俄库篇》(Axiochus);《弗阿克人篇》(Phaeacians);《德谟多库篇》(Demodocus);《凯利冬篇》(Chelidon);《第七天篇》或《赫伯多米篇》(Hepdomic);《厄庇美尼德篇》(Epimenides)。① 这些被认定是伪作的对话有些已经失传。

公元五世纪的柏拉图学园也发生了对柏拉图著作真伪问题的争论。当时著名的新柏拉图主义代表人物之一普洛克罗(Proclus,公元410—485年)不仅认为《厄庇诺米篇》和《书信》是伪作,甚至认为最重要的《国家篇》也是伪作。

近代西方学术界疑古成风,19世纪有许多哲学史家对柏拉图的著作真伪提出质疑。当时的学者把柏拉图的思想看成是前后一贯的、严格的哲学体系,认为《国家篇》的思想是这个体系的总结和顶峰。按照这种想法,他们把那些和《国家篇》思想有明显不一致的对话当作伪作,并以此安排柏拉图对话的先后次序。比如著名的哲学史家文德尔班在1892年出版的《哲学史教程》中认为:“在可疑作品中最重要的是《智者篇》、《政治家篇》和《巴门尼德篇》。这些作品也许不是柏拉图创作的,很可能是他的学派中和爱利亚学派的辩证法和论辩术有密切关系的人们写成的。”② 哲学史家宇伯威格总结说:“如果我们把古代和近代的批评加在一起,那么塞拉绪罗提出的四种一组的36种著作中,只有五种从来没有遭到过怀疑。”③

---

① 第欧根尼·拉尔修:《著名哲学家的生平和学说》第3卷,第62节。

② 文德尔班:《哲学史教程》中译本上册,第142—143页。

③ 宇伯威格—普雷希特:《古代哲学》第195页。

进入20世纪以来,学者们经过认真研究,取得了比较一致的意见,肯定现存柏拉图作品中大多数作品,特别是那些重要的著作是真作。纳入这个中译本《柏拉图全集》正文的26篇对话被公认为柏拉图真作,纳入附录的两篇对话和书信的真伪虽仍有争议,但多数学者持肯定态度。因此我们大致可以放心地说,这26篇对话是柏拉图的原作,是我们可以用来研究柏拉图思想的第一手资料,而对附录中的两篇对话则可当作参考资料来用。

柏拉图的《书信》共有13封,主要是关于柏拉图思想和实际活动的传记性记录,对于了解柏拉图的生平及其为人都很重要。对其真伪,学者们也有各种不同的说法。但大多数学者认为其中最重要也是最长的第七、第八两封信是真的;对第一、第二、第12等三封信则认为是伪作的较多。

柏拉图从事对话写作前后相距约50年,要为它们安排一个写作时间上的顺序非常困难。古代似乎还没有人想到要把柏拉图的全部著作按先后次序排列,只是有人将它们按照内容进行分类,如上面提到塞拉绪罗将柏拉图的对话分别定为伦理的、政治的、逻辑的,等等。第欧根尼还记录了他们的分类法:将对话分为两大类:教授的和研究的,教授的又可以分为理论的和实践的,理论的分为物理的和逻辑的,实际的分为伦理的和政治的;研究的也可以分为两种,一种是训练心灵的,另一种是战胜论敌的;前者又分为助产术的和试验的;后者又分为提出批评反驳的和推翻论敌主要观点的。①

19世纪一些哲学史家和古典学者提出有关柏拉图对话的分类和先后次序的看法,其中最有代表性的是以下几家。

古典"解释学"的创始人、德国著名的柏拉图专家施莱尔马赫

① 第欧根尼·拉尔修:《著名哲学家的生平和学说》第3卷,第49节。

(F. Schleiermacher)认为柏拉图从青年时代开始就意识到自己的哲学目的,有完整的系统框架,所以他撰写对话有明确意识到的顺序。据此他将柏柏图对话分为三个不同阶段:第一,预备性的,主要是《斐德罗篇》、《普罗泰戈拉篇》、《巴门尼德篇》,作为辅助的有《吕西斯篇》、《拉凯斯篇》、《卡尔米德篇》、《欧绪弗洛篇》、《申辩篇》、《克里托篇》等。第二,间接探讨性的,主要说明知识和理智活动,它们是《泰阿泰德篇》、《智者篇》、《政治家篇》、《斐多篇》、《斐莱布篇》,作为辅助的有《高尔吉亚篇》、《美诺篇》、《欧绪德谟篇》、《克拉底鲁篇》、《会饮篇》等。第三,建设性的,主要是《国家篇》、《蒂迈欧篇》、《克里底亚篇》,作为辅助的是《法篇》。①

阿斯特(G.A.E. Ast)的看法恰恰相反,从根本上否认施莱尔马赫的论断。他认为各篇对话之间没有任何内在联系,这些对话无论是内容还是形式都是戏剧性的,每篇对话都是一个哲学的剧本,其目的是多方面的,不可能设想有共同的哲学目的,绝大多数对话没有肯定的哲学结果。他认为柏拉图是融诗人、艺术家、哲学家于一身的人,根本不会提出任何肯定的见解,没有一个完整的哲学体系。他无非是推动学生们去思考研究,每篇对话都是独立的著作,每篇伟大的对话都像一个有生命的机体,是精巧完成的均衡的整体。他将柏拉图的著作分为三类:第一,诗和戏剧性占优势的,有《普罗泰戈拉篇》、《斐德罗篇》、《高尔吉亚篇》、《斐多篇》。第二,突出辩证法因素的,有《泰阿泰德篇》、《智者篇》、《政治家篇》、《巴门尼德篇》、《克拉底鲁篇》。第三,诗和辩证法因素相结合的,有《斐莱布篇》、《会饮篇》、《国家篇》、《蒂迈欧篇》、《克里底亚篇》。

① 施莱尔马赫:《柏拉图对话导论》第1—47页。

他还认为只有这14篇对话是柏拉图的真作。①

赫尔曼(K.F.Hermann)和施莱尔马赫一样认为柏拉图的全部著作是一个有机发展的整体,但他并不认为它们是事先设计的产物,而是柏拉图思想发展过程的自然产物。他以苏格拉底之死和第一次西西里之行结识毕泰戈拉学派这两件事实作标志,将柏拉图对话分为三个时期:第一,苏格拉底学派时期,都是短篇对话,主要有《吕西斯篇》、《卡尔米德篇》、《拉凯斯篇》、《普罗泰戈拉篇》、《欧绪德谟篇》,认为这些对话都写于苏格拉底被处死以前,写作目的是反对当时的智者;苏格拉底死后接着写下《申辩篇》、《克里托篇》、《高尔吉亚篇》、《欧绪弗洛篇》、《美诺篇》。第二,麦加拉时期或辩证法时期,《泰阿泰德篇》、《克拉底鲁篇》、《智者篇》、《政治家篇》、《巴门尼德篇》。第三,成熟时期,从公元前385年到去世,受毕泰戈拉学派重大影响的著作有《斐德罗篇》、《会饮篇》、《斐多篇》、《斐莱布篇》、《国家篇》、《蒂迈欧篇》、《克里底亚篇》,最后是《法篇》。②

上述学者的分类或分期带有很强的主观成分。这种主观性解释的最突出的例子是蒙克(E.Munk)。他认为柏拉图对话是在苏格拉底死后将他当作真正的哲学家的理想典范来写的,因此他主张一种完全不同的排列次序,认为这些对话展示了苏格拉底一生的哲学成长;从苏格拉底作为一个少年出现的《巴门尼德篇》开始,由巴门尼德将他引进哲学,直到苏格拉底一生的最后一幕,表现苏格拉底之死的《斐多篇》是最后一篇对话。从《巴门尼德篇》到《斐

---

① 阿斯特:《柏拉图的生平和著作》第376页,引自格罗特:《柏拉图及苏格拉底其他友人》第1卷,第175页。

② 赫尔曼:《柏拉图著作的历史和体系》第340,368页,引自格罗特:《柏拉图及苏格拉底其他友人》第1卷,第176—178页。

多篇》，部分是艺术的顺序，是相继的历史剧；部分是哲学的顺序，是他学说的发展史，这就形成了一个苏格拉底的圆圈。但这种看法现在已经很少有人接受了。[1]

从19世纪后半叶开始，学者们逐渐采取比较科学的方法进行研究，经过学者们的长期努力，有关柏拉图对话的先后顺序和分期问题基本上取得了比较一致或相接近的意见。他们研究使用的方法有以下这些：

第一，根据文体风格和语言检验。

柏拉图的著述活动前后经历半个世纪之久，他使用的词汇、文法、句子结构必然是有改变的。一些学者根据这个特点研究柏拉图的对话，最早是由英国著名的古典学者坎贝尔在他1867年发表的著作《柏拉图的<智者篇>和<政治家篇>：附修订的希腊语校勘和英语注释》一书中提出的。亚里士多德在《政治学》(1264B26)中说《法篇》是柏拉图晚年著作，迟于《国家篇》，第欧根尼·拉尔修记载说《法篇》是柏拉图死后留在蜡版上未加修饰的著作。[2] 坎贝尔依据这些记载，把《法篇》定为柏拉图的最后著作，作为一个鉴定标准。他又赞同学者们的普遍看法，《申辩篇》、《克里托篇》是柏拉图最早的著作，作为另一个鉴定标准。确定了柏拉图最早的对话和最迟的对话以后，他考察柏拉图各篇对话中使用的词汇、文法、结构，考察文体风格的演变和各种语言现象，尤其是柏拉图使用小品副词和虚词(如冠词、副词、前置词、连接词等)的演变情况。通过这样的考察可以看出《法篇》和《申辩篇》的区别很大，《蒂迈欧篇》、《克里底亚篇》、《斐莱布篇》与《法篇》比较接近，可以将它们定

---

① 蒙克：《柏拉图著作的自然顺序》，引自卢托斯拉夫斯基：《柏拉图的逻辑学的起源和发展》第51—52页。

② 第欧根尼·拉尔修：《著名哲学家的生平和学说》第3卷，第37节。

为后期著作,而《国家篇》、《斐德罗篇》、《泰阿泰德篇》、《巴门尼德篇》等处于两个极端之间。

第二,根据古代著作的直接证据。

古代著作中提到的柏拉图对话的先后材料是确定它们的次序的有力旁证资料,如上面提到过的亚里士多德说过《法篇》后于《国家篇》以及第欧根尼·拉尔修提到《法篇》是柏拉图最后未加润饰的作品。但是这类材料不但不多,使用时也必须慎重。

第三,根据对话中涉及的有关人物和事件。

这也是判断对话编年顺序的有效方法,可惜在对话中提到的这类事实也不多。一般都举《泰阿泰德篇》为例。这篇对话开始就提到参加科林斯战役的泰阿泰德因受伤和染病被送回雅典,不久死亡。历史上发生过的科林斯战役有两次,分别在公元前 394 年和 369 年。学者们经过仔细考证,肯定泰阿泰德参加的是公元前 369 年的那一次,由此确定这篇对话写于这一年以后。又如《法篇》(638 B)中提到叙拉古征服洛克利,这件事发生在公元前 356 年,是狄奥尼修二世干的,当时柏拉图已经超过 70 岁了,由此也可以佐证《法篇》是柏拉图的晚年著作。但在使用这个方法时也要十分慎重。比如柏拉图在《巴门尼德篇》中讲的少年苏格拉底和老年巴门尼德的会晤,在《智者篇》和《泰阿泰德篇》又重提过。究竟历史上是否真的发生过这样一次会晤?学者们也一直有争论。有人认为这是符合历史事实的,并以此来推算巴门尼德的生年;有人则认为这是柏拉图的虚构,历史上根本不可能发生这样一次会晤。

第四,根据对话中相互涉及的内容。

在一篇对话中提到另外一篇对话的有关内容,这是判断这些对话的先后次序问题的重要材料。《智者篇》和《泰阿泰德篇》中重述《巴门尼德篇》中叙述的那次苏格拉底和巴门尼德的会晤,许多学者据此认为这两篇对话后于《巴门尼德篇》。《智者篇》开始提出的问题是要讨论智者、政治家、哲学家这三种人的性质，要分别为他们下定义。由爱利亚来的客人和三个对话者塞奥多洛、少年苏格拉底、泰阿泰德分别讨论。《智者篇》是由泰阿泰德回答有关智者的问题，《政治家篇》是由少年苏格拉底回答有关政治家的问题。因此学者们认为《政治家篇》后于《智者篇》，二者是紧接着的一组；按照柏拉图原来的设计，本来还应该有由塞奥多洛回答有关哲学家问题的《哲学家篇》，可惜没有写成。这样《巴门尼德篇》、《泰阿泰德篇》、《智者篇》、《政治家篇》四篇对话的先后次序大致可以肯定，它们的内容和形式也是比较接近的。与此类似，在《蒂迈欧篇》开始柏拉图也安排了三个人，蒂迈欧、克里底亚、赫谟克拉底与苏格拉底对话。《蒂迈欧篇》由蒂迈欧主讲有关自然界、宇宙直至动植物的生成和构造问题，《克里底亚篇》由克里底亚主讲有关政治、社会和国家的生成问题，可惜只写了个开始；也有人由此推论柏拉图原来可能计划还有一篇由赫谟克拉底主讲的对话，主要内容可能是讨论人、知识和哲学（或伦理道德）问题。

第五，依据苏格拉底在对话中的地位以及对话中戏剧性成分的多少来确定对话顺序。

除了以上四种方法和根据外，一般学者还使用另一种方法判断柏拉图对话的先后顺序，即看苏格拉底在对话中的地位以及对话中戏剧性的多少来确定。在柏拉图的早期对话直到《国家篇》中，苏格拉底始终是主要发言人，一直由他领导讨论，重要的思想和理论都是通过他的口来阐述的。讨论的形式也比较生动活泼，一问一答，长篇论述较少，经常有别人插话，讽刺幽默，戏剧性的场面较多。从《巴门尼德篇》开始，苏格拉底成为少年苏格拉底，原来独占的主讲人地位被巴门尼德取代了。《智者篇》和《政治家篇》中，领导对话的是巴门尼德的同乡、从爱利亚来的客人，苏格拉底也只是少年苏格拉底，虽然在《政治家篇》中，他还是主要对话人，在《蒂迈欧篇》中苏格拉底仅只是个简单的提问题者,到《法篇》便根本没有苏格拉底出现了。这些后期对话还有一个特点,就是原来戏剧性场面大为减少,对话往往由两个人进行,其中之一是主讲人,长篇大论地发表他的理论,另一个人不过简单提点问题而已。因此有人认为柏拉图年纪越大,年轻时的文学创作天才就越少。但是我们应该看到问题的另一面,那便是柏拉图的哲学思想随着他年龄的增长越来越成熟和深刻了。当然这个标准也同样不能绝对化,在被认为是柏拉图的后期著作中,至少《泰阿泰德篇》和《斐莱布篇》是例外,这两篇对话的主要发言人仍是苏格拉底,对话的形式也比较活泼。其中《泰阿泰德篇》还是比较接近《国家篇》时期的著作,所以也有人将它列为中期对话。至于《斐莱布篇》,由于这篇对话是讨论伦理问题的,所以有人认为主要发言人当然非苏格拉底莫属。

西方学者使用上述各种方法,分别提出了各自有关柏拉图对话的编年顺序。罗斯在《柏拉图的相论》书中将它们总结概括排列成对照表。① 他们虽然各有不同,但大体上我们可以看出有以下一些共同点:

第一,《卡尔米德篇》、《拉凯斯篇》、《吕西斯篇》,这三篇都是讨论某个伦理问题——自制、勇敢、友爱的,从内容到形式都极其相似,自古以来被人摆在一起,加上讨论虔敬的《欧绪弗洛篇》讨论美德和知识的《普罗泰戈拉篇》,讨论美的《大希庇亚篇》和《伊安篇》,大体上都摆在一起,虽然先后次序各有不同,但都将它们归属于初期的苏格拉底的对话。

第二,《申辩篇》和描述他不愿越狱的《克里托篇》在时间和内

① 罗斯:《柏拉图的相论》第2页,参看范明生:《柏拉图哲学述评》第44—45页。

容上都是相联的,都是记述苏格拉底为人的,也属于初期对话。凡是主张柏拉图是在苏格拉底去世后才开始写对话的学者往往将这两篇置于所有对话之首,认为《申辩篇》是柏拉图写的第一篇对话,凡是主张柏拉图在苏格拉底去世以前已经写过对话的则将这两篇插进以上初期对话之中。

第三,《斐多篇》虽然写的是苏格拉底服毒以前的情况,在时间上紧接《克里托篇》以后,但一般学者都认为《斐多篇》陈述柏拉图相论的重要思想,和《国家篇》并列,是柏拉图中期的主要对话。不过《国家篇》的第一卷一般认为是柏拉图初期写的,后来才写第二至第十卷。

第四,《美诺篇》、《欧绪德谟篇》、《高尔吉亚篇》、《美涅克塞努篇》和《克拉底鲁篇》一般都列在初期对话和《斐多篇》至《国家篇》之间。

第五,《会饮篇》和《斐德罗篇》是两篇内容和形式都非常接近的对话,一般将它们和《斐多篇》、《国家篇》列在一起。《斐德罗篇》后半部分所讲的内容——辩证法,已经和《智者篇》、《政治家篇》接近了。

第六,《巴门尼德篇》、《泰阿泰德篇》、《智者篇》和《政治家篇》这四篇对话,一般都连在一起,列在《国家篇》之后,已经属于柏拉图后期对话,也有人将前两篇对话列为中期对话。

第七,肯定属于后期对话的,还有《蒂迈欧篇》、《克里底亚篇》、《斐莱布篇》和《法篇》。

这样当代柏拉图学者大体上已经可以说是得出了基本上比较一致的结论,虽然对某几篇对话应该摆前一点还是后一点还存在分歧;但对主要对话的位置却基本上肯定了。其中最重要的一点就是不再认为《国家篇》是全部柏拉图哲学体系的总结,也就是最后的对话,而认为它只是柏拉图前期相论的总结。

我国的希腊哲学专家范明生先生借鉴西方学者的研究成果,将柏拉图的对话分为三期,特摘录如下,供读者参考。①

一、早期对话:《申辩篇》、《克里托篇》、《拉凯斯篇》、《吕西斯篇》、《卡尔米德篇》、《欧绪弗洛篇》、《小希庇亚篇》、《普罗泰戈拉篇》、《高尔吉亚篇》、《伊安篇》。这些对话属于所谓的“苏格拉底的对话”,它们的主要论题和方法基本上属于苏格拉底,其哲学内容主要作为苏格拉底和智者的思想资料来引用,但也包括柏拉图在写作加工中掺入的部分思想。

二、中期对话:《欧绪德谟篇》、《美涅克塞努篇》、《克拉底鲁篇》、《美诺篇》、《斐多篇》、《会饮篇》、《国家篇》、《斐德罗篇》。这个时期柏拉图已经摆脱苏格拉底的影响,建立起自己的哲学体系,对话所表现的哲学内容可以视为柏拉图本人的思想。

三、后期对话:《巴门尼德篇》、《泰阿泰德篇》、《智者篇》、《政治家篇》、《斐莱布篇》、《蒂迈欧篇》、《克里底亚篇》、《法篇》。与中期对话相比,这个时期柏拉图的思想发生显著变化,是对中期思想的修正、发展和更新。

三、柏拉图著作的版本

柏拉图著作的编纂、校订、注释在西方学术界有很长的历史。最早的拉丁文版柏拉图著作于1483—1484年由斐奇诺(Marsilio Ficino,1433—1499年)编纂,出版于翡冷翠(即佛罗伦萨),1491年在威尼斯重印。最早的希腊文版是由马努修斯(A. Manutius)1513年在威尼斯出版的。1578年由斯特方(H. Stephanus)在巴黎出版

① 参阅汪子嵩等:《希腊哲学史》第二卷,第641页。上述分期及对话次序与本书的编排顺序并不一致,请勿混淆。

的希腊文版，并附有萨尔拉努(J. Serranus)的拉丁文译文的三卷本。斯特方所编定的分卷、页码和分栏(A, B, C, D, E)，以后为各国学者广泛采用。如:《国家篇》429 D，即指斯特方本第 429 页 D 栏，中译《柏拉图全集》亦将标准页的页码和分栏作为边码标出。后来，德国的贝刻尔(I. Bekker)将历来的注释一并辑入，1823 年于柏林发表了校刊本。迄今为止，公认为较好的柏拉图著作的希腊文版，是由英国哲学史家伯奈特(J. Burnet, 1863—1923 年)校订的牛津版六卷本《柏拉图著作集》(Platonis Opera, 1899—1906)。

从古以来，有关柏拉图著作，有大量的注释，如亚历山大里亚的欧多鲁斯(Eudorus of Alexandria，约公元前一世纪)、士麦拿的塞俄(Theo of smyrna，约公元二世纪)和阿尔比努(Albinus)等人的注释，都受到后人重视。近代的一些学者对古代的注释进行了整理，汇集在一起出版。如斯塔尔鲍姆(G. Stalbaum)1827—1842 年于德国的戈塔(Gotha)和埃尔福特(Erfurt)出版的 12 卷本；赫尔曼(K. F. Hermann)1851—1853 年于莱比锡出版的六卷本，以后，沃尔拉布(M. Wohlrab)1884—1887 年出版的修订版。

现代各种通行语言的柏拉图著作的译本更是不胜枚举。这里择要列举英、法、德文的著名译本。

英译柏拉图著作的全译本，最早是泰勒(T. Taylor)1804 年于伦敦出版的五卷全译本，接着是由卡里(Cary)和戴维斯(Davis)等分别译出的博恩(Bohn)版六卷全译本。现在流传较广的是乔伊特(B. Jowett)1871 年发表的牛津版五卷本，每篇对话都有详细的引论、分析提要；近年来有人进行个别修订，于 1953 年出了第四版修订本。此外，常用的还有由伯里(R. G. Bury)、肖里(P. Shorey)等分别译出的 12 卷本洛布(Loeb)古典丛书版，是希腊文和英译对照的。美国的汉密尔顿(H. Hamilton)和亨廷顿·凯恩斯(Huntington Cairns)等将现有较好的各家不同的译文汇编在一起，1963 年出版了普林斯顿版的一卷本《柏拉图对话全集》,附有比较完整的索引,使用起来比较方便。

法文译本比较通行的是由著名古典学者罗斑(L. Robin)和克若瓦塞(Croiset)等分工译出的布德学会(Association Guillaume Bude)版本,每篇对话都有引论,说明写作的年代背景、来源、结构以及对话人物和讨论的主题等。

重要德文译本有米勒(H. Müller)于1850—1860年发表的莱比锡版的八卷本;施莱尔马赫译的六卷本,1804—1810年柏林版;米勒译的八卷本,1850—1866年莱比锡版;阿佩尔特(O. Apelt)1912—1922年发表的莱比锡版25卷本,附有比较丰富的文献资料和比较详备的索引;奥托(W. F. Otto)等根据施莱尔马赫译本和斯特方编码于1957—1959年出版了六卷本的通俗柏拉图全集,称作Rowohlt版本;1974年吉贡(Gigon)又重新出版了米勒的八卷本,苏黎世和慕尼黑版;1970—1983年霍夫曼等(H. Hofmann)等在施莱尔马赫和米勒版本基础上重新加工出版了《柏拉图研究版》,八卷九册,是德希对照本,希腊文根据的是法国布德学会版。

重要法文译本有:库赞(V. Cousin)于1825—1840年编译的13卷本;罗斑等自20世纪初至三四十年代完成的布德学会版,一直享有盛誉,再版至今;还有苏依莱(J. Souilhe)译的全集,1926年完成;尚布利(E. Chambry)和巴柯(R. Baccou)翻译的八卷本,自30年代至50年代巴黎版;70年代以来拉卡斯(A. Laks)、布利松(L. Brisson)等校订或重译尚布利和巴柯的译本,新译本在陆续出版。

意大利文译本,现在常用的有三种:马尔梯尼(E. Martini)译本,1915—1930年第一版,1975年第二版;瓦吉米利(M. Valgimigli)等九人合译的九卷本,1987年最后完成;由阿多尔诺(F. Adorno)和冈比亚纳(G. Cambiano)合译的全集,1988年完成。

自从20世纪20年代以来,柏拉图的思想经过中国学者们的介绍和研究，逐渐为中国人所了解，柏拉图的许多对话已被严群、朱光潜、陈康等著名学者翻译成中文。许多重要学者也高度重视柏拉图对话的翻译，做过许多工作，如张东逊等。改革开放以来，中国大陆又有一些新译本问世，香港学者邝健行亦翻译了一些柏拉图对话。尽译柏拉图对话是许多老一辈学者的理想和毕生为之奋斗的目标，然而由于种种原因，《柏拉图全集》一直未能问世，但他们作出的贡献是任何时候都不可抹杀的。为了纪念他们的功绩，亦为了能使读者对照已有译本进行研究，兹将译者所知道的所有柏拉图对话中译本列举如下（按出版年代先后为序）：

吴献书译：《理想国》，商务印书馆，1921 年版，1957 年重印。

张师竹等译：《柏拉图对话集六种》，商务印书馆，1933 年版。

郭斌和、景昌极译：《柏拉图五大对话》，商务印书馆，1934 年版。

陈康译注：《巴曼尼得斯篇》（即《巴门尼德篇》），商务印书馆，1946 年版，1982 年重印。

严群译：《泰阿泰德、智术之师》（即《智者篇》），商务印书馆，1961 年版。

朱光潜译：《柏拉图文艺对话集》，人民出版社，1963 年版，1980 年重印。

严群译：《游叙弗伦、苏格拉底的申辩、克里同》（即《申辩篇》、《欧绪弗洛篇》、《克里托篇》），商务印书馆，1983 年版。

邝健行译：《波罗塔哥拉篇》（即《普罗泰戈拉篇》），台北中国文化大学出版社，1985 年版。

郭斌和、张竹明译：《理想国》（即《国家篇》），商务印书馆，1986 年版。

严群译：《赖锡斯、拉哈斯、费雷泊士》（即《吕西斯篇》、《拉凯斯篇》、《斐莱布篇》），商务印书馆，1993 年版。

黄克剑译:《政治家》,北京广播学院出版社,1994年版。
戴子钦译:《柏拉图对话七篇》,辽宁教育出版社,1998年版。
杨绛译:《斐多》,辽宁人民出版社,2000年版。

四、有关中译《柏拉图全集》的说明

中译《柏拉图全集》的翻译工作是在前人努力的基础上进行的,但它不是上述中译文的汇编,不是老译文加新译文,而是由译者全部重译并编辑的一个全集本。之所以要这样做,那是因为汉语和中国的教育制度在20世纪中发生了巨大的变化,现在的中青年读者若无文言文功底,对出自老一辈翻译家之手的柏拉图对话已经读不懂了。已有译本出自多人之手,专有名词和重要哲学术语的译名很不统一。为了解决这些难题以适应时代和读者的需要,译者不得不放弃捷径,将柏拉图著作全部重译,这样做决不意味着对前人工作的不敬。

柏拉图对话的原文是古希腊文,要译成汉语,最佳途径当然是从希腊原文直接翻译。但是,这种做法要求翻译者具有很高的希腊语水平,而希腊语的难度是任何一位学过希腊语的中国人都能体会得到的。译者师从首开中国学界研究希腊哲学之先河的严群先生,在攻读硕士学位期间聆听先生教诲,修习了古希腊文。后来赴英国利兹大学攻读博士学位期间又由Barbara Spensley博士单独传授古希腊文两年。然而由于种种原因,译者至今仍未能达到抛开辞典和各种已有西文译本,仅依据希腊原文进行翻译的水准。本人在跨入新世纪的时候已经在向50岁靠拢,而又热切希望能尽早完成先师严群先生未竟之愿,故此这个译本各篇以希腊原文为基准,版本为娄卜丛书中的《柏拉图文集》(*Plato*, Plato, The Loeb Classical Library, Harvard University Press, 12 vols.),翻译中参考了学术界公认的权威英译文。这种做法希望学界人士予以理解。译者对中国学界所有能抛开一切西文译本,从希腊原文直接翻译希腊典籍的学者均表示敬意,亦望学者们能依据希腊原文指出译文中的问题,以利译者修正错误。

中译《柏拉图全集》在编排上借鉴了由伊迪丝·汉密尔顿和亨廷顿·凯恩斯编辑的《柏拉图对话全集》(Edith Hamilton & Huntington Cairns, ed., *Plato The Collected Dialogues, including the letters, with Introduction and Prefactory Notes*, Princeton, 1961)。这个英译本汇集了西方研究柏拉图哲学的顶尖学者(F. M. Cornford, W. K. C. Guthrie, Benjamin Jowett, W. H. D. Rouse, A. E. Taylor, J. Wright 等)的译本,其权威性在学术界得到公认,到 1987 年为止已经重印 13 次。编者之一伊迪丝·汉密尔顿女士在这个版本中为各篇对话写了短序,对我们理解各篇对话的概况有一定作用,故采纳,作为中译本各对话的提要。

译者从读硕士研究生开始即有幸得到汪子嵩、范明生、陈村富、姚介厚等先生的教诲,对他们从事的多卷本《希腊哲学史》的写作过程很清楚,也为配合该书的写作编制过专门的"希腊罗马姓名译名手册"。为此,《柏拉图全集》的专有名词中译以《希腊哲学史》中的译名为基准,哲学术语的译法也尽可能多地吸取《希腊哲学史》的研究成果。

为了能够凸现中译《柏拉图全集》的学术功能,便于学者们在研究中使用,译者参考西方学术界的研究成果和已有中文研究著作,尤其是范明生先生的研究成果,制作了柏拉图年表、谱系表、译名对照表、篇名缩略语表和全书索引,在此对范明生先生的特许表示谢意。

翻译柏拉图对话需要有高度的哲学修养和文学修养,也需要有关于希腊生活方方面面的知识。译者的学术兴趣主要属于哲学学科,在翻译中惟有本着“忠实、通顺”的原则,力求将文本的原意表达出来,因此有许多地方无法兼顾到文采,这也是要请读者们理解的地方。

译作的完成之日,就是接受批评的开始。敬请读者在发现错误的时候发表批评意见,并与译者取得联系(通信地址:100084 清华大学人文学院哲学系;电子邮件:xiaochao@tsinghua.edu.cn),以便译者在有需要再版时予以修正。

王晓朝

于北京清华园

2001 年 4 月 8 日

申辩篇

提 要

这个集子开头的三篇对话是对苏格拉底的最后日子及去世的解释。我们不知道柏拉图写作这些对话的顺序,但是阅读柏拉图的著作有很好的理由从围绕苏格拉底这位主要人物之死的这几篇对话开始。因为只有在这些对话中,苏格拉底代表他自己讲话,而在其他对话中,尽管他几乎总是主要发言人,但很少是在讲他本人的意思。在柏拉图的三篇晚期对话中,苏格拉底只是个听众,而在最后一篇对话中,他根本就没有出现。在开头的这三篇对话中,苏格拉底详细地谈论了他的生平和信仰。

在《申辩篇》中,苏格拉底受到一桩最严重的指控,出席雅典法庭受审,向他的同胞公民辩白自己。他受到的指控主要是:“苏格拉底有罪,他腐蚀青年人的心灵,相信他自己发明的神灵,而不相信国家认可的诸神。”众所周知,苏格拉底在这篇对话中提供了他的生活方式和宗教信仰的细节。

被判处死刑后,苏格拉底表示接受判决并作最后陈述,这些话栩栩如生地刻画了他的为人,而这样的描述似乎在其他任何对话中都没有出现过。伟大的精神领袖和伟大的圣人总是在装饰着历史的篇章,但是苏格拉底与他们中的任何一位都不同。他确实是一位神的仆人,生活在对神的完全服从之中,总是幽默地讥讽这个人的世界。他耗费自己的生命去努力点燃每个人内心的善的火花,使之成为烈焰。他反对盲目的固执、愚蠢的欺骗、自我主义的冷漠。当他遭到失败,给自己招惹来凶恶的敌人时,他感到有点儿后悔但又感到有趣,表现出一种悲哀的同情,因为他关心每一个人,就好像他在对自己说"我们是多么愚蠢的儿童啊!"苏格拉底从来没有宣判他人有罪。

《申辩篇》为我们了解苏格拉底的为人提供了最清晰、最重要的线索。

正　文

17 先生们,我不知道我的原告对你们有什么影响,但对我来说,我几乎要被他们弄得发昏了,因为他们的论点是多么令人佩服啊。不过,另一方面,他们说的话几乎没有一个字是真的。在他们的连篇假话中有句话尤其使我感到惊讶,我指的是他们对你们说,你们一定要小心,别让我把你们给骗了,言下之意就是说我是一个娴熟的演说家。
B 我要对你们说,讲这种话而不脸红的人真是极端厚颜无耻,因为他们一定知道这种话很快就会遭到事实的驳斥,我显然并不具备当一名演说家所需要的最基本的技巧,当然啦,除非他们所说的娴熟的演说家指的是讲真话的人。如果他们讲的是这种意思,那么尽管我和他们不是同一类型,我仍会同意我是一名演说家。

我说了,我的原告几乎没讲一句真话,或者干脆说,一句真话都没讲,而从我嘴里你们听到的将全部是真话,先生们,我可以向你们保证,这不是因为我会像他们那样流利地使用语言和精心修
C 饰词句。不,你们听到的话将是直截了当、脱口而出的,充满着正义的自信,我不想要你们中间有人会对我的话另作他想。先生们,要我这把年纪的人使用一名初出茅庐的演说家那样矫揉造作的语

言几乎不可能是适宜的。不过,有件事我确实得求你们。如果你
们听到我在申辩中用了我经常在城里的公共场所或别的地方使用
的语言,请别感到奇怪,也不要打断我的话,你们有许多人在那些
公共场所听过我说话。让我提醒你们,我活了70岁,这是第一次 D
上法庭,所以我对这个地方的辞令完全陌生。如果我真的是来自
另一个国家,用我自幼习得的方式和方言讲话,你们当然得原谅 18
我,所以我现在向你们提出这个我认为并不过分的请求,讲话的方
式有好有坏,但请别在意我的讲话方式,而要集中精力考虑我说的
话是否谎言。这是法官的首要责任,正如抗辩人的首要责任是说
真话。

担任法官的先生们,我的恰当步骤是,首先对付那批最早的控
词及原告,他们对我进行了虚假的指控,然后再对付后来的指控。
我之所以要这样区分是因为多年来你们已经听到有许多人对我进 B
行指控,这些指控没有一句话是真的,但是我对这些人的害怕胜过
害怕阿尼图斯及其同伙,尽管阿尼图斯等人也是相当可怕的。但
是另外一些人要更加可怕。我指的是这样一些人,你们中间许多
人自幼就受他们的影响,心中充塞他们对我的虚假指控。他们说,
有个聪明人名叫苏格拉底,他既懂天文,又对地上的一切事物加以
钻研,还能使较弱的论证变得能够击败较强的论证。

先生们,这些人是这些谎言的传播者,是我凶恶的原告,因为 C
那些听到这些谎言的人会假定研究这些事情的人一定是个无神论
者。此外,这些原告人数很多,他们对我的控告已经有好多年了。
更有甚者,当你们有些人还是儿童或青少年的时候,在你们这个最
易受影响的年龄他们接近你们,他们确实在没有对手的情况下打
赢了这场官司,因为根本无人替我辩护。最离奇的事情是我甚至
不可能知道他们的名字,当然也无法把他们的名字告诉你们,只知 D
道他们中有个人是一名剧作家。由于妒忌和喜欢造谣中伤,这些

人想要煽动你们来反对我,有些人只是在传播从别人那里听来的
话,而所有这些都很难对付。要把他们带到这里来接受盘问是不
可能的,我只好对着一个看不见的对手进行申辩,因为,没有人会
进行回答。所以我请你们接受我的陈述,把批评我的人分成两类,
E 一类是我现在的原告,另一类是我提到的从前的原告,而你们当然
会认为我将先针对从前的原告为自己辩护。你们毕竟很久以前就
听到他们对我的辱骂,他们比我最近的原告要凶狠得多。

19 好吧,先生们,我必须开始申辩了。我必须试着在我可以说话
的短暂时间里,消除多年来在你们心中留下的虚假印象。但愿最
后我能够达到这样的结果,先生们,因为这样的结果对你们、对我
都有益;但愿我的申辩是成功的,但我想这很难,我相当明白我的
任务的性质。不过,还是让神的意愿来决定吧,依据法律我现在必
须为自己辩护。

B 那么,让我们开始,请你们考虑使我变得如此不得人心,并促
使美勒托起诉我的指控到底是什么。还有,我的批评者在攻击我
的人品时说了些什么?我必须把他们的誓词读讲一遍,也就是说,
他们就好比是我法律上的原告:苏格拉底犯有爱管闲事之罪,他对
地上天上的事物进行考察,还能使较弱的论证击败较强的论证,并
C 唆使其他人学他的样。他们的讼词大体上就是这样。你们在阿里
斯托芬的戏剧中已经看到,戏中的苏格拉底盘旋着前进,声称自己
在空中行走,并且说出一大堆胡言乱语,而我对此一无所知。如果
有人真的精通这样的知识,那么我并不轻视它,我不想再受到美勒
托对我提出的法律起诉,但是先生们,事实上我对这种知识毫无兴
D 趣。更有甚者,我请你们中的大多数人为我作证,听过我谈话的人
很多,我呼吁所有曾经听到过我谈话的人在这一点上都可以向你
们的邻居查询。你们之间可以说说看,是否有人曾经听过我谈论
这样的问题,无论是长是短,然后你们就会明白事情真相,而其他

关于我的传闻也是不可信的。

事实上,这些指控全是空话;如果你们听到有人说我想要收费
授业,那么这同样也不是真话。不过,我倒希望这是真的,因为我 E
想,如果有人适宜教人,就像林地尼的高尔吉亚、开奥斯的普罗狄
科、埃利斯的希庇亚一样,那倒是件好事。他们个个都能去任何城
市,劝说那里的青年离开自己的同胞公民去依附他们,这些青年与 20
同胞交际无需付任何费用,而向他们求学不仅要交学费,而且还要
感恩不尽。

还有另一位来自帕罗斯的行家,我知道他在这里访问。我偶
然碰到一个人,他在智者身上花的钱超过其他所有人的总和,我指
的是希波尼库之子卡里亚。卡里亚有两个儿子,我对他说:“卡里
亚,你瞧,如果你的两个儿子是小马驹或小牛犊,我们不难找到一 B
位驯畜人,雇他来完善他们的天性,这位驯畜人不外乎是一位马夫
或牧人。但由于他们是人,你打算请谁来做他们的老师?谁是完
善人性和改善他们的社会地位的专家?我想你有儿子,所以你一
定考虑过这个问题。有这样的人,还是没有?”

他说:“当然有。”

我说:“他是谁?从哪里来?他要收多少钱?”

他说:“苏格拉底,他是帕罗斯来的厄文努斯,收费五个明那[①]。”

如果厄文努斯真是一位这种技艺的大师,传授这种技艺而收 C
费又如此合理,那真是可喜可贺。如果我也有这种本事,那我肯定
会为此感到自豪并夸耀自己,但是事实上,先生们,我不懂这种技
艺。

① minas,希腊货币名,约合银436克。正文中的注释均由中译者参照已有各种版本的注释加以取舍、改写、综合,并有许多添加。以下不再逐一说明。

也许你们有人会打断我的话,说“苏格拉底,你在干嘛?你怎么会被说成这个样子?无风不起浪。如果你老老实实,规规矩矩,那么这些关于你的谣言决不会产生,你的行为肯定有逾越常规之
D 处。如果你不想要我们自己去猜测,那么给我们一个解释。”

这在我看来是一个合理的要求,我会试着向你们解释是什么原因使我蒙上如此恶名。所以请你们注意听。你们中有些人也许会想我不是认真的,但我向你们保证,我要把全部事实真相告诉你们。

先生们,我得到这种名声无非就是因为有某种智慧。我指的是哪一种智慧?我想是人的智慧。在这种有限的意义上,我好像
E 真是聪明的。我刚才提到的这些天才人物拥有的智慧可能不止是人的智慧。我不知道其他还有什么解释。我肯定没有这种智慧的知识,任何人说我有这种知识都是在撒谎,是故意诽谤。现在,先生们,如果我好像是在口出狂言,请别打断我,因为我将要告诉你们的这些话并非我自己的看法。我将向你们提起一个无可怀疑的权威。这个权威就是德尔斐的神①,他将为我的智慧作证。

21 你们当然认识凯勒丰。他自幼便是我的朋友,也是一位优秀的民主派,在最近的那次放逐中,他和你们的人一起被放逐,也和他们一起回来。你们知道他的为人,一做起事来便热情百倍。有一天,他竟然去了德尔斐,向那里的神提出这个问题。先生们,我在前面讲过,请别打断我的话。他问神,是否有人比我更聪明。女祭司回答说没有。凯勒丰已经死了,但他的兄弟在这法庭上,他可以为我的话作证。

B 请想一想我为什么要把这件事告诉你们。我想解释对我的名

① 指阿波罗,希腊神话中的太阳神和智慧之神。德尔斐是希腊宗教圣地,建有著名的阿波罗神庙。

声进行攻击是怎样开始的。听到这个神谕，我对自己说，神说这话是什么意思？他为什么不明明白白地把他的意思讲出来呢？我非常明白我是没有智慧的，无论大小都没有。那么，神为什么要说我是世上最聪明的人呢？神不可能撒谎，否则便与其本性不合。

困惑了很长时间，我最后终于勉强决定用这样的方法去试探
这个神谕的真意。我去拜访一位有着极高智慧声望的人，因为我 C
感到这样一来我就可以成功地否认那个神谕，可以反驳我那神圣的权威了。你说我是最聪明的人，但这里就有一个人比我更聪明。

于是我对这个人进行了彻底的考察，我不需要提到他的名字，但我可以说他是我们的一位政治家。我与他交谈时得到了这种印象，尽管在许多人眼中，特别是在他自己看来，他好像是聪明的，但事实上他并不聪明。于是我试着告诉他，他只是认为自己是聪明
的，但并不是真的聪明，结果引起他的忿恨，在场的许多人也对 D
我不满。然而，我在离开那里时想，好吧，我肯定比这个人更聪明。我们两人都无任何知识值得自吹自擂，但他却认为他知道某些他不知道的事情，而我对自己的无知相当清楚。在这一点上，我似乎比他稍微聪明一点，因为我不认为自己知道那些我不知道的事情。

后来我又去访问一个人，他在智慧方面的名气更大，结果我得 E
到了同样的印象，也把那个人和其他许多人给惹恼了。

从那以后，我一个接一个地去访问。我明白这样做会使别人讨厌我，也感到苦恼和害怕，但我感到必须将我的宗教义务放在第一位。因为我正在试着寻找那个神谕的意义，我必须访问每一个
拥有知识名望的人。先生们，凭着神犬[①] 的名义起誓，我必须对 22

① 此处原文为“狗”，指埃及的神犬。希腊人发誓的一种说法。

你们坦白,这就是我诚实的印象。当我服从神的命令进行考察的
时候,我看到那些有着极大声望的人几乎全都是有缺陷的,而那些
被认为低劣的人在实际的理智方面倒比他们要好得多。

我希望你们把我的冒险当作一种朝圣,想要一劳永逸地弄清
那个神谕的真相。在结束了对政治家的访问后,我去访问诗人、戏
B 剧诗人、抒情诗人,还有其他各种诗人,相信在这种场合我自己会
显得比他们更加无知。我曾经挑出某些我认为是他们最完美的作
品,问他们写的到底是什么意思,心里希望他们会扩大我的知识。
先生们,我很犹豫是否要把真相告诉你们,但我必须说出来。我毫
不夸张地说,当时在场的人没有一个能够比诗歌的真正作家更好
C 地解释这些诗歌。所以我也马上就有了对诗人的看法。我确定使
他们能够写诗的不是智慧,而是某种天才或灵感,就好像你在占卜
家和先知身上看到的情况,他们发布各种精妙的启示,但却不知道
它们到底是什么意思。在我看来,诗人显然处在大体相同的状况
下,我也观察到,他们是诗人这一事实使他们认为自己对其他所有
行当都具有完善的理解,而对这些行当他们实际上是无知的。所
以我就结束了对诗人的考察,心中的感觉与我在对政治家进行考
察后得到的感觉是一样的。

D 最后我去找那些有本领的工匠。我很清楚自己根本没有任何
技术,也确信可以发现他们充分地拥有深刻的知识。我没有失望。
他们懂那些我不懂的事情,在这个范围内,他们比我更聪明。但
是,先生们,这些职业家似乎也犯了我在诗人那里观察到的同样的
错误。我指的是,依据他们的专业能力,他们声称对其他行当也都
具有完善的理解,而无论这些事情有多么重要,我感到他们的这个
E 错误掩盖了他们的确定的智慧。于是我就代那神谕问我自己,我
是愿意像我原来那样,既没有他们的智慧也没有他们的愚蠢,还是
两方面都像他们一样呢?我自己代那神谕回答说,我最好还是像

我原来那个样子。

先生们，我的这些考察使自己四面树敌，引来极为恶毒和固执 23
的诽谤，这些邪恶的谎言包括把我说成是一名智慧的教师。因为，
当某人声称自己在某个既定的主题中是智慧的，而我成功地对他
进行了驳斥的时候，旁观者就假定我本人知道关于这个主题的一
切。但是，先生们，真正的智慧是神的财产，而我们人的智慧是很
少的或是没有价值的，那个神谕无非是他用来告诉我们这个真理
的一种方式。在我看来，神并不是真的在说苏格拉底，而只是在以 B
我的名字为例，他就好像在对我们说，你们人中间最聪明的是像苏
格拉底一样明白自己的智慧实际上毫无价值的人。

时至今日，我仍然遵循神的旨意，到处察访我认为有智慧的
人，无论他是本城公民还是外地人；每想到有人不聪明，我就试图
通过指出他是不聪明的来帮助神的事业。这个事业使我无暇参与
政治，也没有时间来管自己的私事。事实上，我对神的侍奉使我一 C
贫如洗。

还有另外一个原因使我遭人厌恶。有许多悠闲安逸的富家子
弟主动追随我，因为他们喜欢听到别人受盘问。他们经常以我为
榜样，也去盘问别人。借此，我想，他们发现有许多人自以为知道
某些事情，而实际上知道极少或一无所知。结果他们的受害者被
惹火了，但不是对他们发火，而是冲着我。他们抱怨说，有个传播
瘟疫的大忙人叫苏格拉底，他把错误的观念灌输给青年。如果你 D
们问这些人，苏格拉底干了些什么，苏格拉底教了些什么，以致于
产生这样的结果，他们说不出来，也不知如何回答。但是由于他们
不想承认自己的困惑，于是就随口说些现成的对哲学家的指责，说
苏格拉底对地上天上的事物进行考察，不信诸神，还能使较弱的论
证击败较强的论证。我想，他们很不情愿承认这个事实，他们在有
些地方假装有知识，而实际上一无所知。所以我想，出于对我的妒 E

忌,再加上精力充沛,人数众多,为了维护他们自己的名声,于是他们就对我精心策划了这样一个貌似有理的指控,你们的双耳早已灌满他们对我的猛烈批判。

这些原因导致美勒托、阿尼图斯和吕孔对我的攻击。美勒托
24 代表诗人，阿尼图斯代表职业家和政治家，吕孔代表演说家，为
他们鸣冤叫屈。所以我一开始就说，如果我能在我可以说话的短
暂时间内消除你们头脑中根深蒂固的错误印象，那简直是个奇
迹。

先生们,你们已经知道了事实真相,我把它告诉你们,事情无
论巨细,都没有任何隐瞒。我非常清楚我的坦率言论是你们厌恶
我的原因,但这样一来反而更加证明我说的是实话,我已经准确地
B 揭示了那些诬蔑我的流言蜚语的性质,指出了它们的根源。无论
你们现在还是今后对这些事情进行检查,都会发现我刚才说的是
事实。

关于我的第一批原告对我的指控,我的申辩就到这里。现在我要针对美勒托这位自命具有高度道德原则的爱国者作出申辩,然后再针对其他人。

和刚才一样,让我们先来看一下他们的讼词,就好像他们提出
了一桩新的指控。他们的讼词是这样的:苏格拉底有罪,他腐蚀青
年人的心灵,相信他自己发明的神灵,而不相信国家认可的诸神。
C 这就是他们的指控。让我们逐一加以考察。首先,这条指控说我
犯了腐蚀青年的罪行。但是我要说,先生们,美勒托犯了罪过,因
为他用轻率的态度对待一桩严肃的事情,用一些琐屑的理由把人
们召来参加审判,还对他从来不感兴趣的事装出一副关切焦虑的
模样。我会试着证明这一点,直到你们满意为止。

D “来吧,美勒托,请告诉我,你是否认为我们的青年应当尽量受
到良好的影响是头等重要的大事?”

“是的。”

“很好，那么请告诉这些先生们，谁在使这些青年学好。如果你对这件事如此感兴趣，那么你一定知道他们是谁。如你所说，你已经在我身上发现了邪恶的影响，所以把我带到这些先生面前来控告我。那么请大声对这些先生说，谁对青年产生了良好的影响。……你瞧，美勒托，你的舌头打结了，说不出来了。你真丢脸，这岂不是正好证明了我说的话，你对这个问题根本没有兴趣吗？我的朋友，告诉我，谁在使青年人学好？”

“法律。”

“我亲爱的先生，这不是我要问的。我要你把懂得法律、以法 E
律为主业的人的名字说出来。”

“苏格拉底，我指在座的这些先生，审判团的成员。”

“美勒托，你的意思是他们有能力教育青年，使他们学好吗？”

“当然。”

“所有法官都使青年学好，还是只有某些法官使青年学好？”

“全体法官。”

“好极了！世上竟有那么多人使青年学好。好吧，那么这些法庭上的听众是否也使青年学好？”

“是的，他们也使青年学好。” 25

“议会议员怎么样？”①

“他们也使青年学好。”

“美勒托，公民大会的成员肯定也不会腐蚀青年，对吗？或者说他们全都对青年发挥良好的影响，使他们学好吗？”

“是的。”

---

① 伯里克利时代雅典城邦的政府组织有公民大会、五百人会议、执政官和十位将军。此处的议会议员指五百人会议的成员。

“如此说来,似乎所有雅典人都在使青年学好,只有我除外,只有我在腐蚀他们。你是这个意思吗?”

“是的,我确实就是这个意思。”

“这确实是你在我身上找到的最可悲的品质。好吧,让我问另
B 一个问题。以马为例,你相信整个人类都在对马进行改善,而只有一个人对马施加坏影响吗?或者说事实正好相反,使马改善的能力只属于一个人或很少人,他们是驯马师,而大多数人如果必须与马打交道,使用马匹,那么他们就会伤害马,对吗?美勒托,无论是马还是其他所有动物,不都是这种情况吗?无论你和阿尼图斯是否承认,必然就是这种情况。如果只有一个人在腐蚀我们的青年,而其他人都在为他们好,那么他们真是幸运。但是我不需要再说
C 什么了。美勒托,有充足的证据表明你从来没有关心过青年,你已经清楚地表明你对拿来控告我的这件事从来没有产生过丝毫兴趣。

再则,请严肃地告诉我,美勒托,住在一个好的社团里好还是住在一个坏的社团里好?回答我的问题,大善人,这个问题并不难。恶人对与他们有密切交往的人产生坏影响,好人则对他们产生好影响,对吗?”

“当然是这样。”

D “有人宁愿受到与之交往者的伤害,而不愿从他那里得到益处吗?回答我,我的善人,法律需要你回答。有人宁可受到伤害吗?”

“当然没有。”

“那么好吧,你把我召到法庭上来,指控我腐蚀青年,使他们的性格变坏,你认为我在这种时候这样做是有意的还是无意的?”

“我认为是有意的。”

“美勒托,为什么你这般年纪的人会比我这般年纪的人聪明得

多？你发现在与青年们最接近的邻居中，恶人总是对他们产生坏
的影响，好人总是产生好的影响，而我竟然会如此可悲，以至于不 E
知道自己若是腐蚀某个同伴的品格，就得冒着从他那里受到伤害
的危险吗？否则就没有其他理由能使我承认这种巨大的冒犯是有
意的了。不，我不相信，美勒托，我也不认为还有别人会相信。要 26
么我没有起坏的影响，要么我起了坏影响但却是无意的，而在这两
种情况下，你的控告都是虚假的。如果我无意中起了坏影响，那么
对这种无意中犯下的过错，正确的程序不是把过失人召到这个法
庭上来审问，而是对他进行私下训诫。如果我还张着双眼，我显然
就会停止做我并不想做的事情。但是，你过去故意回避我，不肯启
发我，现在却把我带到这个法庭上来，这个地方是那些需要接受惩
罚的人要来的，而不是那些需要启发的人要来的。

现在事情相当清楚了，先生们，我前面说过，美勒托从来没有 B
对这种事表现过任何兴趣。然而我还是请你告诉我们，美勒托，在
什么意义上你说我腐蚀青年人的心灵。你的控告用词显然表示你
指控我唆使他们相信新神，而不相信国家承认的诸神。你说我的
这种教唆具有腐蚀效果吗？”

“这正是我的意思。”

“那么美勒托，以我们正在谈论的这些神的名字起誓，我恳求 C
你更加清楚地向我和审判团解释一下你的意思，因为我无法弄清
你的准确含义。如果说我教唆别人相信某些神，这就蕴涵着我本
人相信某些神，那么我就不是一个彻底的无神论者，也不会因此而
有罪。你对我的控告所依据的事实是我相信的神与国家承认的神
不一样吗？或者说你断定我不相信任何神，并且教唆其他人也这
样做？”

“我说你完全不相信神。”

“你真使我感到惊奇，美勒托。你这样说的目的是什么？你是 D

指我不像人类的一般信仰那样相信太阳和月亮是神吗?

“审判团的先生们,他肯定不相信神,因为他说太阳是一块石头,月亮是一团土。”

“我亲爱的美勒托,你没想到你正在控告阿那克萨戈拉吧?你如此藐视这些先生,认为他们竟连克拉佐门尼的阿那克萨戈拉的书中充斥着这样的理论都不知道,是吗?青年人在市场上顶多花
E 一个德拉克玛[1]就能买到这些书,如果苏格拉底声称这些思想是他自己的,他们会嘲笑苏格拉底,而不说他们自己愚蠢,这种时候你是否还真的认为那些青年是从我这里得到这些想法的吗?诚实地告诉我,美勒托,这是你对我的看法吗?我不信神吗?”

“不信,一位神都不信,一点都不信。”

“你说的话一点都不可信,美勒托,我怀疑连你自己都不信。在我看来,先生们,这个人完全是个自私自利的家伙,他对我的控
27 告纯粹出于一种蛮不讲理和自以为是。他好像要发明一种试探我的方法,他心里在想,且看这位从来不犯错误的苏格拉底是否明白我在为了取乐而自相矛盾,或者在想,看我能否成功地骗过他和其他听众,对吗?在我看来,他的控告确实自相矛盾,就好像说,苏格拉底犯有不信诸神之罪,但他相信诸神。这种说法确实很轻率。

B “先生们,我请你们与我一道来考察我是怎样得出这个结论来的。美勒托,请你务必回答我的问题。而其他所有人,请记住我一开始就提出的请求,如果我按我的习惯方式进行讨论,请不要打断我。

“美勒托,相信有人的活动,但不相信有人存在,这个世上会有这样的人吗?让美勒托回答问题,先生们,别让他老是说反对。有

① drachma,希腊货币名,约合银4.4克。

人不相信有马存在,但相信有马的活动吗?或者,有人不相信有乐
师,但相信有音乐活动吗?没有这样的人,我尊敬的朋友。如果你
不想回答问题,我会为你和这些先生们做答。但是下一个问题你 C
必须回答。有人相信有超自然的活动,但不相信有超自然的存在
吗?”

“没有。”

“好极了!在法庭的迫使下,你终于吐出了片言只语。好吧,
你肯定我相信并唆使其他人相信超自然的活动吗?它们是新的还
是旧的没有关系。按照你的状词我是相信它们的,对此你确实庄
严地作过宣誓。但若我相信超自然的活动,那么我不可避免地也
相信超自然的存在。不是这样吗?是的。我假定你同意了,因为
你没有回答。我们不是把超自然的存在当作诸神或诸神的子女 D
吗?你同不同意?”

“当然同意。”

“那么如你所说,如果我相信超自然的存在,如果这些超自然
的存在就是某种意义上的诸神,那么我们就能得出我刚才提到的
结论,你为了自己取乐而在考验我的智力,先是说我不相信诸神,
然后又说我相信诸神,因为我相信超自然的存在。另一方面,如果
这些超自然的存在是由诸神与宁妇[1] 或其他母亲生下来的杂种,
就像人们所说的那样,那么在这个世界上有谁会相信有诸神的子
女,而不相信有诸神本身?如果有这样的人,那么他就像相信有马 E
驹和驴驹而不相信有马和驴一样可笑。美勒托,这个结论是不可
避免的,你用这条罪状来控告我,借此考验我的智慧,或者说你根
本无法找到控告我的真正的罪状。至于你指望说服任何一位有一
点儿理智的活人,使他信服相信超自然的神的活动不蕴涵相信超

① nymphs,希腊神话中居住在山林水泽的仙女,有许多位。

28 自然的神的存在,或是相反,都是绝对不可能的。

事实上,先生们,针对美勒托的控告,我并不感到需要作更多的申辩为自己洗刷。我说过的已经够了。但是,你们非常明白我在前半部分所说的那些话是真的,我招惹了许多人,他们对我的深仇大恨可以置我于死地,如果有什么事发生,那么起作用的既不是美勒托,也不是阿尼图斯,而是众人的谎言和妒忌。

B 已经有许多无辜者遭到诬陷,我想这种情况还会继续下去,他们也不像要停止对我的诬陷。但是,有人也许会说,苏格拉底,你做了一系列事情使你面临死刑的危险,你不感到懊悔吗?

对此我会公正地回答说,我的朋友,如果你认为一个人要在掂量了生存与死亡之后才决定是否值得在某件事上花时间,那么你错了。他在采取任何行动时只考虑一件事,这就是他的行为是否
C 正确,无论善人还是恶人都一样。按你的看法,死在特洛伊的英雄是微不足道的,尤其是忒提斯之子。[①] 如果你还记得的话,他不愿受辱,因此轻视生命危险,不听他的神母对他的警告,迫不及待地想要杀死赫克托耳;我记得神母的警告是这样的:孩儿啊,如果你要为你的战友帕特洛克罗之死进行报复,要杀死赫克托耳,那么你的死期将至。“赫克托耳一死,你注定的死期也便来临。”听到这个
D 警告,他轻视死亡和危险,更加担心自己会卑鄙地活着而不能为他的朋友复仇。他说:“如果我不能向那个恶棍讨还血债,那就让我立即死吧,胜过在船舶前徒然呆坐,成为大地的负担。”[②] 你们想,他还把死亡和危险放在心上吗?

先生们,事情真相就是这样。如果某个人一旦有了他的立场,

---

① 指阿喀琉斯(Achilles),相传为阿耳戈英雄珀琉斯和海洋女神忒提斯所生,在特洛伊战争中是希腊联军一方的大英雄。

② 参阅荷马:《伊利亚特》第18卷,第96行。

无论他认为这种立场是最好的还是由于职责所在,那么我相信他
必须面对危险,宁死勿辱,根本不会去考虑死亡或其他事情。

先生们，如果我不能一如既往地这样做，那么倒是令人震惊 E
的。从前，你们派来指挥我的将军派我去波提狄亚、安菲波利
斯、代立昂等地执行军务，我与战友们一道冒着生命危险坚守岗
位，后来神指派我过一种哲学的生活，这是我假定和相信的，对 29
自己和其他人进行考察，我却会由于害怕死亡或其他危险而放弃
我的职责。如果真是这样的话，那确实是令人震惊的，我应当被
公正地召到法庭上来受审，因为我不相信诸神、不服从神谕、怕
死、不聪明而以为自己聪明。先生们，让我来告诉你们，怕死只
是不聪明而以为自己聪明、不知道而自以为知道的另一种形式。
没有人知道死亡对人来说是否真的是一种最大的幸福，但是人们
害怕死亡，就好像他们可以肯定死亡是最大的邪恶一样，这种无 B
知，亦即不知道而以为自己知道，肯定是最应受到惩罚的无知。
先生们，我以此为标准，这就是我胜过世上所有其他人的地方，
如果我声称自己在任何方面比我的邻居更聪明，那么我也就和他
们一样了。我不拥有关于死亡之后的真正的知识，我也意识到我
不拥有这种知识。但是我确实知道做错事和违背上级的命令是邪
恶的、可耻的，无论这个上级是神还是人，所以我决不会害怕或
厌恶那些我知道有可能是一种幸福的事情，胜过那些我知道是邪
恶的事情。

阿尼图斯刚才说过,我根本不应该出现在这个法庭上,但我现 C
在已经在法庭上了,那就必须将我处死,因为如果我逃脱了,你们
的儿子马上就会去实践苏格拉底的教导,彻底堕落。假定你们可
以不考虑阿尼图斯的意见,判我无罪。假定你们对我说,苏格拉
底,鉴于这种情况,这一次我们就不管阿尼图斯的意见了,判你无
罪,但有一个条件,你得放弃把时间花在这种探讨上,停止从事哲

学。如果我们发现你仍旧在这样做,那么你会被处死。

D 好吧,如我所说,假定你们愿意在这些条件下判我无罪,那么
先生们,我会这样答复,我是你们感恩的和忠心的仆人,但是我宁
可服从神而不服从你们,只要我还有生命和能力,我将永不停止实
践哲学,对你们进行规劝,向我遇到的每一个人阐明真理。我将以
我通常的方式继续说,我的好朋友,你是一名雅典人,属于这个因
E 其智慧和力量而著称于世的最伟大的城市。你只注意尽力获取金
钱,以及名声和荣誉,而不注意或思考真理、理智和灵魂的完善,难
道你不感到可耻吗?

如果你们中有人驳斥我的说法,说自己对这些事情是关心
的,那么我不会马上离开他或者让他离开我。我将向他提问,对
他进行考查和试验;如果他尽管这样说了,但并没有在求善方面
30 取得真正的进步,那么我将责备他忽略了最重要的事情,而将注
意力都放在琐碎的小事上。我将对我遇到的每个人这样做,年轻
人或老人,外地人或公民,尤其是对你们,我的同胞,因为你们
和我的亲属关系最密切。我向你们保证,这是我的神的命令,我
相信在这座城市里没有比我对神的侍奉更大的善行了。因为我把
自己所有的时间都花在试探和劝导你们上,不论老少,使你们首
B 要的、第一位的关注不是你们的身体或职业,而是你们灵魂的最
高幸福。我每到一处便告诉人们,财富不会带来美德(善),但是美
德(善)会带来财富和其他各种幸福,既有个人的幸福,又有国家的
幸福。

如果我用这个教导腐蚀青年,那么这个教导似乎有害,但若
有人说我的教导不是这样的,那么他在胡说。所以,先生们,我
C 说你们可以随自己的意愿决定是否听取阿尼图斯的建议,决定是
否判我无罪。你们知道我不会改变自己的行为,哪怕要我死一百
次。

安静，先生们，请安静。记住我的请求，听我讲，不要打断我的
话。我相信，听我说话对你们有好处。我还要告诉你们其他事情，
这些话会引来你们的大声抗议，但请约束你们自己。我向你们保
证，如果我就是我说的这个样子，而你们将我处死，那么你们对自
己的伤害超过对我的伤害。美勒托或阿尼图斯都无法伤害我，他 D
们没有这种力量，因为我不相信神的法律会允许一个好人被一个
坏人诅咒。我的原告无疑会处死我，或者放逐我，或者剥夺我的公
民权，但那怕他只是这样想，那怕别的人也只是这样想，我都要大
胆地说，这将是一场大灾难，而这样做对我不会有什么伤害。因为
我相信，他现在正在做的事，试图把一个无辜的人处死，给他自己
带来的伤害要大得多。由于这个原因，先生们，我实际上不是在为
自己辩护，而是在为你们辩护，使你们避免由于谴责我而误用神的
礼物。如果处死了我，你们再要找一个人来继承我是不容易的。 E
用一个听起来可笑，但实际含义非常真实的比喻来说，神特意把我
指派给这座城市，它就好像一匹良种马，由于身形巨大而动作迟
缓，需要某些虻子的刺激来使它活跃起来。在我看来，神把我指派
给这座城市，就是让我起一只虻子的作用，我整天飞来飞去，到处
叮人，唤醒、劝导、指责你们中的每一个人。先生们，你们不容易找 31
到另一个像我这样的人，如果你们接受我的建议，那么你们就不要
处死我。然而，我怀疑你们已经昏昏入睡，你们对我的厌恶会使你
们接受阿尼图斯的建议，一巴掌把我打死，然后继续昏睡，直到你
们生命的终结，除非神出于对你们的眷顾指派另一个人来接替我
的位置。

如果你们怀疑神是否真的把我作为礼物派到这座城市里来， B
那么你们可以用这样的方式来使自己信服。你们可以想一想我的
所作所为符合人的天性吗？放弃自己的私事，多年来蒙受抛弃家
人的耻辱，自己忙于用所有时间为你们做事，像一名父亲或长兄

那样来看望你们每个人，敦促你们对美德进行思考。如果我从中
得到什么享受，或者如果我的良好建议是有报酬的，那么我的行
为还会有其他一些解释，但是你们亲眼看到，尽管控告我的人厚
C 颜无耻地说我犯有各种罪行，但有一件事他们不敢提出来控告
我，这就是说我曾经勒索或收取报酬，因为他们没有任何证据。
而我能为我的陈述的真实性提供证据，最令人信服的证据就是我
的贫穷。

有人可能会感到奇怪，为什么我要到处提供这样的建议，忙
于民众私事，而从来不在公共场合公开的就国家大事向你们提出
D 建议。其原因就是你们以前曾经多次听我说过的，我服从神或超
自然的灵性，亦即美勒托在他的讼词中讥笑过的那位神灵。我与
之相遇始于童年，我听到有某种声音，它总是在禁止我去做我本
来要去做的事情，但从来不命令我去做什么事情。阻止我参与公
共生活的也是它，我认为这样非常好，因为，先生们，你们也能
确定，如果我很久以前就去搞政治，那我一定老早就送命了，对
E 你们和对我自己都没有什么好处。请别因为我说了真话就感到自
己受了冒犯。凡是凭良心反对你们，或者反对任何别的有组织的
民主制的人，公开阻止他的国家犯下重大错误和做不法之事的
32 人，都不可能保全性命。正义的真正斗士，如果想要活下来，那
怕是很短暂的时间，也一定要把自己限制在私人生活中，远离政
治。

对我自己说过的话，我要向你们提供真实的证据，这种证据不是理论，而是你们能够比较好地加以理解的事实。我在描述我的真实体验时，你们要注意听，这样你们就可以知道我从来不会因为怕死而错误地向任何权威屈服，而会宁死不屈。这是一个平凡的故事，就像你们在法庭上经常听到的一样，但这件事是真实的。

先生们,我在这个城邦里担任过的惟一公职是当选为五百人 B
议会的议员。① 有一次轮到我们这一乡族的议员担任执行主席团的时候,你们决定要集体审理十将军未收回海上阵亡将士遗体的案子,这样做是非法的,后来你们也都承认这一点。② 当时执行主席团中只有我一人坚持你们不能违反法律进行投票;尽管当时你们的领导人全都准备申斥和逮捕我,而你们也都大声喧哗,怂恿他们这样做,但是我想我要坚守职责,按照法律和正义处理这件事, C
而不能支持你们通过监禁或死亡的威胁作出的错误决定。

这件事是在我们仍旧实行民主政治的时候发生的。寡头政治上台以后,"三十巨头"召我和其他四人去圆厅,命令我们去萨拉米的勒翁家中把他抓来处死。这件事当然不是惟一的,他们发出过许多诸如此类的指示,其目的是让尽可能多的人与他们所犯的罪恶有牵连。然而,我以自己的行动而不是话语再次表明死亡对我 D
来说无关紧要,这样说可能不算太厉害,我决不能做错事或作恶,这对我来说才是最重要的。政府的淫威虽盛,但它不能强迫我去

① 公元前509年,雅典政治家克利斯提尼(Cleisthenes)进行政治体制改革。他按居住地域把整个阿提卡划分为一百个区(demos),由乡民自己管理。每区公民选举他们自己的公务人员。每十区组成一个乡族,共十个乡族。每一乡族各选派50名代表参加"五百人会议",任期一年。"五百人议会"是比较平民化的机构,其职责是为公民大会准备提案,并执行公民大会的决议,亦负责重大案件的审理。

② 克利斯提尼改革以后,雅典的军事组织为十将军制:每年由十个乡族各选出一名将军,组成"十将军委员会",负责该年的军事指挥事宜。十将军中有一人为首席将军。公元前406年,雅典海军在爱琴海西部群岛附近战胜斯巴达人。退兵时因海上风暴骤起,雅典海军未能收回阵亡将士的遗体,统兵的十位将军因此受到控告。原告提议不必个别审理,要求统一由民众投票表决,意欲置他们于死地。这种做法不合雅典的法律,但执行主席团中只有苏格拉底一人坚持不能把原告这种不合法的提议提交公民投票。后来,十位将军被处死。

作恶。我们走出圆厅以后,其他四个人径直去萨拉米捉勒翁,而我
却溜回家。如果这个政府没有马上倒台,我可能已经为这件事而
E 送命了。有许多人可以为我说的这些事作证。

你们以为,如果我参与公众生活,在这种氛围中像一个正直的
人那样行事,维持公正,真正地把这个目的看得高于一切,我还能
33 活到今天吗?差得远呢,先生们,其他任何人也做不到。你们会发
现我这一生无论是履行公务,还是处理私事,都是始终如一的。我
从来没有对任何人与正义不符的行为表示过支持,包括那些被某
些人恶意地称为我的学生的人。我从来没有做过任何人的老师,
但若有人愿意来听我谈话,按我的吩咐去做,无论是青年还是老
B 人,我也从来没有吝惜给他们机会;他们与我谈话,我不收费,
也不拒绝与没有钱的人谈话。我做好准备回答人们的提问,无论
贫富一视同仁,如果有人宁可听我讲,回答我的问题,我同样也
作好了准备。如果他们有人变成一位好公民或者变成一位坏公
民,那么要我对此负责是不公平的,因为我从来没有向任何人许
诺或灌输过任何学说;如果有人说他曾从我这里私下学到或听到
某些对其他人并不公开的事情,那么你们完全可以肯定他说的不
是真话。

C 但是为什么会有一些人乐意花费大量的时间与我作伴呢?先
生们,原因你们已经听到了,我已经相当坦率地告诉过你们了。这
是因为他们喜欢听我盘问那些认为自己聪明而实际上并不聪明的
人,这种事情有取乐的一面。我说过,为了服从神的命令,我接受
了这种义务,神的命令以神谕、托梦以及其他各种神圣天命的形式
D 出现。先生们,这个说法是真实的,很容易证明。如果说我正在腐
蚀某些青年,并且已经使一些青年腐化,如果这些腐化的青年现在
年纪已经大了,他们发现我在他们年轻时给他们提过不好的建议,
如果这些都是事实,那么他们现在一定会出来斥责我,惩罚我。如

果他们自己不想这样做，你们会期待他们的某些亲属，父亲、兄弟
和其他近亲，现在还记得这些事，就好像他们自己亲身受过我的伤
害似的。他们中肯定有许多人找得到来这个法庭的路，我自己就 E
看到有许多人在这里。首先，克里托在那边，他是我的同龄人和近
邻，是这位青年克里托布卢的父亲；其次，斯费图的吕珊尼亚斯在
这边，他是埃斯基涅的父亲；再次，凯菲索的安提丰在那边，他是厄
庇革涅的父亲。此外，我们圈子里的成员的兄弟们全都在这里，塞
奥佐提德之子尼科司特拉图是塞奥多图的兄弟，但是塞奥多图已
经死了，所以尼科司特拉图不能让他的兄弟出来说话；帕拉卢斯在
这里，他是德谟多库斯之子，塞亚革斯的兄弟。这里还有阿狄曼 34
图，他是阿里斯通之子，他的兄弟柏拉图就在那边，还有埃安托多
鲁，他的兄弟阿波罗多洛就在这边。此外，我还能说出许多来，美
勒托在他的发言过程中当然一定得用他们中的某些人作证人。如
果他忘了这样做，那么让他现在就这样做，我愿意为他开路。让他
说是否能提供这样的证据。恰恰相反，先生们，你们会看到他们全
都准备帮助我这个把他们的直系亲属腐蚀了的恶魔，如美勒托和 B
阿尼图斯所说。受我的影响而被腐蚀了的那些受蒙蔽的人要来帮
助我也许还说得过去，但是那些没有被我腐蚀的成年人有什么理
由要来帮助我呢？只有一个正确、恰当的理由，这就是他们知道美
勒托在撒谎，而我说的是真话。

先生们，这些话，或者还有一些大体相同的话，基本上就是我
能在申辩中所说的话了。你们中有些人会联想起自己的案子，因 C
此对我产生怨恨，他们受到的控告不如我的案子那么重，但他们在
法官面前痛哭流涕，苦苦哀求，把他们尚在襁褓中的孩子以及其他
许多亲戚朋友也带到法庭上来，借此博得最大程度的怜悯；而我正
好相反，尽管似乎面临着巨大的危险，但我决不愿做这种事。你们
中的某个人可能在想到这些事实时会对我产生偏见，恼羞成怒而

D 在投票时对我发泄怒气。你们中要是有人这样做,我想我这样说还挺公平,我希望不会有这种人,但这种可能性是存在的。我亲爱的先生,我当然也有亲戚。用荷马的话来说,我不是“出生于岩石或古老的橡树”,① 我的父母也是人,我也有亲戚,对,还有儿子。先生们,我有三个儿子,一个已经接近成年,还有两个还小,但我不会把任何一个带到这里来,恳求你们判我无罪。

E 为什么我不想做这种事?先生们,不是我刚愎任性,也不是我轻视你们,我面对死亡是否勇敢与此无关。问题在于,对我本人,对你们,对整个国家的声誉来说,以我这样的年纪和我这样的名声,我不认为使用这样的方法是正确的;我的名声也许是真的,也
35 许是假的,但无论如何,人们确实认为苏格拉底与世上其他一切人都不同。如果你们中间有人被认为拥有杰出的智慧、勇敢,或其他美德,但他们却使用这样的方法,那么这是一种耻辱。我经常注意到某些这种类型的人,尽管声望很高,但在受审时却表现得极为差劲,可见他们认为失去生命是一件可怕的事情,就好像如果你们不处死他们,他们就会不朽似的!我认为这些人给我们的城邦带来
B 了耻辱。任何来访者都免不了会想,这些拥有最高贵血统,被其同胞按其功绩选为统治者并拥有其他高位的人并不比女人好到哪里去。先生们,如果你们还有一点荣誉感,那么你们就一定不能使用这样的方法;如果我们这样做了,你们也一定不能允许我们这样做。相反,你们一定要弄清,无论谁在这里上演那些可怜的丑剧,给我们的城邦带来笑柄,那么他比那些完全保持镇静的受审者更容易被定罪。

C 先生们,关于在法庭上的表现,我不认为向法官求情,或通过这样做而被判无罪是正当的;除此以外,受审者必须把事实告诉法

① 荷马:《奥德赛》,第 19 卷,第 163 行。

官,并提供证据使他们信服。法官并不是坐在那里把公正当作一
种恩惠来分发,而是要决定公正在哪里,他们发誓不按个人好恶来
定案,而是依法做出公正的判决。因此,我们一定不能使你们养成
发假誓的恶习,你们当然也不能允许自己这样做,否则我们双方都
有罪。因此,先生们,你们一定不能指望我以这样的方式对待你
们,我认为这样做既不名誉,又不道德,与我的宗教义务也不相符, D
尤其是当美勒托在这里控告我不敬神的时候,你们一定不能指望
我这样做。如果我试图说服你们,并用我的恳求来违抗你们庄严
的誓言,那么我显然是在教你们轻慢宗教,而我则应在申辩中指责
自己根本没有宗教信仰。但是事实根本不是这么一回事。先生
们,我比我的原告们拥有更加虔诚的信仰,我把它留给你们和神来
判断,这样做对我和对你们自己都是最好的。①

先生们,我有很多理由说明为什么我对这个结果并不感到沮 E
丧,我指的是你们判我有罪,但其中最主要的原因是这个结果并没 36
有出乎我的意料之外。令我颇感惊奇的倒是双方投票的票数。我
决没料到双方的票数会如此接近,现在看来,如果再有 30 票投向
否定的一方,那么我就可以被判无罪了。即使像现在这个样子,我
感到,如果只有美勒托一方的控告,我已经被判无罪了。不仅如
此,任何人都能看到,如果阿尼图斯和吕孔没有前来控告我,那么 B
美勒托就得为他没有获得五分之一的赞成票而交付一千德拉克玛
的罚款了。

然而,我们必须面对现实,我还需要提出请求用交纳罚款来代
替死刑。好极了。先生们,我会提出缴多少罚款呢?罚款的数量

① 苏格拉底申辩的初次发言到此结束。五百人议会进行投票表决,以 281 票对 220 票判决苏格拉底有罪。接下去,苏格拉底再次发言。

显然必须恰当。我应当交多少罚款,或受什么样的苦,应当视我的
所作所为而定。

我从来没有过过普通人的平静生活。我不关心大多数人关心
的事,挣钱、有一个舒适的家、担任文武高官以及参与其他各种活
动。政治活动、秘密结社、成立政党,这些事情在我们的城邦里每天
C 都在进行着。我认为自己确实过于耿直,如果去从事这些事情难
免送命。所以我不去做这些对你们和对我自己都没有好处的事,
而决定与你们个别私下相处,尽最大可能侍奉你们。我试图逐个
劝说你们不要把实际利益看得高于精神和道德的良好状态,或者
更广义地说,把国家或其他任何事物的实际利益看得高于保持它
D 们的良好状态。我这样的行事方式该受什么样的回报?先生们,
如果一定要我说自己配得上什么样的回报,那么我得说我应该得
到某种奖励,得奖对我来说才是恰当的。一个穷人成为公众的恩
人,把时间花在对你们进行道德训诫上,怎样对待他才是恰当的?
只能由国家出钱养他,此外没有更恰当的办法。他比奥林匹亚赛
会的胜利者更配得上这种待遇,无论是骑一匹马进行比赛,还是驾
E 两匹马或四匹马拉的赛车。这些人给你们带来了表面上的成功,
而我给你们带来了实际上的成功;他们不需要生活费用,而我却需
37 要。所以,如果我严格地按照公正提出对我的恰当惩罚,那么我建
议由国家出钱养我。

我这样说可能会给你们留下故意刚愎任性的印象,就好像我
说过绝对不愿用啼哭哀求的办法来博得同情一样。先生们,我并
非刚愎自用。真实情况就是这样。我确信我从来没有故意害人,
但我却不能使你们确信这一点,因为我们几乎没有时间详细讨论。
B 如果你们也能像其他某些国家那样,不是用一天而是用几天时间
来听取重大案件的审判,那么我相信你们就有可能信服,但是在当
前情况下,要在如此短暂的时间里否定重大的控告是不容易的。

由于确信自己没有伤害过任何人，所以你们几乎不能指望我说自己应当承受什么厄运或自己提出该受什么样的惩罚，用这样的方法来伤害自己。为什么呢？因为害怕承受美勒托建议的这种处罚吗，而我说过，我不知道被处死是好事还是坏事？你们指望我选择
一种我非常明白是恶的事情来代替被处死吗？监禁？我为什么要 C
在监狱中度日，受制于那些定期任命的狱卒？罚款加监禁，直到交清罚款？这对我来说结果是一样的，因为我没有钱缴罚金。或者我得提议放逐？你们很像是会接受这个建议。

先生们，由于热爱生活，我必定会竭力提出这样的建议。我眼
睛并不瞎，我的同胞们，以至于看不到你们对我的讨论和谈话的耐 D
心已经到了尽头。你们认为这种事情太令人厌恶和恼火，你们现在试图把它消灭掉。还有其他人能比较容易地忍受这种事吗？好像不太会有了，先生们。如果我在这把年纪离开这个国家，而每到一个城市都受到驱逐，以此度过我的余生，这样的生活真是好极了！我非常明白，无论我去哪里，都会像在这里一样有青年来听我谈话，如果我想把他们赶走，那么他们会让他们的长兄来把我赶
走；如果我不赶他们，那么他们的父亲和其他亲戚会为了这些青年 E
自愿前来驱赶我。

也许有人会说，没错，苏格拉底，你离开我们以后，不要再多管闲事，安安静静地过你自己的日子。

如果我说这样做违背神的旨意，那么要使你们中的某些人明白这一点是最困难的事，这就是为什么我不能“不管闲事”，你们不
会相信我是认真的。另一方面，不可一日不谈论善和其他各种主 38
题，你们听到我和其他人谈论和考察这些事情，这确实是一个人能做的最好的事，不经受这种考察的生活是没有价值的，如果我把这些话告诉你们，那么你们更加不会相信我。无论如何，先生们，事情就是这样，我说过，要你们确信是不容易的。此外，我并不习惯

B 认为自己该受惩罚。如果我有钱,我会提议一笔我付得起的罚金,
因为那样并不会给我带来任何伤害。可是事实上我不能这样做,
因为我没有钱,除非你们把罚金的数量定在我能付得起的范围内。
我想我可能付得起一明那。我提议罚款一明那。

等一会儿,先生们。柏拉图在这里,还有克里托、克里托布卢
和阿波罗多洛,他们要我提议罚款 30 明那,他们愿意为我担保。
C 那好,我同意,你们可以信赖这些先生,他们付得起这笔钱。①

好吧,先生们,要不了多久你们就会得到这样的名声,那些想
要轻视我们城邦的人会责备你们"处死那个聪明人苏格拉底",因
为我那怕不聪明,他们也会说我聪明,这些人会找你们的茬。再过
一会儿,你们当然就会上路了。你们可以看到我此生过得很好,而
D 现在临近死亡了。我说这话不是针对你们全体,而是针对投票判
处我死刑的人,我还有些话要对这些人讲。

先生们,你们无疑会认为我没有提供足够的证据,因此被处
死,如果我认为这种想法是正确的,那么我就应当把能说的都说出
来,把能做的都做到,以此来使你们判我无罪。但是事实真相远非
如此。使我被处死的不是缺乏证据,而是缺乏厚颜无耻和懦弱,事
实上,我拒绝用讨你们喜欢的方式讲话。你们喜欢听到我痛哭流
E 涕,摆出一副可怜的样子,把自己说得一文不值,你们习惯于从其
他人那里听到这种话。我也不认为自己由于面临危险而必须放弃
耿直,我对我的申辩方式并不后悔。作为这种申辩的结果,我宁可
去死也不愿用别的方法来换得活命。在法庭上,就像在战场上一
39 样,我和其他任何人都不应当把他的智慧用在设法逃避死亡上。

① 苏格拉底发言完后,法官们再次议决判他死刑。接下去苏格拉底作最后陈述。

在战场上，你们显然可以放下武器，跪地求饶，乞求敌人的怜悯，如果你们并不执著地追求什么，那么在各种危险中逃生的方法比比皆是。但是我提议，先生们，逃避死亡并不难，真正难的是逃避罪恶，这不是拔腿就跑就能逃得掉的。以我的现状而言，年纪又大， B
跑得又慢，已经被二者中跑得较慢的死亡追上了，而我的原告虽然身手敏捷，但由于行不义之事而被跑得较快的罪恶追上了。我离开这个法庭的时候将去受死，因为你们已经判我死刑，而他们离开这个法庭的时候，事实本身判明他们是堕落的、邪恶的。他们接受他们的判决，就像我接受我的判决。事情必然如此，我认为这个结果相当公正。

说了那么多话，我感到想为你们这些投票判我死刑的人作些 C
预言，因为人在将死的时候最容易涌现作预言的才能。处死我的人啊，我要告诉你们，我一死去，复仇就会降临到你们头上，你们会受到比你们杀我痛苦得多的惩罚。你们相信把我处死就能使你们的行为不受批判，但我要说结果正好相反。你们会受到更多 D
的批判，直到现在我还不能说出这些批判者是谁，你们也不知道谁会批判你们，但是这些人更加年轻，会更加苛刻地对待你们，使你们更加难堪。如果你们指望用把人处死的办法来制止对你们错误的生活方式进行指责，那么你们的想法错了。这种逃避的办法既不可能又不可信。最好的、最方便的办法不是封住别人的嘴，而是自己尽力为善。这是我留给你们这些投票判我有罪的人 E
的最后遗言。

对你们这些投票判我无罪的人，乘官员们忙碌，而我还没有去那个我必须死的地方，我要对你们简单地说几句，使你们能接受这个结果。先生们，请给我一点时间。没有理由不让我们在法律允许的范围内交换我们的想法。我把你们当作我的朋友，我想要你 40
们明白对待我的当前处境的正确方式。

法官先生们,我这样称呼你们,因为你们配得上这个称号。我
有过惊人的体验。我已经习惯了灵异的声音,它在过去一直是我
的伴侣,如果我将要做什么错事,无论事情多么微小,它都会加以
阻止。而现在,你们可以看到,我碰上的这些事一般人都会认为是
最凶险的,然而无论是今晨我离家的时候,还是我站在这个法庭上
的时候,或是在我发言的任何时刻,都没有出现神圣的警告。在其
B 他讨论中,我讲话时经常会出现这种告诫,但这一次不同,对我说
的任何一句话,对我所做的任何一件事,都没有进行过阻拦。对此
我该如何解释呢?我会告诉你们的。我以为我碰上的这件事是一
C 种福气,而我们极为错误地认为死亡是一种恶。我这样想有很好
的理由,因为我做的事情若非肯定会有好结果,那么我习惯了的灵
异不会不来阻止我。

我们应该想到,根据其他理由,我的结果很可能是好的。死亡
无非就是两种情况之一。它或者是一种湮灭,毫无知觉,或者如有
D 人所说,死亡是一种真正的转变,灵魂从一处移居到另一处。如果
人死时毫无知觉,而只是进入无梦的睡眠,那么死亡真是一种奇妙
的收获。我想,如果要某人把他一生中夜间睡得十分香甜,连梦都
不做一个的夜晚挑出来,然后拿来与死亡相比,那么让他们经过考
虑后说说看,死亡是否比他今生已经度过的日日夜夜更加美好,更
E 加幸福。好吧,我想哪怕是国王本人,更不要说其他任何人了,也
会发现能香甜熟睡的日子和夜晚与其他日子相比是屈指可数的。
如果死亡就是这个样子,如果你们按这种方式看待死亡,那么我要
再次说,死后的绵绵岁月只不过是一夜而已。另一方面,如果死亡
就是灵魂从一处迁往另一处,如果我们听到的这种说法是真实的,
41 如果所有死去的人都在那里,那么我们到哪里还能找到比死亡更
大的幸福呢,先生们?如果灵魂抵达另一个世界,超出了我们所谓
的正义的范围,那么在那里会见到真正的法官,弥诺斯、拉达曼堤

斯、埃阿科斯,在那里的法庭上进行审判,还能见到特里普托勒摩
斯以及其他所有半神,他们由于生前正直而死后成为神。[1] 那么,
这样的旅行会不遇上惩罚吗?换个方式说,如果你们中有人有机
会见到奥菲斯和穆赛乌斯、赫西奥德和荷马,那该有多好啊?如果
这种解释是真的,那么我情愿死十次。我就要去那里跟他们在一 B
起了,我会见到帕拉墨得斯和忒拉蒙之子埃阿斯,以及其他古时候
的英雄。这倒是一种特别有趣的经历,因为他们都是因为审判不
公正而被处死的。我想,如果拿我的命运与他们的命运作个比较,
那会相当有趣。当然,首要的是我会像在这里一样在那里考察和
探索人们的心灵,在自认为聪明的人中间发现谁是真正聪明的,以
此度过我的时光。先生们,如果能够向统帅大军征讨特洛伊的首 C
领,或者向奥德修斯,或者向西绪福斯,或者向人们能提起的成千
上万的其他人提问,与他们谈话,与他们厮混在一起,与他们争论,
难道不是一种无法想象的幸福吗?我想,他们无论如何不会因为
这样的行为处死一个人,因为,如果人们所说的是真实的,那么他
们除了拥有超过我们的幸福的其他幸福,他们现在已经是不朽的
了。

法官先生们,你们也必须充满自信地看待死亡,并确立这样一
种坚定的信念:任何事情都不能伤害一个好人,无论是生前还是死 D
后,诸神不会对他的命运无动于衷。呆板地说来,我的这种经验还
没到来。我非常明白我最好去死,我摆脱心神烦乱的时候已经到
来了。这就是为什么没有征兆来阻止我的原因。因此,我一点儿
都不怨恨那些控告我和判我死刑的人,尽管他们的所作所为并非

① 在希腊宗教神话传说中,冥府中有三位判官,即弥诺斯(Minos)、拉达曼堤斯(Rhadamanthus)、埃阿科斯(Aeacus)。此外还有所谓的半神,如特里普托勒摩斯(Triptolemus),它们生前是人,死后成为神。

E 抱着这样的目的,而是以为他们可以伤害我,所以这些人还是应该
受到谴责。然而,我要请他们帮我一个忙。先生们,我的儿子长大
成人以后,如果他们把金钱或其他任何东西放在良善之前,那么请
用我对付你们的办法对付我的儿子;如果他们毫无理由地狂妄自
大,那么就像我责备你们一样责备他们,因为他们忽略了重要的事
42 情,自己一无所长而认为自己在某些事上很能干。如果你们肯这
样做,那么我本人和我的孩子们在你们手中算是得到公平对待了。

我们离开这里的时候到了,我去死,你们去活,但是无人知道谁的前程更幸福,只有神才知道。

克 里 托 篇

提　　要

从判处苏格拉底死刑到执行有将近一个月的间隙,这种拖延并非雅典的习惯做法。在审判苏格拉底的前一天,一年一度由城邦派遣的朝圣大船出发了,按照习俗,在这艘船返回之前不能处死犯人。由于各种原因,这次朝圣使命花的时间比通常要长,苏格拉底的朋友利用这段时间制定计划,想营救苏格拉底出狱,让他离开雅典。

克里托是苏格拉底忠诚的老朋友。他在某天傍晚得知那艘大船就要到达雅典的消息,于是就在第二天清晨去了监狱。他把营救计划告诉了苏格拉底,劝说苏格拉底同意让他的朋友们来救他。要贿赂狱卒很容易。克里托自己有足够的钱用来解救苏格拉底,还有其他许多朋友也乐意奉献。雅典并非苏格拉底惟一可以幸福生活的地方。他在别的地方也可以找到自己的朋友。

面对克里托的劝告,苏格拉底问他用以恶报恶的手段来保护自己是否正当。对他的判决肯定是不公正的,那么他违反法律而逃跑就是正确的吗?如果个人可以置法律于不顾,那么会给国家造成什么状况?人在任何情况下都必须服从他的国家的法令,除非他改变对法律的看法。

法律论证说:“如果你逃离这个城邦,以错还错,以恶报恶,践踏你自己与我们订立的协议和合约,那么你就伤害了你最不应伤害的,包括你自己、你的朋友、你的国家,还有我们。”

苏格拉底说:“我亲爱的朋友克里托,我向你保证,我仿佛真的听到这些话,……法律的论证声在我心中嘹亮地回响,使我一点儿也听不到其他声音。不过,如果你认为自己还有什么高见,那么就请说出来。”

克里托说:“不,苏格拉底,我无话可说。”

苏格拉底说:“那么,克里托,让我们顺其自然吧,因为神已经指明了道路。”

正 文

43 **苏格拉底** 你已经来了,克里托?时间还很早吗?

克里托 是还早。

苏格拉底 现在是什么时辰?

克里托 就要拂晓了。

苏格拉底 奇怪的是狱卒竟然没有注意到你。

克里托 他已经习惯了,苏格拉底,因为我经常来。另外,我对他还有点小恩小惠。

苏格拉底 你是刚到,还是有些时候了?

克里托 已经好久了。

B **苏格拉底** 那么你为什么不马上叫醒我,而是安静地坐在床边?

克里托 我做梦也不会这样想,苏格拉底。我只希望自己不会那么失眠和沮丧。我对你感到惊讶,因为我看你睡得这样香甜;我故意不叫醒你,因为我希望你尽可能过得舒服一些。我以前一直感到你非常幸运,竟然有如此开朗的性情,而你现在大祸临头,却仍旧能够镇定自若,泰然处之,对此我的感触也就更深了。

苏格拉底 好吧，说真的，克里托，如果像我这把年纪的人还要抱怨死亡，那真是太不像话了。 C

克里托 但是，苏格拉底，其他与你年纪相仿的人如果陷入这种不幸，如果他们发现自己处在像你一样的境况，年纪并不能使他们放弃抱怨。

苏格拉底 你说得很对。但是告诉我，你为什么来这么早？

克里托 因为我得到一个坏消息，苏格拉底。我想，从你的观点来看，这个消息并不坏，可是我和你的其他朋友很难承受，而我是最难承受的。

苏格拉底 为什么会这样，是什么消息？是那艘船已经从提 D
洛开来，它一到达，我就要被处死了吗？

克里托 那艘船还没有到，但是我想它今天可能就会到了，因为有些人从索尼昂① 下船，他们已经到了。据他们说那艘船今天肯定会到。所以，苏格拉底，明天，……明天你肯定就要送命了。

苏格拉底 好吧，克里托，我希望这是最好的结局。如果诸神 44
希望如此，那就让它这样吧。不过，我并不认为那艘船今天能到。

克里托 为什么你会这样想？

苏格拉底 我会向你解释的。那艘船到达后的第二天我必须去死，这样说对吗？

克里托 不管怎样，这是当局的说法。

苏格拉底 那么我想那艘船今天到不了，明天才会到，而今天才刚开始。我刚才做梦的时候还是晚上。你不叫醒我看起来是对的。

克里托 为什么，你做的什么梦？

苏格拉底 我梦见一位白衣丽人向我走来，她对我说：苏格拉 B

---

① 索尼昂(Sunium)是阿提卡南端的一个著名海角。

底,“第三天你会抵达令人欢娱的弗提亚”。[1]

克里托 你的梦毫无意义,苏格拉底。

苏格拉底 在我看来,克里托,它的意义非常清楚。

克里托 显然是太清楚了。不过,你瞧,苏格拉底,现在接受我的建议逃跑仍旧不算太迟。你的死对我来说无疑是一场灾难。我不仅因此失去一位无可替代的朋友,而且有许多不认识我们的
C 人肯定认为是我让你去死的,因为如果愿意花钱,我可以救你出狱。重钱财而轻朋友,有什么恶名比这更可耻?大多数人决不会相信,尽管我们尽力劝你离开此地,但你还是拒绝了。

苏格拉底 我亲爱的朋友克里托,我们为什么要顾忌“大多数人”的想法呢?真正具有理性的人的想法更值得考虑,他们相信事实真相。

D **克里托** 你可以这样想,苏格拉底,但是众人的意见也不得不顾。你当前的处境足以表明普通民众也会惹起巨大的麻烦,决不能小看他们的能量,一旦把他们给惹火了,麻烦可就大了。

苏格拉底 我只希望普通人有无限的能力为害,这样他们也就有无限的能力行善,如果是这样的话,那就妙极了。实际上他们并不具备这两方面的能力。他们既不能使人聪明,也不能使人愚蠢;他们的行为完全是随意的。

E **克里托** 你爱怎么想就怎么想,苏格拉底,但是请告诉我,你是否一点也不担心你的死对我和你的其他朋友会产生的影响,你是否认为如果你逃走了,会有人告发我们帮你逃跑,这样我们就会惹来麻烦,我们会因此破产或是付巨额罚金,甚至受到更严厉的惩
45 罚?如果有这种想法使你担心,那么你可以把它完全打消。我们

---

① 荷马:《伊利亚特》第9卷,第363行。弗提亚(Phthia)是希腊神话中的冥府福地。

完全有权利冒这个险来救你，如果必要的话，我们可以冒更大的危险。接受我的建议吧，别再固执了。

苏格拉底 你说的我全明白，克里托，但是我的顾虑决非仅仅如此。

克里托 好极了，那么别再犹豫了。我认识一些人，他们愿意
把你从这里救出去，把你弄出这个国家，付的钱也相当合理。到那
时你肯定会明白，那些会通风报信的人有多么容易收买，花不了多
少钱就能把他们搞定，另外我想我给你的钱足够你自己开销。即 B
使你为我的安全担心，因此不愿花我的钱，那么我告诉你，有些住
在雅典的外邦人也愿意慷慨解囊。其中有一位来自底比斯的西米
亚斯实际上已经把钱带来了。还有克贝等人也准备这样做。所以
我说，你一定不要因为这些顾虑而放弃你逃跑的努力，也不要顾忌
你在法庭上说过的话，说你自己不知道离开这个国家以后该做什
么。无论去哪里，你都能看到欢迎你的人；如果你选择去帖撒利， C
我也有朋友在那里，他们可以款待你，保护你，不让任何一个帖撒
利人来骚扰你。

另外，苏格拉底，我甚至不认为你的做法是对的，能保全自己
性命的时候为什么要抛弃？你的敌人要毁掉你，而你的做法就像
你的敌人想对你做的事情一样，或者就像他们对你做的事情一样。
更有甚者，我感到你似乎也在毁灭你的儿子。你能够抚育他们长
大成人，让他们接受教育，而不应该离他们而去，将他们抛弃。你 D
如果这样做，那么他们只能自己去碰运气。他们会有什么样的运
气呢？失去父母的孤儿通常会遇到的事情他们都会碰上。一个人
如果没有儿子也就罢了，如果有了儿子，那就必须自始至终看着他
们长大成人，接受教育。你选择了这样一条轻松的道路真使我感
到震惊，而你本应该作出一个善人和勇敢者的选择，因为你一辈子
都以行善为目标。我确实感到可耻，既为你感到可耻，也为我们这 E

些你的朋友感到可耻。在你这件事上,我们似乎都像是一个懦夫。
首先,你去了法庭,这是你的第一个举动,而那样做其实是没有必
要的。其次,你在法庭上申辩时的表现,这是你的第二个举动。最
46 后,事情变得那么滑稽可笑,我们落到这种地步,似乎由于我们胆
小怕事而丧失挽救你的机会,但实际上只要我们还有点用,这样做
极为可能,也是切实可行的。

想一想吧,苏格拉底,你的做法不仅要使你和我们承受痛苦,还要承受耻辱。下决心吧。现在确实还不算太晚,你本来早就该下决心了。已经没有什么余地了,整个事情必须在今天晚上进行。如果我们再让时间白白过去,那就做不到了,那就太迟了。我以种种理由恳求你,苏格拉底,接受我的建议,请不要再固执了!

B **苏格拉底** 亲爱的克里托,我非常赞赏你热烈的情感,也就是
说,我假定这些热情都有某些正当的理由。否则的话,你的情感越
强烈,我就越难对付。好吧,我们必须考虑是否必须接受你的建
议。你知道,我决不从任何朋友那里随便接受建议,除非经过思考
表明它是理性提供的最佳办法,这并非我的新想法,而是我的一贯
做法。我不能仅仅因为现在的遭遇而放弃过去一直坚持的原则,
C 它们在我看来依然如故,我现在依然像从前那样敬重和对待这些
原则。所以,如果我们不能找到更好的原则,那么你完全可以肯定
我不会接受你的建议,哪怕民众用监禁、处死、没收财产等等方法
来恐吓我们幼稚的心灵,我也不会同意。

好吧,我们怎样才能最合理地考虑这个问题?假定我们应当
D 回到你关于民众的意见的看法上来,从这个地方开始。某些意见
应当认真地接受,而其他意见则不必,这样说总是对的吗?或者
说,这样说总是错的吗?在我死以前提出这个问题也许是正确的,
但是现在我们可以清楚地看到,坚持这样一种实际上是不负责任

的胡说是一种错误。克里托，我非常喜欢在你的帮助下探讨这个问题，看这个说法在我当前的处境下是否会显出不同的意义，或是保持原样，看我们应当取消它还是接受它。

我相信，严肃的思想者总是拥有我刚才提到的这样一些看法，
认为民众的有些意见肯定值得尊重，而另一些则不值得尊重。现 E
在我问你，克里托，你不认为这是一个健全的原则吗？就人之常情
来说，你不会明天就死，面临这种逼近的灾难你也不像会失去理 47
智。那么请想一想，一个人不应当尊重民众的所有意见，而只能尊
重民众的某些意见，不尊重另一些意见，你不认为这是一个相当健
全的原则吗？你怎么看？这个说法不是很公正吗？

克里托 对，你说得对。

苏格拉底 换句话说，一个人要尊重好意见，而不要尊重坏意见，对吗？

克里托 对。

苏格拉底 聪明人的意见是好的，蠢人的意见是坏的。

克里托 当然。

苏格拉底 好，这个问题就说到这里。请问，你对我曾经举过
的这些例子怎么看？当某人在认真地进行训练，他是否应当不加 B
区别地注意所有的表扬、批评和意见，还是只应当注意来自有资格
的人的意见，比如医生或教练的话？

克里托 只能听有资格的人的话。

苏格拉底 那么他应当害怕那些有资格的人提出的批评，欢迎他们提出的表扬，而不在乎那些一般民众的意见。

克里托 显然如此。

苏格拉底 那么他应当根据拥有专门知识的教练的指示规范自己的行为、练习、饮食，而不应当听从其他人的意见。

克里托 对，是这样的。

C **苏格拉底** 很好。现在如果他不服从某个人,不听他的意见和建议,而是注意那些并不具有专门知识的人的建议,那么他肯定得承受某些坏结果?

克里托 肯定会。

苏格拉底 这种坏结果是什么?它从什么地方产生出来?我指的是,在那个不服从的人的什么部位?

克里托 显然在他身体上,要承受痛苦的是他的身体。

苏格拉底 很好。我们不必一个接一个地述说所有例子,克里托,请告诉我,我们是否能够以此为一般的规则,用来判断我们试图决定的行为种类,看它是正义的还是不义的,是光荣的还是可耻的,是善的还是恶的?我们应当被众人的意见所左右,或者被众
D 人的意见所恐吓,还是应当接受某个人的意见,假定这个人拥有专门的知识?我们应当敬重和恐惧的是这个人,而不是其他所有人加在一起,如果我们不遵守他的指导,我们就会糟蹋和弄残我们的那个部位,就像我们曾经说过的那样,这个部位要靠正确的行为来改善,但却会毁于错误的行为,对吗?或者说,这些话全是胡说八道?

克里托 不,我认为这样说是对的,苏格拉底。

苏格拉底 那么请考虑下一步。我们的某个部位要靠健康的
E 行为来改善,而不健康的行为则会毁掉它。如果我们接受了外行的建议而糟蹋了它,那么这个部位一旦被毁,活着还有什么价值吗?我说的这个部位指的是身体。你接受这种看法吗?

克里托 我接受。

苏格拉底 好。弄坏了的身体,健康被毁掉了的身体还值得活吗?

克里托 肯定不值得。

苏格拉底 我们那个被错误行为弄残缺,而正确行为能使之

受益的部位怎么样？这个部位被毁的话人还值得活着吗？或者说
我们相信这个正确或错误的行为会对其产生作用的部位，无论它 48
是什么，其重要性并不亚于身体？

克里托 对。

苏格拉底 这个部位真的更加珍贵吗？

克里托 珍贵得多。

苏格拉底 我亲爱的同伴，在这种情况下我们必须考虑的不是一般民众会怎样说我们，而是我们如何与行家保持一致，这位行家是权威，他实际上代表真理。所以，第一，你的建议是不正确的，因为你说在判断什么是正确、光荣和善及其对立面时，我们应当考虑大众的意见。对此当然有人会提出反对意见，理由总是这一条，民众有力量把我们处死。

克里托 确实如此！你完全可以这样说，苏格拉底。这种反 B
对意见完全有可能。

苏格拉底 但是在我看来，我亲爱的同伴，我们刚才通过论证得出的结论并不接受这种意见的影响。同时，我希望你考虑一下我们是否仍旧对这样一种说法感到满意，真正重要的事情不是活着，而是活得好。

克里托 你说得对，但请告诉我为什么。

苏格拉底 活得好与活得高尚、活得正当是一回事吗？

克里托 是。

苏格拉底 那么根据我们达成一致的看法，我们必须考虑未
经官方许可就逃走是否正当。如果我们讨论的结果认为这样做是 C
正当的，那么我们一定要进行这样的尝试；如果结果认为不正当，那么我们必须停止这样做。至于你提到的花钱、名声和抚养儿子，克里托，我不得不说这些考虑实际上是一般公众的意见，他们把人判处死刑，在可能的情况下也会让人活着，但不管他们怎么做都是

随心所欲的。我想,我们真正的职责是只考虑一个问题,这是从我们上面的论证结果中可以推论出来的。付罚金,向那些来救我的
D 人表示感谢,设法逃跑或自己安排逃跑,这样做是正当的行为吗,或者说这样做完全错了?如果能够清楚地看到这样做是错误的,那么我不得不考虑我是否肯定得死,或者考虑承受其他任何恶果,如果我们固守自己的立场,那么我们就不会采取任何行动,免得冒作恶的危险。

克里托 我同意你的说法,苏格拉底,但我希望你考虑一下我们必须做什么。

E **苏格拉底** 让我们一起来考虑,我亲爱的同伴,如果你能对我的论证发起挑战,那么请这样做,我会注意听;如果你不能这样做,那么就做一个好同伴,不要一遍又一遍地说我必须在没有得到官方允许的情况下离开这个地方。在我决定采用我心里的这个想法之前,我急切地想要得到你的批准。我不想采取违反你的信念的行为。现在请注意这个考察的起点,我希望你对我的陈述方式能
49 够满意,并试着尽力回答我的问题。

克里托 好吧,我试试看。

苏格拉底 我们说过人决不会自愿作恶,或者说人是否作恶取决于环境,对吗?或者像我们从前经常同意的那样,我们认为把作恶说成是善的或光荣的是没有意义的,这样说对吗?或者说在这最后的日子里我们要把从前的信念全然抛弃?克里托,经过多年的严肃讨论,你和我这样年纪的人难道竟然会不明白我们并不
B 比两个儿童强到哪里?事实真相确实就是我们老是说的那个样子。无论大众的观点是什么,无论换一种说法比现在这种说法要轻松些或者更加难以忍受,事实仍然是作恶在任何意义上对作恶者来说都是恶的和可耻的。这是我们的观点吗,或者不是?

克里托 是。这是我们的看法。

苏格拉底 那么人在任何处境下都一定不能作恶。

克里托 对。

苏格拉底 据此说来,人即使受到恶待也一定不能作恶。

克里托 显然不能。 C

苏格拉底 告诉我另一件事,克里托。人可以伤害别人还是一定不能伤害别人?

克里托 肯定不能。

苏格拉底 告诉我,像许多人相信的那样,以牙还牙是否正确?

克里托 不正确,这样做不对。

苏格拉底 我想,这是因为伤害别人和错误地对待别人并没有什么区别。

克里托 确实如此。

苏格拉底 所以,人无论受到什么样的挑衅都不可对任何人作恶或伤害别人。现在请你小心,克里托,承认这些原则并不妨 D
碍你接受其他与你的真正信仰相对立的事情。我知道总有这么一些人是这样想的,因此在这样想的人和不这样想的人之间对这些原则就不会有一致的看法,每当看到其他人的决定,他们相互之间肯定总会表示轻蔑。我甚至想要你非常仔细地考虑一下,你是否具有和我相同的看法,或者同意我的意见,我们能否从已经建立起来的这样一些前提开始来进行我们的讨论,这些前提就是作恶、以牙还牙、通过报复来保护自己,都决不可能是正确的,或者说你认为这些观点不能作为讨论的基础。我长时间地坚持这种 E
观点,现在仍然这样看,但若你可以提出其他看法,那么就请说出来。另一方面,如果你站在我们说过的这种立场上,那么请听我下面的话。

克里托 我站在这种立场上,同意你的看法。请继续说下去。

苏格拉底 好吧,这是我进一步的看法,或者倒不如说是下一个问题。只要协议是正确的,那么人就必须完成他的所有协议,或者说他一定得违反这些协议?

克里托 人必须完成这些协议。

苏格拉底 那么请考虑一下由此可以推出的合理结论。如果
50 我们在没有首先说服国家让我们离开这个地方的情况下离开此地,请问这样做会带来伤害还是没有伤害,这样做是否还有可能被证明为是正当的?我们还受不受我们刚才达成的一致意见的约束?

克里托 我不能回答你的问题,苏格拉底。我不清楚你在说什么。

苏格拉底 请这样想。假定我们正准备逃离此地,或者无论我们采取了什么行为,那么雅典人的法律和国家会来向我们提出这样一个问题。它们会说:“苏格拉底,你想干什么?你想要采取的行动表明你想在你的能力范围内摧毁我们,摧毁法律和整个国
B 家,你能否认这一点吗?如果公开宣布了的法律判决没有效力,可以由私人来加以取消或摧毁,那么你能想象一个城邦会继续存在而不被颠覆吗?”

我们该如何回答这个问题,克里托,或者别的同类问题?对此有许多话可以说,尤其是一名职业的演说家,他会抗议说这个法律无效,而判决一旦宣布就具有约束力,就应当执行。我们能说,对,
C 我打算摧毁法律,因为国家错误地对待我,你们在审判中对我的判决是错误的。这样说对吗?这是我们的回答吗,或者我们的回答是什么?

克里托 我们的回答当然是你已经说过的,苏格拉底。

苏格拉底 那么假定法律说:“苏格拉底,这不正是你和我们之间的某种协议的条款吗?无论国家对你作出何种判决,你都会

执行或遵守,对吗?”

如果我们对这样的用语表示惊讶,那么它们会说:“别在乎我们的用语,苏格拉底,你只需要回答我们的问题,你毕竟已经习惯
于使用问答法。来吧,你对我们和国家提出什么样的指控,想以此 D
来摧毁我们吗?难道我们没有首先给了你生命?难道不是通过我们,你的父母才结婚而生下了你?告诉我们,你对我们这些涉及婚姻的法律有什么怨言吗?”

“没有,一点儿都没有。”我会这样说。

“好吧,你对涉及儿童的抚养和教育的法律有什么反对意见吗,就像对涉及你的法律一样?你对我们中间那些为了这个目的而立下的法律不感恩吗,这些法律要求你的父亲对你进行文化的和身体的教育?”

我只能说:“对。” E

“很好。由于你已经出生,长大成人,接受了教育,你能否认,首先,你和你的祖先都是我们的孩子和仆人吗?如果承认这一点,你认为我们之间是平等的,无论我们试图对你做什么,你都可以正当地进行报复吗?你并不拥有与你父亲一样的权力,假定你有过一位主人,你也不拥有与你的主人一样的权力,使你能够进行报
复。当你受到责备,你不能回嘴,当你受到鞭打,你不能回手,也就 51
是说不能以牙还牙,以眼还眼。如果我们想把你处死,因为我们相信这样做是正确的,那么你能指望得到许可,有权反对你的国家和她的法律,竭尽全力去摧毁你的国家和我们这些法律,借此进行报复吗?诚心向善的你会宣布这样做是正当的吗?你那么聪明,竟
然会忘记你的国家比你的父母和其他祖先更加珍贵,更加可敬,更 B
加神圣,在诸神和全体理性人中间拥有更大的荣耀吗?你难道不明白应当比敬重父亲更加敬重国家,应当比消除对父亲的怨恨更加快捷地消除对国家的怨恨吗?如果你不能说服你的国家,那么

你就必须服从它的命令,耐心地接受她加诸于你的任何惩罚,无论
是鞭挞还是监禁,对吗?如果国家要你去参战,你会负伤或战死,
但你也一定要服从命令,这样做才是正确的。你一定不能后退、逃
跑或放弃你的职责。无论是在战场上或法庭上,或是在任何地方,
C 你必须做你的城邦和国家命令你做的事,否则你就得按普遍的正
义去说服她们,但是对父母使用暴力是一种罪恶,反对你的国家那
就更是一桩大罪了。”

对此我们该怎么说,克里托,法律说的话是对的还是错的?

克里托 我想是对的。

苏格拉底 法律可能会继续说:“那么请考虑一下这种说法是
否正确,苏格拉底,我们说你现在想对我们做的事情是不对的。尽
管我们已经把你带到这个世界上来,抚养你长大成人,教育你,凡
D 由我们支配的好东西,其他同胞公民享有的一份你都享有,但是我
们仍然公开宣布这样一个原则,任何雅典人,只要达到成年,自己
能够认识国家的政体和我们这些国家的法律,如果他对我们不满,
都允许他带着他的财产去他喜欢去的地方。假定你们中有人对我
们和国家不满,如果他选择去我们的某个殖民地,或者移民去任何
国家,我们这些法律都不会加以阻拦,他也不会丧失他的财产。另
E 一方面,如果你们有人亲眼看到我们的统治是公正的,我们其他国
家机构的统治是公正的,那么我们认为他实际上就应当执行我们
要他做的任何事情。我们坚持,在这种情况下不服从是一种罪恶,
理由有三条:第一,我们是他的父母;第二,我们是他的卫士;第三,
在允诺服从时,他既没有服从我们,又没有在假定我们犯了任何形
52 式的错误时说服我们改变决定。尽管我们的指令全都是以建议的
形式出现,而不是野蛮的命令,我们给他选择,要么说服我们,要么
按我们说的去做,但他实际上两样都没有做。苏格拉底,如果你做
了你们正在尝试的事情,那么这就是对你的指控,你将不再是你的

同胞中最不应该受惩罚的人,而是罪行最重的人。”

如果我问为什么,那么法律无疑会用完全的正义来打击我,并
指出雅典很少有人像我一样与它们有如此具体的协议。它们会 B
说:“苏格拉底,我们有重要的证据表明你对我们和这个国家是满
意的。如果你不是格外依恋国家,那么你就不会如此不愿离开这
个国家,执行军务除外。你从来没有像其他人那样出国旅行,从来
没有感到有必要去熟悉其他国家或它们的体制。你对我们和我们 C
的国家是满意的。你确凿无疑地选择了我们,在你的所有活动中
都像一个公民一样服从我们,有大量的证据表明你对我们的国家
是满意的,你在这个国家生儿育女。还有,即使在审判你的时候,
你还提出过交付罚金的建议。如果你当时已经做出了现在这种选
择,那么你在那个时候就可以在国家批准的情况下做你现在想做
的事,而现在国家并没有批准你这样做。你当时表现得视死如归,
非常高尚,你说过如果自己必须去死,那么宁可死也不愿被放逐,
而你现在好像并不打算遵守先前的诺言,对我们法律也不尊重,你
正在摧毁法律。你的行为就像最下贱的奴才,尽管你有约在先要 D
做国家的成员,但你现在却想逃跑。现在先回答我们的问题。我
们说你承诺过要做一个守法公民,如果你口头上没有这样说过,那
么在行动中是这样做的,我们这样说对吗?”

对此我们该怎么回答,克里托?我们必须承认这一点吗?

克里托 我们无法否认,苏格拉底。

苏格拉底 那么法律会说:“尽管你是在没有压力和误解的情 E
况下与我们订立协议的,也不是在有限的时间内被迫作出承诺的,
但是实际上你正在破坏这个协议和违反你的诺言。如果你对我们
不满,或者感到协议不公平,那么你在这 70 年里都可以离开这个
国家。你没有选择斯巴达或克里特,这是你喜欢的好政府的榜样,
也没有选择其他任何希腊人的城邦和外国人的城邦。你比瘸子、 53

瞎子或其他残疾人更少出境。显然,你对这座城市和对我们法律
的感情比其他任何雅典人都要深厚。一座城市如果没有法律,还
有谁会在乎它呢?而现在你竟然不想守约了吗?是的,你是这样
的,苏格拉底,如果你接受我们的建议,那么你就至少不会因为离
开这个城邦而遭人嗤笑了。

“我们请你想一想,你做这种背离信仰和玷污良心的事会给你
B 和你的朋友带来什么好处。显然,放逐、剥夺公民权、没收财产的
危险都会延伸到你的朋友头上。至于你自己,如果你去了邻国,比
如去底比斯或麦加拉这两个政法修明的国家,那么你会成为它们
的政府的敌人,所有爱国者都会用怀疑的眼光看着你,把你当作法
律和政令的摧毁者。随后,你的行为就证明审判你的法官们的看
C 法和判决是正确的,破坏法律的人完全有可能对年轻人和蠢人产
生毁灭性的影响。那么,你是否打算不去那些政法修明的国家和
秩序井然的社会了呢?如果你不去了,那么你的生活还有价值吗?
或者说,你要接近这些民众,轻率地与他们谈话吗?你会使用什么
样的论证,苏格拉底?用你在这里使用过的相同的论证,证明善
良、诚实、制度与法律是人类最珍贵的财宝吗?你会认为苏格拉底
D 以及有关他的一切都是有争议的,对吗?你肯定会这样想。

“你会从世界的这个部分[①] 退出,去投靠克里托在帖撒利的
朋友吗?那是个无法无天的地方,那里的人无疑会喜欢听你讲故
事,听你讲如何逃跑,如何化装,如何穿上牧羊人的衣裳或用其他
逃跑者常用的打扮,如何改变面容。那里不会有人说像你这把年
E 纪的老人,也许活不了多久了,竟会如此贪生怕死,以至于要违反
最严厉的法律,对吗?也许不会有,如果你不激怒任何人。否则,
苏格拉底,你会听到许多令你感到汗颜的评论。所以,你仍旧会像

① “世界的这个部分”指希腊诸城邦。

今天一样活着，做一切人的奴仆，你会成为"在帖撒利混饭吃的无
赖"，就像你离开这个国家去帖撒利是要去赴宴似的。所以我们想
知道，你关于善良和正直的讨论在哪里？当然，你想活下去是为了 54
你的儿子，为了能把他们抚养成人，教育他们。确实如此！先把他
们带到帖撒利去，使他们成为外国人，这样他们就会格外有福了
吗？或者说，这样做并非你的意愿，那么就假定他们还是在这里长
大成人，你不在了，你的朋友当然会照顾他们，这样一来，他们岂不
是能够得到更好的照料和教育吗？你去了帖撒利他们会照顾你的
儿子，难道你去了另一个世界他们就不会照顾你的儿子了吗？只
要那些自称是你的朋友的人是名副其实的，那么你必须相信他们
会照料你的儿子。

"苏格拉底，还是听听我们的建议吧，我们是你的卫士。不要
考虑你的子女、生命或其他东西胜过考虑什么是公正。这样的话，
当你去了另一个世界，你就可以坦然面对冥府的判官为自己辩白。 B
事情很清楚，如果你做了这件事，那么既不会使你和你的朋友变得
更好，也不会使你们拥有更加纯洁的良心，在这个世界上不会，当
你们去另一个世界时也不会。事实上，你就要离开此地了。当你
去死的时候，你是一个牺牲品，但不是我们所犯错误的牺牲品，而 C
是你的同胞所犯错误的牺牲品。但若你用这种可耻的方式逃跑，
以错还错，以恶报恶，践踏自己与我们订立的协议和合约，那么你
伤害了你最不应该伤害的，包括你自己、你的朋友、你的国家，还有
我们。到那时，你活着要面对我们的愤怒，你死后，我们的兄弟、冥
府里的法律也不会热情欢迎你，因为它们知道你试图尽力摧毁我
们。别接受克里托的建议，听从我们的劝告吧。" D

我亲爱的朋友克里托，我向你保证，我仿佛真的听到这些话，
就好像听到秘仪中的乐曲声，这些论证的声音在我心中嘹亮地回
响，使我一点儿也听不到其他声音。我得警告你，我的看法都已经

说出来了,再要我提出一种不同的看法是没有用的。不过,如果你认为自己还有什么高见,那么就请说出来。

克里托 不,苏格拉底,我无话可说。

E **苏格拉底** 那么就让我们放弃逃跑吧,克里托,让我们顺其自然,因为神已经指明了道路。

斐　多　篇

提　　要

苏格拉底死的时候,他的一位忠诚的学生斐多一直陪伴在他身旁。事后,斐多把苏格拉底最后的时刻讲给他的许多朋友听。

他告诉他们,苏格拉底并非在临近黄昏时喝下毒药。他整天都在讨论中度过,就像他以前在狱中和狱外的谈话一样,谈话转向了灵魂不朽这个问题。各种所谓的证据都提到了,其中主要证据之一是"我们的出生只不过是一种睡眠和遗忘",学习就是回忆起在另一个生命中获得的知识。然而在结尾处,这个论证与其他所有论证一道被抛弃了。然后,苏格拉底提出一种新的想法:灵魂是不朽的,因为它能领悟,能分享真、善、美,而这些东西是永恒的。人能够认识神,因为人在神那里拥有某种与永恒和不死相似的东西。所有在场的人都接受了这种看法,而苏格拉底则继续宣称神的公义只有在来生才能显示,并且生动地描述了一幅天堂与地狱的生动图景。但他告诫他的听众,别把他的描述当作事实真相,而要当作"与真相必有某些相似"的东西。

漫长的对话结束了。喝下去的毒药起作用了,但这种毒药不会引起剧烈的痛苦。苏格拉底最后的话语比他相信的所有论证更加好。当他感到毒药的作用正在向心脏延伸时,他说:"克里托,我们必须向阿斯克勒庇俄斯奉献一只公鸡。"这是希腊人的习俗,疾病痊愈以后要向医神阿斯克勒庇俄斯献祭。对苏格拉底本人来说,他痊愈了,而不是死亡了。他不是正在进入死亡,而是正在进入生命,一种“更加丰富的生命”。

正　文

57 **厄刻克拉底** 苏格拉底被处死的时候,斐多,你当时与他在一起,还是从别人那里听说这件事?

斐多 我当时在场,厄刻克拉底。

厄刻克拉底 那么这位大师死前说了些什么,他怎样面对他的死亡?我非常想知道这些事情。这些日子经常从佛利去雅典的
B 人不多,很长时间也没有人来访,不能给我们提供任何确定的消息,我们只知道他喝毒芹汁而死。没有人能够告诉我们更多的事了。

58 **斐多** 那么你们连他怎样受审都没有听说过吗?

厄刻克拉底 有人对我们讲过,所以我们感到奇怪,因为对他的审判和执行间隔了那么长时间。为什么会这样,斐多?

斐多 这纯粹是一种偶然的巧合,厄刻克拉底。审判他的前一天,雅典人刚好结束给派往提洛的船只尾部挂上花环。

厄刻克拉底 那是什么船?

斐多 雅典人说那是忒修斯带着七对青年男女航海去克里
B 特,并保存了他们和他自己性命的那只船。据说当时雅典人对阿波罗神发誓,如果这些年轻人能活着回来,他们将每年派使团去提洛朝圣,从那以后他们一直信守对这位神的诺言。有一条法律也就是从那个时候定下的,使团去朝圣期间,城邦必须保持洁净,在
C 朝圣船只抵达提洛并返回雅典之前不能处死罪犯,有时候如果风向不对,朝圣船要花很长时间才能回来。阿波罗的祭司一给朝圣船挂上花环,朝圣的使命也就被认为正式开始了,而我说过了,这

件事正好发生在审判的前一天。这就是为什么从审判到处决，苏格拉底在狱中要度过那么长时间。

厄刻克拉底　他死亡时的真实情景如何，斐多？他说了些什么，做了些什么，这位大师的同伴中有哪些人与他在一起？或者说，看守不让他们进去，所以他死的时候没有一个朋友守在他身旁？

斐多　噢，不，有些同伴在他身旁，实际上还不少。 D

厄刻克拉底　我希望你能仁慈地把详细情况都告诉我们，除非时间不允许，你急着要走。

斐多　不，我不急。我正想把情况告诉你。回忆苏格拉底给我带来的快乐是其他任何事情都无法与之相比的，无论是我自己讲还是听别人讲。

厄刻克拉底　那太好了，斐多，你会发现你的听众也会有同样的感觉。那么现在就把所有细节详细告诉我们吧。

斐多　首先，我想说说我当时的感觉。这种感觉非常特别，我 E
竟然没有为他感到难过，而你们可能会想我会有那种面对临死前
的亲密朋友的那种感觉。苏格拉底当时的行为和语言都显得相当
快乐，厄刻克拉底，他高尚地面对死亡，视死如归。我禁不住想，甚
至在他去另一个世界的道路上都有神的旨意在指引，如果人可以
去那里的话，那么他到达那里时一切都会很好。所以我一点都不 59
感到难过，而你们会认为在这样庄严的时刻应当感到难过，但同时
我也没有体会到我们在平常的哲学讨论中会有的快乐，我们的谈
话采用的就是这种形式。当我想到我的朋友再过一会儿就要死去
时，我有一种极为复杂的情感，快乐与痛苦奇异地交织在一起。我
们这些在场的人全都这样，有一种间于欢笑与哭泣之间的感觉。
我们中间有个人尤其如此，他是阿波罗多洛，你知道他长什么样， B
对吗？

厄刻克拉底 我当然知道。

斐多 他几乎控制不住自己,我和其他人也都心烦意乱。

厄刻克拉底 到底有哪些人在场,斐多?

斐多 干吗要问这个问题,本地人有阿波罗多洛、克里托布卢和他的父亲,还有赫谟根尼、厄庇革涅、埃斯基涅、安提斯泰尼。噢,对了,还有培阿尼亚的克特西普、美涅克塞努和其他一些本地人。我相信柏拉图当时病了。

厄刻克拉底 有从其他地方来的客人吗?

C **斐多** 有,底比斯的西米亚斯、克贝和斐冬得斯,还有来自麦加拉的欧几里德和忒尔西翁。

厄刻克拉底 阿里斯提波和克莱俄布洛图为什么不在那里?

斐多 他们显然在伊齐那。

厄刻克拉底 还有别人吗?

斐多 我想在场的就是这些人了。

厄刻克拉底 好吧,你们的讨论采用什么样的形式?

D **斐多** 我想从头开始把这场讨论的情况告诉你。我们的讨论就像我们平常探访苏格拉底时所作的讨论一样,甚至可以说我们从前就在进行这样的日常练习。我们曾经在黎明时聚集在举行那场审判的法庭旁,因为那个地方离监狱比较近。当我们等候监狱开门时,我们也总是在进行讨论。监狱开门决不会很早,等门开了,我们就进去看望苏格拉底,在那里和他一呆就是一天。在这个
E 特别的日子里,我们聚集得比平时还要早,因为我们在头一天离开监狱时听说从提洛返回的那艘船已经到了,所以我们相互约定第二天尽可能早的在老地方聚会。我们到那里后,监狱的看守没有像平常那样让我们进去,而是让我们等着,直到他来通知我们。他说,行刑的刽子手正在除去苏格拉底的镣铐,并告诉苏格拉底今天就要处死他了。

过了一会儿,看守回来让我们进去。我们走到里面,看到苏格
拉底刚刚卸去镣铐,克珊西帕[①] 坐在他身边,你们知道她是谁,膝 60
上还坐着他们的小儿子。克珊西帕一看到我们进去,禁不住大声
哭泣起来,“噢,苏格拉底,这是你最后一次与你的朋友在一起谈话
了!”你们可以想象得出来,女人都是这个样子的。

苏格拉底看着克里托,他说:“克里托,最好有人把她送回
家。”

克里托的仆人把她带走了,她哭得死去活来。苏格拉底盘腿 B
坐在床上,按摩着双脚说:“我的朋友们,真是件怪事,这种感觉一
般人称之为快乐!值得注意的是它与痛苦,它的通常的对立面,有
着多么密切的联系。它们不会同时来到某个人身上,但是如果你
追求其中的一个,而且捉住了它,那么你也几乎总是会同时拥有另
一个;它们就像附着在一个脑袋上的两个身子。我敢肯定,假如伊 C
索想到这一点,那么他会就此写一个寓言,就好比说,神想要制止
它们不断的争吵,但发现这是不可能的,于是就把它们的头捆绑在
一起。这样一来,其中的一个无论在哪里出现,另一个也会跟着出
现。我现在完全就是这种情况。长时间带脚镣使我的腿很疼,但
是现在我感觉到除去脚镣后随之而来的快乐了。”

这个时候克贝插话说:“噢,对了,苏格拉底,我很高兴你提醒
我。厄文努斯一两天前问我,还有此前其他一些人也问我,你最近 D
采用伊索寓言和致阿波罗神的‘序曲’的风格创作的抒情诗。他想
知道是什么东西在诱使你进监狱之后写下这些诗歌,而你在此之
前从来没有写过类似的东西。我敢肯定,厄文努斯肯定还会问我,
如果你希望我能回答他的问题,请告诉我该怎么说。”

苏格拉底说:“把实情告诉他,我创作诗歌并不是想去与他或 E

① 克珊西帕(Xanthippe)是苏格拉底之妻。

他的诗歌竞争,我知道这不是一件易事。我这样做是为了发现某些梦的意义,借此纯洁我的良心,我总是得到告诫要实施这种技艺。你瞧,情况就是这样。在我的生命历程中,我经常做相同的梦,在不同的时间以不同的形式出现,但总是说相同的事情,‘苏格拉底,实施和培养这些技艺吧。’我过去曾经认为,这是要驱使和鼓励我做我实际上正在做的事;我的意思是这些梦就像运动场上的
61 观众在鼓励赛跑运动员那样敦促我继续做我已经在做的事,也就是说,实施这些技艺,因为我正在实践的哲学是各种技艺中最伟大的。但是自从我受到审判,而这位神的节日[①] 又使处死我的时间推延,我感到那个梦要我实施的技艺可能是指写诗这种通俗的技艺,我必须加以练习,不能不服从。我想在我离世之前服从那个
B 梦,通过写诗来纯洁我的良心,这样可能就比较安全了。我开始写下一些诗句来荣耀那位神,那个节日就是属于他的。颂歌写完之后,我反复思量,我想一个诗人要配得上这个名称,必须写想象性的主题,而不是描述性的主题,而我并不擅长虚构故事。所以我就利用手头能找到的和熟悉的伊索寓言,信手将其中的第一个故事改写成诗歌。克贝,你可以把这些情况告诉厄文努斯,嘱咐他来跟
C 我说声再见,如果他足够聪明的话,他可以尽力学我的样。我好像今天就要去死了,这些都是我的祖国的法令。”

西米亚斯说:“苏格拉底,给厄文努斯的这个建议真是妙极了!我过去和他打过许多交道,据我所知,他不太像是会服从你。”

“为什么?”他问道,“厄文努斯不是一名哲学家吗?”

“我也这样认为。”西米亚斯说。

“那么好,他会情愿的,就像其他任何有恰当哲学根基的人。

① 指庆祝阿波罗神的节日。

不过他决不会对自己施加暴力,[1] 因为他们说这样做是不合法的。”

这个时候苏格拉底把他的腿伸到地上,在此后的讨论中他一 D
直这样坐着。

克贝问他:“苏格拉底,你这样说是什么意思,对自己施暴是不合法的,那怕一名哲学家愿意追随一名朋友去死?”

“你问我为什么,克贝,你和西米亚斯与菲罗劳斯在一起时难道从来没有听说过这些事吗?”

“我们没有听到什么确定的东西,苏格拉底。”

“啊,连我的消息也是道听途说,但我不在乎把我听说的都告
诉你。我想,对一个行将离世的人来说,没有比谈论来生,想象来 E
生是什么样更适宜的事情了。太阳下山那一刻人还能做什么事呢?”

“那么告诉我吧,苏格拉底。为什么说自杀是不合法的?我以前听到的看法都像你一样认为自杀是错误的行为,我们和菲罗劳斯呆在一起时听他这样说,别的人也这样说,但我从来还没有听到过任何关于自杀的确定的解释。”

“好吧,你一定不要失去信心,”苏格拉底说,“你以后可能会听 62
到的。然而,你无疑会感到奇怪为什么这会成为一个没有适当答案的问题,我的意思是,如果自杀从来与生死无关,就像与其他事情无关一样,而有些时候对某些人来说是生不如死。你可能也会感到奇怪,死亡对有些人来说肯定会给他们带来好处,但为什么他们若是自杀就是不正确的,而应当等着别人来处死他们。”

克贝温和地笑了,不知不觉地说起他自己的方言来。[2] 他说:

---

① 指自杀。

② 上文提到,克贝来自底比斯。

“哟,原来是这么回事。”

B 苏格拉底说:“对。如果以这种方式来理解,那么这样说当然不合理,尽管可能好像有几分道理。秘仪[①] 中有这么一种说法,我们人类就像是被关押的囚犯,不能解放自己,也不能自行逃跑,这在我看来是一种高级的教义,其涵义很难弄清。不过,克贝,我相信这样说是对的,诸神是我们的看护,我们人类是他们的一种财产。你认为如何?”

克贝说:“我也这样看。”

C “那么以你为例。如果你想要你的某个财产去死,但它在没有得到你的通知的时候就自我毁灭了,那么若还有办法,你岂不是要对它表示愤怒而惩罚它吗?”

“确实如此。”

“所以,如果你以这种方式看问题,那么我想说我们在得到神发出的某种推动之前一定不能自尽,这样说并非不合理,就像我们现在正在面对的情况一样。”

D “我承认似乎如此,”克贝说。“假定我们刚才说神是我们的看护,我们是他的财产,这样说是正确的,那么你前面说哲学家应当情愿去死,苏格拉底,这样说似乎是不合理的。如果这种看护是由诸神提供的,而诸神又是最好的主人,那么就无法解释为什么最聪明的人在摆脱这种看护以后不会感到悲伤,因为这样一来,在他得到自由的时候他就不能得到比原先更好的供养了。另一方面,愚

E 蠢的人也会有这种想法,以为逃离他的主人对他有好处。他可能想不到不应当离开好的主人,而应当尽可能长时间地与主人在一起,于是就不假思索地逃走了。聪明人希望总是与比他优秀的人

---

① 希腊宗教除了正统的奥林波斯教以外,还有各种以秘密仪式为特征的神秘教。

呆在一起。如果你按这种方式看问题,苏格拉底,那么所得出的结论可能正好与我们刚才的结论相反。因此,聪明人死的时候感到悲伤是自然的,而愚蠢的人在这种时候感到快乐也很自然。”

听了这席话,苏格拉底似乎被克贝的固执逗乐了。他环顾四 63
周对我们说:“你们大家知道的,克贝总是要考察论证,决不愿接受各种论断的表面价值。”

西米亚斯说话了:“苏格拉底,我认为克贝这一次说的有点意思。一个真正的聪明人为什么要去摆脱一位比他自己更加优秀的主人,轻率地离开他们呢?我想克贝的批评意见指的是你,因为你正在轻率地离开我们,也离开诸神,你承认他们是好主人。”

苏格拉底说:“你和克贝说的话相当公正。我想,你们的意思 B
是要我对这种批评作出正式的辩解。”

“确实如此。”西米亚斯说。

“那么好吧,让我来作一番更加令人信服的申辩,胜过我在审判时所作的。如果我并不盼望首先成为其他一些聪明善良的神灵的同伴,其次成为那些比现今仍旧活在世上的人更加优秀的已经死去的人的同伴,那么我在死亡之时不感到悲伤就是错误的。你
们可以肯定我确实期待在好人中间找到我自己。我并不特别强调 C
这一点,但另一方面我肯定你我都会最强烈地坚持,我能够在那里找到至善的神圣的主人。这就是为什么我不感到沮丧,为什么我坚定地希望在那里有某些东西为已经死去的人储藏着,就像我们多年来一直被告知的那样,这些更加好的东西是为好人准备的,而不是为恶人准备的。”

西米亚斯问:“好吧,苏格拉底,你的想法是什么?你想把这种知识只留给自己,而你现在就要离我们而去,还是愿意与我们交
流?我认为我们也一定要分享这种安慰,此外,我们如果对你说的 D
感到满意,我们也可以把它看成你的申辩。”

苏格拉底回答说:“很好,我试试看。但是,克里托似乎有话要说,等了好一会儿了。在我开始之前,让他先说吧。”

克里托说:“只有一件小事,那个把毒药拿给你的人要我对你说,你要尽可能少说话。说话会使你全身发热,你一定不能做任何

E 事影响毒药的作用。否则的话,说不定还得给你喝第二次,甚至第三次。”

“那是他的事,”苏格拉底说,“让他去准备,需要几副毒药就准备几副。”

“我知道你会这样说,”克里托说,“但是他烦了我很长时间了。”

“别理他。”苏格拉底说,“现在我要对你们,我的法官,解释一下为什么在我看来一个真正把一生贡献给哲学的人在临死前感到

64 欢乐是很自然的,他会充满自信地认为当今生结束以后,自己在另一个世界能发现最伟大的幸福。西米亚斯和克贝,我要清楚地告诉你们,这种事如何可能。

普通民众似乎无法理解,那些以正确的方式真正献身于哲学的人实际上就是在自愿地为死亡作准备。如果这样说是正确的,那么他们实际上终生都在期待死亡,因此,如果说他们在这种长期为之作准备和期盼的事真的到来时感到困惑,那么倒确实是荒谬的。”

B 西米亚斯笑了。他说:“苏格拉底,你对我的话作出的回答使我发笑,尽管我在这种时候实际上一点儿都不愿意笑。我敢肯定如果他们听了你的话,大多数人会这样想,我们国家的同胞也会衷心地同意,说哲学家是半死的人对他们是一个很好的打击,普通民众非常明白死亡会把哲学家们服伺得很好。”

“他们的说法也许相当正确,西米亚斯,除了说他们‘非常明白’。他们实际上一点儿也不明白在什么意义上真正的哲学家是

半死的人,或者说在什么意义上可以说他们应当去死,或者说他们 C
应当得到什么样的死亡。但是让我们把普通民众的意见排除在外,只在我们中间谈论。我们相信有死亡这回事吗?”

西米亚斯担当起回答问题的角色,说:“当然可以肯定有死亡。”

“死亡只不过是灵魂从身体中解脱出来,对吗?死亡无非就是肉体本身与灵魂脱离之后所处的分离状态和灵魂从身体中解脱出来以后所处的分离状态,对吗?除此之外,死亡还能是别的什么吗?”

“不可能再是别的什么了,死亡就是这么回事。”

“那么好吧,我的孩子,来看看你是否会赞同我的意见。我想
这会帮助我们找到问题的答案。你认为一名哲学家关心与饮食相 D
关的所谓快乐是否正确?”

“肯定不正确,苏格拉底。”西米亚斯说。

“关心性事方面的快乐又怎么?”

“这样做不对,不可能正确。”

“我们会关注的身体的其他方面需要吗?你认为一名哲学家会强调这些需要的重要性吗?我指的是穿漂亮衣裳和鞋子,以及其他身体的装饰品,你认为哲学家会看重这些东西还是轻视这些
东西?我指的是在他并非真正需要的范围内去追求这些东西。” E

“我想真正的哲学家会轻视它们。”西米亚斯说。

“那么这就是你的基本看法,哲学家并不关心他的身体,而是尽可能把注意力从他的身体引开,指向他的灵魂,对吗?”

“对,是这样的。”

“所以事情很清楚,在身体的快乐方面,哲学家会尽可能使他 65
的灵魂摆脱与身体的联系,他在这方面的努力胜过其他人,对吗?”

“似乎如此。”

“西米亚斯,许多人会想,在这些事情中找不到快乐或者根本没有身体快乐的人不配活着,从来不想要身体快乐的人已经有一只脚伸在坟墓里了,对吗?”

“完全正确。”

“现在以获得知识为例。如果某人带着身体进行考察,身体会
B 成为考察的障碍吗?我的意思是,人的视觉和听觉有没有确定性,或者说它们就像一直在我们耳边轰鸣的诗歌那样,我们既不可能听到,也不可能看到任何确定的东西,是吗?如果这些感觉是不清晰的和不确定的,那么其他感觉也几乎不可能是清晰、确定的,因为其他感觉比视觉和听觉还要低劣。你同意这种说法吗?”

“当然同意。”

“那么灵魂在什么时候获得真理?每当它在身体的帮助下想要对某事物进行考察,身体显然就会把它引向歧途。”

C “没错。”

“当灵魂能够摆脱一切烦扰,比如听觉、视觉、痛苦、各种快乐,亦即漠视身体,尽可能独立,在探讨实在的时候,避免一切与身体的接触和联系,这种时候灵魂肯定能最好地进行思考。”

“是这样的。”

D “藐视和回避身体,尽可能独立,所以哲学家的灵魂优于其他所有灵魂。”

“似乎如此。”

“还有其他一些问题,西米亚斯。我们承认有绝对公正这样的事吗?”

“我们确实承认。”

“也有绝对的美和善吗?”

“当然有。”

“你曾亲眼看到过这些东西吗?”

“肯定没有。”西米亚斯说。

“那么好吧，你曾经用身体的其他任何感官感觉到它们吗？这里说的‘它们’，我指的不仅是绝对的高、健康、力量，而且是任何既定事物的真实性质，亦即它到底是什么。我们难道不是通过身体 E
来获得对它们的最真实的感知吗？在任何研究中，你对某个对象越关注，你所获得的关于这个对象的知识也就越准确，你也就越能理解这个对象本身，这难道不是真的吗？”

“当然是真的。”

“你难道不认为，进行这种尝试，最成功的人就是那个尽可能接近每个对象的人，他使用的理智没有其他感官的帮助，他的思考无需任何视觉，也不需要把其他任何感觉拉扯进来，这个人把他纯 66
洁的、没有玷污的思想运用于纯洁的、没有玷污的对象，尽可能切断他自己与他的眼睛、耳朵以及他的身体的其他所有部分的联系，因为这些身体器官的在场会阻碍灵魂获得真理和清理思想？西米亚斯，如果有人能够抵达真实的存在，那么能实现这一目标的不就是这个人吗？”

“你说的绝对正确，苏格拉底。”西米亚斯说。

苏格拉底说：“上述考虑必定会推动严肃的哲学家以这样的方 B
式考察一下自己的立场。这种方式看起来像是通往正途的一条旁径。只要我们还保留着不完善的身体和灵魂，我们就永远没有机会满意地达到我们的目标，亦即被我们肯定为真理的东西。首先，
身体在寻求我们必需的营养时向我们提供了无数的诱惑，任何疾 C
病向我们发起的进攻也在阻碍我们寻求真实的存在。此外，身体用爱、欲望、恐惧，以及各种想象和大量的胡说，充斥我们，结果使得我们实际上根本没有任何机会进行思考。发生各种战争、革命、争斗的根本原因都只能归结于身体和身体的欲望。所有战争都是
为了掠夺财富，而我们想要获取财富的原因在于身体，因为我们是 D

侍奉身体的奴隶。根据这些解释,这就是为什么我们几乎没有时间从事哲学。最糟糕的是,如果我们的身体有了某些闲暇,可以进行研究了,身体又会再次介入我们的研究,打断它,干扰它,把它引上歧途,阻碍我们获得对真理的观照。我们实际上已经相信,如果我们要想获得关于某事物的纯粹的知识,我们就必须摆脱肉体,由
E 灵魂本身来对事物本身进行沉思。从这个论证的角度来判断,只有在我们死去以后,而非在今生,我们才能获得我们心中想要得到的智慧。如果有身体相伴就不可能有纯粹的知识,那么获得知识
67 要么是完全不可能的,要么只有在死后才有可能,因为仅当灵魂与身体分离,独立于身体,获得知识才是可能的。只要我们还活着,我们就要继续接近知识,我们要尽可能避免与身体的接触和联系,除非这种接触是绝对必要的,而不要允许自己受身体的性质的感染,我们要洗涤我们自己受到的身体的玷污,直至神本身来拯救我们。通过拒绝身体的罪恶使自己不受污染,以这种方
B 式,我们有可能获得与我们志同道合的人为伴,得到纯洁无瑕的知识,亦即真理。不纯洁的人若能抵达纯洁的领域无疑是违反普遍公正的原则的。

“除此之外,西米亚斯,我还想说,一切爱好学习的人都必须思考他们自己,并且相互谈论。你同意我的看法吗?”

“这一点非常重要,苏格拉底。”

“很好,”苏格拉底说,“如果这是真的,那么任何抵达这一旅程终点的人就有很好的理由希望在那里达到目的,这个旅程现在就在我的面前展开,我们过去所作的一切努力就是为了实现这个目
C 的。所以我命中注定要踏上的这个旅程将会有幸福的前景,对其他任何人来说也一样,只要他的心灵已经准备好接受净化。”

“确实如此。”西米亚斯说。

“至于这种净化,我们前不久在讨论中说过,包括尽可能使灵

魂与身体分离，使之习惯于脱离与身体的所有接触，集中精力，在 D
可能的情况下，在现在和将来，拥有自己独立的居所，摆脱身体的桎梏。可以这样说吗？”

“没错。”西米亚斯说。

“我们不是把死亡称作灵魂从身体中解脱和分离吗？”

“确实如此。”他说。

“灵魂解脱的愿望主要，或者只有在真正的哲学家那里才能看到。事实上，哲学家的事业完全就在于使灵魂从身体中解脱和分离出来。不是那么回事吗？”

“显然如此。”

“那么好，像我开头所说的那样，如果某人一生都在训练他自 E
己在尽可能接近死亡的状态中生活，那么当死亡到来时他反而感到悲哀岂不是很可笑吗？”

“当然可笑。”

“事实上，西米亚斯，真正的哲学家为他们的信念而死，死亡对他们来说根本不足以引起恐慌。请这样想，如果他们对身体完全不满，想使他们的灵魂独立于身体，而当这种情况一旦发生了却又感到惊慌和悲哀，那岂非完全不合理吗？如果能够出发前往某处，
在那里能够获得他们终身期盼的东西，亦即智慧，能够逃离一种不 68
受欢迎的联系，他们难道不会自然而然地感到高兴吗？世上确实有许多人按照他们的自由意志选择了追随他们死去的情人、妻子、孩子去另一个世界。如果这种情况存在，那么一名真正的智慧爱好者拥有同样坚定的信念，认为自己只有在另一个世界才能获得
有价值的智慧，这样的人难道会在死亡时感到悲哀吗？在走上这 B
一旅程时他难道会不高兴吗？如果他是一名真正的哲学家，我们必须认为他会高兴的，我亲爱的孩子，因为这样才能表明他坚定地相信在别的地方决不可能发现纯粹的智慧。所以，就像我刚才说

的那样,说这种人会害怕死亡是极不合理的。"

"确实不合理。"

"所以,如果你们看到某人在临死时感到悲哀,"苏格拉底说,
C "那就足以证明他不是智慧的热爱者,而是身体的热爱者。实际上,我假定他还热爱财富和名誉,爱其中之一,或两者都爱。"

"对,你说得很对。"

"西米亚斯,"苏格拉底继续说道,"由此可见被我们称作勇敢的美德主要不就是这种哲学气质吗?"

"是的,这一点不容怀疑。"他说。

"还有,即使从通俗意义上来理解,自制就是不受欲望的驱使,对欲望保持一种体面的冷漠。这种品质不是只有那些极端漠视身体、终生献身于哲学的人才拥有吗?"

D "确实如此。"他说。

"但你们若是考虑一下由其他人实践的勇敢和自制,"苏格拉底说,"你们会认为这些品质是不合理的。"

"怎么会呢,苏格拉底?"

"你们知道,除了哲学家,每个人都把死亡当作一种大恶,不是吗?"

"是的,确实如此。"

"一个人勇敢地面对死亡是因为他害怕落入某种更加糟糕的境地,不是吗?"

"是这样的。"

"尽管说害怕和胆怯使人勇敢是不合理的,但是除了哲学家,每个人的勇敢都可以归于害怕和恐惧。"

E "好像是这样的。"

"那些有节制的人又如何?按相同的方式,不是可以说正是由于某种自我放纵在使他们自我节制吗?你可以说这是不可能的,

但那些实践这种自我节制的简单形式的人的情况都和我刚才描述
过的情况相似。他们害怕会失去他们想要的某种快乐，而他们又
无法放弃这种快乐，因此他们就约束自己的另一种快乐。尽管他
们把自我放纵定义为受快乐的统治，而实际上是因为他们无法抗 69
拒某些快乐，因此就抗拒另一些快乐，这就与我刚才讲过的情况相
似了，他们对自己实施控制的原因在于自我放纵。"

"对，这样说好像是对的。"

"我对你的理解表示祝贺，西米亚斯。不过我担心，从道德标
准来看，用一种程度的快乐、痛苦、恐惧替换另一种程度的快乐并
不是一种正确的方法，就像交换不同面值的硬币一样。只有一种
货币我们可以拿来与其他东西交换，这就是智慧。实际上，使勇 B
敢、自制、诚实，总之一句话，使真正的善得以可能的是智慧，有无
快乐、恐惧之类的感觉出现根本就没有什么区别，建立在相对的情
感价值之上的道德体系只是一种错觉，是一种粗俗的观念，找不到
任何健全的、真实的内容。真正的道德理想，无论是自制、诚实，还
是勇敢，实际上是一种来自所有这些情感的涤罪，而智慧本身才是 C
一种净化。那些指导这种宗教仪式的人也许离此不远，他们的教
义底下总有那么一层寓意，凡是没有入会和得到启示的人进入另
一个世界以后将要躺在泥淖里，而那些涤过罪，得到启示的人到达
那里后将会与诸神住在一起。你知道那些主持入会仪式的人是怎 D
么说的，'佩戴标记的人很多，但为什么信徒这么少？'而在我看来，
这些信徒就是那些按照正确的方式过着一种哲学生活的人，我乐
意尽力与他们为伴，为了实现这个目的，今生今世凡我能做的事决
不留下不做。如果神愿意的话，当我们到达另一个世界时，我们肯
定能知道这种雄心是否正确，我们能否得到些什么，我想，这个时
刻很快就会到来了。

这就是我向你们提出的辩护，西米亚斯和克贝，为的是表明我

E 离开你们和我的尘世统治者是很自然的,没有任何悲伤或痛苦,因为我相信在那边我将找到好的统治者,我的好朋友不会比这里少。如果我对你们作的辩白比我对雅典法官作的辩白更加令人信服,那我就满意了。”

70 苏格拉底说完这番话后,克贝作了答复。他说:“苏格拉底,你这番话在我听来说得好极了,除了你关于灵魂的说法。你说灵魂离开时一般的人都非常害怕,灵魂从肉身中解脱以后也许就不再存在于某个地方,而可能就在人死的那一天被驱散了或毁灭了,也许就在离开肉体的那一刻,它一露头就像气息或烟雾那样消失得无影无踪。苏格拉底,如果灵魂仍旧能够作为一个独立的整体存在,摆脱你刚才描述过的各种罪恶,那么我们当然就会有更加强
B 烈、更加荣耀的希望,你说的也就是真的。但是我想,我们几乎不需要什么信心或保证就会相信,灵魂死后仍旧存在并且保持着某种积极的力量和理智。”

“你说得很对,克贝。”苏格拉底说。“但是我们现在怎么办?你希望我们继续思考这个主题,看一看这种观点是否正确吗?”

“我本人非常乐意听听你的想法。”克贝说。

“无论如何,”苏格拉底说,“我也不认为有人听了我们现在的
C 谈话,哪怕是一名喜剧诗人,会说我正在浪费时间讨论与我无关的问题。所以,如果这也是你的感觉,那么我们最好继续探讨。让我们从这个观点出发来解决问题。离开身体的灵魂存在还是不存在于另一个世界?

我们还记得有一个古老的传说,讲的是灵魂离开这里以后确实存在于另一个世界,还会返回这个世界,从死者中复活。如果死
D 者能够复活,那么不就说明我们的灵魂存在于另一个世界吗?如果灵魂不存在,那么它们就不能再次产生,如果灵魂确实是从死者中复活的,而不是来自别的地方,那就足以证明我的论点是正确

的。如果情况并非如此,那么我们还需要别的论证。”

“你说得对。”克贝说道。

“如果你想更加容易地理解这个问题,”苏格拉底说,“那么不要只想到人,而要想到所有的动物和植物。让我们来看,一般说来 E
一切有世系的事物是否总是以这样的方式产生,而不是以别的方式产生,凡有对立面存在之处,对立的事物产生对立的事物,例如美是丑的对立面,正确是错误的对立面,还有无数其他事例。让我们考虑一下,这是否一条必然的法则,凡有对立面的事物必定从其对立面中产生,而不会从其他来源中产生。例如,当某个事物变得比较大的时候,那么我想它在变得比较大之前先要变得比较小,对吗?”

“对。”

“同样,如果它要变得比较小,那么它先要变得比较大,然后才 71
会变得比较小,对吗?”

“没错。”克贝说。

“较弱从较强中产生,较快来自较慢,对吗?”

“当然如此。”

“再举一个例子。如果某个事物变坏了,那么它来自原先较好的事物吗? 如果某事物变得比较公正了,那么它来自不那么公正的事物吗?”

“那当然了。”

“那么我们对此表示满意,”苏格拉底说,“一切事物均以相反相成的方式产生,是吗?”

“你说得好极了!”

“还有另外一个问题。这些事例表现了另一种性质,每一对相反的事物之间有两个产生的过程,一个过程是从首先到其次,另一 B
个过程是从其次到首先,对吗? 一个较大的物体和一个较小的物体之间有一个变大和变小的过程,我们不是称之为增加与减少吗?”

“对。”克贝说。

“分离与结合、冷却与加热,以及其他许多例子,不都是一回事吗?哪怕我们有时候不用这样的术语,但实际上这是一个普遍的事实,一事物产生于它事物,有一个产生的过程,对吗?”

“没错。”克贝说。

C “那么好吧。”苏格拉底说,“就像睡的对立面是醒一样,活有没有对立面?”

“当然有。”

“是什么?”

“是死。”

“那么活与死是对立的,它们相互产生,它们之间的产生有两个产生过程吗?”

“当然有。”

“好极了。”苏格拉底说。“我来陈述刚才提到的一对相反的事物,说出这对事物本身和它们之间产生的过程,你来陈述另一对相
D 反的事物。我的对立面是睡与醒,我说醒产生于睡,睡产生于醒,它们之间的过程是去睡觉和醒过来。我的这个陈述你满意吗?”

“很好。”

“现在轮到你了,”苏格拉底继续说,“请用同样的方式陈述生与死。你承认死是生的对立面吗?”

“我承认。”

“它们相互产生吗?”

“对。”

“那么从生中产生的是什么?”

“是死。”

“从死中产生的是什么?”苏格拉底问道。

“我必须承认是生。”克贝说。

“所以,克贝,活的东西和活人是从死的东西中产生出来的吗?”

“显然如此。” E

“那么我们的灵魂存在于另一个世界。”

“似乎如此。”

“我们刚才讲的两个过程在这个事例中,有一个是非常确定的,我指的是,死是相当确定的,是吗?”

“是的。”克贝说。

“我们现在该怎么办?省掉另一个补充性的过程,给这条自然法则留下一个缺陷吗?或者说我们必须提供另一个与死相对应的过程?”

“我们当然必须提供。”克贝说。

“这个过程是什么呢?”

“复活。”

“如果有复活这回事,”苏格拉底说,“那么它必定是一个从死 72
到生的过程。”

“是这样的。”

“所以我们在这一点上也有了一致看法,生出于死,就像死出于生一样。但是我想,如果我们肯定了这一点,那么足以证明死者的灵魂一定存在于它们再生之处。”

“苏格拉底,在我看来,从我们达成的一致看法中可以必然地推论出这一点来。”克贝说道。

“我想也还有另一种方式,克贝,使你可以看到我们达成的一致看法并没有错。如果两套对立的事物之间的产生没有连续对应
的过程,即循环轮回,如果产生是直接地走向对立的终点而没有任 B

何向起点的回复或偏转,那么你会明白最后万物都会具有同样的性质,处于同一状态,也就不会有任何变化了?”

“你这样说是什么意思?”

“这不难理解,”苏格拉底答道,“举例来说,如果有‘睡眠’,那
么‘苏醒’并不能凭借使某些事物脱离睡眠而与‘睡眠’达成一种平
衡,你一定要明白,恩底弥翁[①] 最终会成为一切事物的笑柄。他
C 会一无所得,因为到那时整个世界都会处于相同的睡眠状态。如
果万物都是结合的,没有任何事物是分离的,那么我们马上就会拥
有阿那克萨戈拉所说的那种“万物一体”。以同样的方式,我亲爱
的克贝,如果拥有生命的事物逐渐死去,而死者在死后就保持死的
状态不再复活,那么万物最后不可避免地都是死的,没有活的了,
D 对吗?如果说有生命的事物从其他有生命的事物中产生,而有生
命的事物要死去,那么有什么办法可以防止它们的数量由于死亡
而最后灭绝呢?”

“我看没有办法,苏格拉底,”克贝说,“你说的似乎完全正确。”

“对,克贝,”苏格拉底说,“如果世上有正确的东西,那么我相
信这就是正确的,我们的一致看法并没有错。复活是一个事实,生
E 出于死是一个事实,死者灵魂的存在是一个事实。”

“苏格拉底,”克贝又说道,“除此之外还有一种你经常说给我
们听的理论,我们所谓的学习实际上只是一种回忆。如果这种说
法是正确的,那么我们现在回忆的东西肯定是从前学过的,除非我
们的灵魂在进入人体之前在某处存在,否则这就是不可能的。所
73 以按这种方式来理解,灵魂也好像是不朽的。”

“克贝,这种理论是如何证明的?”西米亚斯插话说,“提醒我,

① 恩底弥翁(Endymion)是希腊神话中一名俊美的青年牧羊人,月神塞勒涅爱上了他,宙斯应月神要求使他永远处在睡眠状态,以葆青春常在。

因为当时我没记住。”

克贝说:“以人提问为例可以很好地证明这一点,如果提问的方式是正确的,那么人们就能作出完全正确的回答,这种回答只有当他们对主题具有某些知识并有了恰当的把握以后才有可能作
出,否则就是不可能的。如果你向人提出一个作图问题或类似的 B
问题,那么他们作出反应的方式就确凿无疑地证明了这个理论是正确的。”

“西米亚斯,”苏格拉底说,“如果这种方式不能令你信服,那么就来看这样做是否有用。我假定你认为所谓学习就是回忆的说法很难理解,是吗?”

“一点儿也不难,”西米亚斯说。“我想要的只是想对我们正在讨论的东西,回忆,有所帮助。从克贝提到的解决这个问题的方法中,我已经回忆起很多,足以令我满意,但若能听到你如何解决这个问题,我一定会非常乐意。”

“我是这样看的,”苏格拉底说,“我假定我们同意,如果说某人 C
回忆起什么东西来,那么他必定先要在某个时间或其他时间认识它,对吗?”

“很有道理。”

“当知识以某些具体方式出现时,我们不也同意把它称作回忆吗?我会解释这样说是什么意思。假定某人看见或听到,或以别的方式注意到某个事物,不仅意识到这个事物,而且还想起另一个
事物是一个不同类型知识的对象。在这种情况下,难道我们说他 D
想起的那个对象提醒了他是不对的吗?”

“你这话是什么意思?”

“让我举个例。我假定你会同意,一个人和一件乐器是知识的不同对象。”

“没错。”

"那好吧,当情人们看到他们所爱的人的乐器、衣裳,或她的其他任何私人物品,你知道在这种情况下会有什么事情发生。他们一认出某样东西,心里就幻想出它的主人的形象。这就是回忆。以同样的方式,看到西米亚斯也经常使人想起某个克贝,这样的例子举不胜举。"

"对,这样的例子当然很多。"西米亚斯说。

E "所以说到回忆,我们指的是我刚才描述过的这种体验,尤其是当我们已经长时间没有见过某些事物,已经把它们给忘了的时候。"

"是这样的。"

"那么,当一个人看见一幅画着马的图画能想起一个人来吗,或者说一个人看见一幅画着西米亚斯的图画能想起克贝来吗?"

"完全能够。"

"一个人看见一幅画着西米亚斯的图画能想起西米亚斯本人来吗?"

74 "当然能。"

"从所有这些事例中不是可以推论出,回忆可以由相同的或不同的事物引起吗?"

"对。"

"当相同的事物引起你的回忆时,你肯定也意识到这种相同是完全相同还是部分相同,对吗?"

"对,肯定会意识到。"

"我们现在可以再前进一步了,"苏格拉底说,"我假定我们承认有这么个事物叫相等,不是砖头与砖头、石头与石头的相等,而是没有任何差别的绝对相等。我们承认这一点还是不承认?"

B "承认,完全承认。"西米亚斯断然说道。

"我们知道它是什么吗?"

“当然知道。”

“我们从哪里得到这种知识呢？从我们刚才提到的那些具体事例吗？尽管我们说的相等的砖头、相等的石头或其他相等的东西与这个相等是不一样的，但我们不就是因为看到了这些事物的相等才得到相等这个观念的吗？请这样想。相等的石头和砖头自身不变，但有时候看起来与一个人相等，而和另一个人不等，难道不是这样吗？”

“确实如此。”

“好吧，那么你是否曾经想过，绝对相等的事物是不等的，或者 C
相等的事物是不相等的？”

“没有，从来没有过，苏格拉底。”

“那么这些相等的事物与绝对相等不是一回事。”

“我现在认为根本不是，苏格拉底。”

“然而，尽管不是一回事，但却是这些相等的事物使你有了关于绝对相等的知识，它们向你提出建议，并把它转达给你，对吗？”

“完全正确。”

“那么这个相等本身与这些相等的事物是相同的或者不同的，对吗？”

“确实如此。”

“相同也罢，不同也罢，这倒没什么区别，”苏格拉底说，“只要 D
看到一样事物会使你想起另一样事物，那么它肯定是产生回忆的原因，无论这两样事物相同或是不同。”

“是这么回事。”

“好吧。”苏格拉底说，“现在我们从刚才讲的相同的砖头和其他事例中能发现什么呢？它们在我们看来是绝对相等意义上的相等吗？或者说它们缺乏绝对相等，因为它们只是接近相等？或者说它们完全缺乏相等？”

“它们与绝对相等差远了。”西米亚斯说。

“假定你看到某个事物,你对自己说,我能看出这个事物像另
E 一个事物,但它缺乏相等,不能真的相同,而只是有点儿像。在这种情况下你会同意我的看法,任何接受这种印象的人从前必定有过关于他说的那个有些相同,但并不完全相同的事物的知识吗?”

“他肯定有过。”

“很好,那么这就是我们关于相等的事物与绝对相等的看法吗?”

“确实如此。”

75 “那么在我们第一次看见相等的事物,明白它们在努力追求相等,但又缺乏相等之前,我们一定拥有某些关于相等的知识。”

“是这样的。”

“我们同时也同意,除了通过视觉、触觉,或其他感觉,否则就不能拥有这种相等的观念。我把它们全都当作相同的。”

“苏格拉底,从我们想要证明的目的来看,它们是相同的。”

“所以,我们必须通过这些感觉才能明白,一切可感的相等都
B 在追求绝对的相等,但是缺乏相等。这样的看法对吗?”

“对,是这样的。”

“所以,在我们开始看和听,以及使用其他感官之前,我们必定在别的地方获得过这种知识,即有绝对相等这么一个事物。否则我们就决不会明白一切相等的感性物体都想要与绝对相等相同,用绝对相等作标准来比较,这些感性物体只是不完善的模仿。”

“这是一个合理的结论,苏格拉底。”

“从出生那一刻起,我们不就开始了看与听,以及使用我们的其他感官吗?”

“当然是的。”

C “但是我们承认,在我们获得这些感觉的对象之前,必定已经

获得了我们关于相等的知识。”

“对。”

“所以我们必定是在出生之前获得这种知识的。”

“好像是这样的。”

“假如我们是在出生之前就获得了这种知识，当我们出生时拥有这种知识，那么我们既在出生前又在出生后拥有这种知识，不仅拥有平等和相对大小的知识，而且拥有所有绝对的标准。我们现在的论证不仅适用于平等，而且也适用于绝对的美、善、正直、神 D
圣，以及所有在我们的讨论中可以冠以‘绝对’这个术语的事物。所以，我们必定是在出生前就已经获得了有关所有这些性质的知识。”

“是这样的。”

“除非我们在获得知识以后永久地遗忘了，否则我们必定在出生时就是‘知道’的，并且整个一生都继续‘知道’，因为‘知道’的意思就是保有某人所获得的知识，不丢失。我们所说的遗忘不就是失去知识吗，西米亚斯？”

“确实如此。” E

“如果我们真的是在出生前就获得了我们的知识，而在出生那一刻遗失了知识，后来通过我们的感官对感性物体的作用又恢复了先前曾经拥有的知识，那么我假定我们所谓的学习就是恢复我们自己的知识，称之为回忆肯定是正确的。”

“确实如此。”

“没错，因为我们看到，通过视、听或其他感官对感觉的提示可 76
以获得对一个事物的感觉，通过某种联系可以想起遗忘了的事物，而无论这两个事物是否相同。所以我认为有两种选择。要么说我们全都生来拥有关于这些标准的知识，并终生持有；要么说当我们谈到人们的学习时，他们只是在回忆以前的知识。换言之，学习就是回忆。”

“对,必然如此,苏格拉底。”

B “那么,你的选择是什么,西米亚斯？我们生来就有知识,或者说我们出生以后回忆起我们在出生前拥有的那些知识?”

“苏格拉底,要我马上就作选择,我不知该怎么说。”

“那好,有另一个选择请你考虑。你认为怎么样？一个人知道某样事物,他能对之作出详尽的解释吗?”

“他一定能。”

“你认为每个人都能解释我们刚才谈论的这些问题吗?”

“我想要肯定这一点,”西米亚斯说,“但是我非常担心到了明天这个时候世上就没有一个人能够对这些问题作出恰当解释了。”

C “所以,西米亚斯,你并非认为每个人都拥有关于这些问题的知识,是吗?”

“我绝不这样认为。”

“那么他们只是在回忆他们曾经学到的知识。”

“这才是正确的回答。”

“我们的灵魂是什么时候获得这种知识的？不会是在我们的尘世生活开始以后吧?”

“当然不会。”

“那么一定是在我们的尘世生活开始之前。”

“对。”

“那么我们的灵魂在获得人形之前就有一个在先的存在,西米亚斯。它们独立于我们的身体,也拥有理智。”

“你说的没有什么问题,除非我们也许可以说我们在出生那个时候获得关于这些事物的知识,苏格拉底。这样的一个时间还是存在的。”

D “没错,我亲爱的朋友,但是请告诉我,遗忘这些知识又是在什么时候呢？我们刚刚才同意我们出生时并不拥有知识。难道是在我们获得知识的同时又失去知识吗？或者说你还能建议其他时间？”

“当然提不出，苏格拉底。我没有意识到自己说的话是毫无意义的。”

“好吧，我们现在该进到哪一步了，西米亚斯？如果所有这些绝对的实体，比如我们老是在谈论的美和善，真的存在，如果被我们重新发现的我们从前的知识是关于它们的，我们把我们身体的所有感觉的对象都当作是对它们的范型的摹本，如果这些实体存 E
在，那么由此岂不是可以推论出，我们的灵魂甚至在我们出生之前也必定存在，如果它们不存在，我们的讨论岂不是在浪费时间？这个观点是合理的，说我们的灵魂在我们出生前存在就像说这些实体是存在的一样确定，如果一种说法不可能，那么另一种说法也不可能。对吗？”

“我完全清楚了，苏格拉底，”西米亚斯说，“同样合理的必然性适用于两种情况。你的论证依据的是这两个立论要么都能成立， 77
要么都不能成立，一个是我们的灵魂在我们出生前存在，另一个是你说的这个等级的实体是存在的，这很合我的胃口。我无法想象还有任何事物的存在能比绝对的美、善，以及你刚才在完全可能的意义上提到的其他实体的存在更加能够不证自明。在我看来，证明已经相当充分了。”

“克贝会怎么看？”苏格拉底说道，“我们也必须能说服克贝。”

“我完全相信他也感到满意，”西米亚斯答道，“没错，在抵制论证的时候，他是世上最顽固的人，但是我想，就我们的灵魂在出生 B
前就已存在这一点来说，他不再需要什么东西来使他信服。至于我们死后灵魂仍然存在，这一点连我都没有感到已经得到了证明，苏格拉底。克贝的反对意见仍然成立，人们普遍害怕人的灵魂会在他死的那一刻崩溃,这可能就是灵魂存在的终结。假定灵魂有出生,它的构成来自某些源泉,在进入人体前就存在。那么在它进入人体后,有什么理由会使它在得到解脱的那一刻走向终结,并毁灭自己呢?”

C “你说得对,西米亚斯,”克贝说道,“看来我们已经得到了我们想要证明的一半,灵魂在出生前就存在,如果要完成我们的证明,我们现在还需要证明灵魂在死后也像它在出生前一样存在。”

“我亲爱的西米亚斯和克贝,”苏格拉底说,“如果你们把这个最后的论证与我们前面达成一致意见的论证,一切有生命的东西都是从死的东西中产生出来的,结合起来,那么实际上另一半也已
D 经得到证明。如果灵魂在出生前就存在,如果它开始趋向生命并且被生出来,那么它必定是从死的东西或死的状态中出生的,如果灵魂肯定会再生,那么它死后肯定存在。所以你们提到的论点已经得到证明。尽管如此,我相信你和西米亚斯仍旧想延长讨论。你们像儿童一样害怕灵魂从肉身中出来时会被大风刮走和吹散,
E 尤其是当人死的时候不是无风的天气,而是刮大风。”

克贝笑了。他说:“苏格拉底,就算我们害怕,那么试试看如何让我们信服。或者倒不如不要假定我们害怕。也许我们中间会有人像小孩一样有这种恐惧,但让我们试着说服他不要害怕死亡,别把死亡当作一个妖怪。”

“你该做的是像一名巫师那样每天对他念一通咒语,”苏格拉底说,“直到你赶走他的恐惧。”

78 “但是,苏格拉底,”西米亚斯说,“我们现在该上哪儿去找到一名懂得这些咒语的巫师,因为你就要离开我们了?”

“希腊是一个很大的国家,”他答道,“一定有很多好人,外族人中间也有许多好人。你们必须彻底搜查,把这样的巫师找出来,不要害怕花冤枉钱,也不要怕麻烦,把钱花在这个方面比花在其他方

面要适宜得多。你们也必须靠你们大家的力量去找,因为也有可能找不到任何人适宜完成这项任务。”

“我们明白了,”克贝说道。“不过,如果你不反对的话,还是让我们回到刚才岔开的话题上来。” B

“我当然不反对。我干吗要反对?”

“那就谢谢你了,”克贝说道。

“我想,”苏格拉底说,“我们应该向自己提问。哪一类事情会自然而然地落到个消散的命运?为了什么样的事情我们害怕这种命运,而为什么样的事情我们不害怕这种命运?回答了这些问题,我们接下去就会考虑灵魂属于哪一类事物,然后我们就能知道自己对我们灵魂的命运是充满信心还是充满恐惧。”

“你问得好。”

“难道你不认为合成的物体或自然的复合物会在它组合之处 C
破裂吗?而任何一个真正非合成的物体必定不会受这种方式的影响,对吗?”

“好像是这么回事,”克贝说。

“非复合的事物极为可能总是永久的、单一的,而复合的事物则是非永久的、多样的,对吗?”

“我认为是这样的。”

“那么让我们回到我们前面讨论过的那个例子上来。我们在 D
讨论中界定的绝对实体是否总是永久的、单一的?绝对的相等、绝对的美,或其他任何真正存在的独立实体会接受任何种类的变化吗?或者说每个这种单一、独立的实体永远保持原状,绝对不会有任何方面,任何意义上的变化?”

“它们必定是永久的、单一的,苏格拉底,”克贝说。

“好吧,美的具体实例又如何,比如人、马、衣服,等等,或者说 E
绝对相等的例子,或任何与某个绝对实体相对应的那一类事物?

它们是永久的,或者正好相反,它们绝不会在任何意义上,对它们自身也好,它们相互之间也好,具有这种关系?"

"苏格拉底,提到这些事物,那么正好相反,它们从来都没有失去过多样性。"

79 "你们能够触、看,或用你们别的感官察觉到这些具体的事物,但那些永久的实体,你们无法感觉到,而只能靠思维去把握;对我们的视觉来说,它们是不可见的。"

"完全正确。"克贝说。

"所以你们认为我们应当假定有两类事物,一类可见,一类不可见,对吗?"

"我们应该这样假定。"

"不可见的是单一的,可见的决不可能是单一的,对吗?"

"对,我们也应该这样假定。"

B "那么好吧,"苏格拉底说,"我们不是一部分是身体,一部分是灵魂吗?"

"那当然了。"

"那么我们说身体与哪一类事物比较接近或关系比较密切?"

"显然是与可见的事物。"

"灵魂是可见的,还是不可见的?"

"苏格拉底,它至少对人来说是不可见的。"克贝说。

"我们讲的可见和不可见的事物当然是对人的性质而言。你认为我们在谈这一点时还想着别的什么事物的性质吗?"

"没有了,仅对人的性质而言。"

"那么我们关于灵魂该怎么说?它是可见的,还是不可见的?"

"它不是可见的。"

"那么它是不可见的,是吗?"

"对。"

“所以灵魂更像不可见的事物,而身体更像可见的事物,对吗?”

“这是不可避免的推论,苏格拉底。” C

“我们前不久说过灵魂把身体当作工具来进行探究,无论是通过视觉、听觉或是任何别的感官,因为使用身体包含着使用感官,这样一来,灵魂就被身体拉入多样性的领域而迷了路,在与那些具有相同性质的事物接触时它感到困惑而不知所措,就好像喝醉了酒似的,对吗?”

“对。”

“但当灵魂自我反省的时候,它穿越多样性而进入纯粹、永久、 D
不朽、不变的领域,这些事物与灵魂的本性是相近的,灵魂一旦获得了独立,摆脱了障碍,它就不再迷路,而是通过接触那些具有相同性质的事物,在绝对、永久、单一的王国里停留。灵魂的这种状态我们称之为智慧。”

“你说得好极了,完全正确,苏格拉底。”

“好吧,那么在我们刚才和前面说过的所有这些话的启发下, E
你们认为灵魂与哪一类事物比较相似,有着比较密切的关系?”

“苏格拉底,我想,哪怕是最愚昧的人也会依据这一连串的论证同意灵魂完全可能更像是单一的事物,而不像是多样的事物。”

“那么身体怎么样?”

“身体与另一类事物相似。”

“让我们再按另一种方式来考虑。当灵魂与身体都处在同一 80
地方时,天性让它们一个做服从的奴仆,另一个进行统治。在这种关系中,你们认为哪一个与神圣的部分相似,哪一个与可朽的部分相似?难道你不认为统治和指挥是神圣事物的天性,而服从和服侍则是可朽事物的天性吗?”

“我是这样看的。”

“那么灵魂与什么相似?”

“苏格拉底,灵魂显然与神圣的事物相似,身体与可朽的事物相似。”

B “现在,克贝,”苏格拉底说,“让我们来看这是否就是我们从我们说过的所有内容中得出来的结论。灵魂与神圣的、不朽的、理智的、统一的、不可分解的、永远保持自身一致的、单一的事物最相似,而身体与凡人的、可朽的、不统一的、无理智的、可分解的、从来都不可能保持自身一致的事物最相似。我亲爱的克贝,我们还能提出任何相反的论证来说明事实并非如此吗?”

“不能,我们提不出来。”

“很好,那么在这种情况下,肉体迅速地分解不是很自然吗?而灵魂是非常平静的,或者说几乎不会分解,对吗?”

C “确实如此。”

“你当然知道,当一个人死的时候,尽管对他的可见的、肉体的部分来说这是很自然的,我们称他的这个部分为他的尸体,躺倒在这个可见的世界上,腐烂,化成碎片,消散,但这些事并不是在一瞬间发生的。即使死亡发生在温暖的季节,而尸体又富有营养,它仍旧要在相当长的时间里保持原形。当尸体被干化和涂上香油防腐时,就像在埃及那样,那么在难以置信的长时间里,尸体保持不变;即使尸体腐烂了,其中有些部分,比如骨头、肌腱或其他相似的东

D 西,实际上可以永久保留下来。情况就是这样,不是吗?”

“你说得对。”

“但是不可见的灵魂去了另一个地方,那个地方像灵魂自身一样辉煌、纯粹、不可见,那才是真正的哈得斯[①] 或不可见的世界,如果神愿意的话,灵魂会出现在善的和智慧的神面前,我的灵魂一

① 哈得斯(Hades)在希腊神话中是冥王,主宰地狱,亦为地狱之名。

定很快就会去那里。如果灵魂具有我才描述过的这些性质,那么 E
它还会像流行看法那样,在从肉身中解脱的那一刻被驱散和摧毁吗? 远非如此,我亲爱的西米亚斯和克贝。事实真相倒不如说是这样一回事。灵魂从肉体中解脱出来的时候是纯洁的,没有带着肉体给它造成的污垢,因为灵魂在今生从来没有自愿与肉体联合,而只是在肉体中封闭自己,保持与肉身的分离,换句话说,如果灵
魂按正确的方式追求哲学,并且真正地训练自己如何从容面对死 81
亡,这岂不就是'实践死亡'的意思吗?"

"你说得非常准确。"

"好吧,如果这就是灵魂的处境,那么灵魂动身前往那个与它自身相似的不可见、神圣、智慧的地方,到达那里时,幸福在等待着它。它摆脱了不确定性和愚蠢,摆脱了恐惧和无法控制的欲望,以及其他所有人间罪恶,就像那些人在秘仪的入会仪式上说的那样,灵魂真的将要在那里与神一道度过余下的时光。我们应当接受这种观点,克贝,或者是采用别的说法?"

"我们必须接受这种观点,"克贝说。

"但是我假定,如果灵魂在得到解脱时已经被玷污了,是不洁 B
的,因为它总是与肉体联系在一起,关心肉体,热爱肉体,并且被肉体及肉体的情欲和快乐所诱骗,以为只有这些可以摸、看、吃、喝,可以用于性生活享受的肉体的东西才是真实的,如果灵魂已经习惯于仇视、畏惧、回避那些我们的肉眼看不见,但却是理智的、只能
依靠哲学来理解的东西,如果灵魂处于这种状态,那么你认为它能 C
保持独立性,不受污染地逃离吗?"

"那几乎是不可能的,"克贝说。

"我想,正好相反,灵魂会被有形体的东西渗透,通过持久的联系和长期的实践,会与肉体往来而结成同伴。"

"当然会。"

“我亲爱的朋友,我们必须假定有形体的东西是沉重的、压制的、属土的、可见的。所以被肉体玷污了的灵魂变得沉重,如他们
D 所说,由于害怕哈得斯或不可见的世界,而被拉回可见的世界,在坟墓和坟场里徘徊。能被人真正看见的、影子般的幽灵就是这些还没有消失的灵魂,它们仍旧保持着某些可见的部分,这就是它们能被看见的原因。”

“你说的很像是那么回事,苏格拉底。”

“是这么回事,克贝。当然了,它们不是善的灵魂,而是恶灵,它们被迫在这些地方漫游,这是对它们以往恶行的惩罚。它们一
E 直在游荡,通过对肉身的不断追求,最后再次被禁闭在肉身中。像你会预期的那样,它们投靠的那些肉身具有和它们在前世养成的相同的某一类性格或性质。”

“你指的是哪一类,苏格拉底?”

“那些不去努力避免而是已经养成贪吃、自私、酗酒习惯的人
82 极有可能会投胎成为驴子或其他堕落的动物。你看会吗?”

“对,很可能会。”

“那些自愿过一种不负责任的生活,无法无天、使用暴力的人,会变成狼、鹰、鸢,除非我们还能提出其他性情更加相似的动物。”

“不,你提到的这些动物就很准确。”

“所以,按照灵魂今世的行为,很容易想象它们将会进入什么样的动物。”

“对,确实很容易。”

“我假定那些最幸福的人,那些到达了最佳终点的人,是那些
B 养成了普通公民的善的人,这种善被称作自制和诚实,通过习惯和实践来获得,而无需哲学和理性的帮助。”

“为什么说他们是最幸福的呢?”

“因为他们可能会进入某种过着社会生活,受纪律约束的动物

体内，比如蜜蜂、黄蜂、蚂蚁，甚至可能再次投胎于人，成为体面的公民。”

“完全有可能。”

“但是，未实践哲学的灵魂在离开肉身的时候不是绝对纯洁 C
的，这样的灵魂没有一个能够获得神圣的性质；只有智慧的爱好者才行。我亲爱的西米亚斯和克贝，这就是为什么真正的哲学家要禁止一切身体的欲望，要抵抗欲望而不是向它们投降的原因。这样做不是因为担心耗费金钱和财产，那些把金钱放在头一位来考虑的普通人会这样想，也不是因为他们害怕丢丑，担心这样做会招来坏名声，那些雄心勃勃想要出人头地和掌权的人会这样想。”

“对，你提到的这些动机都是无价值的，苏格拉底，”克贝说。

“这些动机确实没有什么价值，”苏格拉底对克贝的说法表示 D
同意。“因此，克贝，那些关心他们的灵魂，不愿使灵魂屈从于肉体的人，坚决地割断与其他人的联系，拒绝和他们一道进行那种无计划的旅行。由于相信哲学能提供解放和洁净，反对哲学是错误的，因此这些人回过头来追随哲学，而无论哲学会把他们引向何处。”

“你这话是什么意思，苏格拉底？”

“我会解释给你听，”苏格拉底说。“每一个寻求智慧的人都知
道，当哲学接管灵魂的时候，他的灵魂是一个无助的囚犯，手脚被 E
捆绑在身体中，只能透过灵魂的囚室间接地看到实体，在无知的泥
淖中打滚。哲学知道这个囚犯自己主动的欲望在狡猾地影响着这 83
种监禁，对灵魂的监禁来说，使灵魂进监狱的首先就是灵魂自己。在这种情况下，哲学接管了灵魂，试图用温和的劝说来使灵魂自由。她向灵魂指出，用眼睛、耳朵以及其他所有感官作出的观察完全是一种欺骗，她敦促灵魂尽可能不要使用感官，除非迫不得已，
她鼓励灵魂要精力集中，相信自己对物体的独立判断而不要相信 B

别的东西,不要把灵魂间接得来的服从于多样性的东西当作真理,因为这样的物体是可感的和可见的,而灵魂自身看到的东西是理智的和肉眼不可见的。此时,真正哲学家的灵魂会感到一定不能拒绝这个解放的机会,因此灵魂尽可能节制快乐、欲望和悲伤,因为灵魂想到放纵快乐、欲望和悲伤的结果不是像人们所设想的那
C 种微不足道的不幸,例如由于自我放纵而生病或浪费钱,而是一场受害者不知道的最可怕的灾难。”

“那是什么灾难,苏格拉底?”克贝问道。

“当每个人的灵魂感到一种强烈的快乐或痛苦时,它就必然会假定引起这种最强烈的情感的原因是最清楚、最真实的实体,而实际上并不是。会产生这种结果的主要是可见的事物,不是吗?”

“是这样的。”

D “不正是在这种情况下灵魂最彻底地落入身体的束缚吗?”

“你是怎么得出这种看法来的?”

“因为每一种快乐或痛苦都像有一根铆钉,把灵魂牢牢地钉在肉体上,使之成为有形体的,把被身体肯定的任何东西都当作真实的来接受。我想,灵魂与身体一致,在相同的事情上寻找快乐,由此产生的结果是灵魂必定会变得在性格和训练上与肉身相同,这样它就决不能逃往不可见的世界,而是习惯于和肉身在一起,于是
E 它在离开肉身后很快就又回到另一个肉身中,在那里扎根和生长。由此带来的后果就是,它成为纯洁、单一、神圣事物的同伴的可能性就被完全排除了。”

“对,苏格拉底,你说得完全正确,”克贝说。

“克贝,真正的哲学家表现出自制和勇敢是由于这些原因,而不是由于人们一般假定的那些原因。或者说,你认为那些流行的看法是正确的吗?”

84 “不,肯定不正确。”

“确实不正确。哲学家的灵魂会接受我说的这种看法。它不会起先是期待哲学来解放它,然后又允许快乐和痛苦使它再次成为囚犯,从此承担起一项永无止境的任务,就像那拆除自己织物的珀涅罗珀。[①] 不,这个灵魂通过追随理性和做哲学的永久同伴来免除欲望,它通过对真实的、神圣的、不可推测的事物的沉思来从中吸取灵感,因为这样的灵魂相信这是它生活的正确方式,当肉身 B
死后,它可以到达一个与它自身性质相关和相同的地方,在那里可以永远摆脱凡人的疾病。我亲爱的西米亚斯和克贝,经过这样一番训练,灵魂绝对没有理由害怕在与肉身分离的时候被大风刮散,消失在稀薄的空气中,不再存在。”

苏格拉底这番话说完后,有好长一阵子沉默。从他的样子来 C
看,苏格拉底本人好像还在回味他刚才作的论证,我们中间大部分人也在这样做,而西米亚斯和克贝在那里开始交头接耳,低声说起话来。

苏格拉底回过神来,注意到他们。他说:“你们怎么了,认为我的解释不恰当吗?如果你们想要详细考察我的解释,那么当然会有一些疑点,也会有反对意见。如果你们俩正在考虑别的事情,那么请别在意,但若你们对我们的讨论感到有什么困难,那么请直截了当地把你们的看法说出来,也请你们指出有什么办法可以改进 D
我的解释。如果你们认为我能对解决这些困难有什么帮助,那么就尽管说好了。”

“很好,苏格拉底,”西米亚斯说,“对你我没有什么可隐瞒的。我们俩都感到有些困难,几次催促对方提问。我们渴望得到你的回答,但我们又不想麻烦你,怕给你当前的不幸带来更多的

① 珀涅罗珀(Penelope)是荷马史诗中的英雄奥德修斯之妻,她为了拒绝贵族子弟的求婚而将织好的衣服在晚间拆除,以此拖延时间。

烦恼。”

听了此话,苏格拉底温和地笑了。他说:“西米亚斯,你的话使
E 我感到奇怪。我不认为我当前的命运是一种不幸,如果我不能说
服你们相信这一点,那么我肯定会感到难以说服世人,而你们担心
我会比过去更加烦恼。你显然认为我的预见性比天鹅还要差,因
为,当这些鸟儿感到自己快要死的时候,它们会比此前一生更加大
85 声、更加甜蜜地歌唱,它们对自己就要去神那里感到快乐,而它们
是神的仆人。人们错误地把天鹅的临终绝唱理解为表达悲哀。持
这种说法的人被他们自己对死亡的恐惧所误导,没想到鸟儿在饥
饿、寒冷和其他窘境中是不会歌唱的,那怕是夜莺、燕子、戴胜①,
它们的歌声被视为挽歌。在我看来,这些鸟儿也好,天鹅也好,都
B 不是因为悲哀而歌唱。我相信天鹅属于阿波罗神,拥有预见力,它
们歌唱是因为知道在那个不可见的世界有好东西在等着它们,那
一天它们会比从前更加快乐。我想我现在和天鹅一样,忠心侍奉
同一位神,我的主人赋予我的预见力并不比天鹅差,在告别今生的
时候也不感到烦恼。至于你们关心的这种对死亡的恐惧,只要雅
典的法官们允许,你们想怎么说,怎么问都可以。”

C “谢谢你,”西米亚斯说。“我会把我的困难先告诉你,然后克
贝会告诉你在什么地方他发现你的理论是不能接受的。我想,苏
格拉底,如你所说,尽管在今生要获得有关这些问题的确定答案不
是不可能,而是非常难,但同时如果我们不尽一切努力去考察各种
现有的理论,或在我们已经从多方面作了考虑以后放弃谈话,那是
非常软弱的表现。我们的责任是做好以下两件事情之一,要么是
寻求指导或是依靠个人的发现来确定事实,要么如果这是不可能
D 的,那就选择人类理智所能提供的最优秀、最可靠的理论,以之作

① 一种鸟的名字。

筏在生命的海洋中前进,也就是说,假定我们不能抱着更大的自信心和由神的启示带来的更大的安全感去作生命之旅,我们就这样做。所以现在,在你已经说过这些话之后,不再有任何胆怯妨碍我提出自己的问题,以后也不会后悔为什么现在不敞开心灵。苏格拉底,事实上在和克贝议论了一番之后,我感到你的理论有严重缺陷。”

“你的感觉是正确的,我亲爱的孩子,”苏格拉底说,“但请告诉 E
我,你认为这些缺陷在什么地方。”

“我的意思是这样的,”西米亚斯说。“你可以针对给一件乐器调音说出同样的话来,调好的音是不可见的、无形体的、极好的、神
圣的,存在于定好了音的乐器中,而乐器本身和它的弦是物体的、 86
有形的、复合的、尘世的,与可朽的东西密切相连。现在假定这件乐器坏了,弦被割断了或者绷断了。按照你的理论,这个时候定好的音仍旧存在,是不可能被摧毁的,但若说琴弦断裂时,具有可朽性质的乐器和琴弦本身仍旧存在,而分有神圣与不朽事物性质的
定好的音却不再存在,比它的可朽的对应物还要早死,那是不可理 B
解的。你会说定好的音必定像过去一样存在于别的某个地方,而制作乐器的木头和琴弦却会腐烂。苏格拉底,我之所以这样说是因为我们毕泰戈拉学派,如你所知,有一种与此大体相应的灵魂理论。肉体由于热与冷、干与湿,以及其他对立面的某种张力组合而
成,而我们的灵魂就是当这些对立面按正确的比例结合起来的时 C
候对这些对立面所作的调和或调整。好吧,如果灵魂真的是一种调整,那么显然我们身体的张力一旦降低或减少到一定限度,这个时候尽管灵魂是神圣的,但也一定会被摧毁。这就像在其他任何调整中一样,在音乐或其他任何艺术和工艺的创造中,尽管在每个例子中,事物的物体部分会长时间延续,直到它们被焚毁或
腐烂。如果有人坚持灵魂作为对事物的物理构成的一种调和,是 D

最先被毁灭的，我们称之为死亡，那么就请对这个论证作出回答。”

苏格拉底睁大了双眼,笑了,这是他常用的一个谋略。他说:“真的,西米亚斯的批判相当公正,如果你们中间有人比我还要能够更加从容地有所准备,那么最好先出来作答。在我看来,西米亚斯根本就没有把握这个论证。然而在我们作出答复之前,我想我
E 们应当聆听克贝会提出什么批评,而我们也可以有时间决定该说些什么。听了他的批评,如果这些批评有理,那么我们必须表示赞同,如果无理,那么我们就必须开始捍卫我们的理论。来吧,克贝,告诉我们,令你感到困惑的是什么?”

“很好,”克贝说。“在我看来,这个论证恰到好处。我指的是
87 它要接受我们前面作出的同样的批判。以此来证明我们灵魂的先前存在是完全令人满意的,我甚至可以说是令人信服的。对此我并不改变立场。但要说我们的灵魂在我们死后仍旧存在于某处,那么我想这个证明有失误之处。请你注意,我并不赞成西米亚斯的反对意见,他说灵魂并不比肉身更加强大和更加持久,而我认为灵魂在各个诸如此类的方面都要比肉身优越得多。你的理论可以这样提问:当你看到人死之后,连他的较弱的部分都会继续存在,那么你还会怀疑灵魂继续存在吗?你不认为人的更加持久的部分也一定会合理地长久存在吗?

E “好吧,这就是我的回答,我希望你们考虑一下我说的话中有没有什么合理的成分。像西米亚斯一样,我也必须举例说明。假定一位年老的裁缝刚死。你的理论同样会说这个人没有死,而是仍旧安全健康地存在于别的某个地方,你还会拿他为自己缝制的上衣还没有腐烂,他穿在身上的衣服仍旧保持原样这一事实来证
C 明他没有死。如果有人表示怀疑,我假定你们就会问他什么东西会延续得更长久,一个人还是一件经常被穿着和磨破的上衣,当他

回答说前者会延续得更长久,那么你们会认为自己已经得出了结论,那个人是安全健康的,因为连那个不太持久的东西都没有灭亡。但实际情况并非如此,西米亚斯,因为我也想要听到你的看法。任何人都会把这种观点当作荒谬的。那位裁缝制作和穿破了任何数量的衣服,尽管他比其他衣服都活得更长,但他可能会在最 D
后一件衣服腐烂前死去,这并不意味着一个人比一件衣服还要低劣,或者一个人拥有生命的能力比一件衣服还要弱。我相信这个比喻也可以用来说明灵魂与肉体的关系,以同样的方式说明灵魂的生命力很长,而身体的生命力相对较短或较弱,我认为这样说是合理的。我们可以承认每个灵魂都像穿衣服一样穿过许多肉体,尤其是当灵魂长久地活着的时候,尽管肉体在一生中不断地发生变化和分解,但是灵魂决不会停止更换已经穿破了的肉身,尽管当灵魂死的时候,肉体才会最后揭示出它天生的虚弱和易于腐烂的性质,我们仍旧必须假定灵魂死的时候仍旧拥有它最后一 E
件外套,只有在这个时候它才真的死去。如果你们接受这种观点,那么我们认为灵魂在死后仍旧存在于某处这个观点仍旧没有得到证明。

“假定有人比你们更加强调灵魂不朽,不仅肯定我们的灵魂在 88
我们出生之前存在,而且还承认它们中有一些可以连续存在或死后再生,死去活来好几次,灵魂拥有这样天然的生命力,可以经历连续的肉体化,只有承认了这一点,才能进一步断言灵魂不会在它多次的再生中受到坏的影响,所以灵魂不会在它的某一次‘死’中完全死亡。如果他必须承认无人知道这些‘死’或灵魂与身体的分离哪一次对灵魂来说是终结性的,因为我们中任何人都不可能拥 B
有这样的预见,那么苏格拉底,没有人,只有傻瓜才会充满自信地去死,除非他能证明灵魂是绝对不朽的、不可毁灭的。否则,每个人都必然会感到死亡在逼近,担心在这一次灵魂与肉身的分离中,他的灵魂可能会最终完全毁灭。”

C 听了西米亚斯和克贝的反对意见,我们全都感到非常沮丧,这是我们后来相互交谈时得知的。在这场讨论的前半段,我们本来都已经非常相信了,可是这个时候我们感到他们把我们的信念颠覆了,把我们的自信心摧毁了,不仅涉及已经说过的内容,而且涉及后来的内容。我们也许缺乏作判断的能力,或者说可以证明这些事实本身是不可靠的。

厄刻克拉底 斐多,我完全同情你。听了你的解释,我发现自
D 己也面临同样的悲哀。经历了这样的讨论以后我们还能相信什么吗?苏格拉底的论证是绝对令人信服的,但此刻又变成完全不可信的了。把我们的灵魂看做某种音调的理论对我总是格外有吸引力,我刚才在听的时候回想起我自己先前也有这样的看法。但我现在真正需要的是另一种证明,直接从头开始,能使我相信人死后
E 他的灵魂不会随他一同死去。告诉我,苏格拉底是怎样再次重新作出证明的?他有没有像你们这些人一样表现出困惑,还是平静地挽救这个论证?他的挽救是有效的还是无效的?尽力而为,把你知道的所有细节都告诉我们。

89 **斐多** 我可以向你保证,厄刻克拉底,苏格拉底经常让我大吃一惊,但我从来没有像在这个具体场合那样更加崇拜他。他会从容对答,我想这并非不寻常,但使我惊讶的是,首先,他愉快、温和、赞赏地接受了两位青年的反对意见,然后马上承认讨论的这种转折对我们会产生的影响,最后他又用娴熟的技艺治疗我们的伤口,鼓励我们振作精神,与他一道继续探讨。

厄刻克拉底 他是怎么做到这一点的?

B **斐多** 我会告诉你的。我当时正好坐在他的床右边的脚凳上,他比我高许多。所以他把手放在我的头上,抚摸我的卷发。他

从来不放过机会拿我的卷发开玩笑。他说:“斐多,我假定明天你会剪去这头美丽的卷发。”

“我会的,苏格拉底,”我说道。

“如果你肯接受我的建议,那你就不会了。”

“为什么不会?”我问道。

“因为我今天就要剪去我的头发,而你必须做同样的事,”苏格拉底说道,“也就是说,如果我们让我们的论证死去,而又不能让它复活,我们就不要再留头发了。再说,假如我是你,如果让真理从我面前逃走,那么我就会像阿吉威斯一样发誓,不打败西米亚斯和 C
克贝在论战中的反扑,就让我的头发不要再长出来。”

“但是,” 我反对道, “连赫拉克勒斯也不能一次对付两个敌人。”

“那么你最好请我做你的伊俄拉俄斯[①],趁现在天还亮。”

“很好,”我说道,“但我是要请赫拉克勒斯帮忙的伊俄拉俄斯,而不是要请伊俄拉俄斯帮忙的赫拉克勒斯。”

“结果反正是一样的,”他说道。“但是有一个危险我们必须首先加以提防。”

“什么样的危险?”我问道。

“变得厌恶讨论,”他说道,“这是在人们变得厌恶人的意义上 D
说的。对任何人来说,没有比厌恶论证更大的不幸了。厌恶讨论和厌恶人是以同样的方式产生的。厌恶人的产生是由于不加批判地相信某人。你假定某个人绝对诚实、忠心、可靠,而后又发现他是虚伪的、不可靠的。同样的事情一而再、再而三地发生。由于对这些被认为是你最亲近朋友的反复感到失望,你和他们的友 E

---

① 在希腊神话中,伊俄拉俄斯(Iolaus)是英雄赫拉克勒斯的侄子,曾协助赫拉克勒斯杀死九头水蛇。

谊均以可恨的结果而告终，这种情况会使你厌恶任何人，认定在任何地方都不可能找到真诚。你难道从来没有注意到这种现象吗?”

“我注意过,确实有这种事。”

“你不感到这种事应当受到申斥吗?这样的人不是显然想要建立人与人之间的关系,而又对人性不做任何批判性的理解吗?否则他就肯定会认识到这样一个真理,世上非常好的人和非常坏
90 的人都不多,大部分人都处在好与坏之间。”

“你是怎么得出这个结论来的?”我问道。

“我们可以用事物的大小来作比喻,”他说道。“想一想超乎寻常的个子很大或个子很小的人,或者狗,或者其他事物,你能想得到吗?或者非常快和非常慢,非常丑和非常美,非常白和非常黑?难道你从来没有发现极端的事例是稀少的,而中等的事物则多得很?”

“当然如此。”

B “所以你认为,如果有一场恶的比赛,也只有很少人能在那里出人头地?”

“可能吧。”

“是有可能,”苏格拉底说。“不过你使我离题了。论证与人之间存在的相似不是我刚才讲的那种相似,而是我前面说的那种相似,如果一个人相信某个论证是真实的,但没有对之使用逻辑的技艺,稍后在决定对错时说它是错的,同样的事情一而再、再而三地
C 发生,——你知道这是怎么一回事,尤其是对那些花费时间为争论的双方作论证的人来说,——最后他们相信自己比其他任何人都要聪明,因为只有他们发现在事实中和在论证中,没有任何事物是稳定的、可靠的,一切事物均像定时涨落的渠中流水一样波动起伏,不会在任何时候任何地点停滞不动。”

“完全正确,”我说。

“那么好,斐多,”他说道,“假定有一个论证是真实的、有效的、
能够被发现的,然而有人由于通过他自己以往的论证感到它们对 D
相同的人有时候真、有时候假,这个时候他不去追究自己的责任,
责备自己缺乏技能,而是到了最后在绝望中想要把怒火发泄到论
证头上,此后一生中老是在抱怨和斥责论证,由此错过了认识关于
实体的真理的机会,这岂不是一桩可悲的事?”

“确实可悲,”我说道。

“很好,”他说道,“这就是第一件我们必须提防的事情。我们 E
一定不可在心中认为不存在有效的论证。正好相反,我们应当承
认自己在理智上仍然是残缺的,但我们必须打起精神来,尽力成为
健全的。你和其他人部分地想着你们的余生,而我直接想着我的
死亡,因为我此刻正处在危险之中,这种危险不是哲学地看待死 91
亡,而是过分自信地看待死亡。你知道,在论证中,那些没有真正
接受教育的人如何关心的不是事实本身,而只是急于使他们的观
点被听众所接受?我感到此刻我就像那些人一样糟糕,区别仅在
于我的焦虑不是为了使我的听众信服,除非偶然有人会信服,而是
为了使我自己最大可能的信服。我的同伴们,这就是我的立场。
你们瞧,我有多么自私!如果我的理论确实是对的,那么就相信 B
它,哪怕死亡是一种灭绝,但不管怎么说,在我死之前我不会由于
对此感到遗憾而使我的同伴们困惑,我决不会变得那么蠢,这将是
一场灾难,不过很快就会结束了。

“我亲爱的西米亚斯和克贝,这就是我进行这场讨论的精神。
至于你们,如果接受我的建议,那么少想一些苏格拉底,多想一些 C
真理。如果你们认为我说的全是真的,那么你们必须表示同意;反
之,如果是假的,那么就用你们拥有的一切论证来反对它。你们一
定不要利用我的热情而允许我在我和你们之间作决定,免得我飞

走时留下我的螯针。①

“好吧,我们必须前进了,”他继续说道,“首先,如果你发现我的记忆不准确,那么就告诉我你说过些什么。我相信,西米亚斯被一些疑点所困惑。他担心,即使灵魂比肉体更加神圣和高贵,但不
D 管怎么说,灵魂像某种定好的音调一样会先遭到毁灭。另一方面,克贝似乎同意我的看法,认为灵魂比肉体更持久,但认为无人能够保证,灵魂会不会像人穿衣服一样,在穿破了许多肉体之后最终灭绝,而抛下最后穿的那个肉体。他还认为死亡就是灵魂的毁灭,因为身体从来就没有停止过衰亡。西米亚斯和克贝,我说得对吗,这就是我们必须加以考察的反对意见吗?”

E 他们对此表示同意。

“那么好吧,”苏格拉底说,“你们拒斥我们前面所作的全部论证,还是只拒斥某些论证?”

“我们只拒斥其中的某些论证,”他们说。

“我们肯定过学习就是回忆,如果学习就是回忆,那么我们的灵魂必定在它们被监禁在肉体之中以前就在某个别的地方存在,你们对这个推理怎么看?”

92 “只代表我自己说话,”克贝说,“我认为它极为令人信服,我坚持这个观点,反对其他说法。”

“对,确实如此”,西米亚斯说道,“我的看法也一样。如果我连这个观点也改变了,那我会感到非常惊讶。”

“我的底比斯朋友,”苏格拉底说,“如果把定好的音调看做是一个组合的事物,灵魂是在某种给定的张力下为我们的身体成分
B 创作出来的音调,那么你不得不改变看法。我想连你自己也不会接受一种复合的音调在它为之创作的身体成分存在之前就已经存

① 此处苏格拉底自比螯人的黄蜂或其他昆虫。

在这种观点。会吗？”

“暂时不会，苏格拉底。”

“你难道看不到这种观点与你刚才说的观点正好相合，灵魂在进入人的形体或肉体之前就存在，在它为之创作的那些成分还不存在之前就存在，对吗？定音肯定与你拿来作比喻的对象不同。先有乐器、琴弦和它们未定音的音调，定音是最后出现的而又是最先被毁灭的。这种解释怎么能够与另一种解释和谐呢？”

“确实不和谐，”西米亚斯说。

“然而，”苏格拉底说，“如何任何解释都必须和谐，那么它应当是一种对定音的解释。”

“对，应当是，”西米亚斯说。

“好吧，”苏格拉底说，“这种解释与你的观点不和谐。请决定一下，你喜欢哪一种理论，学习就是回忆，还是灵魂是一种定好的音调。”

“苏格拉底，毫无疑问，我喜欢前者，”他说，“另一种说法在我
看来没有任何证据可以支持，而是依靠似是而非的比喻，这也是大 D
多数人发现它有吸引力的原因。但我明白立足于似是而非的论据的理论是一种冒名顶替，除非你提高警惕，否则它会让你上当受骗，在几何学中和在其他地方都一样。另一方面，回忆的理论和知识来源于假设的理论值得接受。我们的灵魂在进入肉体之前就存
在的理论正确与否取决于灵魂是否拥有关于实体的最终标准，这 E
个看法我完全相信，也是我正确地加以接受的。因此我一定不能接受灵魂是一种定好的音调的说法，无论这个观点是我自己的，还是从别人那里听来的。”

“西米亚斯，还有另一个考察它的办法，”苏格拉底说，“你认为
一种定好的音调，或者别的复合事物，应当处在一种与它的构成元 93
素不一样的状况下吗？”

“不,我不这样认为。”

“它的作用与被作用,我假定,也会与它们不同吗?”

西米亚斯表示同意。

“所以一种定好的音调不应当控制它的构成成分,而应当跟随它们,对吗?”

西米亚斯表示赞成。

“无疑它也会与它们发生冲突,在运动、声音,或其他任何方面。”

“确定无疑。”

“很好。那么,各种被定好的音调的性质就其被确定的范围内来说,不就是一种定好的音吗?”

“我不懂。”

B “当然,”苏格拉底说,“如果再作调整,也就是说,把音再定高一些,假定这是可能的,那么它是定得比较高的音,如果把音定的不足,也就是定得低一些,那么它就是定得比较低的音。”

“是这么回事。”

“灵魂不也是这种情况吗,一个灵魂与其他灵魂会有程度上的差别,无论这个差别多么细微?”

“没错,不管差别有多小。”

“现在请密切注意,”苏格拉底说道。“我们说过一种灵魂拥有理智和善,这种灵魂是好的;另一种灵魂拥有愚蠢和邪恶,这种灵

C 魂是恶的。对吗?”

“对。”

“那么一个人拥有作为定好的音调的灵魂,他该如何解释灵魂中出现的善与恶呢?把它们说成是另一种音调,还是没有定好的音调?善的灵魂是定好的音调,不仅自身是一种定好的音调,而且包含另一种定好的音调,而恶的灵魂没有定好音,也不包括另一种

定好的音,那个人会这样说吗?”

“我真的不知如何说是好,”西米亚斯回答说,“但若有人持这种观点,那他必须作出回答。”

“但是我们已经有了一致的看法,”苏格拉底说,“一个灵魂不 D
会比另一个灵魂更是灵魂,就像我们同意过一种定好的音调不会比另一种定好的音调在比较大的程度上更加是定好的音调,或在比较小的程度上比另一种定好的音调更加是定好的音调。是这样吗?”

“当然如此。”

“一种既非在较大程度上又非在较小程度上定好的音调在定音方面也不会较大或较小。对吗?”

“对。”

“不大不小的、定好的音调包含定音时较大或较小的部分,还 E
是包括相等的部分?”

“包括相等的部分。”

“由于没有灵魂会或多或少地比另一个灵魂更是灵魂,所以它也不会或多或少地更像调好的音调。”

“是这么回事。”

“如此说来,它不可能包含一个较大比例的不和谐或较大比例的定音。”

“肯定不能。”

“那么在这种情况下,假定恶就是不和谐,善就是定好的音,一个灵魂能够比另一个灵魂包含更大比例的善或恶吗?”

“不能。”

“西米亚斯,通过严格的推理,我倒不如假定,如果灵魂是 94
一种定好的音调,那么没有灵魂会包含任何份额的恶,因为定好的音是绝对的音调而不是别的什么,它决不会包含任何份额的嘈杂声。”

“不会,确实不会。”

“由于灵魂是绝对的灵魂,它同样也不会包含任何份额的恶。”

“按照我们说过的这些,它不会。”

“所以按照这种理论,假定一切灵魂的本性都是相等的,它们都是灵魂而不是别的什么,那么每一生灵的灵魂都同样是善的。”

“我想这个推论能够成立,苏格拉底。”

B “你也认为这个观点是正确的吗? 如果我们的假设,灵魂是一种定好的音调,是正确的,那么从论证中能够得出这个结论来吗?”

“有可能。”

“好吧”,苏格拉底说,“那么你认为支配人的是人的某个部分,而不是灵魂吗,尤其是当这个部分是有智慧的时候?”

“不,我不这样看。”

“灵魂抗拒肉体的感觉,或者压制它们吗? 我的意思是,举例来说吧,当某人发烧和口渴,灵魂以另一种方式推动他,不让他喝
C 水,当他感到饥饿时,不让他吃东西,有成千上万的方式我们看到灵魂压制身体的本能。不是吗?”

“确实如此。”

“前不久我们不是还同意过,如果灵魂是一种定好的音调,那么它决不会发出与它的构成要素相冲突的声音,无论这些要素处于什么状况,是紧张、松弛、颤动,还是别的状态,它一定会追随这些要素,但决不会指引它们,对吗?”

“对,我们同意过,那当然了。”

“但是现在我们看到,灵魂确实在以相反的方式起作用。灵魂
D 在指挥所有构成要素,一生都在压制它们,实施各种方式的控制,有时候用严厉的、令人不快的方法,就像体育训练和医术,有时候用温和的方法,有时候进行指责,有时候进行鼓励,灵魂与欲望、情

欲、恐惧进行交谈，就好像灵魂与它们是分离的、有区别的。正如荷马在《奥德赛》中所说，奥德修斯‘捶打胸部，内心自责地这样说，我的心啊，忍耐吧，你忍耐过种种恶行。’① 你认为当写下这些话 E
的时候，他认为灵魂是一种调好的音调，会因为身体的情感而动摇吗？他确实把灵魂当作一种会动摇，但又能控制情感的东西，灵魂由于太神圣了，以至于不能列为一种调好的音调。”

“在我看来也确实如此，苏格拉底。”

“好。由此看来，我们说灵魂是一种调好的音调是不合理的。 95
我们既不能同意荷马的看法，又不能坚持我们原来的意见。”

“是这样的。”

“好吧，”苏格拉底说，“我们现在似乎已经安慰了那位底比斯妇女哈耳摩尼亚②，取得了初步的成功。但是该怎么对待卡德摩斯③ 呢，克贝？我们该如何安慰他，我们该用什么样的论证？”

“我想你会有办法的，”克贝说，“你提出的这个反对音调理论的论证远远超出了我的期待。西米亚斯解释他的困难时我就在想 B
无人能够否定他的论证，所以他的论证不能抵挡你的初次进攻令我感到非常惊讶。如果卡德摩斯的论证碰上同样的命运，那我不会感到有什么奇怪。”

“我亲爱的同伴，”苏格拉底说，“别吹捧我，否则不幸会降临我的论证，颠覆它。不过，还是让神来决定它的命运吧，我们的任务是按照荷马史诗的方式进入结论性的部分，考察你的意见的有效性。”

---

① 荷马:《奥德赛》，第 20 卷，第 17 行。

② 哈耳摩尼亚(Harmonia)是希腊神话人物，战神阿瑞斯之女，卡德摩斯之妻。

③ 卡德摩斯(Cadmus)是希腊神话人物，底比斯国王。苏格拉底在此处用两位神话人物比喻西米亚斯和克贝。

C “概括地说来,你的要求是这样的。你认为,一名将要死去的
哲学家相信死后会更好,因为他按哲学的方式生活并按哲学的方
式结束他的此生,而非以其他任何方式,这种自信心是一种盲目、
愚蠢的自信。灵魂是不可毁灭的,不朽的,这一点必须加以证明。
为了证明这一点,你说灵魂拥有很大的生命力,具有神一般的性
质,甚至在我们出生前就存在。你说,所有这些都能很好地表明灵
魂不是不朽的,而只是活得很长,它在一个相当长的周期内先存在
D 于某个地方,享受着大量的知识和活动。但这些并不会使灵魂成
为不朽的。它每次进入人的身体就像得了疾病,是它毁灭的开始,
每次过这种生活都使它精疲力尽而死,这就是我们所说的死亡。
你还说,对我们个人的恐惧来说,一次还是经常进入肉身并没有什
么差别。任何人只要是不知道或不能证明灵魂不朽,一定会感到
害怕,除非他是个傻瓜。

E “我相信,克贝,这就是你的反对意见的主旨。我不止一次精
心加以复述,不想遗漏任何东西。如果你想再增加或者减少什么
内容,现在就请说出来。”

克贝说:“我现在不需要增加或减少什么,我确实就是这么看
的。”

想了一会儿,苏格拉底说:“克贝,要想满足你的要求不是一件
容易的事。这里涉及到整个出生与毁灭的原因。如果你愿意,我
96 会描述一下与此相关的我本人的经历,然后,如果你发现我的解释
有什么帮助,你可以取来加强你自己的反对意见。”

“我确实想听你的解释,”克贝说,“我很喜欢你的办法。”

“那么就请注意听,让我来告诉你。克贝,年轻的时候,我对那
门被称作自然科学的学问有着极大的热情。我想,要是能知道每
B 一事物产生、灭亡或持续的原因那就好了。我不断地反复思考,对
这样一类问题困惑不解。如有人说,当热与冷引起发酵时,生灵就

滋生出来，是吗？我们借以思想的是我们体内的血、气、火吗？或
者这些东西都不是，而是脑子给我们提供了听、视、嗅这些感觉，从
这些感觉中产生记忆和意见，记忆和意见确立以后，又从中产生知
识吗？然后我又去考察这些能力是怎样失去的，去考察天上和地 C
下的现象，最后我得出结论，觉得自己根本不适合作这种类型的研
究。我在下面会充分说明我的意思。按照我自己和其他人的评
价，我以前对某些事情理解得很清楚，但是现在经过这番沉思，我
竟然连这些过去认为自己知道的事情也迷惑不解了，尤其是关于
人生长的原因。我从前认为这个原因很清楚，人的生长显然是因
为吃喝，也就是说，是由于我们消费的食物，我们吃下去的东西变 D
成肉，肉长到骨头上，骨头又连到骨头上，以同样的方式，身体的其
他部分由于得到适宜它们的东西而增强，过去较小的体积现在变
大了，以这样的方式，一个小孩长成大人。这就是我曾经相信过
的，很合理，是吗？”

“对，我想是这样的，”克贝说。

“我们还是想远一点。曾经有一个时期我满足于这样的想法，
当我看见一个高个子站在一个矮个子旁，我想那个高个子之所以
比矮个子高一头是因为他的头；以马为例也一样。在我看来，十比
八大甚至更加明显，因为十比八所包含的数多二。二尺比一尺大， E
因为二尺超过一尺的长度是它自身长度的一半。”

“你现在对这些事又怎么看呢？”克贝问道。

“我说的这些话就已经表明，我决不认为在我假定自己知道的
这些事情中有任何一件事情的解释是成立的。我甚至不能使自己
信服，当你在一上面再加一时，第一个一或第二个一就成了二，或 97
者说它们都通过加一而变成了二。我发现难以相信，尽管它们在
分离的时候各自都是一，而不是二，但现在加在一起使它们变成二
的原因只是由它们的并置所引起的结合。我现在也不能相信，当

B 你对一作划分时,这一次它变成二的原因是划分,因为这次使一变
成二的原因与前面使一变成二的原因正好相反。前一次的原因是
通过一加一使之结合,但这一次的原因是通过从一中间取下一部
分或使之分离。简言之,我现在也无法说服自己,认为按照这种研
究方法自己已经明白事物如何变成一,明白其他事物的产生、灭亡
或持续的原因。所以,我把这种方法完全抛弃了,模模糊糊地琢磨
出一种自己的杂乱的方法。

C “然而,我听某人说,他读了阿那克萨戈拉的一本书,书上断言
产生秩序的是心灵,它是一切事物的原因。这种解释使我感到高
兴。在某种意义上它似乎是正确的,心灵应当是一切事物的原因,
我想如果心灵是原因,那么心灵产生秩序使万物有序,把每一个别
的事物按最适合它的方式进行安排。因此,如果有人希望找到某
D 个既定事物产生、灭亡或持续的原因,那么他必须找出对该事物的
存在、作用或被作用来说是最好的方式。对这个观点来说,人只需
要考虑一件事,既涉及人也涉及其他任何事物,即最优秀、最高尚
的善,尽管这一点必定包含知道较不善的事物,因为同一种知识就
包含着这两者。

“这些想法使我高兴地假定,在阿那克萨戈拉那里我找到了一
位完全符合自己心意的关于原因问题的权威。我以为他会先告诉
E 我们大地是平的还是圆的,然后具体解释产生这种状况的原因和
逻辑上的必然性,说明为什么这样最好,为什么它应当如此。我
98 想,如果他断定大地处在中心,那么他就会具体解释为什么处在这
个位置对它较好;如果他把这一点说清楚了,我就不打算再去寻找
其他原因了。我还以同样的方式准备接受他对这些事物的解释,
太阳、月亮、其他天体,它们的相对速度、运行轨道,以及与之相关
的所有其他现象,还有以什么样的方式作用或被作用对它们各自
来说是最好的。我从未想过,一个断言事物的秩序在于心灵的人

会给这些事物提供其他任何解释,而不是去说明什么样的存在状
态对它们来说是最好的。我想,通过分别确定每一现象的原因,并 B
进而确定作为整体的宇宙的原因,他能把每一事物的最佳存在状
态和什么是宇宙之善完全说清楚。无论出多少钱,我都不会把我
的希望给卖了。我一刻也不耽误地搞来了那些书,开始尽快地阅
读,以便尽可能知道什么是最好的和较好的。

“我的朋友,这个希望是多么美妙啊,但它马上就破灭了。当
我读下去的时候,我发现心灵在这个人手中变成了无用的东西。
他没有把心灵确定为世界秩序的原因,而是引进了另一些原因, C
比如气、以太、水,以及其他许多稀奇古怪的东西。在我看来,
他的前后不一致就好比有人说,苏格拉底所做的一切事情的原因
是心灵,然后在试图解释我的某些行为时,起先说我躺在这里的
原因是我的身体是由骨头和肌肉组成的,骨头是坚硬的,在关节 D
处分开,但是肌肉能够收缩和松弛,肌肉和其他肉一道包裹着骨
头,而皮肤把它们全都包起来,由于骨头能在关节处自由移动那
些肌肉,通过收缩和松弛使我能够弯曲我的肢体,这就是我能盘腿
坐在这里的原因。还有,如果他想按同样的方式解释我和你谈话
的原因,那么他会归之于声音、空气、听觉,他可以指出成千上万
的其他原因,但就是不提起真正的原因。这个原因就是,雅典人 E
认为最好宣判我有罪,而我也认为最好坐在这里,更加正确地说
是呆在这里接受雅典的任何惩罚,无论这种惩罚是什么。为什么
这样说呢?凭神犬的名义发誓,因为我想,如果我不认为呆在这 99
里接受雅典的任何惩罚比撒腿就跑更加光荣,如果我的这些肌肉
和骨头受到何种状态对它们最好这种信念的推动,那么它们早就
去了麦加拉或波埃提亚这些邻邦![1] 把这些东西也称作原因真是

① 指越狱逃亡。

太荒唐了。如果说没有这些骨头、肌肉，以及其他所有东西我就不
B 能做我认为是正确的事情，那么这样说是对的。但如果说我做了我在做的事的原因在于它们，——尽管我的行为受心灵支配，但并没有经过对最佳事物的选择，——那么这是一种非常不严格、不准确的表达法。奇怪的是他们竟然不能区别事物的原因和条件，没有这种条件，原因就不成其为原因！在我看来，有许多人在黑暗中摸索，把条件称作原因，给条件加上这个并不正确的名称。由于这个原因，有人说一道漩涡围绕着大地，诸天使大地固定在原处；又有人说空气支撑着大地，尽管大地是一个很大的浅盘。至于在任何
C 特定时刻以有可能最好的方式安排事物的力量，他们从来就不去寻找，也不相信有超自然的力量。他们幻想有一天能够发现一个更加伟大的、不朽的、包容一切的阿特拉斯①，而不认为万物实际上是受到善或道德义务的约束才结合在一起的。对我来说，我乐意向任何人学习这样一种原因如何起作用，但由于我已经拒绝去认识它，既不能自己去发现它，又不能从别人那里学到，所以我想
D 出了自己解决原因问题的权宜之计。你想要我给你演示一番吗，克贝？”

“非常想。”

“好吧，”苏格拉底说，“在对研究自然感到精疲力尽以后，我想一定要提防一种危险，就好像人们在观察和研究日蚀，如果不是通过水或其他同类的媒介物观察太阳反射出来的影子，而是直视太阳，那么肉眼真的会受到伤害。我感到类似情况也在我身上发生
E 了。我担心，由于用肉眼观察对象，试图借助每一种感官去理解它

---

① 阿特拉斯(Atlas)在希腊神话中是提坦巨人之一，死后变成一座大山，他的胡须和头发变成森林，他的头变成山顶，在世界的尽头顶着天上的繁星。欧洲人常用他手托地球的形象装饰地图集，并称地图集为阿特拉斯。

们,我也有可能使自己的灵魂完全变瞎。所以我决定,一定要求助于某些理论,在探讨事物真理时使用它们。我的比喻也许不完美, 100 因为我并不承认一种以理论为工具对‘影像’进行的研究比直接对事实的研究更好。但不管怎么说,我按照这种方式开始了研究。我在各种场合下首先提出被自己判定为最健全的理论,然后把与这种理论相一致的任何东西,与原因相关的也好,与其他事情相关的也好,都假定为正确,而与之不合的就视作不正确。我应该把自己的意思说得更清楚,而现在你们未必都能理解。”

“我确实不理解,”克贝说,“而不只是有点不理解。”

“好吧,”苏格拉底说,“我的意思是这些并不是什么新东西。 B 我实际上一直在阐述这种看法,从来没有停止过,尤其是在我们这场讨论的前半部分。由于我将要向你们解释我自己得出来的关于原因的理论,我建议从我的原则开始,这些原则是你们熟知的。我假定绝对的美、绝对的善、绝对的大等等一类事物的存在。如果你们承认我的假设,承认这些事物是存在的,那么我希望在它们的帮助下能够向你们解释什么是原因,并且为灵魂不朽找到一条证据。”

“我当然会承认,”克贝说,“不要浪费时间了,推出你的结论来 C 吧。”

“请考虑下一步,看你们是否也同意我的看法。在我看来,绝对的美之外的任何美的事物之所以是美的,那是因为它们分有绝对的美,而不是因为别的原因。你们接受这种观点吗?”

“对,我接受。”

“好吧,这是我预料中的。我无法理解其他那些巧妙的原因理论。如果有人对我说,某个特定事物之所以是美的,因为它有绚丽 D 的色彩、形状或其他属性,我都将置之不理。我发现它们全都令我混乱不堪。我要简洁明了地,或者简直是愚蠢地坚持这样一种解

释:某事物之所以是美的,乃是因为绝对的美出现于它之上或者该
事物与绝对的美有某种联系,而无论这种联系方式是什么。我现
在不想追究那些细节,而只想坚持这样一个事实,依靠美本身,美
的事物才成为美的。我感到,这是一个最保险的回答,对我来说是
这样,对其他人来说也是这样,我一相信了这个观点就紧紧地抓住
E 它,不愿再失去,我和其他人都可以稳妥地回答说,由于美本身,美
的事物才是美的。你同意我的看法吗?”

“我同意。”

“那么大的事物之所以是大的,较大的事物之所以较大,也是由于大本身,而较小的事物之所以较小是由于小本身,对吗?”

“对。”

“那么你也会像我一样,拒绝接受这样的说法:一个人比另一
个人高一头是‘因为头’,而那个比较矮的人之所以比较矮也是因
101 为同样的原因。你会抗辩说,你本人接受的惟一观点是,任何事物
比其他事物高的原因只是因为高本身,也就是说由于高本身,任何
事物比其他事物矮的原因只是因为矮本身,也就是说由于矮本身。
我假定,如果你说一个人比另一个人高的原因是他的头,你会担心
遇到这样的反驳:首先,较高的事物之所以较高的原因和较矮的事
物较矮的原因应该是同一个;其次,较高的人因为一个头而较高,
但一个头本身却是矮小的,据此就得说一个人之所以较高的原因
在于一个较矮小的事物,这是不合理的。对吗?”

B 克贝笑着说道,“对,不合理。”

“那么你会说十之所以大于二的原因在于或由于十是一个较大的数,而不敢说十比八大二的原因在于二,或者说二是使十超过八的原因吧!你会说二尺之所以长于一尺的原因是因为二尺是一个较长的长度,而不敢说二尺之所以长于一尺的原因在于后者是前者的一半吧!因为这里头隐藏着同样的危险,对吗?”

"的确。"

"假定下一步我们做一加一。你一定会避免说增加是我们得到二的原因,或者在进行划分的情况下,把划分当作我们得到二的原因。你会大声疾呼说,你不知道有其他任何方式解释某个具体事物得以产生的原因,除非说该事物分有了某个具体的实体,而这个实体的属性是普遍的。以我刚才提到的例子来说,你承认除了分有二本身,其他并无产生二的原因,无论什么事物要变成二必须分有二本身,无论什么事物要变成一必须分有一本身。你会丢下划分和增加一类的美妙的东西,留给那些比你还要聪明的人在解释中使用,而你自己,如俗话所说,为自己的影子感到着急,那么还是紧紧地抓住你的安全的假设,据此作出你的回答。如果有人纠缠这个假设本身,那你就忽略他的意见,拒绝回答,直到你能够确定这个假设的各种推论是否相互一致。当你不得不陈述这个假设本身时,你可以按同样的方式开始,作出一个在你看来更加根本的假设,直到你获得满意的假设为止。如果你想发现真理的任何部分,那么通过讨论原则和它的结果,你就不会像那些专门从事摧毁的批判者那样把这两样事情混为一谈。这些人大概不会关心或在乎这样一个目标,因为他们的能干足以使他们把一切搅乱,惟独不会打扰他们自己的自鸣得意;而你,我想,如果是一名哲学家,那么你会沿着我描述的道路前进。"

C

D

E

"你说得完全正确,"西米亚斯和克贝齐声说道。 102

厄刻克拉底 斐多,我向你保证,我并不感到惊讶。在我看来,哪怕是对一个智力有限的人,苏格拉底也已经把他的意思说得极为清楚了。

斐多 我们当时在场的人也都是这么想的,厄刻克拉底。

厄刻克拉底 没错,我们这些人当时不在场,现在也是第一次听到,但我们的想法是一样的。但是,那场讨论是如何继续下去的?

B **斐多** 苏格拉底使大家接受了他的这个看法,大家也都同意存在着各种“型”①,与这些型同名的其他事物之所以得名的原因在于它们分有型。然后,他接着问:“如果你同意这个观点,那我假定当你说西米亚斯比苏格拉底高,但是比斐多矮的时候,你的意思是此刻在西米亚斯身上既有高又有矮。对吗?”

“对,是这个意思。”

“但是你同意说‘西米亚斯比苏格拉底高’这个表述在方式上是不正确的吗?西米亚斯比苏格拉底高的真正原因肯定不是因为
C 他是西米亚斯,而是因为他拥有一种高的属性。同样,他比苏格拉底高的原因也不是因为苏格拉底是苏格拉底,而是因为与西米亚斯的高相比,苏格拉底拥有矮这种属性。”

“对。”

“还有,西米亚斯比斐多矮的原因不在于斐多是斐多这一事实,而在于和西米亚斯的矮相比,斐多拥有高这种属性。”

---

① 此处“型”的希腊原文是 eidos,与此相关的另一个希腊文语词是 idea。柏拉图本人在对话中交替使用这两个词,其意义没有严格区别。在西方学术界,20 世纪以前的学者一般认为柏拉图的 eidos 或 idea 是主观的精神性的东西,是概念、观念或理念,因此将之译为英文 idea。但到 20 世纪,越来越多的学者倾向于认为它们不是主观的,而是一种客观实在,从而将柏拉图的 eidos 和 idea 译为 form。中国学者在 20 世纪开始研究希腊哲学,提出多种译法:理型、埃提、理念、观念、概念、形、相、形式、意式、通式、原型、理式、范型、模式、榜样、模型、式样。最流行的译法是理念,柏拉图的相关理论则被称为“理念论”。有关辨析详见汪子嵩等著:《希腊哲学史》,第二卷,第 653—661 页。译者接受我国学术界的研究成果,在各处酌情分别译为“型”或“相”。《斐多篇》中的这个范畴统译为“型”。上文中所说绝对的善、绝对的美、绝对的大,或善本身、美本身、大本身指的都是“型”。

“没错。”

“这就是为什么可以把西米亚斯说成既是矮的又是高的，因为他介于二者之间，当他肯定自己的高优于另一个人的矮时，他的矮 D
也可以被另一个人的高超越。”

说完这句话，苏格拉底笑道：“我的叙述似乎有点人为的色彩，但事实确实如我所说。”

西米亚斯表示同意。

“我说的这些全都是为了想要让你们分享我的观点。在我看来，不仅高本身这个‘型’必定会衰退为矮和高，而且我们身上的高决不愿意接纳矮，不愿衰退和被超越。它会二者选一。要么是在 E
矮——高的对立面——逼近时，高回避或撤退；要么是在矮到达时，高已经停止存在。它无法坚守原位，并按照我自身已经完成的同样方式接受矮的性质。如果它这样做了，那么它就会与先前不同，而我并没有因为获得了矮的性质而失去身分，我仍旧是原来那个人，只不过是矮罢了，但我的高不能忍受被矮取代。同理，我们身上的矮也会不断地倾向于高，或变成高，而其他性质则不会，矮在仍旧保持其身分的同时变成或成为其对立的性质，在这种状态 103
下，矮要么是撤退了，要么是停止存在。”

“我完全同意你的看法，”克贝说。

这时候，我们的同伴中有人插话，但我记不清他是谁了。他说：“你们瞧，我们在前面的讨论中曾经同意过的看法与你现在的说法正好完全对立！较大来自较小，较小来自较大，事物不都是来自它们的对立面吗？而按照你现在的观点，原来的说法似乎是不可能的。”

苏格拉底转过脸去，注意地听那个人插话。然后苏格拉底说：
“你非常勇敢地唤醒了我的记忆，但是你没有弄明白我们现在说的 B
观点和以前说的那个观点之间的区别。我们以前说的是，事物从它们的对立面中产生,我们现在说的是,对立面本身绝不会变成与其自身相对立的事物,无论这个对立面存在于我们身上,还是存在于真实世界中。因此,我的朋友,我们原先谈论的是拥有对立性质的事物,用这些性质的名字称呼它们;但是现在我们正在谈论这些
C 性质本身,由于这些性质出现在某些事物中,这些事物才由此得名。我们认为对立面本身会完全拒绝容忍变成其对立面。”

苏格拉底看了克贝一眼,说:“克贝,我想他刚才说的话也不会使你着急,是吗?”

“不会,这一次不会,”克贝说,“尽管我不否认有许多事情会令我焦虑。”

“所以我们同意把这一点当作一个普遍的原则,某个对立面决不会与其自身对立。”

“绝对不会。”

“那么请再作考虑,看你是否对下面这一点也表示同意。你承认有热和冷这样的事物吗?”

“对,我承认。”

“你认为它们与雪和火是一样的吗?”

D “当然不一样。”

“热与火,冷与雪有很大区别吗?”

“有。”

“按照我们前面所说,我假定你同意,只要雪还是雪,那么它决不会接受热,而只有热的增加,但它仍旧和从前一样是雪。它必定要么是在热逼近时撤离,要么停止存在。”

“是这么回事。”

“再说火,在冷逼近时,它必定要么退隐,要么停止存在。它决不会有勇气接受冷而又像从前一样仍旧是火,此时只有冷的增加。”

“没错。” E

“所以我们发现，在某些与此相似的事例中，型的名称不仅永远可以用于这个型本身，而且也可以用于别的事物，这些事物不是型本身，但却多少不等地拥有这种型的特点。也许，另一个例子可以更加清楚地表明我的意思。被我称作奇数的数必定总是拥有奇数这个名称，不是吗？”

“当然是。”

“现在的问题是，它是独一无二的，还是别的什么与奇数不能 104
等同的东西，对它我们不仅可以总是用它自己的名称来称呼它，而且可以称之为奇数，因为它决不会失去它的奇数的性质，是吗？我的意思可以用三这个数字来表明，其他例子还有很多，但我们以三为例就可以了。我们不仅可以永远用它自己的名称三来称呼它，而且可以把三称作奇数，尽管奇数和三不是一回事，你认为这样说对吗？尽管三、五，以及此后所有间隔着出现的整数是不同的奇数，都不能与奇数等同，但奇数确实是它们的性质。同理，二、四，
以及其他间隔着出现的偶数都不能与偶数本身等同，但它们中的 B
每一个总是偶数。你是否承认这一点？”

“我当然承认。”

“那么好吧，请小心注意我想要说的这个看法。对立面本身看起来并不相互接纳，但就任何事物来说，它们自己虽然不是对立面，但总是在它们中间拥有对立，这些对立同样也不接纳它们中存在的对立的型，而是当它的对立一逼近，它就停止存在，或在对立
到达前退隐。我们当然必须断言，三很快就会停止存在或承受任 C
何命运，而不会当它还是三的时候就屈服而变成偶数，对吗？”

“对，”克贝说。

“然而，二和三并非对立的。”

“不对立。”

"所以,不仅对立的型不能面对与之对立者的逼近,还有其他事物也不能面对与其对立者的逼近。"

"没错。"

"如果我们能作界定的话,让我们来看这些事物是哪一类事物,要试试吗?"

"务必一试。"

D "那么好吧,克贝,我们是否可以把它们说成是受到某些型逼迫的事物,这些事物不仅拥有它自己不变的型,而且也拥有其他与之对立的型?

"你这话什么意思?"

"就是我们刚刚才说过的那个意思。我假定你明白,当二的型拥有任何一组对象时,三的型就迫使它们成为奇数,同时又是三。"

"那当然了。"

"那么我认为同样会产生这种效果的对立的型决不会进入这样的一组对象。"

"不会。"

"会产生这种效果的型是奇数吗?"

"是。"

"与这个型对立的是偶数这个型吗?"

"是。"

E "所以偶数这个型决不会进入三。"

"决不会。"

"换言之,三与偶数是不可和谐共存的。"

"不错。"

"所以三这个数是非偶数。"

"对。"

"我刚才提议要界定这些事物,弄清它们属于哪一类,尽管它们本身并不直接反对某个给定的对立面,但它们决不会接纳它,就像我们现在所举的例子数目三一样。三尽管不是偶数的对立面,但三决不会接纳偶数这种性质,因为三总是与偶数的对立面相伴。同样的例子我们还可以举出二与奇数、火与冷,以及其他大量的事
例。好吧,现在来看你是否接受这种界定。不仅对立者不会接纳 105
它的对立面,而且任何与拥有对立面的型相伴的事物也不会接纳这个对立面,这些事物如果与对立面相遇,那么与之相伴的事物决不会接纳它们所伴随的型的对立面。让我再提醒你一下,把我的意思重复几遍并没有什么害处。五不会接纳偶数的型,五的两倍是十,十这个数也不会接纳奇数的型。两倍自身有对立面,但同时
它也不会接纳奇数的型。一倍半,或其他分数,比如二分之一、四 B
分之三,等等,都不会承认整数这个型。我假定你能跟得上我的意思,同意我的意见。”

“跟得上,我完全同意你的意见,”克贝说。

“那么跟我一起从头再来一遍,你不一定要用精确的术语回答问题,但要跟得上我的例证。我之所以这样说,那是因为,除了我一开始说过的‘保险的回答’以外,作为这场讨论的结果,我现在看
到了保险的另一种意思。例如,假定你问我,要使身体发热,身体 C
中一定要出现什么。那么我不会作出一个保险而又单纯的回答,说一定要出现热,而是依据我们讨论的结果作出比较精致的回答,亦即说一定要出现火。如果你问,要使身体得病,必须在身体中出现什么,那么我的回答不会说一定要出现疾病,而会说一定要出现发烧。同理,如果你问,为了使一个数成为奇数,必须出现什么,那么我不会说必须出现奇数,而会说一定要出现一。现在来看你是否已经充分把握了我想要你理解的意思。”

“已经相当充分了。”

“那么请告诉我,要使身体活着,身体必须呈现什么?”

“灵魂。”

D “总是如此吗?”

“当然如此。”

“因此,无论何时灵魂占据了某个身体,它总是给肉体带来生命吗?”

“是的。”

“生命有无对立面?”

“有。”

“是什么?”

“是死亡。”

“那么,根据我们前面达成的一致意见,岂不是可以说灵魂决不会接纳与之相伴的那些对立的事物?”

“确实如此,”克贝说。

“好吧,再问,我们刚才用来称呼那个不接纳偶数这个型的型是什么?”

“非偶数。”

“不接纳正义,或不接纳教养的该叫什么呢?”

E “一个叫无教养,另一个叫不正义。”

“很好。不接纳死亡的该叫什么呢?”

“不朽。”

“灵魂不接纳死亡吗?”

“不接纳。”

“所以灵魂是不朽的。”

“对,灵魂是不朽的。”

“很好,”苏格拉底说,“那么我们可以说灵魂不朽已经得到了证明吗?你是怎么想的?”

“已经完全证明了,苏格拉底。”

“这里还有另外一个问题,克贝。如果非偶数必定是不可灭 106
的,那么三也是不可灭的吗?”

“当然。”

“再说,如果不热的东西必然是不可灭的,那么当你把热运用于雪的时候,雪会退离而又不受侵犯和不融化吗?要知道,一方面雪既不会停止存在,另一方面它也不会保持原样和接纳热。”

“没错。”

“以同样的方式我假定,如果不热的东西是不可灭的,那么当任何冷逼近火的时候,它决不会熄灭或停止存在,它会离去,不受伤害地离去。”

“必然如此。”

“我们是否必定要对不朽的东西说同样的话?如果不朽的东 B
西也是不可灭的,那么灵魂在死亡逼近的时候也是不可能的。这与我们说过的话一致,灵魂不能接纳死亡,或死去,正如我们说过三不能是偶数,奇数也不能是偶数,火不能是冷,火中的热也不能是冷。然而,假定有人提出反对意见,既然奇数在偶数逼近的时候也不能变成偶数,那么为什么要说当某些具有偶数性质的东西取
代了偶数的时候,偶数也不会停止存在?在回答这个问题的时候, C
我们不会坚持说奇数不会停止存在,因为非偶数的东西也并非不可灭的,但若我们承认这一点,我们可以很容易地坚持,当偶数逼近时,奇数和三退隐离去了。至于火、热,以及其他所有这些事物,我们同样也能坚持,不是吗?”

“是的。”

“所以在不朽的事物这个事例中,如果承认不朽者也是不可灭
的,那么灵魂和不朽者一样也是不可灭的。否则的话,我们需要另 D
一个论证。”

“不需要再作解释了,”克贝说。“如果不朽和永恒的事物都不

能避免毁灭,那么难以看到其他有别的事物能够做到这一点。”

“我想每个人都会承认,”苏格拉底说,“神、生命的型,以及其他不朽的事物,是决不会停止存在的。”

“确实如此,每个人都会承认这一点,我想甚至连诸神也会承认。”

E “既然不朽的事物也是不可灭的,那么如果灵魂真的不朽,它必定也是不可灭的。”

“这是不可避免的结论。”

“所以当死亡降临一个人的时候,死去的是他的可朽部分,而他的不朽部分在死亡逼近的时候不受伤害地逃避了,他的不朽部分是不可灭的。”

“显然如此。”

107 “那么非常明确,克贝,灵魂是不朽的、不可灭的,我们的灵魂真的会存在于另一个世界。”

“那好吧,苏格拉底,”克贝说,“我不再提出什么批评意见,也不怀疑你的论证具有真理性。但若在这里的西米亚斯或其他人有什么批评意见,那么他们最好不要有什么保留。因为,对任何想要就此主题说些什么或听到些什么的人来说,我想没有比这更好的机会了。”

“事实上,”西米亚斯说,“听了你刚才的话,我本人现在也没有
B 什么怀疑了。尽管如此,但由于这个主题太深奥了,我对人性的虚弱感到可悲,所以我仍旧感到有些悲哀。”

“你说得很对,”苏格拉底说,“更有甚者,即使你发现我们最初的那些假设是令人信服的,它们仍旧需要更加细致的考虑。如果你和你的朋友足够仔细地考察它们,在人的心灵所能抵达的范围内,我相信你们将获得关于这件事的真理,如果你肯定自己已经这样做了,那么你就不需要进一步探讨了。”

“没错，”西米亚斯说。

“但是先生们，”苏格拉底说，“还有一点值得你们注意。如果 C
灵魂是不朽的，那么它要求我们不仅在被我们称作活着的这部分
时间照料它，而且要在所有时间照料它。现在看来，要否定灵魂不
朽是极端危险的。如果死亡是一种摆脱一切的解放，那么它对恶
者来说是一种恩惠，因为借助死亡，他们不仅摆脱了身体，而且也
摆脱了他们与灵魂在一起时犯下的罪恶，然而实际上，由于灵魂是
不朽的，因此除了尽可能变得善良和聪明以外，它不能逃避恶而得 D
到平安。灵魂在去另一个世界的时候什么都无法带去，能带去的
只有它受到的教育和训练，这些东西，有人说过，在人死后灵魂开
始启程去另一个世界的时候是极端重要的，会给刚刚死了肉体的
灵魂带来帮助或伤害。

“这个故事是这么回事。每个人在活着的时候都有一个自己
的守护神在支配着。人死的时候，那个守护神会尝试着把他带往
某个所有亡灵都必定会在那里聚集的地方。亡灵在那里接受审判
以后，一定会在某位神灵的看护下被送往另一个世界，这位神灵负 E
有陪伴亡灵从这个世界去另一个世界的责任。当亡灵在那里经受
了必要的体验，需要呆多久就呆了多久的时候，在经历了漫长的时
间以后，会有另一位向导把它们再带回来。

“当然了，这个旅程并非像埃斯库罗斯让他的剧中人物忒勒福
所描述的那个样子。他说通往哈得斯的道路是笔直的，然而在我 108
看来，它显然既不是笔直的，也不是只有一条。如果它是这样的
话，那么就不需要向导了。因为，如果只有一条路，那就不会有任
何亡灵在任何地方迷路。实际上，根据世上举行的一些葬仪来看，
那里似乎有许多分岔和十字路口。

“好吧，聪明的、守规矩的亡灵跟着它的向导走，路上的景色也
不是陌生的，而那些深深依附着肉体的灵魂，如我以前所说，长期 B

徘徊在这个可见的世界上,在作了许多抵抗和受了许多痛苦之后,才被迫被它的指定了的守护神领走。当它抵达与其他亡灵同样的地方时,由于做了许多不洁的事,因此它是不洁的,或者涉及违法的流血,或者犯下与其他同类亡灵所犯的相同罪行,令其他所有亡
C 灵对它都惟恐避之不及。没有亡灵愿意与它相伴或给它引路,它孤独地在荒野中漫游,直到过完某个确定的时期,对它的行为来说,这是它必然会遇到的事情。但是每个终生过着纯洁、清醒生活的亡灵有神作伴和护卫,每个亡灵都有恰当的居所。大地上有许多美好的区域,它本身在性质和大小方面都不像地理学家们所假设的那样,有些人就是这样对我说的。"

D "你怎么能这样说,苏格拉底?"西米亚斯说,"我本人听说过大量关于大地的理论,但从没听到过你这种说法。我很想听听到底是怎么回事。"

"说实话,西米亚斯,我不想用格劳科斯① 的技艺来解释我的信念,要想证明它在我看来实在是太难了,哪怕对格劳科斯也太难。首先是我可能做不到,其次,即使我知道怎么做,西米亚斯,在
E 我看来我的生命也太短了,以至于无法完成长篇解释。然而,我没有理由不告诉你我对大地的面貌和大地的区域是怎么看的。"

"好吧,"西米亚斯说,"即使只能听到这些也就行了。"

"那么这就是我的信念,"苏格拉底说,"首先,如果大地是球形
109 的,位于天空中央,那么它既不需要空气也不需要任何其他类似的力量来支持它,使它不下坠,天空的均匀性和大地本身的均衡足以支持它。任何均衡的物体如果被安放在一个均匀的介质中,那么它就不会下沉、上升,或朝任何方向偏斜,来自各个方向均等的推动使它保持悬浮状态。这就是我的信念的第一部分。"

① 格劳科斯(Glaucus)是希腊神话中的海神,善作预言。

“非常正确,”西米亚斯说。

“其次,”苏格拉底说,“我相信它的形体是非常巨大的,我们居 B
住的位于费西斯河与赫丘利柱石之间的区域只是大地的一小部分,我们沿着大海生活,就像蚂蚁或青蛙围绕着一个池塘,大地上有许多人居住在类似的区域。环绕着大地,还有许多凹陷的地方,地形和大小各异,水、雾、气汇集在这些地方。但是大地本身就像天穹上的繁星一样纯洁,我们的大多数权威把繁星密布的天穹称 C
作以太。水、雾、气是这种以太的残渣,不断地被吸进大地的凹陷之处。我们不知道自己居住在这些凹地上,却以为自己住在大地的表面。想一想,假定有人住在大海深处,能透过水看到太阳和其他天体,那么这样的人会以为自己住在大海表面,会以为大海就是天空。他会非常呆滞和虚弱,决不会抵达大海的顶端,决不会上升 D
到海面上抬起头来从海上看到我们的这个世界,亲眼看到或从某些亲眼看到的人那里听到我们的这个世界比他的人民居住的那个世界更加纯洁和美丽。我们现在正好处在相同的位置。尽管我们居住在大地的凹陷之处,但我们以为自己住在大地的表面,把气称作天,以为它就是星辰在其中运动的天空。还有一点也是相同的, E
我们呆滞和虚弱,以至于不能抵达空气的顶端。如果有人抵达空气的顶端,或者长着翅膀飞到那里,那么他抬起头来就能看到上方的那个世界,就像海中的鱼抬起头来看我们的世界。如果他的本性是能够看的,那么他会认识到真正的天空、真正的光明、真正的大地。因为这个大地、它的石头,以及所有我们居住的区域都已受 110
到损害和侵蚀,就像海中的一切都受到海水的侵蚀一样。我们不必提起植物,它们鲜有任何程度的完善,只要看看那些洞穴、沙滩、沼泽,以及大地各处的粘土就可以知道,按照我们的标准,这个世界上没有一样东西可以称得上是完美的。但是上面那个世界的事物远远胜过我们这个世界的事物。如果现在是一个恰当的时候, B

可以对上面那个世界作一种想象性的描述,西米亚斯,那么你值得听一听位于天穹下的那个大地真的是个什么样子。"

"那太好了,苏格拉底,"西米亚斯说,"不管怎么说,能听到这种描述对我们来说是一种极大的快乐。"

"好吧,我亲爱的孩子们,"苏格拉底说,"真正的世界,从上往下看,就像是一个用十二块皮革制成的皮球,有各种不同的颜色。
C 我们所知的颜色种类有限,就像画家用的颜料,但是整个地球的颜色比画家的颜色还要明亮和纯洁。一部分是极为美丽的紫色,另一部分是金黄色。白的部分比粉笔和雪还要白,有其他颜色的部分也要比我们看见的颜色更加鲜明和可爱。即使大地上的这些充
D 满水和气的凹陷之处也有颜色,五彩缤纷地闪耀着,看起来就形成一个五光十色的连续的表面。生长在这个大地上的树木、花朵、果实之美是适度的。那里的山的坡度是适度的,岩石是透明的,它们的颜色更加可爱。水晶在我们这个世界上非常昂贵,碧玉、红宝
E 石、祖母绿,以及其他宝石都是这种石头的残片,但它们都那么美丽,或者更加美丽。这是因为这些石头保持着它们的天然性质,没有像那些聚集在一起的沉淀物一样被咸水腐蚀或损害,咸水是引起石头、泥土、动物、植物残缺和疾病的原因。装点着大地本身的
111 不仅有所有这些石头,而且有金、银等其他金属,大地各处都浮现出这些金属的矿脉,能够看到它们的眼睛真是有福的。

"那个世界上有各种动物,还有人,有些动物住在内地,有些动物就像我们环绕大海居住一样围绕着空气居住,还有些动物住在空气环绕的岛屿上,但是接近大陆。简言之,我们有水和大海,他
B 们有气;我们有气,他们有以太。那里的天气很好,完全不会得病,生活在那里寿命也要比我们长得多;他们的视觉、听觉、理智,以及其他所有能力,都远远优于我们,就好比在纯洁度方面,气优于水,以太优于气。

“他们也有圣地和神庙，并且真的住着诸神，还有神谕、预言、
异像和所有各种与诸神面对面的交际。他们真的看见太阳、月亮、 C
星辰，他们的其他幸福也具有相同的性质。

“这就是那个大地以及大地上的事物的性质。大地本身，在它
的所有表面，有许多低洼的区域，有些比我们居住的区域还要凹得
更深，地方更大，有些凹得比我们的区域深但地方较小，有些比我 D
们的区域凹得浅，地方更大。这些地方都通过各种渠道连在一起，
有些渠道较窄，有些渠道较宽，从一个盆地到另一个盆地，流动着
大量的水，大量的地下河道永不止息地流动着热水和冷水，还有
火，形成火河，河中还流动着许多泥沙，有些河比较清澈，有些河非
常混浊，就好像西西里河在熔岩流入之前比较清澈，而熔岩本身是 E
混浊的，熔岩流入西西里河以后，河水就变得非常混浊。由于有这
些河流，某些区域就会周期性地被淹没。

“这些反复的运动是由大地内部的震荡所引起的，用一种自然的方式把震荡的力量携带出来，就像流水一样。

“这个大地有一个洞穴不仅比其他洞穴要大，而且可以从大地
的一端穿透到另一端。诚如荷马所说，‘那地方远得很，是地下的 112
深坑。’① 而在别处，他和许多诗人都称之为塔塔洛斯。② 所有河
流都注入这个深渊，又从那里流向各处，各自获得它所流经的区域
的性质。这些河水流进流出的原因在于大量的水没有根基，大地 B
发生的震荡使它来回流动，依附于河流的气或气息也同样，它随着
液体喷发到大地的另一端，然后又返回到这一端。这就好比我们
的呼吸，不停地呼出和吸入空气，而在这个事例中，伴随着流水经
过会产生可怕的大风，其原因也是呼吸，是液体的震动。当水退却 C

① 荷马：《伊利亚特》第 8 卷，第 14 行。

② 塔塔洛斯(Tartarus)，希腊神话中的地狱。

到所谓较低的区域,河水流到这些部分,充分地浇灌着这些区域时,当它从那里又以这种方式回归时,河流又充满了水,河床一满,水又会通过那些地下渠道流走,在到达那些区域时,水会分开,形
D 成海、湖、河、泉。然后又会渗入地下,有些渗透到更加遥远的地区,有些则比较近,这样水又流空了,再次进入塔塔洛斯,有些水落得比原来深,有些水只比它喷发出去时落得较深一点儿,但总的说来,它们都会比喷发出去时落得深。有些水流到它流出时所在之处的对面,另一些则流回原来的地方,有些则在环行,就像蛇一样绕着大地行走,在它们再次喷出水流之前尽可能下降得更深一些。
E 下降得更深一些是可能的,但不可能变换流向,因为无论河水怎么流动,塔塔洛斯的四周都是陡峭的。

“众多的大河中有四条主要的河流。最大的一条是环形河,被称作俄刻阿诺。[①] 与之方向和流向相反的大河叫做阿刻戎[②],不仅
113 流过其他不毛之地,而且穿越地下抵达阿刻卢西亚湖。[③] 死者的亡灵从各处来到这里,或长或短地呆上一段时间,然后再被送出去投胎。第三条河位于这两条河之间,它的发源地燃烧着大火,形成
B 一个比我们的大海还要巨大的湖泊,里面充满着炽热混浊的泥浆。污浊的湖水从那里流出来,在大地的内部流淌,最后来到阿刻卢西亚湖边,但没有与那里的湖水混和,而是在地下涌动多次后注入塔塔洛斯的一个较低的地方。这条河被称作皮利福来格松[④],它的火流涌动着在世界各地产生熔岩。与这条河相对的是第四条河,

① 俄刻阿诺(Oceanus),希腊神话中环绕大地的大洋河,亦为大洋神的名字。

② 阿刻戎(Acheron),希腊神话中的冥河,亦为摆渡亡灵去冥府的船夫之名。

③ 阿刻卢西亚湖(Acherusian Lake),希腊神话中的冥间湖泊。

④ 皮利福来格松(Pyriphlegethon),希腊神话中的地下火河。

有人说,这条河发源于一个广阔的、可怕的地方,灰蒙蒙的一片,被 C
称作斯提吉亚地区,而作为这条河的发源地的那个湖被称作斯提克斯[1],堕入湖中就能获得神奇的力量。这条河在地下流淌,行进路线与皮利福来格松河相反,与阿刻卢西亚湖的另一端相会。这条河中的水也不和其他水混和,而是盘旋着在皮利福来格松河的对面落入塔塔洛斯,诗人说这条河的名字叫考西图斯。

"这就是大地及其河流的形成。当新的亡灵在它们各自的守 D
护神的引导下抵达那里时,首先要被交付审判,无论它们生前是否过着一种善良和虔诚的生活。那些被判定为过一种中性生活的亡灵被送往阿刻戎,在那里登上那些等候它们的船只,被送往那个湖,在那里居住。在那里它们要经历涤罪,或者因为它们曾犯下的
罪过而受惩罚,或者因为它们良好的行为而受奖励,每个亡灵都得 E
到它们应得的一份。那些曾犯下大罪的亡灵被判定为不可救药,例如盗窃圣物、谋杀,以及其他类似的重罪,它们命中注定要被掷下塔塔洛斯深渊,再也不能重现。

"还有一些亡灵被判定为有罪,罪行尽管很大,但仍属可以挽
救之列,例如在一时冲动之下冒犯了父母,但以后忏悔了,又比如 114
在冲动时杀了人,以后又悔改了。这些亡灵也一定要被掷入塔塔洛斯,但被掷下去以后,在那里呆够一年,它们又会被喷出来,杀人犯落入考西图斯河,不孝者落入皮利福来格松河。它们浑身湿淋淋地经过阿刻卢西亚湖,这个时候它们大声喊叫那些被它们杀害和虐待的人的名字,请求允许它们穿过河流进入湖泊,乞求
在湖中居住的亡灵能够接受它们。如果成功了,那么它们就进到 B
湖里,它们的不幸就结束了;但若不成功,它们就会被再次冲进

① 斯提克斯(Styx),希腊神话中围绕下界的河流,水黑难渡,此处的说法有所不同。

塔塔洛斯,还得从那里再次返回河中,无法解脱它们的痛苦,直到它们成功地取得了受害者的宽恕和谅解,这就是审判中给它们指定的惩罚。

“但是,那些被判定为过着一种极为虔诚生活的亡灵会得到解
放,不必再被监禁在大地的这些区域,而是被送往它们在上方的纯
洁的居所,住在大地的表面。这些亡灵已经通过哲学充分地涤罪,
C 此后就能过一种无身体的生活,它们的居所甚至更加美好。这一
点不太容易描述,现在也已经没有时间这样做了。但是你可以看
到,西米亚斯,依据我们已经作过的描述,已经有充分的理由表明
我们今生必须尽力获得良善和智慧,因为奖赏是荣耀的,希望是巨
大的。

“当然了,有理性的人一定不能坚持说我所描述的情景完全是
D 事实。但是我的描述或其他类似的描述真的解释了我们的灵魂及
其将来的居所。因为我们有清楚的证据表明灵魂是不朽的,我想
这既是合理的意向,又是一种值得冒险的信仰,因为这种冒险是高
尚的。我们应当使用这种解释来激励我们自己的信心,这就是我
为什么要花那么长时间来讲这个故事的原因。

“有一个办法可以使人免除所有对自己灵魂将来命运的担忧,
这就是在生前抛弃肉体的快乐与装饰,对他的目的来说,这些东西
E 带来的损害大于好处,献身于获得知识的快乐,以此使他的灵魂不
是拥有借来的美,而是拥有它自身的美,使他的灵魂拥有自制、良
善、勇敢、自由、真理,使他自己适宜旅行去另一个世界。你们,西
115 米亚斯、克贝,以及其他人,都会在将来的某一天进行这种旅行,而
对我来说,就如一位悲剧人物所说的那样,命定的时刻已经到来。
换句话说,现在是我该去洗澡的时候了。我宁可在喝下毒药前洗
个澡,而不愿给这个女人添麻烦,让她在我死后给我洗澡。”

苏格拉底说完这番话后,克里托说:“很好,苏格拉底。但是关

于你的孩子或别的什么事情你还没有交待别人或告诉我。我们怎 B
样做才会使你最高兴?”

“没有什么新的事情要说,克里托,”苏格拉底说,“只有我一直在跟你说的那些事。只要你照顾好你自己,你无论做什么都会使我高兴,而只要我照顾好我自己,我无论做什么也会使你高兴,哪怕你现在不同意我的做法。另一方面,如果你自暴自弃,不再按照我现在和过去确定下来的生活方式去做,那么无论你现在如何与我一致,都不会有什么好处。” C

“我们一定尽力按你的吩咐去做,”克里托说,“但是我们该如何埋葬你呢?”

“随你们的便,”苏格拉底答道,“也就是说,只要你们能把我拎起来,而我又不从你们的手指缝里溜过去。”

苏格拉底在说这句话的时候温和地笑了,他转过脸来继续说道:“我无法说服克里托,使他相信我就是坐在这里和你们交谈,仔细地整理出所有论证来的苏格拉底。他以为我是一个他将亲眼目击的临死之人,他竟然问我如何埋葬我!我花了那么长时间精心 D
解释,当我喝下了这碗毒药的时候,我就不能和你们在一起了,我要启程去天堂里的幸福之国,我想安慰你们也安慰我自己,但我的努力对他来说似乎都白费了。你们必须为我向克里托提供保证,这个保证与我在法庭受审时他向法庭提供的担保正相反。他担保我一定会留在这里,而你们必须向他保证我死了以后就不会在这里了,而是启程去别处了。这样做能帮助克里托比较容易接受这一事实,使他不会在看到我的尸体被埋葬或者在埋葬我的尸体时 E
为我感到悲伤,就好像我有什么可怕的事发生了,或者使他不会在葬礼上说躺在这里的、被抬去埋葬的是苏格拉底。相信我,亲爱的朋友克里托,错误的陈述不仅在它们的直接语境中令人不愉快,而且会对灵魂产生不好的效果。不,你必须打起精神来说你

116 埋葬的只是我的尸体，你可以随意摆布它，你认为怎样恰当就怎么做。”

说完这些话,苏格拉底起身去另一个房间洗澡,克里托跟他一道进去,但却让我们在外等。我们在等候时回顾和议论了这场讨论的内容,或者说是在等待巨大灾难的降临,因为我们感到就像失去一位父亲那样,我们的余生都将过着一种孤儿般的生活。苏格拉底洗完澡的时候,他的孩子们被带来见他。他有三个儿子,两个
B 还很小,一个已经长大,他的妻子,你们知道她是谁,也来了。当着克里托的面,他交待他们如何完成他的遗愿。然后他让妻儿离去,又回到我们中间来。

这个时候已经接近日落,因为他在里屋有好一阵子。他来到我们中间坐了下来,刚洗过澡使他显得精神焕发,但到那狱卒带着毒药朝他走来之前,他只说了几分钟话。

“苏格拉底,”狱卒说道，“不管怎么样，如果你也像别人一样
C 在我执行政府命令让他们喝下毒药时对我发怒或诅咒我，我都不认为你有什么错。我已经知道你在所有到这里来的人中间是最高尚、最勇敢、最体面的一位。我特别感到，我敢保证你不会对我发怒，而会对他们发怒，因为你知道他们有责任这样做。所以现在，你知道我会说什么，再见了，怎样容易忍受就怎样做吧。”

那个狱卒说着话流下了眼泪,转过身走开了。

D 苏格拉底看着他说:“再见了。我们会照你说的去做。”

然后,苏格拉底对我们说:“他真是个好人！我呆在这里时他一直来看我,有时候还和我讨论问题,对我表现出极大的关心。他是多么善良,而现在竟为我的离去而流泪！来吧,克里托,让我们按他说的去做。如果毒药已经准备好,找个人去把毒药拿进来;如果还没准备好,告诉那个人快点准备。”

E 克里托说:“苏格拉底,太阳现在肯定还高高地挂在山顶上,时

候还早。另外,在别的案子中,我知道人们会在这种时候一起吃晚饭,享用美酒,陪伴他们喜爱的人,在接到警告以后很晚才喝下毒药。所以我们不需要匆忙。我们还有很充裕的时间。”

“你说的这些人这样做是很自然的,克里托,因为他们认为这
样做能获得些什么。我不愿这样做也是很自然的,因为我相信迟 117
一些喝下毒药对我来说什么也得不到。如果我想借此拖延时间,
那么我会抓住这个机会拚命要酒喝,眼中露出想要活命的样子,把
自己弄得十分可笑。来吧,照我说的去做,别再发难了。”

这个时候,克里托向站在一旁的他的一名仆人示意。那个仆人走了出去,过了很长时间,他与监刑官一起走了进来。监刑官手里拿着已经准备好的一杯毒药。

苏格拉底看见他走进来,就说:“噢,我的好同胞,你懂这些事。我该怎么做?”

“只要喝下去就行,”他说道,“然后站起来行走,直到你感到两 B
腿发沉,这个时候就躺下。毒药自己就会起作用。”

厄刻克拉底,那个监刑官说着话,把杯子递给苏格拉底。苏格拉底接了过来,看上去还挺高兴。用他惯常的眼神注视着毒药,他不动声色地说:“把这玩意儿作奠酒,你看怎么样?这样做是允许的,还是不允许的?”

“我们只准备了通常的剂量,苏格拉底,”他答道。

“我明白了,”苏格拉底说,“但是我想应当允许我向诸神谢恩, C
我必须这样做,因为我将从这个世界移往另一个可能是昌盛的世
界。这就是我的祈祷,我希望这一点能够得到保证。”

说完这些话,苏格拉底镇静地、毫无畏惧地一口气喝下了那杯毒药。

在此之前,我们中的大多数人都一直在克制着自己的眼泪,但当我们看到他喝下毒药的时候,当他真的喝了的时候,我们再也控

制不住自己了。我的眼泪也哗哗地流了下来,扭过头去掩面悲泣,
D 但不是为了他,而是为我自己失去这样一位朋友而哭泣。克里托甚至在我之前就控制不住了,由于止不住泪水而走了出去。阿波罗多洛的哭泣一直没有停止,而此刻禁不住嚎啕大哭起来,使屋子里的每个人更加悲伤欲绝,只有苏格拉底本人除外。他说道:“说真的,我的朋友们,这是在干什么!我为什么要把那个女人送走,
E 怕的就是这种骚扰。有人说一个人临终时应当保持心灵的平和。勇敢些,安静下来。”

这些话让我们有了羞耻感,使我们止住了眼泪。苏格拉底起身在屋子里踱步,过了一会儿他说腿发沉,于是躺了下来,这是那个监刑官的吩咐。那个人,也就是那个监刑官,把手放在苏格拉底身上,过了一会儿又检查他的脚和腿。他起先用力掐苏格拉底的
118 脚,问他是否有感觉。苏格拉底说没感觉。然后他又用同样的方法掐他的腿,并逐渐向上移,这种方法使我们知道苏格拉底的身子正在变冷和僵硬。监刑官又摸了一下苏格拉底,说等药力抵达心脏,苏格拉底就完了。

苏格拉底的脸上被盖了起来,但当他的腰部以下都已冷却时他揭开了盖头,说出了他最后的话:“克里托,我们必须向阿斯克勒庇俄斯[①] 祭献一只公鸡。注意,千万别忘了。”

“不会忘,我们一定会这样做的”,克里托说,“你肯定没有别的事了吗?”

苏格拉底没有回答,过了一会儿,他微微地动了一下。当那个监刑官揭开他的盖头来看时,他的眼睛已经无光了。克里托说话的时候,苏格拉底已经合上了嘴和双眼。

厄刻克拉底,这就是我们这位同伴的结局,我们可以公正地

---

① 阿斯克勒庇俄斯(Asclepius),希腊神话中的医药神。

说，在这个时代我们所知道的所有人中间，他是最勇敢、最聪明、最正直的。

卡尔米德篇

提　要

就像在《吕西斯篇》和《拉凯斯篇》中一样，苏格拉底在《卡尔米德篇》中的目标不是使他的听众改变信念，转而相信苏格拉底所相信的东西，而是激发每个听众的独立思考。没有别的对话比他在本篇对话中使他的同伴更加迅速地信服自己的无知，而对希腊人来说，无知意味着生活在黑暗中，是一种可悲的失败。或者说，在这篇对话中苏格拉底通过让自己和听众一道置身于同样可悲的处境中，完全彻底地解除了他们的武装。

但是《卡尔米德篇》出现了一个困难，这是《吕西斯篇》和《拉凯斯篇》这两篇对话所没有的。我们可以把《拉凯斯篇》中出现的那个希腊主题词译为勇敢，把《吕西斯篇》中出现的那个希腊主题词译为友谊，但是《卡尔米德篇》的主题是："什么是 sophrosyne?"①这个词无法翻译为任何英文语词。事实上，节制的这种性质对希腊人来说是一种无比重要的观念，这种观念是我们所没有的。我们的观念系统中已经没有这种观念了。希腊文献中有关它的论述

① 希腊文 sophrosyne 有多种涵义，一般英译为 temperance，中文也随着译为"节制"。实际上，这个词有三重主要含义：一是指理智健全、稳健，同理智不健全、愚妄而无自知之明、看问题褊狭等意思相反；二是指谦和、仁慈、人道，尤其指少者对长者、位卑者对位尊者的谦恭态度；三是指对欲望的自我约束和自我控制。本篇主要是在这重意义上将 sophrosyne 通译为节制。

相当多,使我们能够以某种方式描述它,但我们无法给它一个名字。它是隐藏在两句伟大的德尔斐箴言——“认识你自己”、“万勿过度”① ——背后的那种精神。傲慢、目空一切的自高自大,是希腊人最憎恶的品质。sophrosyne 的意思正好是它的反面。它的意思是接受美德为人性所设置的限制,约束那种向往无限制的自由和所有各种放荡的冲动,服从和谐与适度的内在法则。

从论证的角度来考虑,这篇对话比《吕西斯篇》和《拉凯斯篇》要差。苏格拉底的表现就像是一名在争论中使用遁词的大师,读者经常会感到恼火,在读了几页那些几乎毫无意义的、琐碎的定义以后就扔下书不管了。但是苏格拉底的结论肯定会引起读者的共鸣:“要想发现什么是 sophrosyne,我完全失败了。”

正　文

昨天晚上,我们从波提狄亚军营返回,走了好一阵子,我想应 153
该去看一下以前经常去的地方。于是,我去了位于王宫神庙对面的陶瑞亚斯体育场,有许多人在那里,大多数人我都认识,但不是全部。我的到来出乎人们的预料,我一露面,他们就远远地从四面
八方围了上来和我打招呼,那个做事老是像个疯子的凯勒丰一马 B
当先来到我面前,他抓住我的手说:“苏格拉底,你是怎么从战斗中脱险的?我们走后不久在波提狄亚就发生了激战,但是消息刚刚才传到雅典”。

“就像你刚刚才看见我似的。”我答道。

他说:“有消息说战斗非常残酷,我们的许多熟人都牺牲了。” C

我答道:“这样说接近事实。”

① 亦译为“要自制”、“过犹不及”。

“我假定,”他说,“你当时在场。”

“是的。”

“那么请坐下来,把整个经过告诉我们,我们听到的消息不完整。”

说着话,他领我来到克里底亚身边,他是卡莱克鲁斯之子。我
D 向他和其他人打招呼,坐了下来,把军队里的消息告诉他们,并回答了他们的一些提问。

这些事说得差不多以后,我回过头来问他们家里发生的事,涉及哲学讨论的现状和青年人的状况。我问他们有没有哪个青年富有智慧或者很美,或者在两方面都很杰出。

154 克里底亚朝门口看了一眼,有几位青年正在朝这里走来,他们大声争论着,后面还跟着一大群人。“关于美貌的青年,”他说道,“我想你很快就能自己作出判断。刚才进来的这些人都是当今最美貌的人的亲密护卫和情人,人们都是这样认为的,而他也不太像是徒有虚名。”

“他是谁,”我说道,“谁是他的父亲?”

B 克里底亚回答说:“他的名字叫卡尔米德。他是我的堂弟,我舅舅格劳孔的儿子。我想你可能也认识他,只不过在你离开此地的时候他还没有成年。”

“我确实认识他,”我说道,“因为他在还没有长大成人的时候就很优秀,而现在我想他肯定已经是个大人了。”

“你马上就能看到他现在已经到了什么年纪,长得什么样了。”此后,克里底亚就一句话也不说,盯着正在走过来的卡尔米德看。

“我的朋友,你知道我不擅长测量,当美貌的事物出现时,我就
C 像一把没有刻度的尺子,因为在我眼里几乎所有青年都是美的。但是此刻,我承认,我一看见他就对他的俊美和形体感到震惊。他进来的时候,后面还跟着第二批情人,更令我心中充满惊讶和困

惑。像我们这样的成年人有这样大的影响可能不足为奇，但我注意到，那些孩子，从最大的到最小的，全都转过头去看着卡尔米德，就好像他是一尊雕像。”

凯勒丰对我说：“苏格拉底，你认为这位青年怎么样？他的相 D
貌漂亮吗？”

“漂亮极了。”我说。

“如果你能看见他的裸体，”他答道，“你就不会说他的脸蛋漂亮了，他确实是绝对完美的。”

对此他们全都表示同意。

我说：“诸神哪，如果他还有另一样东西，那么他确实就是尽善尽美的！”

“那是什么东西？”克里底亚说。

“高贵的灵魂。在你的家族里，克里底亚，他应该有高贵的灵 E
魂。”

“他的内心和他的外表一样美丽和善良，”克里底亚答道。

“那么在我们看到他的身体之前，我们不应该要他脱衣服，而应该让他向我们显示他的灵魂，好吗？他这个年纪肯定喜欢谈话。”

“他会愿意的，”克里底亚说，“我要告诉你，他确实已经是一名 155
哲学家，而且还是一名重要的诗人，这不仅是他自己的看法，其他许多人也这样看。”

“我亲爱的克里底亚，”我答道，“这是你的家族成员的一个特点，是你们从梭伦那里继承下来的。但是，你为什么不喊他过来，把他介绍给我呢？哪怕他更加年轻，当着你的面让他和我们谈话也没有什么不妥当的，你是他的监护人和堂兄。”

“好吧，”他说道，“那我就喊他过来。”克里底亚转过身去对仆
从说：“去喊卡尔米德来见一位医生，他前天对我说身体不舒服。” B

然后,克里底亚又对我解释说:“他最近抱怨说早晨起来时头痛。你干吗不使他相信你知道如何治疗头痛呢?”

“如果他愿意来,我干吗不这样做呢?”我说道。

“他肯定会来的。”他答道。

C 像他说的那样,卡尔米德果然来了。人们高兴地挪动着位置,他们推攘着邻座的人,都想坐得离他近一些,而原先坐在两边末端的人一个不得不站起身来,另一个只好挪到外圈去了。卡尔米德走了过来,在克里底亚和我中间坐下。但是,我的朋友,这个时候我却感到胆怯了。我先前自信有能力改变他的信念,但我的大胆在这个时候却消失了。克里底亚告诉他我就是那个能治病的人,
D 而这个时候卡尔米德用一种无法言喻的方式看了我一眼,就好像要向我提问似的。体育场里的所有人都围了过来。此时,我看到了他的外衣下俊美的身子,我的欲火顿时点燃起来,无法遏制自己。我在想,昔狄亚斯对爱的性质理解得何等好啊,在谈论一位俊
E 美的青年时,他警告某人说,“在看到这只想要吞食你的雄狮时不要摇头乞怜”,我感到自己好像已经被一种野兽般的欲望征服了。不过,当他问我是否懂得治疗头痛时,我还是努力作出回答说:“我懂。”

“怎么个治法?”他说。

我对他说,有一种树叶可以治头痛,不过在使用时需要念咒语,如果在使用树叶时病人能够不断念咒语,那么他就能痊愈,如果不念咒语,那么树叶就失效了。

156 “请你口述那个咒语,让我把它写下来。”他说。

“这样做是否要征得我的同意呢?”我说道。

“当然要征得你的同意。”他笑着说。

“很好,”我说道,“那么你是知道我的名字的,是吗?”

“我当然认识你,”他答道,“我的同伴们对你的谈论实在太多

了,我还记得,当我还是个孩子的时候,就在这里见到过你和克里
底亚。”

“我很高兴你还记得我,”我说道,“我以后不会再有机会和你 B
在一起,也不会向你更好地解释这个咒语,我以前解释起来总是感
到很困难。卡尔米德,这个咒语决不是只能治头痛。我敢说你听
优秀的医生对前来治疗眼睛的病人说过,他们无法只治眼睛,要想 C
治好眼睛,他们还得治疗病人的头。他们还会说,如果只治头而不
治身体的其他部分,那是极端愚蠢的。按照这种证明,他们对全身
进行治疗,试图同时治疗整体和部分。你注意过他们说的这些话
吗?”

“注意过。”他说。

“他们说得对,你同意他们的看法吗?”

“对,”他说,“我肯定同意。”

他的肯定回答使我安心了一些,于是我开始在一定程度上恢 D
复了自信,又能像往常一样说话了。我说:“卡尔米德,我在军营中
服役时向一位色雷斯国王札耳谟克西的御医学到了这种咒语的性
质,据说他甚至能使人不朽。这位色雷斯人告诉我,按照他们的观
念,我刚才提到的这种希腊医生的看法和他们的看法一样是相当
正确的。但是,他又说,他们的国王札耳谟克西也是一位神。这位 E
国王说过:‘你们一定不能不治我的头而治我的眼睛,或不治我的
身体而只治我的头,同样的道理,你们一定不能不治灵魂而只治身
体。就是由于这个原因,希腊的许多医生不懂如何治疗许多疾病,
因为他们无视整体,而只有整体保持良好状态,部分方能良好。’如
他所说的那样,一切善恶,无论是身体中的还是在整个人身上的,
均源于灵魂而流向各处,就好像从头流向眼睛。因此要想头和身 157
体健康,你们必须从治疗灵魂开始,灵魂是首要的,最根本的。我
亲爱的年轻人,某些咒语的使用会影响到灵魂的治疗,这些咒语就

是美妙的话语,通过这些话语,把节制种植在灵魂中,节制呆在灵
B 魂中,从那里出来,健康便迅速地从那里输出,不仅传到头部,而且
传到整个身体。当他教我疗法和咒语的时候,他又说:'在有人劝
你治头的时候不要相信他,直到他首先用咒语治疗你的灵魂。'他
还说:'这是我们这个时代人类的一大错误,在给人治病的时候,人
想只成为健康的医生或只成为节制的医生。'他严厉告诫我,不使
用咒语就绝不要去治病,无论病人有多么富裕或多么漂亮。我发
C 誓,我必须信守诺言。因此,如果你允许我按照这位陌生人的指示
首先把色雷斯人的咒语用于你的灵魂,那么我才会开始治疗你的
头。但若你不允许,那么我真不知道该怎么办,我亲爱的卡尔米
德。"

听了这些话,克里底亚说:"如果头痛能推动他去改善他的心
D 灵,那么这对我年轻的堂弟来说倒是一个福音。然而我可以告诉
你,苏格拉底,卡尔米德不仅在他的同龄人中相貌出众,而且在你
说的拥有咒语的这种品质,亦即节制方面也是很出色的,对吗?"

"对,"我说。

"那么让我告诉你,他是当今时代最有节制的青年,他年纪虽
轻,但他的品质绝不亚于任何人。"

E "确实如此,卡尔米德,"我说道,"我认为你一定会在所有良好
品质方面胜过其他人。如果我没弄错,在场的无人能够轻易地指
出,像你们出身的那样的家族之间的联姻,能比这两个雅典家族的
联姻产生出更加优秀和高贵的后裔。你们的父系家族源于德洛庇
158 达之子克里底亚,阿那克瑞翁的颂诗纪念这个家族,其他许多诗人
也称颂这个家族的祖先梭伦拥有美、善以及其他所有最高的幸运。
你们的母系家族同样也是杰出的,因为你们的母舅皮里兰佩体形
魁梧,相貌俊美,他出使到波斯大王的宫廷和亚细亚大陆的其他地
方都没有人能超过他,整个家族的成员在智力上也绝不逊色于其

他家族。有这样的祖先,你们必定会在一切方面出人头地,格拉孔 B
的乖儿子,你的外貌绝对不会辱没他们。如果在美貌之上你还有
节制,如果你在各方面都像克里底亚所声称的那样,那么你真是生
来有福的。现在请你注意,如果你确实像他所声称的那样已经拥
有节制,已经足够节制了,那么你就不需要咒语了,无论是札耳谟
克西的咒语还是希珀波瑞人阿巴里斯① 的咒语,我可以马上治疗
你的头部。但若你还没有获得这种品质,那么在我给你吃药之前, C
我必须使用咒语。因此请告诉我,你是否把克里底亚说的话当作
真的,你是否已经获得了节制这种品质?”

卡尔米德脸红了,显得更加楚楚动人,因为年轻人总是这么羞
怯。对我的问题他无法马上回答是或不是,但他还是有礼貌地作
出了回答。他说:“如果我肯定我是不节制的,那么对我来说这是 D
在指责自己,而且这样说也就意味着我对克里底亚以及其他许多
人撒了谎,因为按照他的想法,我是节制的。但是另一方面,如果
我说我是节制的,那么我就得赞美自己,这样做可能不是太好,因
此我不知道该如何回答你的问题。”

我对他说:“卡尔米德,这个回答很自然,我想你和我必须在一
起考察一下你是否拥有我问的这种品质,这样你就不会被迫说你
不想说的话了,而我也不必匆匆忙忙地用药了。因此,如果你愿 E
意,那么让我们一起来探讨;但若你不愿意,那么我也不会强迫
你。”

“我没有什么比这更愿意做的事了,”他说道,“我想你可以按
照你认为最好的方式开始。”

我说:“我认为,讨论这个问题最好以这样一种方式开始。如

---

① 希珀波瑞人(Hyperborean)是希腊传说中来自希腊北方的一个民族,词意即为“和北风一起来的”。阿巴里斯(Abaris)为该族著名的巫师。

果你拥有节制,那么你必定对节制有一种看法。节制必定会把它
159 的本质和品性告诉你,使你能够说出对节制的看法。对吗?"

"对,"他说,"我想是这样的。"

"你会说话,"我说,"因此你也一定能够表达你的看法。"

"也许能。"他说。

"那么,为了能够形成一个你有无节制的推理,"我说,"请告诉我,照你看来,什么是节制?"

B 起初,他犹豫不决,不太愿意回答这个问题。然后他说他认为节制就是有序而又平静地做一切事情,例如在路上行走、谈话,总之以这种方式做一切事情。"简言之,"他说,"我应当这样回答,在我看来,所谓节制就是某种平静。"

"你还好吧,卡尔米德?"我说道,"毫无疑问有些人会肯定平静是节制,但是让我们来看这个观点中是否还有点别的什么东西。
C 首先请告诉我,你是否承认节制属于高尚的和好的这一类事物?"

"是的。"

"当你在给一位大师写信时,迅速地写或平静地写,哪一种做法比较好?"

"迅速地写较好。"

"阅读大师的作品时,迅速地读好还是慢慢地读好?"

"仍旧是迅速地读较好。"

"在弹竖琴,或者摔跤的时候,敏捷和锐利不是远远胜过平静和迟缓吗?"

"对。"

"在拳击和角力中不也是同样吗?"

"没错。"

D "在跳跃、跑步以及一般的身体训练中,行动敏捷和灵活是好的和高尚的,而迟缓和平静是坏的,是人们不愿看到的。对吗?"

“好像是这么回事。”

“那么,”我说,“在所有身体的行动中,不是平静,而是敏捷和灵活才是最高尚、最优秀的。对吗?”

“对,确实如此。”

“节制是一种好吗?”

“是的。”

“那么就身体来说,如果节制是一种好,那么不是平静,而是敏捷才更加是节制。对吗?”

“显然如此。”他说。

“再问,”我说道,“在学习中,是容易好还是困难好?” E

“容易好。”

“对,”我说,“学习中容易就是敏捷灵活地学,学习中困难就是平静迟缓地学。对吗?”

“对。”

“迅速敏捷地教别人比平静迟缓地教别人要好吗?”

“对。”

“再问,迅速敏捷地唤醒心灵记忆某事好还是平静迟缓地这样做好?”

“前者较好。”

“敏捷的灵魂是聪明的,迟钝的灵魂是不聪明的。对吗?” 160

“对。”

“在理解大师和音乐家的作品方面,或在理解别的事情上,尽可能平静地理解不如尽可能敏捷地理解。对吗?”

“对。”

“还有,在探究或思考灵魂的时候,我想,不是最平静地思考的人和感到难以思考和发现的人值得赞扬,而是那些能轻易敏捷地这样做的人值得赞扬。对吗?” B

“没错。”他说。

“那么好,在涉及身体或灵魂的所有方面,迅速和灵活显然比缓慢和平静要好。是这样吗?”

“也许是的。”

“那么节制并非平静,节制的生活也并非平静的生活,因为人们都承认有节制的生活是好的,根据这种观点来看节制的生活肯
C 定不是平静的生活。两种说法只有一种是对的,要么是平静的生活行为比灵巧敏捷的生活行为要好,但这几乎不可能是对的,我们至多只能假定有许多比较高尚的行为是平静的,也有许多比较高尚的行为是敏捷勇猛的;但是,即使我们承认这一点,在行走、谈
D 话,或在别的行为中,行动平静也不会比行动灵活敏捷更好。由于我们已经把节制列为好的和高尚的事物,即使敏捷和平静一样好,平静的生活也不会比不平静的生活更加有节制。”

“我认为你说得对,苏格拉底。”他说道。

“还有,卡尔米德,”我说道,“请你更加密切地关注你自己。想
E 一想节制对你产生的影响,节制的本性应当会产生这种影响。仔细地想一想,然后真实勇敢地告诉我,什么是节制?”

卡尔米德努力思索了一番,然后说:“我的看法是,苏格拉底,节制使人感到羞耻或使人谦虚,节制与谦虚是一回事。”

“很好,”我说,“刚才你不是还承认节制是高尚的?”

“是,节制确实是高尚的。”

“因此有节制的人是好人吗?”

“是的。”

“不能使人变好的事物会是好的吗?”

“肯定不是。”

“你会从中推论出节制不仅是高尚的,而且也是好的吗?”

“这正是我的看法。”

“好吧，”我说，“那你肯定同意荷马的看法，他说‘对于一个乞 161
讨者来说，羞怯不是好品格’。[①] 对吗？”

“对，”他说，“我同意这种说法。”

“那么我可以假定谦虚既是好的，又是不好的吗？”

“显然可以。”

“但是节制的出现只会使人好，不会使人坏，那么节制永远是好的吗？”

“在我看来节制正像你说的这样。”

“如果节制是好的，而谦虚既是坏的又是好的，那么由此可以 B
推论，节制不可能是谦虚。对吗？”

“苏格拉底，这些在我看来全部都对，但我想知道你对节制的另一个定义怎么看，我刚刚才想起这个定义来，是从别人那里听来的，‘所谓节制就是做我们自己的事’。请考虑一下他说的是否正确？”

“你这可恶的家伙！”我说，“一定是克里底亚，或者别的哲学家 C
告诉你的。”

“是其他人讲的，”克里底亚说，“但肯定不是我。”

“我从谁那里听来，这又有什么关系呢？”卡尔米德说道。

“是没关系，”我答道，“关键不在于这句话是谁说的，而在于它是对还是错。”

“你这样说就对了，苏格拉底。”他答道。

“说真的，”我说，“如果我们能够讨论它的对错，那我会感到十分惊讶，因为这句话就像一个谜语。”

“你怎么会这样想？”他说道。

“因为在我看来，”我说，“说这句话的人想说的是一种意思，而 D

① 荷马：《奥德赛》，第 17 卷，第 347 行。

实际说的又是另一种意思。例如,学校里的老师在读和写的时候会被认为什么也没做,对吗?"

"我宁可认为他在做某件事。"

"老师只是读和写,或者只教你们这些孩子读和写他自己的名字吗?或者说你们也写你们的敌人的名字,以及你们自己的名字和你们朋友的名字?"

"都要写。"

E "这样做不是在管闲事或不节制吗?"

"肯定不是。"

"然而,如果读和写是一种做事的方式,那么你们在做的并不是你们自己的事。"

"但我认为这些事是我们该做的。"

"我的朋友,医术、建筑、纺织以及做其他需要技艺来完成的事情,显然都可以称作做事,对吗?"

"没错。"

"你认为在一个秩序良好的国家里,法律会强迫每个人自己纺
162 纱织布,给自己洗衣服、做鞋子、水瓶、刮身板以及其他器具,每个人都按照自给自足的原则,不去干涉其他人的事情吗?"

"我不这样看。"他说。

"但是,"我说,"一个有节制的国家是一个秩序井然的国家。"

"当然了。"他答道。

"那么,"我说道,"节制并非只管自己,至少不是这种方式只管自己,或只做自己的事。"

"好像不是。"

"所以,如我刚才所说,声称节制就是做自己的事的人实际上有一层隐秘的含义,因为我并不认为他是个傻瓜,他说这句话指的
B 就是我们刚才讲的意思。把这句话告诉你的人是个傻瓜吗,卡尔

米德?”

“不,”他答道,“我敢肯定他是个非常聪明的人。”

“那么我敢肯定他把这个定义当作谜语了,他以为没有人能轻易地发现‘做他自己的事’这句话的意思。”

“我大胆地说是这么回事。”他答道。

“那么做自己的事这句话是什么意思呢？你能告诉我吗?”

“我不能,确实不能。我甚至怀疑使用这个短语的人自己也不懂它是什么意思。”

这时他看着克里底亚,顽皮地笑了。克里底亚在我们交谈时 C
一直显得焦躁不安,因为他感到自己在卡尔米德以及其他同伴面前的好名声需要维护。在此之前,他一直克制着自己,但是现在他无法再忍受了,因为我已经证明了我先前的怀疑,卡尔米德关于节制的看法就是从他那里听来的。卡尔米德本人不想为之辩护,而
是让克里底亚自己来捍卫,想要触动他。卡尔米德继续指出自己 D
已经被驳倒了,而克里底亚对此感到很恼火,好像要和卡尔米德吵架似的,就像一名诗人要和一个在背诵诗歌时糟蹋了他的诗歌的演员争吵。他恶狠狠地盯着卡尔米德说:“卡尔米德,你以为你不懂这个节制的定义,因此它的作者也不懂他自己说的话了吗?”

“你干吗要这样说,尊敬的克里底亚,”我说道,“很难想象他这
般年纪的人能够懂得,但是你比他们年长,而且对此作过研究,所 E
以可以假定你是懂的。因此,如果你同意,并且接受他的这个节制的定义,那么我宁可与你,而不是与他争论这个定义的对错。”

“我完全同意,”克里底亚说,“并且也接受这个定义。”

“很好,”我说道,“现在让我重复一下我的问题。如我刚才所说,你承认所有手艺人都在制造或在做某些事吗?”

“我承认。”

“他们只制造和做他们自己的事,还是也要做其他人的事?” 163

“也做其他人的事。”

“他们不是只制造或做他们自己的事,那么他们还是有节制的吗?”

“为什么不是?”他说。

“我提不出什么反对意见来,”我说,“但是把‘做自己的事’作为节制的定义的人会遇到困难,因为没有理由可以用来说明那些做别人的事的人就不是节制的。”

“不对,”他说,“我说过我认为那些做别人的事的人是节制的吗?我说的是那些制造的人,而不是那些做的人。”

B “你在说些什么!”我问道。“你的意思是说制造和做不是一回事吗?”

他答道:“你这样说并不比说制造和工作是一回事高明到哪里去。这是我从赫西奥德那里学来的,他说过,‘工作并不可耻’。[1]你以为他像你说的那样把工作和做事说成是一回事,所以他要说工作并不可耻吗,例如制鞋、卖鱼干或坐在声名狼藉的屋子里等待
C 雇佣?苏格拉底,这并不是正确的假设。我体会他在这个地方是想把制造从做事和工作中区分出来,他承认制造有时可能会变成可耻的事情,受雇佣并不光荣,这个时候他就说工作决不会是可耻的。因为他把制造高尚的、有用的事物称作工作,这样的制作他称作工作和做事。他必定在心中只把这些事情当作人的恰当的事务,其他所有有害的事情都不是他的事务,在此意义上,赫西奥德以及其他聪明人才可以合理地把做他自己的工作的人称作聪明人。”

D “噢,克里底亚,”我说道,“你一张嘴我就非常明白,你认为这样做对人来说是恰当的,这种事情是他自己的,是好的,你把制造

① 赫西奥德:《工作与时日》,第309行。

这些好东西称作做事，因为我对普罗狄科无穷无尽地区分词义并不陌生。现在，随便你给这些名称确定任何意义，我都不会提出反对意见，只要你能告诉我你把这些名称用在什么地方。所以，请允许我们从头开始，更加坦白一些。你的意思是，做或制造好的事 E
物，或无论你想用什么名称，就是节制吗？"

"是的。"他说。

"那么做坏事不是节制，做好事才是节制，对吗？"

"对，"他说道，"你对此也会表示同意的，我的朋友。"

"我是否同意没有什么关系。现在的关键不是我怎么想，而是你怎么说。"

"好吧，"他答道，"我的意思是，做坏事不做好事的人不是节制的，做好事不做坏事的人是节制的。我用明白易懂的词语给节制下一个定义，节制就是做好事。"

"你说的话很可能是正确的，但使我感到惊讶的是你竟然认为 164
有节制的人并不知道他们自己的节制。"

"我没有这样想过。"他说。

"然而你刚才不是说过，匠人在做别人的工作时也可以是有节制的，就像做他们自己的事一样？"

"我是这样说过，"他答道，"但是你的用意是什么？"

"我并没有什么特别的用意，但是我希望你会告诉我，医生治 B
病是否既为他自己又为病人做好事。"

"我认为他可以这样做。"

"这样做的人尽了他的责任吗？"

"是的。"

"尽了他的责任的人不是有节制地或聪明地行事了吗？"

"对，他的行为是聪明的。"

"但是医生必定知道什么时候他的治疗可以是有益的，什么时候是无益的,对吗？每个工作的人必定知道什么时候他做的工作会使他受益,什么时候不会,对吗?”

“我认为不一定。”

C “那么,”我说,“医生可以时而做好事,时而伤害病人,他可以
在不知道自己在干什么的情况下做好事,或如你所说,有节制地、聪明地做事。这不就是你的说法吗?”

“是的。”

“所以这样看来,在做好事的时候他可以聪明地或有节制地行事,他是聪明的或有节制的,但却不知道他自己的智慧或节制?”

“苏格拉底,”他说,“但那是不可能的,如果按照你的发挥,这
D 是从我承认的那些前提中推导出来的必然后果,那么我会撤回我的承认,并且不怕丢脸地承认我犯了错误,而不愿承认一个不认识他自己的人可以是有节制的或聪明的。我几乎要说,节制的本质就是认识自己,在这一点上我和那位在德尔斐神庙刻下‘认识你自己’这句铭文的神的看法一致。如果我没弄错,那么这句铭文写在
E 那里用作这位神对进入庙宇者的欢迎词,就好像人们通常所用的欢迎词‘万福’是不正确的,而用‘要节制’这样的告诫要好得多。如果我对这句铭文的意思理解是正确的,那么这位神对那些进入他的庙宇的人说的第一句话不像人们平常所说的那样,而是让每个崇拜者进来后听到的第一句话就是‘要节制’。然而,他像一位用谜语来表达他的意思的预言家,因为‘认识你自己’和‘要节制’
165 的意思在我看来是一样的,而随着这些语词的使用,人们以为它们是不同的。后来的贤人又添上‘万勿过度’,或‘发誓吧,恶魔近在眼前’,这样就逐渐把它们区分开来了,因为他们想,‘认识你自己’是这位神提供的一个建议,而不是对进入神庙的崇拜者的欢迎词,他们认为自己也能提供有用的建议,因此就献上了自己的铭文。苏格拉底,要我告诉你我为什么要说这些话吗？我的目的是离开

先前的讨论,我不知道在前面的讨论中是你正确还是我更正确,但
是不管怎样,我们并没有取得清晰的结果。所以,如果你不反对, B
我想提出一个新的定义并加以证明,节制就是自我认识。”

“这样做是可以的,克里底亚,”我说,“但是你把我当作知道问
题答案的人了,只要我愿意,就能赞同你的意见。而实际上,我正
在和你们一起一次又一次地探索真理,正因为我不知道,所以我要
探索,在这样做的时候我会说自己是否同意你的意见。所以请给 C
我时间让我思考一下。”

“思考。”他说。

“对,我正在思考,”我答道,“我想要发现节制或智慧,如果它是一种知识,那么它一定是一种学问,一种关于某些事物的学问。”

“对,”他说,“它是一门关于人本身的学问。”

“医学不是一门关于健康的学问吗?”

“对。”

“那么假定你问我,作为关于健康的学问的医学有什么用。我
会回答说医学对产生健康有巨大作用,而你会承认这是一个很好 D
的结果。”

“我承认。”

“如果你问我,作为关于建造的学问的建筑产生的结果或后果
是什么,我会说是房屋,同理,其他各种技艺全都会有它们不同的
结果。现在,克里底亚,我要你回答一个有关节制或智慧的同样的
问题,按照你的看法,节制或智慧是一门关于人本身的学问。我要
问你的是,承认这一点,那么作为关于人本身的学问的节制或智慧
会产生什么样的结果,什么样的良好工作配得上聪明这个名称? E
请回答。”

“这不是进行这种考察的正确方式,苏格拉底。”他说道,“因为智慧与其他学问不一样,那些学问之间是相似的,而智慧和它们都

不一样,而你却把智慧和它们说成是一样的了。”他又说道:“房屋是建筑的结果,衣服是纺织的结果,其他任何技艺都有它的结果,
166 在此相同意义上,请你告诉我,算术或几何有什么结果?你能说得出这样的结果来吗?你不能。”

“你说得有理,”我说,“但是我仍旧能够向你指出各门学问都有与其他学问不同的主题。例如,算术的技艺要处理的就是奇数和偶数的数量关系以及相互关系。不对吗?”

“对。”

“奇数和偶数与算术的技艺不是一回事。对吗?”

“对,不是一回事。”

B “还有,计量的技艺与轻和重有关,但是计量的技艺是一回事,轻和重是另一回事。你承认这一点吗?”

“我承认。”

“现在我想知道,不智慧的东西是什么,智慧是一门关于什么的学问?”

“你正好又犯了老错误,苏格拉底,”他说,“你问的是在智慧或节制中有什么与其他学问不一样,然后你试图发现在智慧中有什
C 么与它们相同的地方。但是,其他所有学问都是关于某些事物的而不是关于它们自身的,而智慧不是这样。只有智慧才是一门关于其他学问的学问,是关于它自身的。我相信你非常明白这一点,但是为了驳倒我,而不是为了追求证明,你现在说的意思只不过就是你刚才否定了的意思。”

“如果我是这样的,那又如何?在我对自己进行考察时,你怎么会认为我有驳倒你的其他动机?要说有动机,那也只不过是担
D 心我自己那种无意识的想象,以为我知道某事而实际上我对它一无所知。现在,我向你保证,我主要是为了自己的原因而追求证明,但也许在某种程度上我这样做也是为了我的其他朋友。你不

是说过,发现事物的真相对全人类都是一件好事吗?”

“对,苏格拉底,当然是好事。”他说。

“那么,”我说道,“开心一点,可爱的先生,请针对我的问题说出你的看法来,决不要在意克里底亚或苏格拉底是否被驳倒了。 E
你要把注意力集中到证明上来,看是否有反证出现。”

“我想这样做是合理的,”他答道,“我愿意照你说的去做。”

“那么,请告诉我,”我说,“你对智慧的肯定是什么意思。”

“我的意思是说,智慧是惟一的一门关于它自身和其他学问的学问。”

“但是,说它是学问的学问,”我说,“那么还会有关于缺乏学问的学问。”

“非常正确。”他说。

“那么聪明人或有节制的人,只有他才认识自己,能够考察他 167
知道或不知道的事情,还能够明白其他人知道些什么,这些人要么以为自己知道某些事而实际上也确实知道,要么他们并不知道某些事,但却以为自己知道这些自己实际上并不知道的事情。其他人都不可能做到这一点。这就是智慧、节制和认识自我,因为一个人要知道自己知道什么,也要知道自己不知道什么。这是你的意思吗?”

“是的。”他说。

“那么现在,”我说,“运气第三次降临,让我们重新开始。首先 B
我们要问,一个人知道自己知道他所知道的事情,和知道自己不知道他所不知道的事情,这样的情况是可能的还是不可能的;其次,如果这样的情况是完全可能的,那么这样的知识有什么用处。”

“这是我们必须加以考虑的事情。”他说。

“那么好吧,克里底亚,”我说,“看你是否能比我强些。我感到有困难。我要把这个困难的性质告诉你吗?”

“务必。”

“你不是说过这样的话吗,大意是说,必定有一门学问是完全
C 关于它自身和其他学问的,同样也必定有一门学问是关于缺乏学问的学问?”

“对,我是说过。”

“但是,我的朋友,请你考虑一下这个命题有多么可怕。在任何与此平行的事例中,你会明显地看到这个命题是不可能成立的。”

“怎么会呢?你指的是什么事例?”

“好比说这样一个事例。假定有一种视觉与普通视觉不一样,它是关于它本身和其他各种视觉的视觉,也是关于缺乏视觉的视
D 觉。你认为有这样一种视觉吗?”

“肯定没有。”

“或者说存在一种根本听不到声音的听觉,而只是关于它本身和其他各种听觉的听觉,或关于缺乏听觉的听觉吗?”

“不存在。”

“或者以所有感觉为例。你能想象存在着一种关于它自身和其他感觉的感觉,但它却不能感受到任何感觉对象吗?”

“我不会这样想。”

E “能有一种欲望不是关于任何快乐的,而是关于它自身和其他所有欲望的吗?”

“肯定没有。”

“你能想象存在着一种希望不是关于任何良好愿望的,而是关于它自身和其他所有希望的吗?”

“我应当回答说不存在。”

“你会说存在着一种爱不是对美的爱,而是关于它自身和其他各种爱的吗?”

“我不会这样说。”

“或者说你曾经知道有一种恐惧害怕它自身或其他恐惧，但却没有恐惧的对象？” 168

“我从来都不知道。”他说。

“或者说有一种意见是关于它自身和其他意见的，但却没有像其他各种一般意见那样的主题？”

“肯定没有。”

“但是我们好像假定有一门学问是关于它自身和其他学问的，但却没有主题？”

“对，这是我们加以肯定了的。”

“如果这门学问真的存在，那确实太奇怪了。然而我们一定不要绝对否认存在这样一门学问的可能性，而要继续研究它是否存在。”

“你说得很对。” B

“那么好吧，我们所谓的学问是关于某事物的学问，具有一种成为某事物的学问的性质。对吗？”

“对。”

“这就好比较大的事物具有一种比别的事物大的性质。对吗？”

“对。”

“如果这里说的别的事物被察觉为较大的，那么其他事物就是较小的。对吗？”

“肯定对。”

“如果我们能够发现某个事物比它自身和其他大的事物要大，但并不比那些其他更大的事物大，那么这个事物拥有比它自身更 C
大或更小的性质，是吗？”

“苏格拉底，这是一个不可避免的推论。”他说。

“或者说,如果有一种两倍是它自身或其他两倍的两倍,那么它自身或其他两倍都会成为这种两倍的一半,因为两倍与一半是相关的。对吗?”①

“没错。”

“还有,比它自身大的事物也可以比它自身小,比它自身重的事物也可以比它自身轻,比它自身年老的事物也可以比它自身年

D 轻,其他相同的事例还很多。具有与其自身相关的性质的事物也会具有它的对象的性质,我的意思是,比如,听觉如我们所说,是关于声音或声响的。这样说对吗?”

“对。”

“那么,如果听觉能听到听觉本身,它也必须听到一个声音,除此之外不存在别的听觉方式。”

“那当然了。”

“我的杰出的朋友,视觉也一样,如果视觉能看到它本身,那么

E 它本身也必定有颜色,因为视觉不能看到无颜色的东西。”

“不能。”

“克里底亚,你注意到了吗?在我们举的几个事例中,与其本身的关系的看法是无法接受的,在其他事例中也是难以置信的,例如,体积、数量,等等,在这些事例中都是无法接受的。”

“你说得很对。”

169 “但是在听觉和视觉的例子中,或者说在自动、自燃等等力量的事例中,这种与自身的关系被有些人当作不可信的,但其他人也许并不这样看。我的朋友,我们需要某些伟大人物来帮我们满意

① 这句原文较难理解,读者可代入具体数字来辅助理解。例如,二是一的两倍,四是二的两倍,如果有一种两倍(四)是它自身(二)的两倍,那么它自身(二)就成为这种两倍(四)的一半。这里强调的是倍数关系的相对性。

地决定,是否没有任何事物具有与其自身而非与其他事物发生关
系的内在性质,或者只与某些事物发生关系,而与其他事物不发生
关系,如果存在着这样一类与自身发生关系的事物,那么被称作智
慧或节制的这门学问是否被包括在这类事物中。我完全不相信自
己有决定这类事情的能力。我不敢肯定这样一门关于学问的学问 B
是否有可能存在,哪怕它毋庸置疑地存在,我也不会承认它就是智
慧或节制,直到我也能看清这样的学问能否对我们有好处,因为我
有这样一种印象,节制是有益的和好的。因此,卡莱克鲁斯之子,
由于你坚持节制或智慧是一门关于学问的学问,也是关于缺乏学
问的学问,那么首先我要请你把这样一门学问存在的可能性说出
来,这是我在前面就说过的;其次,告诉我这样一门学问有什么益
处。这样一来,你可能会使我感到满意,我也会认为你关于节制的 C
看法是正确的。”

克里底亚听了这些话,明白了我的难处,就好像一个人打呵欠
传染给另一个人,他似乎也被我的困难所传染而感到困难了。但
由于他在坚持己见方面是出了名的,耻于当众承认无法回答我的
挑战或无法解决讨论的问题,因此他就支支吾吾地试图掩饰他的 D
困惑。

为了使论证能够继续下去,我对他说:“好吧,克里底亚,如果你愿意的话,让我们假定这门学问的学问是可能的,这个假设是否正确可以放到后面去考察。如果承认它是完全可能的,那么你能告诉我这样一门学问如何使我们能够区别我们知道的事情或不知道的事情,亦即如我们所说的自我认识或智慧?”

“行,苏格拉底,”他说道,“我知道下面该怎么答。拥有这门学
问或知道自己的知识的人会变得像他拥有的知识一样,这就好比 E
拥有敏捷的人是敏捷的,拥有美的人是美的,拥有知识的人能认
识。以同样的方式,拥有认识自我的知识的人会认识他自己。”

“我不怀疑，”我说，“当一个人拥有认识自我的知识时，这样的人会认识自己，但在他拥有这样的知识时，他有什么必要知道自己知道什么和不知道什么？”

170 “苏格拉底，因为它们是一回事。”

“你的解释好像很有理，”我说，“但我还是像过去那样愚蠢，无法理解知道自己知道什么和不知道什么与认识自己是一回事。”

“你这话是什么意思？”

“我的意思是，”我答道，“我承认有一门关于学问的学问。除了在两样事物中确定一个是学问或知识，另一个不是学问和知识，它还能做些什么吗？”

“不能了，只能做这些。”

B “那么拥有或缺乏关于健康的知识与拥有或缺乏关于正义的知识是一回事吗？”

“肯定不是一回事。”

“一种知识是医学，另一种知识是政治，而我们谈论的知识是纯粹的知识。”

“你说得很对。”

“如果一个人只拥有知识的知识，而没有其他进一步的关于健康和正义的知识，那么他可能只知道自己知道某些事情和拥有某些知识。我们以这个人为例也好，以其他人为例也一样。”

“对。”

C “那么这种知识或学问如何教会他知道自己知道什么呢？因为他不是通过智慧或节制来知道健康的，而是通过医学的技艺来知道健康。他从音乐的艺术中学到了和谐，从建筑的技艺中学到了建造，在这两个事例中都没有通过智慧或节制，在其他事例中也一样。”

“好像是这么回事。”

“那么智慧仅作为知识的知识或学问的学问，如何教他知道健康，或如何教他知道建造呢？”

“这是不可能的。”

“那么对这些事情都一无所知的人只知道自己知道，而不知道自己知道什么吗？”

“对。”

“那么智慧或聪明似乎并不是关于我们知道或不知道的事物 D
的知识，而只是关于我们知道或不知道的知识，对吗？”

“这个推论可想而知。”

“那么拥有这种知识的人不能确定某个说他自己知道的人究竟是知道还是不知道；他只知道这个人拥有某种知识，而智慧会向他显示这种知识是什么。对吗？”

“他好像是不能确定。”

“他也不能在医学中区别庸医和真正的医生，或在别的知识中 E
区别真正的拥有者和假冒者。让我们以这样的方式来考虑这个问题。如果一个聪明人或其他人想区别真正的医生和假冒的医生，他该怎么做呢？他会先与他交谈医学问题，因为我们说过，医生只懂得健康和疾病。”

“对。”

“但是这位医生对学问却一无所知，因为学问被假定为只属于智慧的领地。”

“对。”

“进一步说，由于医学是一门学问，我们必须推论他不知道关 171
于医学的任何事情。”

“完全正确。”

“那么这位聪明人确实可以知道医生拥有某种学问或知识，当他想要发现这门学问的性质时他会提问，它的主题是什么？要区分各种不同的学问不能依据它们都是学问这一事实,而要依据它们的主题的性质。这样说对吗?”

“很对。”

“医学之所以区别于其他学问在于它拥有健康和疾病这个主题,对吗?”

“对。”

B “研究医学性质的人必须在健康和疾病中对它进行考察,它们是医学的范围,而不应该在其他外在的、不属于其范围内的事例中进行考察,对吗?”

“对。”

“如果某人想要公正地考察某个医生,看他是否真正的医生,那么他会在与此相关的事情中对他进行考察,是吗?”

“他会这样做的。”

“他会考虑,在与健康和疾病相关的问题上这位医生说的是否正确,做的是否正确,会吗?”

“他会。”

“但是任何要想进行这种考察的人都必须具有医学知识,对吗?”

“没有这种知识就无法进行这种考察。”

C “根本无法进行。看起来,只有医生能够拥有这种知识,而不是聪明人拥有这种知识。要进行这种考察,一个人必须既是医生又是聪明人。”

“你说得很对。”

“那么可以肯定,如果智慧或节制只不过是一门关于学问的学问和关于缺乏学问的学问,那么它不能够区别懂行的医生和那些并不懂行但却假冒或自认为懂行的人,在其他学问中也一样。就像其他艺术家一样,聪明的或节制的人只知道他的本行,而对于其他技艺则一无所知了。”

“这很明显。”他说。

“但是,克里底亚,”我说,“如果智慧或节制还存在的话,那么 D
它们会有什么益处吗?确实,像我们一开始假设的那样,聪明人能够区别他知道什么和不知道什么,他知道这件事而不知道其他事,他在觉察其他事情时也具有同样的能力,那么做个聪明人肯定会有巨大的好处。因为,这样一来我们就决不会犯错误,我们自己和那些从属于我们的人就能在这种正确的指导下度过我们的一生。 E
我们不会去尝试做那些我们不知道的事情,但我们会去发现那些知道这些事情的人,相信他们,把这些事托付给他们去做。我们也不会允许那些从属于我们的人去做那些看起来他们做不好的事情,而他们能做好某些事情只是因为他们拥有这方面的知识。家庭或城邦在智慧的指引下秩序井然或得到良好的管理,以智慧为主人的其他事情也肯定会秩序井然,因为有了正确的指引,错误也 172
就消灭了,人们的所作所为一定会良好和高尚,而行事良好意味着幸福。克里底亚,这不就是我们所说的智慧——知道自己知道什么和不知道什么——的巨大益处吗?”

“你说得很对。”他说。

“现在你明白了,”我说,“在任何地方都找不到这种学问。”

“我明白了。”他说。

“那么我们可以假定,”我说,“智慧可以视为一种关于有知和 B
无知的知识,根据这种对智慧的新看法,智慧的益处是不言而喻的,拥有这种知识的人会更加容易地学会任何他要学习的东西,一切事物对他显得更加清晰,因为除了知识的对象外,他还能看到这种知识,这也使他能够更好地考察其他人用来认识他自己的知识,而不拥有这种知识的人可以被认为是洞察力较弱或不那么有效,对吗?我的朋友,这些不都是从智慧中得来的好处吗?这不就是 C

我们多方寻求而最后在智慧这里找到的东西吗?"

"也许是吧。"他说。

"也许是,"我说,"但也许我们的考察又是徒劳无功的,因为我不得不进行推论,我注意到如果这就是智慧,那么会产生某些奇怪的后果。如果你愿意的话,让我们假定这门关于学问的学问是存
D 在的,不要拒绝我们最初提议的那个说法,智慧就是关于我们知道什么和不知道什么的知识。作出这些假定,克里底亚,让我们更加仔细地加以考虑,这样一种智慧是否能给我们带来好处。我想我们刚才犯了错误,因为我们说这样的智慧使家庭或城邦的管理井然有序,会带来极大的好处。"

"怎么会这样呢?"他说。

"你问为什么,"我说,"我们过于轻率地承认人类会从他们所做的那些他们知道的事情中获得巨大的好处,而对他们一无所知的事情则应当交给那些比较好地熟悉这些事情的人去做。"

E "我们承认这一点是不对的吗?"

"我认为不对。"

"那就太奇怪了,苏格拉底!"

"你说的对极了,"我说,"我想我刚才也说过会产生奇怪的后果,我担心我们走错了路。因为无论我们如何肯定这就是智慧,但
173 我确实无法确定这种智慧能给我们带来什么好处。"

"你这是什么意思?"他说。"我希望你能使我听明白你的意思。"

"我得说我在说胡话,"我答道,"一个人如果有责任感,就不能让他的想法未经检验地说出来。"

"我喜欢这样做。"他说。

"那么,"我说,"请听我做的一个梦,我不记得在梦中是穿越羊角门还是穿越象牙门了。这个梦是这样的。让我们假定智慧就是

我们现在所定义的那个样子，绝对支配着我们。因此每个行为都 B
会按照技艺或学问去进行，没有一个不懂航海的人会自称是舵手，没有一名医生、将军或其他职业的人会在他无知的那些行业中不懂装懂，欺骗或误导我们。我们的健康增进了，我们在海上平安
了，我们在战场上的安全也得到了保证，我们的衣服、鞋子以及其 C
他所有器皿和器具都制造精良，因为匠人都是好的和真的。当然了，如果你愿意，你可以假设预言是真正的关于未来的知识，会处于智慧的控制下，智慧会把骗子找出来，让那些真正的预言家成为
未来的启示者。如此看来，我现在非常赞成人类会按照知识行事， D
智慧会进行监视，防止无知在我们的工作中打扰我们。但是，按照知识行事我们是否就能良好地行事和幸福，我亲爱的克里底亚，这就是我们尚且未能决定下来的要点。”

“然而我认为，”他说，“如果你抛弃了知识，那么你几乎无法在其他事物中找到幸福的王冠。”

“那好吧，请你再回答我一个小问题，”我说，“这种知识是关于什么的？你指的是制鞋的知识吗？”

“但愿你没说这种话。” E

“是用铜制作器皿的知识吗？”

“肯定不是。”

“是用羊毛、木头或其他任何材料，进行制作的知识吗？”

“不，我不这样看。”

“那么，”我说，“我们正在放弃按照知识进行生活的人是幸福的这个说法，因为这些人按照知识进行生活，而你却不允许他们幸福。不过，我想你的意思是把幸福限定在那些按照某些特别知识
进行生活的人，例如预言家，我说过他们知道未来。你指的是预言 174
家还是别的什么人？”

“对，我指的是预言家，但也还有其他人。”

“还有谁?”我说。“能知道过去、现在和未来的人显然不会不知道任何事情。让我们假定有这样一个人,如果有的话,那么你会说他是世上最有知识的人吗?”

“他肯定是。”

B “但我还想知道一件事。是什么不同的知识在使他幸福?或者说,他做的各种与他人相同的事情在使他幸福?”

“他做的事与其他人并不完全一样。”他答道。

“那么是什么在使他幸福?是关于过去、现在或未来的事情的知识吗?例如,是关于跳棋的知识吗?”

“你在胡说,怎么会是关于跳棋的知识!”

“是关于算术的知识吗?”

“不是。”

“是关于健康的知识吗?”

“这样说倒比较接近真理。”他说。

“那么最接近真理的知识是关于什么的知识?”我说。

“是关于辨别好坏的知识。”

“你这个坏蛋!”我说,“你领着我兜了一大圈,每次都把事实真
C 相隐藏起来,并非按照知识去生活使人行为正确和幸福,甚至也不是关于所有学问的知识,而是只有一种知识使人行为正确和幸福,这就是关于好坏的知识。让我来问你,克里底亚,如果你从其他学问中把这种学问取走,那么医学就不能够照样给予健康,制鞋就不能照样生产鞋子,织布的技艺就不能照样织布,领航的技艺就不能照样保证我们在海上的生活平安,将军的技艺就不能照样保证我们在战争中的安全了吗?”

“我想仍旧会是老样子。”

D “然而,我亲爱的克里底亚,如果缺乏关于什么是好的知识,这些事情都不会良好地进行或给人们带来好处。”

“对。”

“但是这种知识看来不是智慧或节制，而是某种关于人的利益的知识，它不是其他学问的学问，或关于无知的学问，而是关于好坏的学问。如果这种学问是关于利益的，那么智慧或节制必定是别的什么东西。”

“为什么智慧就不是关于利益的知识呢？”他答道，“无论如何
我们假定智慧是关于学问的学问，支配着其他学问，所以这种具体
的关于好的学问肯定会处于智慧的支配之下，并以这种方式给我 E
们带来好处。”

“智慧能提供健康吗？”我说，“我们不是宁可说它是医学的结果吗？智慧能做其他技艺的工作吗，各门技艺不都有它们自己的工作吗？我们不久前不是断言过智慧只不过是关于有知和无知的知识，而不是关于其他事物的知识，对吗？”

“好像讲过。”

“那么智慧不会产生健康，对吗？”

“肯定不会。”

“我们发现健康属于另一种不同的技艺，是吗？” 175

“是的。”

“我亲爱的朋友，智慧也不能带来我们刚才归于另一技艺的利益。”

“你说得很对。”

“如果智慧不能产生利益，那么它怎么能是有益的？”

“它显然不能，苏格拉底。”

“那么你瞧，克里底亚，我的担心并非毫无道理，我们对智慧的
探讨并不健全，我刚才对自己的指责是正确的，因为被承认为一切
事物中最优秀的事物决不会对我们毫无用处。如果说我在考察别 B
的事情时有过良好的表现，那么我现在完全失败了，无法找到这个

被立法家赐名为节制或智慧的事物。我们还接受过许多假设,这些假设也不是完全肯定的,例如,尽管我们的论证表明不存在一门关于学问的学问,但我们还是把它当作存在的。我们还进一步承认
C 这门学问知道其他学问的工作,尽管这一点也被论证所否定,因为我们想要说明聪明人拥有关于他知道什么和不知道什么的知识。我们温和地作出这些让步,甚至从来没有考虑到一个人要以某种方式知道他根本不知道的事情是不可能的。按照我们的认可,某人知道他不知道的事情,我想没有什么比这种认可更加不合理了。
D 然而,尽管我们轻易地、好脾气地作了让步,但是我们的探索仍然无法发现真理,反而成了一种自我嘲弄。如果节制或智慧真的可以用我们花费了全部时间来构造的那些定义来界定,那么其结果恰好无情地证明了节制或智慧是无用的。当然,这个结果对我来说,并不值得太多地悲哀。

E “但是对你来说,卡尔米德,我实在感到抱歉,你有着如此惊人的美貌和灵魂的智慧与节制,但从你的智慧和节制中,你却得不到好处,也不能过一种良好的生活。我感到更加伤心的是,那个我花了大力气从色雷斯人那里学来的咒语几乎毫无用处,它产生出来的东西一钱不值。我确实认为我们在某个地方犯了错误,作为一名探索者我实在是太糟糕了,因为我真的相信智慧或节制是一种
176 非常好的东西。卡尔米德,如果你拥有了它,你就幸福了。因此,还是你自己进行考察吧,看看你是否拥有这种天赋可以不需要咒语就能进行考察。如果你能做到,那么我宁可建议你把我当作一个地地道道的傻瓜,从来就没有推论出任何结果来,这样一来,也可以使其他人放心,你们越是聪明和节制,你们就越幸福。”

卡尔米德说:“苏格拉底,我肯定我不知道自己有无这种智慧和节制的天赋,因为这个事物像你所说的那样,连你和克里底亚都不能发现它的性质,那么我又如何能知道我是否拥有它呢?然而,

我并不完全相信你的话，苏格拉底，我肯定我确实需要那个咒语， B
对我来说，我愿意听你每天念咒语，直到你说我已经听够了为止。”

“很好，卡尔米德，”克里底亚说，“如果你这样做了，那么我就拥有了一条证据可以证明你的节制，也就是说，你允许苏格拉底对你念咒语，无论事情大小都决不背弃他。”

“你同样也可以依赖我对苏格拉底的追随，不背弃他，”卡尔米 C
德说，“如果作为我的监护人，是你在指挥我，那么我要是不服从你，那我就大错特错了。”

“我确实在指挥你。”他说道。

“那么我会按你说的去做，从今天就开始。”

“先生们，”我说，“你们在密谋些什么？”

“我们不在密谋，”卡尔米德说，“我们已经密谋完了。”

“你们想使用暴力，甚至不给我在法庭上听证的机会吗？”

“对，我要使用暴力，”他答道，“因为是他在指挥我，因此你最好还是想想该怎么办吧。”

“但是已经没有时间考虑了，”我说道。“当你们决定要用暴力 D
解决什么事的时候，你们是不可抗拒的。”

“你不会抵抗吗？”他说。

“我不会抵抗。”我答道。

拉凯斯篇

提　要

读了本篇对话,再加上《吕西斯》,苏格拉底作为一名教师的方法也就清楚了。在这两篇对话中,他讨论了在场者都非常熟悉的某种品性,达到了同样的效果。他们最终明白了,尽管他们总是把这种品性当作确定的东西,但他们无法把它表述出来,因为他们并非真的认识这种品性。《拉凯斯》讨论的品性是勇敢,所得出的结论则更加令人惊讶,因为两位对话人,拉凯斯和尼昔亚斯,是两位杰出的将军,拉凯斯还描述了他亲眼所见的苏格拉底在战场上的表现。他们三人都可称得上是他们正在讨论的这种品性的范例,但这并不影响苏格拉底证明的结果,亦即他们,包括苏格拉底本人,没有一个人能够给勇敢下定义,因为他们并不真正地拥有关于勇敢的知识。只有勇敢的行为而不知什么是勇敢,这样的人只能算是无知的和低劣的。只有合乎美德的行为而不能清楚地知道什么是美德,那就更糟了。"未经考察的生活是没有价值的。"苏格拉底告诉他的伙伴们,重新去上学,去接受教育。他本人也要这样做。

在所有对话中,这篇对话也许是最容易阅读的。论证清晰,形象生动,而对苏格拉底的描述也最可爱。

正　文

吕西玛库　你们已经看过那位武士穿盔甲的作战表演了，尼 178
昔亚斯和拉凯斯，但是我们还没有来得及告诉你们，为什么我的朋
友美勒西亚和我要请你们与我们一起去见他。我想我可以坦白地
把原因告诉你们，因为我们对你们一定不能有什么隐瞒。向别人
请教常会引来嗤笑，而在别人向自己请教的时候，人们也经常不肯
说出心中的想法。他们只是胡乱猜测请教者的想法，迎合他们的
心理作出回答，而且不说真心话。但是我们知道你们有很强的判 B
断力，肯说实话，所以我们想要听取你们的建议。使我说出这么一
长篇开场白的事情是这样的。美勒西亚和我各有一个儿子。那一 179
位是他的儿子，名叫修昔底德，取了他祖父的名字；这是我的儿子，
也取了他的祖父，我的父亲的名字，叫做阿里斯底德。我们现在都
决心要尽最大可能照顾这些青年，大多数做父亲的到了孩子成年
的时候就放任不管，随他们去做他们愿意做的事，而我们要尽力而
为，能为他们做什么就做什么。我们知道你们也有孩子，我们想你 B
们全都注意对他们进行管教，使他们学好，即使万一你们对这个问
题没有什么考虑，我们也可以提醒你们应当这样做，也会请你们来
与我们一道商议如何尽做父亲的责任。尼昔亚斯和拉凯斯，无论
讲来有多么啰嗦，我还是想把我们是怎么想起这件事来的缘由告
诉你们。

美勒西亚和我是邻居，我们的孩子也住在家中。像我一开始 C
就说过的那样，现在我要坦白地把事实真相告诉你们。我们经常
向孩子们讲述先辈们的高尚业绩，讲他们在战争年代与和平时期
如何处理城邦联盟和各城邦的事务，但我们自己却没有什么光辉
业绩可以告诉他们。在孩子们的眼中，我们与先辈们的业绩形成

D 很大的反差,这使我们感到羞耻,于是我们指责我们的父辈在我们
年轻时把我们耽误了,而他们当时只关心别人。我们以此敦促孩
子,告诫他们,如果他们不听管教,不努力向上,那么他们就不会有
任何荣耀,但若他们能够努力,那么他们也许能够配得上他们承袭
的祖辈的名字。孩子们答应去完成我们的心愿,我们现在关心的
E 是发现最适宜使他们学好的学习和训练。有人向我们推荐了这种
穿盔甲作战的技艺,认为年轻人学习这种技艺是一种极好的锻炼。
他还赞扬了你们看到的那位进行表演的武士,还让我们去见他。
我们决定应当去,所以邀你们为伴,也想借机听听你们的建议。如
果你们愿意的话,可以参与我们对孩子的教育。这就是我们想和
180 你们交谈的问题,我们希望听到你对这种穿盔甲作战的技艺的看
法,也想听听你认为哪种技艺适宜推荐给青年学习,哪种技艺不适
宜,我们还想听听你对我们的建议是否赞同。

尼昔亚斯 我个人非常赞同你们的建议,吕西玛库和美勒西亚,我也非常乐意加入你们的讨论,至于拉凯斯,我相信你同样会很乐意。

B **拉凯斯** 确实如此,尼昔亚斯,我非常赞同吕西玛库对他的父
亲和美勒西亚的父亲所作的评价,这些话不仅对他们适用,而且对
我们,对每个忙于公务的人都适用。就像他说的那样,这班人都粗
心大意,疏忽了他们的子女和家庭事务。你的评价对极了,吕西玛
C 库。但是除了向我们请教,为什么你不向我们的朋友苏格拉底请
教一下怎样教育青年呢?他和你住在同一个区,并且老是在青年
们进行高尚的学习或训练的那些地方消磨时光,比如,你正在询问
的这种训练。

吕西玛库 为什么要向苏格拉底请教,拉凯斯?他曾经关心过这种事情吗?

拉凯斯 当然关心过,吕西玛库。

尼昔亚斯 我的看法和拉凯斯一样,他最近还给我的儿子介
绍过一位音乐教师,名叫达蒙,是阿伽索克莱的学生。达蒙在各方 D
面都很有造诣,他是一位音乐家,是年轻人极好的伴侣。

吕西玛库 苏格拉底、尼昔亚斯、拉凯斯,像我这把年纪的人
总是很少与年轻人来往,因为年迈而不得不呆在家里。但是你,索
佛隆尼司库之子[①],应当给你那个区的同乡多提一些建议,使他们 E
受益。再说,我是你父亲的老朋友,他和我一直交情不薄,我们之
间从来没有过什么争执,直到他去世。提起你的名字,我倒想起来
了,孩子们在家闲谈时经常苏格拉底长、苏格拉底短,赞不绝口,但
我从来没有想到要问,你们讲的苏格拉底是否就是索佛隆尼司库
之子。现在告诉我,我的孩子,这位苏格拉底就是你们经常谈起的 181
苏格拉底吗?

儿子 没错,父亲,就是他。

吕西玛库 我高兴极了,苏格拉底,你保持了尊父的美名,他
是个大好人。我更高兴我们两家的友情又可延续了。

拉凯斯 真的,吕西玛库,你一定不要放弃这样做,因为我可
以向你保证,我看他不仅保持了他父亲的名声,而且维护了他祖国 B
的名声。从代立昂撤退的时候他和我在一起,我可以告诉你,如果
当时其他人都像他一样,那么我们就不会打败仗了,我们国家的荣
誉就可以保全了。

吕西玛库 这种赞扬是你的光荣,苏格拉底,况且出自如此可
信的证人之口。听到你有如此高的声望,我心中真有说不尽的快
乐。我希望你能把我当作最亲密的朋友。你早就应该到我家来看
我,就像一家人那样。从今以后,直到你我有人离世,你都要常 C
来我家,和我熟悉起来,和这些年轻人熟悉起来,你和你的孩子

---

① 指苏格拉底。

都可以继续成为我的朋友。我希望你会这样做，今后还会提醒你别忘了自己的义务。但是现在你对我们开始时谈论的事情，穿盔甲作战的技艺，有什么要说吗？它是孩子们可以从中受益的训练吗？

D **苏格拉底** 我会尽力而为给你提一些建议,吕西玛库,也会在各方面满足你的愿望。但我比你年轻,经验也不如你丰富,所以我想先听听我的长者们的话,向他们学习,如果我能补充一些意见,那么我就大胆地说出来,也会向对你一样对他们提出一些建议。尼昔亚斯,你们中间哪一位先说。

E **尼昔亚斯** 我先来吧,苏格拉底,我认为掌握这门技艺在许多方面对青年人有用。他们与其在别的娱乐上消磨时间,不如参加这种能够增进身体健康的训练。任何体育训练都比不上它,也没
182 有比它更艰苦的训练了,这种技艺和骑术在所有技艺中最有利于自由民,接受这种使用武器的训练并达到一定的造诣的人,才能在赛场上显出好身手来。再说,在实际战斗中,当你必须与战友列阵作战时,这种技艺是有用的;但若团队崩溃了,你不得不单独作战,
B 那么这种技艺可以起到最大的作用,无论是进攻还是自卫,都能派上用场。掌握这门技艺的人,无论是一对一,还是一对多,都能很好地保存自己,而不会受到伤害,在各种情形下都有许多有利的地方。还有,这种技艺会使人喜欢其他高尚的科目,因为每个学会了穿盔甲作战的人都想要学会如何恰当地布阵,布阵是穿盔甲作战
C 这门技艺的延续。一旦他学会了布阵,那么他的雄心就点燃了,他会继续学习做一名将军的完整技艺。不难看出,学习和实践这些军事技艺对人来说都是高尚的、有价值的,而穿盔甲作战可以算作一个起步。

让我再提到一个好处,当然这样说并不意味着这个好处最小。这门知识会使任何人在战场上显得非常大胆和果断。还有一点我

也不想忽略,尽管有些人会认为不值一提,穿盔甲的武士在战场上
显得非常威武,他的样子就足以吓坏敌人。吕西玛库,总之,我的 D
看法就是年轻人应当接受这门技艺的训练,理由我都已经说过了。
但是拉凯斯可能会有不同看法,如果他能把意见说出来,我会非常
高兴。

拉凯斯 我并不主张不要学习任何知识,尼昔亚斯,因为所有
知识可能都是好的。如果像教这门技艺的教师所肯定的那样,兵 E
器的使用确实是一种知识,如果它确实也像尼昔亚斯描述的那样
好,那么这种知识一定要学;但若事实并非如此,那些传授这种知
识的人只是骗子,或者说它是一种没有价值的知识,那么学它又有
什么用呢?之所以这样说,那是因为我想如果它确实是有价值的,
那么拉栖代蒙人应当发现这种技艺,他们一生都在寻找和实践可 183
以使他们在战争中战胜其他民族的技艺。即使他们没能发现这种
技艺,那些传授这种技艺的教师也不会不知道在整个希腊的所有
民族中,拉克戴孟人对这种事情最有兴趣,这门技艺的大师一经他
们推崇,一定也能在别的国家走运,就好比我们推崇悲剧诗人,因
此诗人写了悲剧并不到阿提卡[①] 以外的国家到处巡回演出,而 B
是直奔雅典上演,这种事其实很自然。可是我感到这班穿盔甲的
武士把拉克戴孟视为神圣不可侵犯的禁地,不敢涉足一步,他们
宁可去其他邻国给其他人巡回表演,特别是给那些承认自己的战
斗技能不那么出色的人表演,也不愿去给斯巴达人表演。 C

还有,吕西玛库,我和他们中的许多人实际上交过手,我能掂
量得出他们有多少本事,我马上就可以告诉你,这些武师中没有一
个在战争中有过杰出的表现,难道这是天意?而在其他各种技艺
中,能实践这种技艺的人总会出名,而这些人倒像是最不走运的例 D

---

① 阿提卡(Attica)地区位于希腊半岛中部,是雅典的领地。

外。例如,这位斯特西劳,你们和我刚刚看过他的表演,看的人那么多,而他就在那里大吹大擂自己的神勇。我有过一次机会亲眼看到他在战场上的真实表现,不过这种表现是他不情愿的。当时他在一艘船上当水兵,他所在的那艘船向一只运兵船发起攻击,他手里拿着钩镰枪,既像长矛又像镰刀,这种武器就像它的主人一样在军中独一无二。长话短说,我只告诉你们这件奇特的武器的遭遇。
E 战斗中,他的钩镰枪被那只运兵船的索具给咬住了,他使劲拔,但怎么也拔不出来。两艘船交错而行,他先是握着枪柄在自己这艘船的甲板上跟着运兵船跑,等两艘船交错而过时,他无法再跟着运兵船跑了,于是就使劲地拉,结果枪头脱落,他手里只剩下光秃秃
184 的枪柄。运兵船上的人看到他的滑稽动作鼓掌大笑,还有一个人捡起石头向他掷来,落在他的脚下。这时他才扔掉枪柄,同船的人看见那枪头挂在运兵船上颤动,也禁不住大笑起来。

我像尼昔亚斯一样并不否认可能有这样一种技艺,我所说的
B 只是我的体验。就像我一开始说的那样,要么这种技艺用途很窄,要么它根本不是一种技艺而是一种骗局,在这两种情况下这种技艺都不值得学。因为我认为,如果教这种技艺的人是胆小鬼,那么他只会变得鲁莽,他的性格会得到更清楚的表现;如果他是勇敢的,那么哪怕稍微有所闪失,都会遭到旁观者的诽谤。因为只要他
C 声称拥有这种技艺,除非他的本事无懈可击,总会引来冒牌者的妒忌,成为被嘲笑的对象。这就是我的判断,吕西玛库,我开始时说过,要不要学习这种技艺还是去问苏格拉底,别让他离开,直到他说出对这件事的看法。

D **吕西玛库** 我想请你帮个忙,苏格拉底。这是必要的,因为两位长者① 的看法不一样,特别需要有第三者来作个裁决。如果他

① 此处长者的原意是顾问。

们的看法一致，那就不需要仲裁人了。现在拉凯斯提出一种主张，而尼昔亚斯提出另一种主张，所以我非常愿意听到你赞同哪种主张。

苏格拉底 你在说什么，吕西玛库，你想接受多数人的意见吗？

吕西玛库 为什么不能这样做？我是想这样做，苏格拉底。此外我还能怎么办？

苏格拉底 你也想这样做吗，美勒西亚？如果你在考虑你儿 E
子的体育训练，你打算接受我们中多数人的建议，还是听取一位在体育大师的指导下接受过训练的人的意见？

美勒西亚 我会听取后者的意见，苏格拉底，这样做肯定是合理的。

苏格拉底 他一个人的意见比我们四个人的意见更有分量吗？

美勒西亚 可以这样认为。

苏格拉底 所以我想，作一个好的决定要依据知识而不是依据人数？

美勒西亚 这一点可以肯定。

苏格拉底 那么我们现在是不是也应该首先问，在我们正在 185
考虑的这个问题上我们中间有谁是专家？如果我们中间有专家，那么让我们接受他的建议，而不要管其他人的意见，尽管他只是一个人；如果我们中间没有专家，那么就让我们去寻求别人的建议。你和吕西玛库对这件事下了大赌注，这件存亡攸关的事难道是微不足道的小事吗？你们不是在拿你们的财产冒最大的危险吗？孩子是你们的财富，他们学好还是变坏依赖于家庭的整个状况。

美勒西亚 这话没错。

苏格拉底 那么我们对这件事要十分小心，对吗？

美勒西亚 那当然了。

B **苏格拉底** 假定像我刚才说的那样,我们正在考虑,或者想要考虑我们中间有哪一位拥有最好的体育知识。我们是否应当选择学习和实践过这门技艺,有好老师的人?

美勒西亚 我想我们应该这样做。

苏格拉底 但是,对我们想要发现它的教师的这门技艺的性质,我们难道不应该提出一个要先加以回答的问题来吗?

美勒西亚 我不明白你的意思。

苏格拉底 让我试着说得更加明白一些。当我们问我们中间有谁熟悉这门技艺,有没有关于这门技艺的老师时,我并不认为我们已经决定下来要咨询什么。

C **尼昔亚斯** 为什么,苏格拉底,我们问的不就是年轻人要不要学习穿盔甲作战的技艺吗?

苏格拉底 对,尼昔亚斯,但是还有一个先决的问题,我可以换个方式来说。当一个人在考虑给眼睛敷药的时候,你说他考虑的是药还是眼睛?

尼昔亚斯 是眼睛。

D **苏格拉底** 当某人考虑要不要给一匹马上鞍,在什么时候上,他考虑的是马而不是鞍,对吗?

尼昔亚斯 对。

苏格拉底 简言之,当某人因为一件事而考虑另一件事的时候,他想的是目的,而不是手段,对吗?

尼昔亚斯 确实如此。

苏格拉底 当你向人咨询时,你也应当看他是否对你想要达到的目的很在行,对吗?

尼昔亚斯 非常正确。

E **苏格拉底** 我们现在想要得到的是某些知识,其目的是关心年轻人的灵魂？

尼昔亚斯 对。

苏格拉底 所以我们必须问我们中间有谁对灵魂的修养最熟悉，最成功，我们中间有谁在这方面有好老师？

拉凯斯 但是，苏格拉底，难道你从来没有看到过，在有些事情上某些无师自通的人比有老师的人做得更好？

苏格拉底 我见过这种人，拉凯斯，但若这种人声称是某种技艺的大师，你不会非常情愿地相信他们，除非他们能够证明他们的技艺，或者有实际的杰出表现。 186

拉凯斯 你说的不错。

苏格拉底 那么，拉凯斯和尼昔亚斯，由于吕西玛库和美勒西亚急于想要改善他们儿子的心灵而向我们求教，那么如果可能的话，我们应当告诉他们据我们所知谁是这方面最优秀的，有丰富的经验训练年轻人的心灵，并且已经有突出的成绩，而且还教过我 B
们。或者说，如果我们中有人说他没有老师，但可以用他自己的工作来证明自己的成就，那么他应当告诉雅典人或异邦人，奴隶或自由民，人们一般都认为他的心灵是改善了的。如果我们既不能说出我们的老师，又不能说出我们的工作，那么我们就应当告诉他们去听取别人的意见，我们不能冒着糟蹋朋友的孩子的危险，招来亲密朋友的指责。

至于我，吕西玛库和美勒西亚，尽管从小就想要有一位传授美
德的教师，但是我公开承认从来没有跟过这样的老师，我是第一个 C
说这种话的人。智者是惟一能改善道德的教师，但我太穷了，付不起学费，所以到现在为止，我自己也没能发现这种技艺。如果尼昔亚斯或拉凯斯发现或者学到了这种技艺，我也不感到奇怪，因为他们比我富裕，这使他们有可能向别人学到这种技艺，他们也比我年
长，所以他们有更多的时间进行这种发现。我真的相信他们能够 D

教育人,因为如果不是对自己拥有的知识充满自信,他们就决不会这样毫不犹豫地指出年轻人追求的东西是有益的还是有害的。我对他们两人都充满信心,但使我感到奇怪的是他们的看法不一样。因此,吕西玛库,拉凯斯建议你把我扣住,不让我走,直到我回答了
E 问题,而我现在回过头来建议你把拉凯斯和尼昔亚斯扣住,向他们提问。你可以对他们说,苏格拉底承认对这件事无知,他无法决定你们中间哪一个说的对,他既不是这方面的发现者,也不是这方面的学生。但是你们,拉凯斯和尼昔亚斯,应当都能告诉我们据你们所知谁是最老练的教育家,你们是否自己发明过这种技艺,如果你
187 们学习过这种技艺,那么告诉我们你们是向谁学的,谁是你们尊敬的老师,在这门技艺上谁与他们齐名。① 如果你们忙于政治,不能亲自去找这些老师,那么让我们去,我们可以向他们送些礼,也可以借此谋些好处,让他们来管教我们的子弟,这样他们就不会虚度年华,辱没先辈了。如果你们自己就是这个领域中最早的发现者,那么请证明你们的技艺。有哪些卑鄙无耻的家伙经过你们的教导变得善良和高尚了?但是,你们若是在初次进行教育方面的试验,那么你们就得明白你们的试验是有危险的,因为你们拿来做试验
B 的不是卡里亚奴隶的行尸走肉,② 而是你们自己的儿子,或你们朋友的儿子,就像谚语所说:“学造小壶打碎了大缸”。③ 现在请告诉我们,你们自认为有资格还是没资格。

让他们告诉你,吕西玛库,别让他们跑了。

吕西玛库　朋友们,我非常赞同苏格拉底的话,但是你们,尼

---

① 此处原意为“谁是他们的兄弟”。

② 这是古希腊人的一句口头禅,指“最卑贱的人”。当时希腊社会处于奴隶制阶段,卡里亚(Caria)位于小亚细亚,那里的奴隶最被人瞧不起。

③ 意为“以小失大”。

昔亚斯和拉凯斯,必须决定要不要接受提问,对这种事情作出解 C
释。如果你们愿意的话,我和美勒西亚肯定很乐意听到你们回答
苏格拉底的提问,我一开始就说我们把你们当作顾问,因为我们认
为你们肯定关心过这种问题,尤其是你们的孩子像我们的孩子一
样,都到了受教育的年龄。好吧,如果你们不反对,那么你们可以 D
和苏格拉底合伙,相互提问,他说的话不错,我们正在思考我们所
关注的最重要的问题。我希望你们认为我们的请求是恰当的。

尼昔亚斯　我看得很清楚,吕西玛库,你只认识苏格拉底的父
亲,但与苏格拉底本人不熟。至少可以这样说,他小的时候你认识
他,也可能在他们那个区里见过他,那时他跟着父亲去献祭,或者 E
参加其他什么集会。但你清楚地说过,他成年以后你就再也没有
见过他。

吕西玛库　为什么要这样说,尼昔亚斯?

尼昔亚斯　你不晓得,凡是接近苏格拉底与他交谈的人都会
被他拉进辩论的漩涡,无论谈什么问题,他都让你不停地兜圈子,
使你不得不把自己的过去和现在都告诉他。一旦被他套牢,他就 188
决不会放你走,直到你和他一道经过了完全彻底的考察。现在我
已经熟悉了他的路数,因为我喜欢他的谈话,吕西玛库,我也知道
他肯定马上就会这样做,而我自己则要成为受害者了。不过,我认
为有人提醒我们别做错事,或者把我们正在做的错事告诉我们,总 B
没有什么坏处。今生不回避规劝的人在来生肯定会更加谨慎。索
伦说,他希望能够活到老,学到老,年纪大本身并不会带来智慧。[1]
而我受到苏格拉底的拷问既非不寻常,又非不愉快。我确实早就
知道,只要苏格拉底在这里,讨论的主题很快就会转为我们自己
而不是我们的儿子,所以我个人非常愿意按苏格拉底的方式与他 C

① 见索伦:《残篇》10。

讨论。但是你最好还是问一下我们的朋友拉凯斯他心里有什么感受。

拉凯斯 关于讨论,我只有一种感受,尼昔亚斯,也许我得说
我有两种,是吗?有人会认为我热爱讨论,而在有些人眼里我好像
痛恨讨论。因为,当我听到有人谈论美德,或其他任何一种智慧
D 时,如果他真的配得上谈论这个主题,我就会感到无比的快乐。我
会把他的言语和行为作比较,注意两者间的和谐与一致。我把这
样的人视为真正的音乐家,他的和谐胜过竖琴[1],或其他任何令
人愉悦的乐器的和谐,因为他在自己的生活中确实保持着一种言
语和行动的和谐,这种和谐不是伊奥尼亚式的、弗里基亚式的、
吕底亚式的,而是真正希腊式的,也就是多利亚式的,而不是别
E 的什么样式。[2] 我听到这样的人说话的声音就感到快乐,如饥似
渴地接受他的话语,这种时候人们说我热爱讨论。但是言行不一
的人令我感到厌恶,我对这种人的谈话与其说是热爱,不如说是
仇恨。

至于苏格拉底,我对他的言论缺乏了解,但我看他已经十分老
189 成,以往也知道他的行为,所以他的行为已经表明他具有高尚的情
操和完全的言论自由。如果他的言论与行为一致,那么我也愿意
接受他的提问,与这样的人在一起将会非常快乐,在向他学习的时
候也不会感到厌倦,因为我也赞同索伦的话:“我愿意变老,学习许
多事情”。[3] 我还得加上一句话:“只学好的”。只要老师是个好
人,我再愚昧,再迟钝,也没有什么关系,苏格拉底也一定会允

---

① 原文为“里拉”(lyre),古希腊的一种七弦竖琴。

② 此处提到古代希腊各个地区的音乐,多利亚的音乐格调雄伟壮丽,被视为希腊音乐的代表。

③ 索伦:《残篇》10。

许，至于老师是否太年轻，名声是否够大，诸如此类的事我都不 B
在乎。因此，苏格拉底，请你开导我，按你过去喜欢的方式驳斥我，同时也听听我知道的事情。自从那次我们在战场上共赴危难，我对你的看法就非常好，你证明了你的勇敢，只有功臣才能提供这种证明。所以，你想怎么说就怎么说，不要顾忌我们之间的年龄差异。 C

苏格拉底 我说不出你们两位在向我咨询时有任何犹豫之处。

吕西玛库 这是我们应该做的事，也是你应该做的事，因为我把你也算作我们中的一员。请你接替我向尼昔亚斯和拉凯斯提问，和他们交谈，听取他们的建议，这都是为了年轻人。我年纪大， D
记性差，记不住想要问的问题和他们的回答，一有插话，我就乱了头绪。因此，我请你来主持讨论，按你的想法行事，我愿意在一边听，美勒西亚和我会按照你的结论去行事。

苏格拉底 尼昔亚斯和拉凯斯，让我们照着吕西玛库和美勒西亚的请求去做。把刚才那些问题向我们自己提出来应该没有什么坏处。在这种训练中，我们自己的老师是谁？或者说，我们自己 E
使谁变好过？不过，如果我们换一种考察方式也会达到同样的结果，说不定这种方式的出发点更接近第一原则。如果我们知道增添某个事物会改良另一事物，并且这种增添是可行的，那么我们显然也一定知道为什么我们就此所提的建议是最好的和最容易做到 190
的。你们也许听不懂我的意思。让我换个方式说得更明白些。假定我们知道给拥有视力的眼睛增加视力能使眼睛得到改良，也知道如何给眼睛增添视力，那么很显然，我们知道视力的性质，也能够就此提出建议，怎样才能增进视力，怎样才容易做到这一点。但若我们既不知什么是视力，也不知什么是听力，那么我们就不可能成为很好的眼科医生或耳科医生，也不能告诉人们怎样才能拥有

B 最佳的视力和听力。

拉凯斯 这话没错,苏格拉底。

苏格拉底 拉凯斯,我们的两位朋友此刻不正在请我们考虑用什么样的方式才能把美德灌输给他们的儿子,改善他们的心灵吗?

拉凯斯 完全正确。

苏格拉底 那么我们是否必须首先知道美德的性质?如果我们对某个事物的性质完全无知,我们又怎么能够就如何获得该事物而向他人提出建议呢?

C **拉凯斯** 我认为不可能,苏格拉底。

苏格拉底 拉凯斯,那么我们说我们知道美德的性质。

拉凯斯 对。

苏格拉底 我们既然知道,那么也一定能够说出来,对吗?

拉凯斯 确实如此。

苏格拉底 我的朋友,我不想从考察整个美德开始,要是这样的话我们就无法完成了。让我们先考虑我们是否对某一部分美德拥有充分的知识,这样做可能会容易些。

D **拉凯斯** 照你说的去做吧,苏格拉底。

苏格拉底 那么我们该选择哪一部分美德呢?是否应该选与穿盔甲作战的技艺有关的那个部分?那个部分不就是勇敢吗?

拉凯斯 对,确实如此。

苏格拉底 那么,拉凯斯,让我们首先确定一下勇敢的性质,
E 然后再来讨论年轻人如何通过学习和训练获得这种性质。如果你行的话,告诉我什么是勇敢。

拉凯斯 苏格拉底,这个问题在我看来确实不难。勇敢的人就是不逃跑,坚守阵地,与敌人作战的人。这样说不会有错。

苏格拉底 很好,拉凯斯,不过我恐怕没把话说清楚,你回答

的问题不是我要问的,而是另一个问题。

拉凯斯 你这是什么意思,苏格拉底?

苏格拉底 我会努力作解释。你把坚守阵地,与敌人作战的 191
人称作勇敢的,是吗?

拉凯斯 我当然会这样说。

苏格拉底 我也会这样说,但是对另一个跑动着作战而非固守一处的人,你会把他称作什么?

拉凯斯 怎么个跑法?

苏格拉底 你说怎么个跑法,就像西徐亚人那种战法,跑着追击,荷马赞扬埃涅阿斯的马,说它们知道"如何熟练地追击或是逃
跑,在平原上跑向东跑向西"①,还称赞埃涅阿斯本人具有害怕和 B
逃跑的知识,称他为"恐惧和溃退的制造者"。②

拉凯斯 对,苏格拉底,荷马说的没错,他讲的是车战,而你讲的是西徐亚人的骑兵。骑兵有骑兵的战法,但是重装步兵的战法是要保持队形的。

苏格拉底 那么,拉凯斯,你就得把拉克戴孟人在普拉蒂亚战 C
役中的表现当作一个例外,在波斯人摆出的轻盾阵面前,他们不肯与之交锋,而是溜掉了。等波斯人摆下的阵势散去,他们却又像骑兵一样进行回击,打赢了普拉蒂亚战役。

拉凯斯 这件事没错。

苏格拉底 我说我的问题提得很糟糕,也使你的回答很糟糕,
就是这个意思。因为我问你的不仅是重装步兵的勇敢,还有骑兵 D
和各种士兵的勇敢,不仅是战争中的人的勇敢,还有在海上冒险的人的勇敢,处于疾病、贫穷,还有政治事务中的人的勇敢,不仅是抗

---

① 荷马:《伊利亚特》第5卷,第223行。

② 同上书,第8卷,第108行。

E 拒痛苦或恐惧的人的勇敢,还有抗拒欲望和快乐的人的勇敢,既是保持阵脚,又是打击敌人。拉凯斯,你说有没有这样一种勇敢?

拉凯斯 肯定有,苏格拉底。

苏格拉底 所有这些人都是勇敢的,但有些人在抗拒快乐中表现出勇敢,有些人在忍受痛苦中表现出勇敢,有些人在克制欲望中表现出勇敢,有些人在克服恐惧中表现出勇敢。当然我也应该想,在同样情况下有些人则显得胆怯。

拉凯斯 你说得对。

苏格拉底 我在问的是一般的勇敢和胆怯。我想从勇敢开始再次提问,这种普遍的性质是什么?这种普遍的性质在所有具体事例中都同样被称作勇敢。你现在该明白我说的意思了吧?

拉凯斯 我还是不太明白。

192 **苏格拉底** 我的意思是这样的,比如我问什么是被称作快的这种性质,这种性质可以在跑步、弹琴、讲话、学习以及其他各种类似的行为中找到,或者倒不如说,我们可以在我们拥有的、值得一提的胳膊、腿、嘴、声音、心灵的各种行为中找到,难道你们不会用快这个术语来描述它们吗?

拉凯斯 你说得对。

苏格拉底 假定有人问我,苏格拉底,这种存在于各种活动

B 中,被称作快的普遍性质是什么?那么我会说,这种性质就是在较短的时间里做较多的事,无论是跑步和讲话,还是别的任何一种行为。

拉凯斯 你说得很对。

苏格拉底 拉凯斯,现在你能否试着以同样的方式告诉我,被称作勇敢的这种普遍性质是什么?包括可以使用这个术语的各种勇敢,也包括可以用于快乐和痛苦的勇敢,以及我刚才提到的各种勇敢。

拉凯斯 如果我要说的是渗透在各种事例中的这种普遍性质，那么我得说勇敢就是灵魂的某种忍耐。 C

苏格拉底 如果要回答我们自己的问题，这正是我们必须做的。不过在我看来，并非每一种忍耐都称得上勇敢。请听我的理由。我敢肯定，拉凯斯，你把勇敢视为一种非常高尚的品质。

拉凯斯 它确实是最高尚的。

苏格拉底 那么你会说聪明的忍耐也是好的和高尚的，对吗？

拉凯斯 非常高尚。

苏格拉底 那么对愚蠢的忍耐你会怎么说？这种忍耐是否要 D 被当作坏的和有害的？

拉凯斯 对。

苏格拉底 有什么高尚的东西是坏的和有害的吗？

拉凯斯 我一定不会这样说，苏格拉底。

苏格拉底 那么你也不会承认这种忍耐是高尚的，因为它不是高尚的，而勇敢是高尚的，对吗？

拉凯斯 你说得对。

苏格拉底 那么，按照你的说法，只有聪明的忍耐才是勇敢，对吗？

拉凯斯 好像是这么回事。

苏格拉底 但是这个表示性质的形容词"聪明的"指哪方面的 E 聪明？在大事情上还是在小事情上？比如，某个人在花钱方面表现出聪明的忍耐，现在花钱为的是最后能够挣钱，你会称他为勇敢的吗？

拉凯斯 肯定不会。

苏格拉底 又比如，假定某人是医生，他的儿子或他的某个病人患了肺炎，请求医生允许他吃喝某种食物，而医生坚决地加以拒绝，这也称得上勇敢吗？

193 **拉凯斯** 不,这根本不是勇敢,与勇敢毫无关系。[①]

苏格拉底 再以战争为例,假定某人在战斗中表现出忍耐,但又精于算计,他知道不久就会有援兵到来,到那时候敌人就会比现在少,攻击力也会比现在弱,而他现在所占的地势也很有利,于是就奋勇作战。你会说这样有智慧、有准备的人是勇敢的,还是说处在相反形势下,但仍旧表现出忍耐、坚守阵地的敌人更加勇敢?

B **拉凯斯** 我会说后者更加勇敢,苏格拉底。

苏格拉底 但是与前者的忍耐相比,这显然是一种愚蠢的忍耐,对吗?

拉凯斯 对。

苏格拉底 懂得骑术的骑兵表现出忍耐,不懂骑术的骑兵也表现出忍耐,那么你会说懂骑术的反而不如不懂骑术的那么勇敢吗?

拉凯斯 我会这样说。

苏格拉底 那么掌握投石、射箭或其他技艺的忍耐的人,不如缺乏这些知识的忍耐的人勇敢吗?

C **拉凯斯** 对。

苏格拉底 照你这种说法,那么能下井、潜水或做其他类似事情的人,不如没有潜水技能或其他类似技能的人勇敢吗?

拉凯斯 为什么不能这样说?苏格拉底,除此之外,这个人还能怎么说?

苏格拉底 如果这就是这个人的想法,那么确实无法再有别的说法了。

拉凯斯 但这就是我的想法。

苏格拉底 然而,拉凯斯,与那些掌握了技能的人相比,无技

① 此处原文为"连最末一种勇敢都算不上"。

能的人的冒险和忍耐是愚蠢的。

拉凯斯 对。

苏格拉底 我们在前面说过,愚蠢的鲁莽和忍耐是坏的、有害的,对吗? D

拉凯斯 对。

苏格拉底 而我们承认勇敢是一种高尚的品质。

拉凯斯 对。

苏格拉底 但我们现在却自相矛盾,把前面当作耻辱的那种愚蠢的忍耐说成是勇敢。

拉凯斯 是这样的。

苏格拉底 我们这样说对吗?

拉凯斯 肯定不对,苏格拉底。

苏格拉底 那么按照你的说法,拉凯斯,你和我没有把自己调 E 和得像多利亚式音乐那么和谐,这种和谐就是言语和行动的一致,而我们的言语和行动不一致。任何人看到我们的行为都会说我们拥有勇敢这种品质,而我想,听了我们刚才有关勇敢的讨论,人们都不会说我们拥有勇敢这种品质。

拉凯斯 你说得很对。

苏格拉底 这种状况能令我们满意吗?

拉凯斯 完全不能。

苏格拉底 然而,假定我们承认这样一条原则,我们谈论的勇敢是有范围的?

拉凯斯 你说的原则和范围是什么意思? 194

苏格拉底 这条原则就是忍耐。如果你同意的话,我们在考察中也必须忍耐和刚毅,这样一来,勇敢就不会嘲笑我们在寻求勇敢的时候表现得那么胆小,毕竟勇敢也经常可以是忍耐。

拉凯斯 我愿意继续讨论下去,苏格拉底,但说实话我对这种

B 考察不熟悉。刚才已经说过的话激起了我争论的勇气,但是词不达意使我感到悲哀。我认为自己对勇敢的性质是知道的,但不知怎么地,我总是抓不住它,无法说出它的性质。

苏格拉底 我亲爱的朋友,一名好运动员是否应当坚持到底,决不轻言放弃?

拉凯斯 那当然了,他应当这样做。

苏格拉底 那么我们能否请尼昔亚斯加入讨论?他可能比我们都要擅长运动。你意下如何?

C **拉凯斯** 我看是可以的。

苏格拉底 那么好,来吧,尼昔亚斯,请尽力帮帮你的朋友,他随着论证的波浪漂流,就要喘不过气来了。你看,我们走到了绝路上,如果你能把你对勇敢的看法告诉我们,那么就请说出来,这样就能拯救我们,也能确定你自己的观点。

尼昔亚斯 我正在考虑,苏格拉底,你和拉凯斯没有按照正确的方式给勇敢下定义,因为你忘了一句良言,而我是从你的嘴里听到这句话的。

苏格拉底 那是一句什么话,尼昔亚斯?

D **尼昔亚斯** 我经常听你说:"好人就是聪明人,坏人就是不聪明的人。"

苏格拉底 这话肯定是对的,尼昔亚斯。

尼昔亚斯 因此,如果勇敢的人是好人,那么他也是聪明人。

苏格拉底 你听到他说什么了吗,拉凯斯?

拉凯斯 我听到了,但是我不太明白他的意思。

苏格拉底 我明白,他好像是在说勇敢是一种智慧。

拉凯斯 一种什么样的智慧,苏格拉底?

E **苏格拉底** 这个问题你必须问他!

拉凯斯 对。

苏格拉底 告诉他吧,尼昔亚斯,你认为勇敢是一种什么样的智慧,因为你肯定不会认为这种智慧就是吹笛子的智慧,对吗?

尼昔亚斯 肯定不是。

苏格拉底 也不是弹竖琴的智慧?

尼昔亚斯 不是。

苏格拉底 那么这是一种什么样的知识,是关于什么的知识?

拉凯斯 我认为你向他提出的问题非常好,苏格拉底,我希望他说出这种知识或智慧的性质是什么。

尼昔亚斯 拉凯斯,我想说勇敢是一种在战争中,或在其他事 195
情上激发人的恐惧或自信的知识。

拉凯斯 他说的话真是离奇,苏格拉底。

苏格拉底 你为什么要这样说,拉凯斯?

拉凯斯 你问为什么,因为勇敢是一回事,智慧肯定是另一回事。

苏格拉底 这正是尼昔亚斯要加以否定的。

拉凯斯 对,这是他要加以否认的,但也是他愚蠢的地方。

苏格拉底 我们可以开导他,但不要骂他。

尼昔亚斯 当然应该这样,苏格拉底。不过刚才是拉凯斯自 B
己说了蠢话,还想证明我也说了蠢话。

拉凯斯 说得好,尼昔亚斯,你是说了蠢话,我会告诉你蠢在什么地方。我来问你,是医生知道疾病的危险,还是勇敢的人知道疾病的危险?或者说医生和勇敢者是一回事?

尼昔亚斯 根本不是一回事。

拉凯斯 那么知道农耕危险的农夫也不是勇敢的人。或者说,拥有某种技艺的知识,能在他们实施自己的技艺时激起他们的
恐惧或自信的工匠,都不能算是勇敢者。 C

苏格拉底 你认为拉凯斯的论证怎么样,尼昔亚斯?他说的

意思似乎很重要。

尼昔亚斯 他是说了一些话,但不见得正确。

苏格拉底 为什么?

尼昔亚斯 因为他认为医生关于疾病的知识超越了健康和疾病的性质范围。而事实上,医生的知识不可能超越这个范围。你想,拉凯斯,医生知道健康和疾病哪一个对人来说更加可怕吗?不是有许多人从来不愿离开病床吗?我想知道你是否认为生一定比
D 死好?不是有生不如死的时候吗?

拉凯斯 对,我也是这样想的。

尼昔亚斯 你认为使宁愿死的人感到害怕的事情也会使宁愿生的人感到害怕吗?

拉凯斯 肯定不会。

尼昔亚斯 那么你认为医生,或者别的专家知道这种事,而熟悉害怕和希望一类事情的人反而不知吗?我把知道害怕与希望的理由的人称作勇敢者。

苏格拉底 你听懂他的意思了吗,拉凯斯?

E **拉凯斯** 听懂了,不过按他的说法,预言家可以称得上是勇敢者。除了预言家,还有谁能知道某人是生好还是死好?尼昔亚斯,你自己算得上是一名预言家吗,或者说你既不是预言家,又不是勇敢者?

尼昔亚斯 你在说什么!你认为预言家必须知道希望或害怕的理由吗?

拉凯斯 我是这个意思。预言家不知道谁知道?

尼昔亚斯 我倒想说别人知道他不知道,因为预言家只知道
196 将要发生的事情的征兆,死亡、疾病、破财、打败仗、其他输赢。但是某人要不要承受这些事情并不是由预言家决定的,在这一点上预言家并不比其他人更有把握。

拉凯斯 苏格拉底，我不明白尼昔亚斯到底想要证明什么，因为他说预言家、医生或者其他人，都称不上勇敢，除非他认为只有神才是勇敢的。我看他实际上是不愿承认自己说的话都是没有意义的，为了掩饰他的难处，他就东拉西扯。苏格拉底，只有在想要避免表面上的不一致的时候，你和我可能也会这样东拉西 B
扯。如果我们是在法庭上争论，那么这样做也许还有些理由，但是我们现在是朋友间的聚会，有什么必要说出这样一大堆废话来呢？

苏格拉底 我很赞成你的话，拉凯斯，他不应该这样做。不 C
过，尼昔亚斯也许是认真的，他不是为说话而说话。让我们请他再作些解释，如果他说的有理，我们就赞成，如果他说的无理，我们再来开导他。

拉凯斯 如果你愿意，那么你来提问，苏格拉底。我已经问得够多了。

苏格拉底 我好像没有理由不提问，不过我的提问得代表我们俩个。

拉凯斯 很好。

苏格拉底 请告诉我，尼昔亚斯，或者倒不如说告诉我们，因为拉凯斯和我在争论中是同伙，你想肯定勇敢就是关于希望和害 D
怕的理由的知识吗？

尼昔亚斯 是的。

苏格拉底 并非每个人都拥有这种知识，医生和预言家没有这种知识，因此他们不是勇敢的，除非他们获得这种知识，这是你说的意思吗？

尼昔亚斯 是的。

苏格拉底 那么，如谚语所说，这种事肯定不是每只牝猪都知道的，因此牝猪不会是勇敢的。

尼昔亚斯 我想不会。

E **苏格拉底** 显然不会,尼昔亚斯,连克罗密昂的大母猪[①] 也不能被称作勇敢的。我这样说不是在开玩笑,而是因为我在想,凡是赞同你的学说的人都不会同意把任何野兽说成是勇敢的,除非他承认狮子、豹子或者野猪,具有某种程度的智慧,知道只有很少人通过思考自己的难处才知道的这种事情。接受你对勇敢的看法的人必须肯定,狮子不会生来就比鹿更勇敢,公牛也不会生来就比猴子更勇敢。

197 **拉凯斯** 好极了,苏格拉底!嗳呀,你说的确实好。尼昔亚斯,我希望你告诉我们,你是否真的认为那些我们全都认为是勇敢的动物实际上比人还要聪明,或者说你是否有胆量当着世人的面否认它们的勇敢。

尼昔亚斯 为什么不敢,拉凯斯?我并没有说那些由于缺乏理智因此不害怕危险的动物是勇敢的,而只是说它们不晓得害怕,

B 麻木不仁罢了。你想,婴儿不知道害怕,因为他们都没有理智,我会说他们勇敢吗?按照我的想法,不害怕和勇敢之间还有差别。我认为,深思熟虑的勇敢是一种只有少数人才拥有的品质,而鲁莽、大胆、无畏都没有预先的思考,许多男人、女人、小孩、动物都具有这种非常普遍的品质。被你或者一般人称作勇敢的行为,在我

C 看来是鲁莽,我所说的勇敢的行为是聪明的行为。

拉凯斯 你瞧,苏格拉底,他满口漂亮话,真是令人钦佩。这些人的勇敢是世所公认的,而他却想要剥夺他们的荣誉。

尼昔亚斯 我不想剥夺你的荣誉,拉凯斯,所以你不必惊慌失措。我愿意说,你,还有拉玛库斯,还有其他许多雅典人,你们是聪

---

① 希腊神话中的猛兽,被英雄忒修斯杀死在科林斯境内的一个村庄克罗密昂(Crommyon)。

明的，也是勇敢的。

拉凯斯 我可以继续对你作出答复，但我不想落下口实，免得你把我说成一个狂妄自大的埃克松尼亚人。①

苏格拉底 不要对他作出答复，拉凯斯。我想你可能还不知 D
道他这点智慧的来源。告诉你吧，全都来自我的朋友达蒙，达蒙总是与普罗狄科在一起，而普罗狄科在所有智者中最擅长分析这一类语词的含义。

拉凯斯 对，苏格拉底，考察这种细微的差别适合智者，不适合城邦选来管理公共事务的大政治家。

苏格拉底 没错，我的好朋友，但是做大事需要有大智慧。我 E
想尼昔亚斯的观点值得我们考虑，当他给勇敢下定义时，我们应当弄清他的看法。

拉凯斯 那么你自己去弄清楚吧，苏格拉底。

苏格拉底 我会这样做的，我亲爱的朋友。不过，请别误会我不与你合伙了，我希望你能用心与我一道考虑问题。

拉凯斯 如果你认为我必须这样做，那么我会的。

苏格拉底 我是这样想的，但我现在必须请尼昔亚斯从头开 198
始。尼昔亚斯，你还记得我们最初把勇敢当作美德的一部分吗？

尼昔亚斯 没错。

苏格拉底 你自己说过，勇敢是美德的一部分，除了勇敢，美德还有许多部分，所有这些部分加在一起叫做美德。

尼昔亚斯 确实如此。

苏格拉底 你同意我对这些部分的看法吗？因为我说正义、节制，等等，全都是美德的部分，当然还有勇敢。你也这么看 B
吗？

---

① 埃克松尼亚(Aexonia)是阿提卡地方的一个区，该地人以说大话出名。

尼昔亚斯 是的。

苏格拉底 那么好,到此为止我们还没有分歧。现在让我们开始迈出新的一步,试着看我们在害怕和希望上是否也能保持一致。我不希望你想的是一回事,而我们想的是另一回事。让我把我们的看法告诉你,如果我错了,请加以纠正。我们认为,可怕的事情和希望的事情并不能创造或不创造恐惧,恐惧不是针对现在,也不是针对过去,而是针对未来,是一种期待中的恶。你同意这种
C 看法吗,拉凯斯?

拉凯斯 我完全同意,苏格拉底。

苏格拉底 这就是我们的观点,尼昔亚斯。我应当说,可怕的事情是坏的,是未来的;希望的事情是好的或不坏的,也是未来的。你同意还是不同意我的观点?

尼昔亚斯 我同意。

苏格拉底 你把关于这些事情的知识称作勇敢吗?

尼昔亚斯 正是。

苏格拉底 那么让我们来看,在第三点上你是否同意拉凯斯和我的观点。

尼昔亚斯 你所谓第三点是什么?

D **苏格拉底** 我会告诉你的。拉凯斯和我有这样一种看法,并不是有一门知识是关于过去的,有一门知识是关于现在的,还有一门是关于将来的,涉及将来的状况和应对,而是这三种知识就是一
E 种知识。例如,医学是一门学问,它同时关注所有时间内的健康,包括过去、现在和将来,也还有一门农学,它关心的是所有时间内土地的生产。至于军事,你本人可以作我的见证,它要像考虑现在的事一样考虑为将来作准备,将军是占卜师的主人,而不是他们的
199 奴隶,因为他比占卜师更能预见到战争中将要发生的事,按照法律,占卜师的地位也在将军之下而不是在将军之上。我这样说不

对吗,拉凯斯?

拉凯斯 你说得很对。

苏格拉底 你呢,尼昔亚斯,你也承认一种知识是对同类事物的理解,而无论这些事物是将来的,还是现在的或过去的?

尼昔亚斯 对,苏格拉底,这确实是我的看法。

苏格拉底 我的朋友,如你所说,勇敢是关于可怕和希望的知 B
识,是吗?

尼昔亚斯 是的。

苏格拉底 可怕和希望被当作将来的恶与将来的善,对吗?

尼昔亚斯 对。

苏格拉底 一种知识必须研究相同的事物,无论这些事物是将来的,还是其他时间的,对吗?

尼昔亚斯 对。

苏格拉底 那么勇敢这种知识不仅涉及可怕和希望,因为它们只和将来有关。勇敢像其他任何知识一样,不仅与将来的善恶有关,而且与现在和过去,以及其他任何时候的善恶有关。 C

尼昔亚斯 我想这样说是对的。

苏格拉底 那么你提供的答案只包括勇敢的三分之一,尼昔亚斯,但是我们的问题涉及勇敢的全部性质。按照你的看法,亦即按照你现在的看法,勇敢不仅是关于希望和可怕的知识,而且也几乎是关于任何时间的善恶的知识。对这种新的说法你有什么要说 D
的吗?

尼昔亚斯 我同意,苏格拉底。

苏格拉底 但是,我亲爱的朋友,如果某人知道所有善恶,知道它们过去和现在的状况,知道它们将来是否会产生,那么他岂不是已经十全十美了,不再需要正义、节制、虔敬这些美德了吗?他自己就足以区分可怕和不可怕,自然与超自然,会采取恰当的防范

E 措施确保一切安好,因为他必然知道如何正确地对待诸神,对待他人。

尼昔亚斯 我想,苏格拉底,你说得很有道理。

苏格拉底 那么,尼昔亚斯,按照你的这个新定义,勇敢就不是美德的一部分,而是全部美德,对吗?

尼昔亚斯 似乎如此。

苏格拉底 但是我们前面说勇敢是美德的一部分,是吗?

尼昔亚斯 是的,我们前面是这样说过。

苏格拉底 那么我们前面的看法与我们现在的看法是矛盾的吗?

尼昔亚斯 好像是的。

苏格拉底 那么,尼昔亚斯,我们还没有发现什么是勇敢。

尼昔亚斯 好像没有。

200 **拉凯斯** 哈哈,我的朋友尼昔亚斯,你刚才讥笑我对苏格拉底的回答,当时我还以为你能作出这个发现。我真心希望你能依靠达蒙的智慧来得到这个答案。

尼昔亚斯 拉凯斯,我知道你并不在乎自己在勇敢的性质问题上表现出来的无知,你所注意的只是我是否同样无知。我们双方对这样一件任何有自尊心的人都应当知道的事情是否无知,我

B 认为并不要紧。在我看来,你和世上寻常人一样,总是盯着你的邻人,而不反观自己。对我们正在讨论的问题,我已经把我的看法都说出来了,如果有什么不妥,可以在达蒙或其他人的帮助下加以纠正,你讥笑达蒙,但你从来没有见过他。如果我得到了满意的回

C 答,我也会把结果告诉你,因为我认为你确实缺乏知识。

拉凯斯 你是一名哲学家,尼昔亚斯,我明白这一点。但不管怎样,我要告诉吕西玛库和美勒西亚,在教育他们的孩子的问题上,不要请你和我当顾问,而应该像我开始时说的那样,向苏

格拉底请教，别让他离开，如果我自己的儿子已经长大，我也会这样做。

尼昔亚斯　如果苏格拉底愿意负起这个责任来，我也会表示 D
同意。除了他，我也不希望别人做尼刻拉图的老师。但是我注意
到，每当我提到这件事，他总是加以推辞，把别的老师推荐给我。
也许他比较愿意听从你的要求，吕西玛库。

吕西玛库　他会的，尼昔亚斯，因为我会为他做的事是我不会
替别人做的。你在说什么，苏格拉底，你要回话吗？你打算帮助我
使年轻人学好吗？ E

苏格拉底　如果我拒绝帮助任何人学好，吕西玛库，那么我就
大错特错了。如果我在讨论中表现出我拥有尼昔亚斯和拉凯斯所
没有的知识，那么我承认你请我负起这个责任来是对的，但是既
然我们刚才在讨论中全都犹豫不决，为什么还要在我们中间找一
个人来负这个责任呢？我认为我们中间没有人能够承担这个责 201
任，在这种情况下，我向你们提出一个忠告，当然，只限于在我
们中间。我的朋友们，我认为我们每个人都应当为我们自己找一
位最好的老师，首先是为自己找，我们确实需要一位老师，然后
是为年轻人找，无论代价有多大。我不想建议说，我们自己就安 B
于现状吧。如果有人笑话我们这把年纪还要去上学，那么我会引
用荷马的话来回答："羞怯对于乞讨人不是好品格。"① 所以不管
别人怎么说，让我们把我们自己的教育和年轻人的教育放在一起
考虑。

吕西玛库　我喜欢你的倡议，苏格拉底，我年纪最大，我也最
愿意与孩子们一起去上学。请你帮个忙，明天清早到我家来商谈 C
这些事。现在时候已经不早了，我们的谈话就到此结束吧。

---

① 荷马：《奥德赛》，第 17 卷，第 347 行。

苏格拉底 如果情况许可的话,吕西玛库,谨遵你的吩咐,我明天一定来。

吕西斯篇

提　　要

《吕西斯篇》的有趣之处不在于讨论的问题，而在于讨论的方式。苏格拉底问两位青年什么是友谊，而这两位青年是密友。他们肯定自己知道什么是友谊，但是他们作的解释越多，就越感到自己并非真的知道。他们看到，在苏格拉底的引导下他们作出的每一个论断都不能令人满意。但是苏格拉底的目的决不是要帮助他们解决难题。他声称自己也和他们一样，几近无知。他在对话结尾处告诉我们，他和他们虽然是朋友，但却不知道什么是友谊。

在人类的伟大导师中，这种教导方法只属于苏格拉底。而其他所有老师都会关注给吕西斯和他的朋友提供一种高尚的友谊，把一种崇高的思想指给他们看，借此在他们年轻的心灵中建构一种持久的高贵品质。苏格拉底理所当然地乐意看到这种状况，但他本人没有进行这样的尝试，因为他不相信这有可能做到。他确信真理是不能教的，真理必须去探求。他与青年们谈话的惟一愿望是使他们使用自己的心灵。他认为自己能为他们做的最好的事情是激发他们去思考问题。以这种方式，他们最终会转向他们自己的内心世界，对自己进行考察，学会认识自己，“未经考察的生活是没有价值的”。这样，也只有这样，他们才能发现内心善良的火花，靠他们自己使之变成熊熊烈火。在柏拉图对话中，作为苏格拉底方法的一个例证，没有比《吕西斯篇》更好的了。

正　文

203 我当时正沿着围墙边的那条小路从学园[①] 去吕克昂，待我走过帕诺普泉边的小门时，正好碰上了希洛尼谟之子希波泰勒，还有培阿尼亚人克特西普以及其他一些青年，和他一起站在那里。

B 希波泰勒见我走来便大声喊道，哈哈，苏格拉底，你从哪里来，要到哪里去?

我答道，我从学园来，要去吕克昂。

他喊道，我要你过来一下，跟我们走吧，我保证不会浪费你的时间。

我说，你要我去哪里? 你说的"我们"是哪些人?

手指着门内墙边的一片空地，他说，去那边，我们在那里消磨时光，你已经看到我们这些人了，还有很多好朋友在里面。

告诉我是怎么回事。你们怎样消磨时光?

204 这里最近才建了一个体育场，我们在那里主要是谈天，要是你也来参加，我们会很高兴。

我说，你们真是太好了，那么谁是你们的老师?

你的朋友和崇拜者弥库斯。

我又说，他决非常人，而是一位最能干的智者。

他说，那么你就和我们一起去见他，也见见其他人，好吗?

B 我答道，每到一个地方我都喜欢有人先告诉我要我干什么，还得告诉我你们中间谁最美。

---

① 学园(Academy)位于雅典城外西北郊，原来是纪念希腊英雄阿卡得谟(Academus)的一座花园和运动场，并因此得名。柏拉图后来在此创办学校，他的学派被称作学园派。

苏格拉底，我们对此看法不一，有的说这个美，有的说那个美。

告诉我，希波泰勒，你认为谁美？

他羞红了脸，说不出话来。于是我又说，希波尼谟之子希波泰
勒，你不必告诉我你是否在恋爱，因为我敢肯定你不仅在恋爱，而
且已经陷得很深了。尽管我在许多事情上显得可怜和无用，但我 C
却有一种天生的本事，一眼就能看出谁在恋爱，谁在被别人爱。

听了这话，他的脸更红了。这个时候克特西普开口了，好你个
希波泰勒，脸红成这样，不肯把情人的名字告诉苏格拉底。如果他
跟你多呆一会儿，不断地听到这个名字，他非感到厌烦不可。苏格
拉底，不管怎么说，他已经快把我们的耳朵给吵聋了，我们老是听 D
他在讲吕西斯。嗨，如果他只是在散步时略微有些陶醉地谈起吕
西斯，或者说那怕他一个晚上谈论吕西斯，我们都还能理解。可是
糟糕的是他不停地谈论吕西斯，更糟糕的是他竟然当着我们的面
大声朗诵为他的情人写的诗歌和赞美词，还有最糟糕的是他用自
命不凡的声音对着他的情人唱歌，而我们不得不耐心地听。

我说道，我猜这位吕西斯一定很年轻，因为你提到这个名字时 E
我想不起他是谁。

干嘛要这样说，苏格拉底，人们并不经常用他自己的名字称呼他，因为他经常与他的父亲一道外出，他的父亲可是个名人。我敢肯定，你要是见到他一定不会感到陌生，你肯定在哪里见过他。

那么告诉我，他是谁的儿子？

他父亲是埃克松尼的德谟克拉底，吕西斯是他的长子。

我说，干得好，希波泰勒，你作了一个高尚的选择，从各方面看 205
去都很圆满。不过，现在请对我再诉说一番他的事，就像对你的朋
友倾述的那样，让我也能知道一名情人应该对心爱的人使用什么
样的语言，无论是当着心上人的面，还是对别人诉说。

苏格拉底，你把这个家伙说的话当真吗？

怎么,我问道,你完全否认你在与他提到的这个人恋爱吗?

不,他答道,我只否认做诗或写文章赞颂他。

他已经丧失理智了,糊涂了,疯了!克特西普喊道。

B 我说道,但是我并不想听你做的那些诗,希波泰勒,也不想听你为心爱的情人写的颂歌,而只想有个大概印象,可以知道你是怎样去爱你的心上人的。

苏格拉底,克特西普肯定会告诉你。他刚才说我不断地在他耳边提到这些事,把他的耳朵都要吵聋了。如果这是真的,那么他一定记得很牢。

克特西普喊道,噢,我知道!我还知道得很清楚。说来真是太可笑了,苏格拉底。一个恋人完全忠诚地献身于他所爱的对象,但
C 却不能对他诉说一些儿童不肯讲的有关个人爱好的事,岂不是很荒谬吗?他说的尽是那些满城皆知的故事,讲德谟克拉底,讲吕西斯的祖父,吕西斯的祖父也叫吕西斯,还有其他所有祖先,讲他们的财富和骏马,讲他们如何在庇提亚赛会、伊斯弥亚赛会、奈米安赛会上取胜,参加四匹马拉的和一匹马拉的赛车比赛。① 他把这些事都写成诗歌和讲演,编成故事,此外还有更加背时的做法。比
D 如有一天,他写了一首短诗,讲的是赫拉克勒斯的功绩,告诉我们他的祖先如何在家中款待这位英雄,以此炫耀他们的亲戚关系,赫拉克勒斯是宙斯之子,他的母亲是埃克松尼创建者的女儿。对,苏格拉底,我们这位大情圣在这里歌唱和复述的就是这些陈词滥调,而且还要强迫我们听。

听了这番话,我对这位恋爱中的人说,真可笑啊,希波泰勒,你

① 古代希腊有四个希腊全民族的赛会(运动会):奥林匹克赛会(Olympic Games)、庇提亚赛会(Pythian Games)、伊斯弥亚赛会(Isthmian Games)、奈米安赛会(Nemean Games),赛会期间不仅有体育比赛,而且还有各种文艺活动。

还没有取得胜利,就已经在这里做诗赞美自己了。

我写的和唱的都不是在赞美自己。

我说,你认为不是吗?

他说,你为什么要说是?

我答道,从各方面来看,这些颂歌都与你有关。如果你成功地 E
赢得了你描述的这样一位青年,那么你说的和你唱的都可以增进你的荣誉,实际上成为一曲胜利颂歌,就好比你已经取得胜利,赢得了一位心上人。但若他逃脱了你的拥抱,那么你对他的赞扬越是热烈,你就感到失去了更大的幸福,结果也就显得更加可笑。因
此在爱情问题上,所有的行家在没有赢得心上人之前都十分谨慎, 206
不对心上人滥加赞扬,因为他们担心事情的最后结果。再说,你的情人在受到过度的赞扬之后会变得傲慢和狂妄自大。对吗?

他说,对。

越是狂妄自大,也就越难上手,对吗?

可以这样认为。

好吧,如果一名追捕猎物的猎人使猎物变得更难捕捉,你会怎么看?

他一定会很可悲。

如果他用语言和唱歌使猎物野性大发,而不是去诱惑它,那么 B
缪斯不会欣赏他的做法,是吗?

不会。

那么你要小心,希波泰勒,别用你的诗歌把自己给辱没了。我可以肯定,用诗歌伤害自己的诗人不是好诗人,因为他给自己带来伤害,而你也不会把这样的诗人称作好的。

他答道,确实不会,否则就太不合理了。听了这种解释,苏格 C
拉底,我相信你。在可能的情况下,请你给我提些建议,比如恋爱中的人应当采用什么样的行为或谈话才能取得情人的欢心。

我说,这可不是一件易事。但是如果你愿意带我去和吕西斯交谈,那么我也许能给你做个榜样,告诉你该怎么对他说,而不是用你习惯的讲演和颂歌去对待他,这是你在这里的朋友说的。

他说,好吧,这并不难。只要你愿意和克特西普一起去体育场,坐下来谈天,我肯定吕西斯自己就会来,因为他非常喜欢听人

D 谈话。还有,今天是赫耳墨斯节[1],少年和男人都聚在一起。所以他一定会来的。如果他没来,那么克特西普认识他,他的堂兄是吕西斯的好朋友,你可以让克特西普去叫他来。

E 我们就这么办吧!我喊道。于是我带着克特西普一起朝体育场走去,其余的人也都跟来了。

进到体育场里面,我们看到那些童子已经结束了献祭,但仍然穿着节日的盛装,聚在一起玩趾骨的游戏,崇拜仪式也已经完了。他们中大多数人在场外玩耍,也有些在更衣室外的一个角落上从小篮子中摸出骨片来玩猜单双的游戏。此外还有一群人在旁观,

207 其中就有吕西斯,他站在男童和青年中间,头上戴着花冠,面容俊秀,体形姣好,无人可以与之相比。你不仅可以说他漂亮,而且可以说他高贵。我们这群人走到更衣室的另一端坐了下来开始聊天,因为体育场里已经没有什么活动了。这时候,吕西斯不断地转过头来朝我们这边看,显然有些想要过来的意思。但有好一会儿,

B 他都在犹豫,不想一个人过来。等到在场边玩游戏的美涅克塞努看到克特西普和我,走过来与我们坐在一起时,吕西斯也随着他的朋友的目光走了过来,在他朋友边上坐了下来。

还要说的是,我们这群人中的其他人也都过来了,其中有希波泰勒,他小心翼翼地找了个位置,免得被吕西斯看到,生怕冒犯了

---

① 此处原文为 Hermaea,是 Hermes(赫耳墨斯)的复数,Hermae 的原意是竖在田野和城里的石桩或石头堆,后来演变成赫耳墨斯崇拜。

他似的。他就这样站在靠近吕西斯的地方,听我们谈话。

谈话开始了。我盯着美涅克塞努说,德谟封之子,你们俩哪个年纪大? C

他回答说,这个问题已经讨论过了。

你们俩哪个更好,这个问题也讨论过了吗?

他的回答是,那当然了。

那么我想,你们也讨论过你们俩哪个更漂亮?

听了这话,他们两人都笑了。

我又说,我不想问你们谁更富裕,因为你们是朋友,对吗?

噢,天哪,当然是!他们两人都叫喊起来。

有人告诉我们,是朋友就要分享一切。因此,只要你们真实地把你们间的友谊告诉我,由谁来回答不会有什么差别。

对此他们都表示同意。

然后我就开始问他们在正义和智慧方面谁比较优秀,此时有 D
人过来把美涅克塞努叫走了,说是体育场的主人叫他去,我猜想,也许是和献祭有关的事。他走了,我就接着问吕西斯。

我说,吕西斯,我猜想你的父母非常爱你,对吗?

他说,确实非常爱。

他们希望你越快乐越好。

那当然。

如果一个人是奴隶,不能做他想做的事,你认为他会快乐吗? E

不会,肯定不会。

那么好,如果你的父母爱你,希望你快乐,那么他们肯定会想方设法使你快乐。

他们当然会这样做。

那么我想他们会允许你做你想做的事,从来不责备你或者阻止你去做想做的事。

不,苏格拉底,他们经常阻拦我。

208 怎么会呢? 我说。他们希望你快乐,但却阻止你做你想做的事。还是这样说吧。如果你想坐你父亲的马车,在途中自己拿起缰绳来赶车,他们会阻止你吗?

他肯定会这样做。

你说的他是谁? 我问道。

我父亲花钱雇来的一个车夫。

雇来的! 我喊了起来。他们竟然允许一名雇来管牲口的奴仆来管束你,为这种事还要付钱给他?

B 确实如此,苏格拉底,他说道。

但是我想他们会允许你赶你那对骡子拉的车,哪怕你用鞭子抽打它们,他们也会允许的。

你说他们会允许我? 他说。

他们不允许? 我说道,难道没有人可以鞭打骡子吗?

当然有,赶骡子的可以鞭打骡子。

他是奴隶还是自由民?

是奴隶,他说。

这样看来,他们相信奴隶胜过相信你,而你是他们的儿子;他们宁可把财产托付给奴隶也不愿托付给你;他们允许奴隶做他喜欢做的事,而对你却加以阻止。请你进一步回答,他们让你自己做主,还是连这一点也不允许?

C

他说,自己做主! 我不这样认为。

那么有人在管辖你,对吗?

对,管辖我的人就在这里。

他是个奴隶吗?

对,他是奴隶,不过是我们家的。

太可怕了! 我喊了起来。一名自由人受奴隶的管辖。不过,请告诉我，这个管辖你的人是怎样行使他的权威的？

他送我去上学。

你是说，他们在学校里也要管辖你吗，我指的是那些老师？

确实如此。

看来你的父亲把老师和管辖你的人强加于你了。但是，我敢 D
肯定，你回家以后，你的母亲会让你做喜欢做的事，让你尽可能地快乐。如果她在织布，那么她会让你摆弄那些羊毛和织机。她不可能阻拦你动那些梳子、梭子，还有其他织布的工具。

他笑着说道，我向你保证，苏格拉底，如果我要去动那些东西，
她不仅要阻拦我，而且还要打我。 E

我大声说道，她打你，你并没有对你的父母做什么错事，对吗？

他说，没有。

那么，不管出于什么原因，他们用这种可怕的方式阻碍了你的快乐，不让你做你想做的事，使你整天处在他人的管辖之下，简言之，你几乎不能做任何你想做的事，对吗？这样看来，你的命运不
佳，家产虽多但并不归你支配；虽然长得俊美但也要受他人的管。 209
可怜的吕西斯，你根本无法支配任何东西，也不能做任何想做的事。

这是因为我还没有完全成年，苏格拉底。

这一点不应当成为障碍，德谟克拉底之子，因为我想有许多事情你的父母是允许你做的，并不需要等到你完全成年。例如，当他
们希望写点什么或者读点什么的时候，他们在家里是不是首先就 B
会来找你？

他答道，这倒没错。

那么他们在这些事情上允许你做你喜欢做的事，你可以决定先写什么，后写什么。在阅读中你也享有同样的自由。当你拿起竖琴的时候，你的父母都不会阻拦你调紧或放松琴弦，强迫你用手

指弹琴或者用琴拨子弹琴,而是只要你认为合适就可以了。或者
C 说,在这种事情上,他们也会阻拦你?

他喊道,噢,亲爱的,他们决不会这样做!

那么吕西斯,原因到底在哪里,在这些事情上他们不阻拦你,而在前一类事情上他们要阻拦你?

我想原因在于我对有些事情是懂的,对有些事情是不懂的。

噢,你说对了,原因就在于此,是吗,我亲爱的伙伴?你的父亲并不是在所有事情上都要等到你成年,而是只要他认为你比他还要聪明了,他就会听你的,把他的财产都交到你的手中。

他说,我想会这样。

我也不表示怀疑,我说道。那么你的邻居也会像你父亲那样
D 去做吗?一认为你在管理家产上比他还要聪明,他就会把家产交给你管理,或者是仍旧由他自己继续管着?

我想他会把家产交给我的。

雅典人也会这样做吗?你认为他们一察觉到你有足够的智慧管理城邦事务,就会把这些事直接交给你去管吗?

对,我期待着他们这样做。

我接下去问道:一位国王会怎么做呢?假定他的菜肴正在烹
E 饪,他会让他的长子——亚细亚王位的继承人,来给菜肴放上他选择的调料,还是让我们来放——假定我们出现在国王面前,并且证明我们在烹饪方面比他的儿子有更好的主意?

他说,当然是让我们来放。

他不会允许那位王子哪怕放上一丁点儿调料,而对我们他会让我们随意怎么办,哪怕我们想要在菜肴中放上一把盐,是吗?

确实如此。

再举一个例子,假如他的儿子害了眼疾,而他知道他的儿子不
210 懂医术,那么他会允许他的儿子自己去摸眼睛,还是会去阻止他?

阻止他。

另一方面,如果他知道我们精通医术,那么他不会拒绝我们给他的儿子治病,哪怕我们要撑开眼皮,敷上药粉,他也会认为我们做得对。

是的,他不会反对我们这样做。

因此,不管什么事情,只要他相信我们比他和他的儿子知道得多,都会托付给我们,而不是由他自己或他的儿子来做。

他一定会这样做,苏格拉底。

那么你明白是怎么回事了吧,我说,亲爱的吕西斯。凡是我们内行的事,人们都会交给我们做,无论他们是希腊人还是野蛮人,是男人还是女人。我们可以按我们的意愿行事,不会有人故意阻 B
拦我们。在这些事情上我们不仅是自由的,而且还能支配其他东西,它们事实上是我们的财产,而我们可以享用它们。另一方面,如果我们在某些事情上没有什么知识,那么不会有人允许我们按自己的意愿行事,也不会有人把这些事托付给我们去做。他们反而会尽力阻碍我们,不仅是陌生人会阻拦,而且连我们的父母都会阻拦。在这些事情上,我们自己要服从其他人,而他们实际上 C
又是别人的财产,从他们那里我们得不到什么好处。你认为是这样吗?

是的。

那么假定有人要和我们交朋友,他们会在这些我们毫无用处的事情上爱我们吗?

确实不会。

这样说来,如果你或某个人是无用的,那么连你的父亲也不会爱你,世上也没有别的人爱你,是吗?

他说,好像是这样的。

那么,我的孩子,如果你获得了知识,所有人都会成为你的朋 D

友,所有人都会依靠你,因为你是有用的和好的。如果你没有获得知识,那么你不会有朋友,甚至连你的父母,你的家庭成员都不会与你交朋友。吕西斯,现在我要问的是,一个人在他根本不懂的事情上是否可能拥有知识?

他答道,这怎么可能呢?

如果像你现在这样仍然需要老师,那么你仍然不懂这些事。

他说,对。

那么关于你自己,你不可能在不了解自己的情况下对自己很了解。

确实不可能,苏格拉底,我看不出有什么可能的地方。

E 听了吕西斯的回答,我转过头来看了希波泰勒一眼,差点犯下大错。因为这时候我心里想说的是,希波泰勒,这就是你对你的心上人说话时应当使用的方式,对他进行考察,使他自卑,而不是像你做的那样吹捧他,奉承他。然而看到希波泰勒张皇失措的样子,我顿时省悟过来,尽管他站得那么近,但他并不想被吕西斯看见。于是我又回过神来,没有对希波泰勒说出这些话来。

211 正在这个时候,美涅克塞努回来了,他靠着吕西斯坐下,就在他原来离开时的那个位置上。

吕西斯以一种幼稚天真的方式在我耳边低声私语,不让美涅克塞努听见。他对我说:喂,苏格拉底,把你刚才对我说的那些话对美涅克塞努再说一遍。

我答道,不,吕西斯,应该由你来告诉他,你刚才肯定听得很仔细。

他说,我是听得很仔细。

B 那么就想想办法,尽可能把刚才的话都记起来,把整个解释都清楚地告诉他,如果忘了什么,你可以在碰到我的时候再问我。

好吧,苏格拉底,我会用心照你的话去做,请你相信我。但是现在对他说些别的事吧,这样在回家之前我也可以听到。

我说,行,我应当这样做,因为这是你的要求。但若美涅克塞努想要糊弄我,你得帮助我。他喜欢争论,这你是知道的,对吗?

对,我知道,他争论起来真是不顾一切。这就是为什么我想要你跟他交谈。 C

这样就会使我自己成为众人嘲笑的对象,是吗?

噢,亲爱的,那倒未必,苏格拉底,你也可以驳倒他。

驳倒他,我大声喊道,这可不是一件易事。他是克特西普的弟子,厉害得很。再说他的老师也会帮他,你没看见克特西普就在这里吗?

别在意,苏格拉底,他说,开始吧,向他进攻。

我说,那好吧。

这个时候,克特西普在一旁喊了起来,你们俩在嘀咕什么,也 D
不让我们分享?

我说,别担心,会让你们分享的。我说吕西斯对有些事情不懂。他说美涅克塞努懂,要我去问他。

他说,那么你为什么还不问?

我说,我正想问。美涅克塞努,请接受我的提问。我从小就有
这种特殊的爱好,每个人都会有的。有的喜欢马,有的喜欢狗,有 E
的喜欢钱,有的喜欢做官。我对这些事处之泰然,但却有着火热的情感想要得到一位好朋友。我宁可要一位好朋友,也不要世上最漂亮的鹌鹑或公鸡;我宁可要一位好朋友,也不要世上最名贵的马或狗。我相信,只要我得到一个朋友和伴侣,胜过得到大流士王的
全部黄金,也强过大流士王本人。所以,我喜欢友谊。然而看到你 212
和吕西斯,我心中真感到茫然。我把你们当作世上最幸福的人,那么年轻就能够轻易地得到心上人。就你来说,美涅克塞努,那么早就得到了吕西斯这位真正的朋友,而对吕西斯来说,也是同样。和

你们相比我就惨了,我不但没能找到朋友,而且连一个人怎样成为另一个人的朋友都不知道,所以我希望能向你们这些行家请教。请问,一个人一旦爱上了另一个人,那么是他们中间哪一个成了朋
B 友,是那位被爱者(the loved)成了爱者(the lover)的朋友,还是爱者成了被爱者的朋友?或者说两种说法实际上是一回事?

他答道,我可以说这两种说法没有什么区别。

我说,怎么会呢?只有一个人在爱,竟有两个人都成了朋友?

他说,这倒是有点问题。

确实有问题!爱者并不一定会得到被爱者的回报,被爱者不一定爱爱者,对吗?

对。

不仅如此,如果我没说错的话,爱者经常想象能摸到心上人的双手,但他甚至有可能被被爱者痛恨,对吗?尽管他们用尽一切办
C 法去爱他们的心上人,但他们也经常在心中猜测不一定能得到心上人的回报,反而遭到他们的痛恨。你相信有这种情况吗?

他说,你说得很对。

那么在这个例子中,一个是爱者,一个是被爱者。

对。

那么他们中间哪一个是另一个的朋友呢?是爱者成了被爱者的朋友,无论这位爱者有无得到被爱者的回爱,甚至受到痛恨,还是被爱者成了爱者的朋友?或者说他们都没有成为对方的朋友,除非他们彼此相爱?

肯定是最后一种情况,苏格拉底。

D 如果是这样的话,我继续说,那么我们现在的想法和以前不一样了。我们以前认为某个人去爱别人,他们就成了朋友,而现在我们认为除非他们彼此相爱,否则他们不会成为朋友。

对,我担心我们已经自相矛盾了。

由此可见,爱者若不能得到回爱,就不能成为被爱者的朋友。

显然不能。

那么,人不是马的朋友,除非他们的马也爱他们,人也不是鹌鹑、狗、酒、体育的朋友,除非这些东西也能爱人。在这些情况下,某人爱某个事物,但并不是它的朋友。诗人这样说是错的:“有朋 E
友,有子女,有骁勇的战马和猎犬,有客自远方来,这样的人是幸福的。”①

他没错,苏格拉底。

你认为他说得对?

是的。

那么,美涅克塞努,看来爱者是他所爱对象的朋友,而无论这
个对象是爱他还是恨他。正如那些小孩,要么还没有成年到能够 213
去爱别人的地步,要么已经在受到父母惩罚时能够记恨了,而他们的父母则永远是他们最高意义上的朋友,哪怕是在被孩子痛恨时也是如此。

对,这才是实际情况。

根据这个推论,那么被爱的对象不是朋友,爱者才是朋友。

显然如此。

同理,被恨的对象不是敌人,而恨者才是敌人。

这很清楚。

如果说爱者是朋友,被爱者不是朋友,那么我们经常看到有许
多人是爱他们的人的敌人,或是恨他们的人的朋友,亦即他们是他 B
们的朋友的敌人,是他们的敌人的朋友。我敢肯定,这是完全不合理的,进一步说,一个人是他的敌人的朋友,是他的朋友的敌人,这是完全不可能的。

---

① 索伦:《残篇》21.2。

对,苏格拉底,好像不可能。

那么好吧,如果这是不可能的,那么被爱的对象一定是爱者的朋友。

显然如此。

同理,被恨的对象是恨者的敌人。

必然如此。

C 但若这是真的,那么我们不可避免地会得出从前一例子推导出来的相同结论,也就是说,经常会出现这样的情况,对一位朋友来说,某人不仅不是朋友,而且是他的敌人,因为他不仅没有得到朋友的爱,而且还被他的朋友痛恨,还有,对一个敌人来说,某人不仅不是敌人,甚至事实上还经常可以是这个敌人的朋友,因为他并没有被恨,而且还得到他所恨的人的爱。

你说的没错,我们无法避免这样的结论。

我说道,如果爱者不是朋友,被爱者也不是朋友,还有既爱又被爱的也不是朋友,那我们该怎么办呢?除了这些人,是否还有其他人我们可以说能够相互做朋友呢?

他说,说老实话,苏格拉底,我根本看不到出路何在。

D 我说,美涅克塞努,我们的探讨是否有可能从头到尾都是不妥当的?

我敢肯定是不妥当的,苏格拉底!吕西斯喊道。这时候他的脸又红起来。他对我们的谈话抱着浓厚的兴趣,这句话像是脱口而出,他那全神贯注的样子表明他一直在倾听我们的谈话。

吕西斯的表现令我高兴,我这个时候也想让美涅克塞努松口
E 气,于是我就转向吕西斯,与他直接交谈起来。对,吕西斯,你说得没错。我想,如果我们的探讨是适当的,那么就决不会像现在这样迷失前进的方向。我们不要再沿着这条道路前进,这条路太困难
214 了。我想我们还是回过头来,返回到我们迷失方向的那个地方,看

看诗人们是怎么说的。我认为在智慧问题上,诗人就像我们的父亲和向导。如果我没记错,那么诗人并不轻视交友,而且还告诉我们是神本身使人们之间交友,引导他们相互之间成为朋友。我记得他们是这样说的,“神总是让同类与同类相聚”①,使他们相互认识。你听说过这句诗吗? B

噢,听说过。

还有那一帮博学的贤人也在著作中说出了同样的意思,亦即同类的东西必定永远是朋友。如果我没记错,这些人谈论和撰写自然和宇宙的问题。

没错,他们是这样做的。

那么,你认为他们说得对吗? 我问道。

他说,也许是对的。

我说,也许只对一半,也许全对,只不过我们根本不懂罢了。
因为在我们看来,相同的坏人聚到一起,相互之间见面越多,敌意 C
就越大。他们还要相互伤害。所以我想,如果他们伤害对方,而对方又用伤害来报复,他们要成为朋友是不可能的。

他说,是不可能。

据此,如果我们假定诗人的意思是坏人相互喜爱,那么他们的这一半看法不可能是正确的。

不可能。

但是我想,他们的意思是好人喜爱好人,好人喜欢与好人交朋友,而坏人则被划分出来,他们甚至与自己都不相同,而是变化多端,因此不能称作同类。如果某个事物与自己都不是同类,而是变
化多端,那么要它成为相同的事物或与别的事物成为朋友,那还要 D
有漫长的时间。你也这样看吗?

① 荷马:《奥德赛》,第17卷,第218行。

他说,是的。

所以,我的朋友,我们的作家断言同类之间是朋友,尽管其中的意思非常晦涩,但我想他们指的只是好人是好人的朋友,而坏人决不会与好人或坏人拥有真正的友谊。你同意吗?

他点头表示同意。

我继续说,现在我们知道谁是朋友了,因为我们的论证告诉我们,能成为朋友的一定是好人。

E 他说,我想这一点相当清楚。

我也是。我接着说道。不过,我仍旧有些疑问,让我们在上苍的帮助下来弄清楚。相同的人是友好的,因为他们是相同的,相互之间是有用的。或者让我们换个方式来说。如果相同的事物会对相同的事物产生好处或伤害,那么它们不也会对自己产生好处或
215 伤害吗?能对别的事物做某事的事物,不也能对它自己做某事吗?如果不能做,那么这些事物如何能够在无法相互帮助的时候相互关注并相互拥有呢?这种情况可能吗?

不,不可能。

如果某事物不被关注地拥有,它能成为朋友吗?

肯定不能。

但是你会说,相同的人不是相同的人的朋友,但好人会是好人的朋友,理由是他是好的,而不是因为他是相同的。

我也许会这样说。

那么我还得说,只要这个好人还是好的,他难道不会发现自己什么也不缺吗?

会。

B 如果他还是自足的,那么他就不需要任何东西。

当然不需要。

如果他不需要任何东西,那么他也不会关注任何东西。

当然不会。

他不关注的东西,他是不会喜爱的。

不会。

如果他不爱,那么他就不是朋友。

显然不是。

那么我就感到困惑了,如果好人既不缺乏什么,又不关注什么,好人是自足的,聚在一起时也不感到相互间有什么需要,那么好人怎么会是好人的朋友?还有什么办法能让这样的人能够在一起相互关心吗?

一点办法都没有。

如果他们不相互关心,他们就不可能成为朋友。 C

对,不可能。

那么你瞧,我们是如何被领进谬误的。如果我说的没错,那么我们不是一半,而是整个的上当受骗了。

他问,怎么会这样呢?

我说,我此刻突然想起从前听到过的一种说法,没有别的什么人会像相同的人那样彼此敌对了,也没有别的什么人像好人那样
彼此敌对了。对我说这种话的人在进行各种论证时还引用了赫西 D
奥德的权威,他对我说,赫西奥德说过:"陶工与陶工竞争,工匠和工匠竞争;乞丐妒忌乞丐,歌手妒忌歌手。"[1] 接着他又说,这是一个普遍无误的法则,两样事物越是相同,它们就越会妒忌、争斗、仇恨,而两样事物差别越大,它们就越会结成友谊。例如,穷人想与富人交朋友,弱者想与强者交朋友,因为他们想得到帮助;病人必须友好地对待医生,简言之,没有知识的人一定会对拥有知识的人
抱着尊敬和向往的态度。不仅如此,他还举了大量的例子来断定 E

① 赫西奥德:《工作与时日》,第25行。

相同的与相同的决不是朋友,实际情况正好相反。两样事物越是对立,它们相互之间就越是友好。他说,每个事物都追求与它相反的东西,而不是追求与它相同的东西。干要湿,冷要热,苦要甜,利要钝,虚要盈,盈要虚。其他一切事物莫不如此。他说,相异者是
216 相异者的食粮,相同者不能从相同者那里得到益处。我向你保证,我认为他说出这样一些话来真是能干极了。他把事情说得那么清楚。但是我的朋友,你对此话怎么看?

美涅克塞努说,噢,听上去相当正确。

那么我们得承认没有任何事物像敌对的事物那样友好了?

当然得承认。

但若我们承认了这一点,美涅克塞努,难道那些无所不知的、好辩的人不会跳出来责问我们,世上到底有无某个事物会友好地
B 对待敌对的事物?如果他们这样提出问题,我们必须如何回答?我们是否有可能承认他们是正确的?

不,我们不能承认。

那么他们会继续问,友谊是敌人的朋友,还是朋友的敌人?

他答道,二者都不是。

但我假定正义是非正义的朋友,节制是非节制的朋友,善是恶的朋友。

不,我认为这种假设不能成立。

我接着说道,那好吧,但若某个事物和另一本性与之对立的事物是朋友,那么它们之间必定是友好的。

那是一定的,他让步了。

由此可见,相同的事物之间不友好,对立的事物之间也不友好。

显然如此。

C 我说,那么让我们再来看到现在为止我们是否还没有发现友

谊,因为我已经提到的这些事情都不是友谊,而那些既不好又不坏的是否以后就没有可能成为好人的朋友。

他问,你这话是什么意思?

我说,对你说实话,这个问题太复杂,使我感到头晕,快要连自己都不认识了。不过我还是倾向于一句古老的谚语,“美的是友好的”。友好的东西当然具有某种柔软、平滑的外形,也许正是因为 D
有这种性质,所以我们用手指摸去就感到很舒服。我现在就持这种看法,因为我断定好的就是美的。你怎么看?

他说,我也这样看。

我要像预言家那样进一步断定,不好不坏的是美的和好的朋友。我把作出这种预测的理由告诉你。我觉得可以把事物分为三类,好的、坏的、不好不坏的。你允许我作出这样的区分吗?

允许。

我们前面的论证使我们不相信好的事物是好的事物的朋友,坏的事物是坏的事物的朋友,好的事物是坏的事物的朋友。然而,如果世上有任何事物可以成为某事物的朋友,那么必定是不好不 E
坏的事物与好的事物或与它相同的事物成为朋友。因为我敢保证,没有任何事物会对坏的事物表示友好。

对。

但是我们也说过,同类事物彼此间不会表示友好,对吗?

对。

那么,不好不坏的事物也不会对与它相同的事物表示友好。

显然不会。

由此可以推论,友谊只能存在于好的事物与不好不坏的事物 217
之间。

看起来这是必然的。

我继续说,那么你怎么看,我的孩子?我们现在的立场给我们指明了正道吗？如果我们仔细地观察一下,就可以看到健康的身体不需要医术或其他帮助,因为它是自足的。因此健康的人不会为了他的健康而对医生友好。

他说,是这样的。

但是我想,病人会由于他的疾病而对医生友好。

无疑如此。

B 你会认为疾病是一种坏的事物,而医术既是有用的又是好的。

对。

如果我没弄错,身体就其是身体而言,既不好又不坏。

没错。

身体由于疾病的缘故,尽管出于被迫,但仍要拥抱和热爱医术。

对。

那么这就是不坏不好的事物对好的事物表示友好,因为有坏的事物出现。

显然如此。

但是不好不坏的事物这样做显然是在它本身在被它自身包含的坏弄得完全变坏之前。因为,一旦不好不坏的事物完全变坏了,它就不再会,或者说你就不会允许它去对好的事物表示友好了,因为我们说过坏的事物不可能对好的事物友好。

C 不可能。

现在请注意我说的话。我认为有些事物本身就是它呈现的那个样子,有些事物则不是。例如,你用各种颜色的染料给某样东西染色,我想,颜色就会出现在被染的那个东西上。

是的。

那么染过色以后,用来染色的东西,我指的是颜料,和被染色的东西一样吗？

他说,我不懂你的意思。

我说,你会明白的。如果有人要把你的金锁镀上白铅,那么镀 D
过以后,这把锁是不是白色的,或者说它呈现白色?

它呈现白色。

不管怎么说,白色与锁一道出现了。

对。

尽管白色与锁一道出现,但锁不会因此而变得更白,锁仍旧既不是白的又不是黑的。

完全正确。

但是,我亲爱的吕西斯,当年纪给人的头发带来了这种颜色的时候,头发确实变得和这种呈现的颜色一样,那么可以说头发由于白的呈现而成为白的了。

对,确实如此。

那么,这就是我要问的问题。如果某个事物呈现出另一事物, E
那么该事物会变得和呈现出来的那个事物一样吗,或者说在某些条件下会,在某些条件下不会?

他说,我宁可选择后者。

那么不好不坏的事物在有些情况下呈现出坏,但还不是坏;而在另一些情况下,它已经是坏的了。

确实如此。

我说道,那么好吧,当坏已经呈现,但它还不是坏的时候,这种坏的出现会使它想要好,而与此同时坏的出现又会剥夺它要好的
愿望和对好的事物的友谊。因为它已经不再是不好不坏,而已经 218
是坏的了,但我们说过,坏不可能对好表示友好。

对,不可能。

根据同样的理由,我们可以进一步断定,那些已经聪明的不再是智慧的朋友,无论他是神还是人,而那些拥有愚蠢的也不会成为

智慧的朋友,因为愚蠢就是坏,而坏人和无知的人不会成为智慧的朋友。还剩下的就是那些确实拥有这种坏,这种愚蠢的坏的人,但还没有成为它的结果,成为愚蠢的和无知的,仍旧明白自己不懂那些不知道的事情。这样,你瞧,这些不好不坏的人是智慧的朋友
B (哲学家),而那些坏人和好人都不是智慧的朋友。我们在前一部分讨论中已经弄清相对立的事物之间彼此不会友好,相同的事物之间彼此也不会友好。你还记得吗?

这个解释太精彩了!他们俩人都喊叫起来。

我继续说,吕西斯和美涅克塞努,现在我们似乎已经通过争论发现了什么是友谊,什么不是友谊。我们宣布,无论是在灵魂方面,还是在身体方面,或是在其他任何事情上,不好不坏的事物由
C 于坏的出现而对好的事物表示友好。

对这个结论,他们俩人都心悦诚服,完全赞同。

我也兴高采烈,就好比一名猎手经过长时间追踪以后终于捕到了猎物,但随后我又不知不觉地有点怀疑起来。啊呀,吕西斯!啊呀,美涅克塞努!我喊了起来,我们刚才得到的结论是不对的,是非常不妥当的。我担心,我们只是在梦中以为自己发现了宝藏。

为什么?美涅克塞努说。

D 我答道,我担心就好比和一个撒谎的人在一起,我们对友谊的探讨就栽在这些错误的推理上。

他问道,你这样说是什么意思?

我说,请这样想,如果某人是朋友,那么他是其他人的朋友,或不是其他人的朋友?

当然是其他人的朋友。

他去做其他人的朋友是没有动机或没有原因的,还是有动机有原因的?

有动机有原因的。

使他成为他人朋友的原因是因为他是他朋友的朋友，还是因为他既不是他朋友的朋友也不是他敌人的敌人？

他说，我不太明白你的意思。

我说，这不奇怪。要是我们换个方式来说，你可能就会比较好 E
地理解我的意思了，而我自己也一样。我们刚才说过，病人是医生的朋友。是吗？

是。

他成为医生的朋友的原因是疾病，而他的动机是为了健康，对吗？

对。

疾病是坏的吗？

这一点毫无疑问。

我问道，但是什么是健康？健康是一种好，还是一种坏，或者是不好不坏？

他说，是一种好。 219

我想我们还进一步说过，身体是一种不好不坏的事物，由于疾病，也就是说，由于一种坏，而成为医术的朋友。医术是一种好，由于健康这种动机，医术得到了友谊，而健康是一种好，不是吗？

健康是一种好。

身体是不是健康的朋友？

是朋友。

身体是疾病的敌人吗？

肯定是。

那么看起来，不好不坏的事物是好事物的朋友，其原因在于它 B
对它的敌人来说是一种坏，而其动机在于它对它的朋友来说是一种好，对吗？

似乎如此。

那么,友好从原因的角度来看是针对朋友的,而从动机的角度来看是针对敌人的,对吗?

显然如此。

我说,很好。然后我又说,进到这一步我们一定要十分小心,我的孩子们,不要再走上歧途。我们说某人因为朋友的原因而成为他朋友的朋友,这也就是说,相同的事物成为相同事物的朋友,而这正是我们曾经声称不可能的事,这个问题我现在允许其存在,但有另一个问题我们必须仔细考虑,为的是不会因为我们现在的
C 看法而受骗。我们说过,一个人由于健康的原因而成为医术的朋友。

我们说过。

他也是健康的朋友吗?

当然是。

他是健康的朋友是由于某种原因吗?

对。

由于某种原因,那么他对作为原因的这个事物是友好的,如果是这样的话,那么和我们前面承认的东西是一致的,对吗?

当然对。

但是这样一来,他岂不是又和作为原因的原因的那个事物是朋友吗?

对。

那么我们能否不知疲倦地按这种方式一直追问到底,找到了作为最后那个原因的事物,我们就不必再去追问朋友的朋友,而是
D 可以说,就是因为这个原因我们是其他一切事物的朋友?

他答道,必定可以。

那么,这就是我说必须加以考虑的,为的是其他所有我们对之友好的事物不会像那个最终原因的影子那样把我们引入谬误,而

我们可以把这个最终原因当作首要的,我们是它真正的、真实的朋友。让我们再举例来说明一下这个观点。假定某人认定某事物具有很高的价值,好比一位父亲把他的儿子看得高于世上其他一切, E
那么他也会因为他儿子的缘故认为世上其他事物具有很高的价值,对吗?比如说,他听说他的儿子喝了毒芹汁,而酒能解毒,那么他会因为想救他的儿子而看重酒,对吗?

他当然会。

他也会因此而看重盛酒的器皿吗?

肯定会。

你的意思是,他对二者会等量齐观吗,土制的酒杯和他的儿子,或者他的儿子和一杯酒?或者说事实并非如此?诸如此类的价值不是赋予那些为了达成别的目的而使用的东西,而是赋予那些作为目的的事物本身。我不否认,我们经常说金银具有很高的 220
价值,但是这样的解释就能说明一切了吗?不,我们赋予最高价值的东西也许我们无法发现,但是金子和其他一切辅助性的东西都是为了这个具有最高价值的东西。我们可以这样说吗?

当然可以。

关于友谊我们不是也可以使用同样的推理吗?当我们说我们对某些事物友好,原因在于我们是它们的朋友,这不就是很清楚地表明它们属于另一事物吗?我们的友好实际上只是因为所谓的终 B
极友谊吗?

他说,对,这才像是真理。

那么,我们并非因为我们对之友好的其他事物才是友好的,而是因为有这个终极的友谊,我们才是友好的。

你说得对。

这一点已经得到充分的证明,我们可以放过去了。但是,再开个头,我们是"好"的朋友吗?

我想是的。

C 这句话正好说明,人们由于坏才喜欢好。如果我们刚才区分的三类事物,好、坏、不好不坏,只剩下两类,而坏已经从我们的道路上被挪开了,再也不与身体、心灵或其他任何我们说它不好不坏的事情接触,那么岂不是可以说好对我们来说不再有用,而是变得
D 无用了?因为,如果没有任何东西再来伤害我们,我们也就不再需要任何帮助。这样一来,你瞧,事情变得很清楚,只是由于坏的存在,我们才对好感到亲近和向往,因为我们把好当作治疗坏的一副良药,坏就好像一种疾病。而我们明白,凡是没有疾病的地方就不需要医药。这显然就是好的性质。由于坏的存在,好才被我们这些处于坏与好之间的人所爱,但对好本身来说,好是没有用的。

他说,对,情况似乎就是如此。

我想,由此可见,我们对之友好的那个最初的事物与其他事物毫无相同之处,我们说过我们对其他事物友好的原因都可追溯到
E 那个最初的事物那里去。我们对这些事物友好是由于我们对另一事物友好,而我们对另一些事物真正友好的原因恰好与这种性质相反,因为我们发现我们对这些事物友好是由于我们对另一事物不友好,如果这个不友好的事物被消除了,那么我们对这些事物也就不再友好了。

他说,不错,至少按照我们现在的立场来说,这个推论是对的。

我说,但是请告诉我,如果坏灭绝了,那么就不再会有饥饿、口
221 渴或任何同类欲望了吗?或者说,只要有人和整个动物存在,就会有饥饿存在,但这种饥饿不会造成伤害?还有口渴也存在,其他所有欲望也存在,但它们都不是坏,因为坏已经灭绝了?在这个事例中问这些东西存在不存在确实很可笑,因为又有谁能够知道这些事呢?但是不管怎么说,我们确实知道现在一个人既有可能受到饥饿感的伤害,又有可能从饥饿感中获益。难道不是吗?

这是肯定的。

因此我们也可以这样说，一个人感到饥饿或其他相同的欲望，在有些情况下有益，在有些情况下有害，在有些情况下既无益也无害。 B

肯定会有这些情况。

如果坏灭绝了，那么有理由说世上不坏的东西也要随之灭绝吗？

没有。

即使坏灭绝了，那些不好不坏的欲望仍旧存在。

这很清楚。

一个有欲望、有爱慕之心的人有可能不去爱他想要得到的爱慕的事物吗？

我认为不可能。

由此可见，即使坏灭绝了，仍旧存在某些我们对之友好的事物。 C

对。

但若坏是我们对任何事物友好的原因，那么说坏存在使得任何人对任何事物友好就是不可能的了。因为作为原因的事物灭绝了，再说以之为原因的事物存在就不再是可能的了。

对，不可能。

但是我们前面同意过，对某事物表示友好和热爱是有原因的，我们同时还认为由于有坏，不好不坏的事物才热爱好的事物。

我们是这样说过。

而现在我们似乎找到了爱与被爱的其他原因。 D

对。

那么如我们刚才所说，欲望是友谊的原因，有欲望就会对欲望的对象表示友好，在感到这种欲望的时候会表示友好，对吗？与此相比,我们前面有关友谊的谈论,模仿冗长的诗歌所说的那些看法不全都是废话吗?

他答道,我想可能是废话。

我继续说,但是,凡是有欲望,必定是想要得到缺乏的东西。不对吗?

对。

E 缺乏者对想要的东西表示友好。

我想是这样的。

变得缺乏就想要获得吗?

当然。

那么我们似乎可以说,吕西斯和美涅克塞努,爱情、友谊、欲望的对象都是属于人的。

他们俩都表示同意。

如果你们俩相互友好,那么你们由于某种本性的联系而相互属于对方,是吗?

我们确实如此。他们都喊叫起来。

我说,所以总的说来,我的孩子们,如果人是有欲望的,爱慕另一个人,那么没有与他所爱慕的对象相互归属的方式,他就决不可
222 能察觉到自己的欲望、爱情或友谊,这些相互归属的方式是心灵上的,或者是他的灵魂的某些性质方面的,或者是气质和相貌方面的。

我相信你!美涅克塞努大声说道,但是吕西斯缄默着。

我继续说,好吧,从本性上来说属于我们的东西,我们必定要去爱它。

美涅克塞努说,是这样的。

那么,说只有真正的爱人才会得到他爱恋的对象的回爱是不可能的。

对这个结论吕西斯和美涅克塞努有些犹豫地点着头,而希波泰勒在边上全神贯注地听着,脸上一会儿红,一会儿白。 B

此时,我想对讨论的主题再作一番思考。我说,那好吧,如果归属于我们的事物和与我们相同的事物还有区别,那么我感到,我们得对什么是友谊再作一番考虑。如果它们是一回事,那么就不能轻易地消除我们前面的论断,相同的事物对相同的事物来说是无用的,因为它们是相同的,承认我们和对自己无用的事物友好怎么也说不过去。我还说道:由于我们陶醉于谈话之中,且让我们承 C
认相属的事物和相同的事物还有区别,好吗?

他说,让我们就这样做吧。

我们是否得进一步说,好属于每个人,而坏对每个人来说都是外在的,或者说好属于好,坏属于坏,不好不坏属于不好不坏?

他们俩都表示赞成后一种说法。

我说,这样一来,我们似乎又陷入了原先关于友谊的看法,而 D
我们在前面已经加以排除了。因为,按照我们现在同意的这种看法,不公正对不公正友好,坏对坏友好,就像好对好友好一样。

他说,好像是这么回事。

我又说,如果我们肯定好的和属于我们的东西是同一的,那么岂不是会导致只有好的事物才会对好的事物友好吗?而我想,我们认为这个看法已经被我们证明是错的了。你们还记得吗?

他们俩说,噢,你说的对。

剩下来,我们还有什么别的办法可以用来讨论这个主题吗? E
显然没有了。因此,就像我们那些法庭上能干的抗辩者一样,我请求你们把我说的都回想一下。如果爱者或被爱者、相同的或不相同的、好的、属于我们的,以及其他我们提出来的各种假定,——数量太大,我实在记不起来了,——我要说的是,如果这些事物中没有一个是友谊的对象,我不再认为我还能说些什么。

223 说完这段自白,我正想请在场的我们这般年纪的长者来帮我的忙,此时美涅克塞努和吕西斯的跟班鬼鬼祟祟地走过来,他们的突然出现就像是从另一个世界来似的。他们拉住这两兄弟的手,要他们回家,因为天色已晚。起初,我们和旁观者想把他们赶走,但是发现他们根本不在乎我们,而且还用粗俗的希腊语抱怨我们,
B 坚持要带那些孩子回家,他们在过节时喝醉了酒,看起来很难缠,于是我们克制住自己,分散而去。

不过,就在他们要离去的时候,我喊道,吕西斯和美涅克塞努,今天我一个老头,你们两个孩子,使自己成了众人的笑料。因为在场的听众会到处去说,尽管我们自认为是朋友,我把自己也算作你们的朋友,但是我们却无法发现究竟什么是朋友。

欧绪弗洛篇

提　　要

苏格拉底和欧绪弗洛在法庭的入口处相遇。欧绪弗洛对苏格拉底出现在这里表示惊讶，他问："什么事使你离开你经常逗留的吕克昂？"苏格拉底回答说，有人起诉他，说他犯了腐蚀雅典青年的大罪，那个起诉他的人声称知道事情的经过，知道苏格拉底怎样腐蚀青年。接着，苏格拉底反问欧绪弗洛为什么到这里来。欧绪弗洛回答说，他的父亲犯了杀人罪，他正在起诉他的父亲。苏格拉底对此事的惊讶并没有使他产生困扰。他对苏格拉底说，他自认为是一名宗教解释家、神学家，尤其能够洞察什么是正确的，什么是错误的，他知道自己的行为是出于一种真正虔敬的精神。然后，当苏格拉底问他什么是虔敬时，他作出的回答代表了当时的普遍看法。他实际上认为，"所谓虔敬就是像我现在所做的这种事"。他的真诚就像他的自负一样一清二楚。他坚信必须起诉他的父亲，尽管他的父亲肯定不是杀人凶手，而又不是完全没有过失的。

后续的对话主要试图给虔敬下定义，但没有获得结果，但在对话过程中苏格拉底在推论中作出一个根本的、但又经常被忽视的区别，善之为善并非因为诸神的赞许，而是因为它是善的诸神才赞许它。

然而，这篇对话真正有趣的地方是苏格拉底在上法庭受审之前的图景。他无疑明白自己面临危险，但是比其他任何人都更加了解他的柏拉图把苏格拉底描述成进行了一场幽默、讥讽、热忱的讨论，而置其自身处境于不顾。只有在结尾处，他说，只要欧绪弗洛愿意开导他，告诉他什么是真正的虔诚，他就会告诉他的原告自己成了一名伟大神学家的学生，将过一种更好的生活。但是，这个时候欧绪弗洛已经没有心思给任何事物下定义了，他放弃了。他说："下次再说吧，苏格拉底"，然后就匆匆忙忙地走了。

正　文

2 **欧绪弗洛** 是你，苏格拉底，有什么新鲜事吗？什么事让你离开经常逗留的吕克昂[①]，在这王宫前廊耗费时间？你总不至于要像我一样，在执政官[②] 面前打官司吧。

苏格拉底 我的事不是雅典人说的那种法律上的民事案，欧绪弗洛，而是刑事诉讼。

B **欧绪弗洛** 怎么会这样？你的意思是有人起诉你吗？如果是你起诉别人，我决不相信会有这种事发生。

苏格拉底 确实不会。

欧绪弗洛 那么是有人起诉你，对吗？

苏格拉底 确实如此。

欧绪弗洛 起诉你的人是谁？

C **苏格拉底** 我对此人不太了解，欧绪弗洛。对我来说，他是

---

① 吕克昂(Lyceum)位于雅典东门外，邻近阿波罗神庙。

② 雅典城邦在提修斯(Theseus)改革之后废除原有的"国王"(Basileus)，从贵族中选出九个执政官(Archon)来处理政事，其中一人为首席执政官。

个无名小辈。不过，我想他们叫他美勒托，是皮索区的人，也许你碰巧正好认识他。他长着一只鹰钩鼻，长长的直发，胡须不多。

欧绪弗洛 我想不起来了，苏格拉底。但请告诉我，他为什么要控告你？

苏格拉底 他的控告？这实际上不能算控告。因为像他这样
年纪的人要解决如此重要的问题实在是非同小可。实际上，他说
他知道腐蚀年轻人的方法，知道是谁在腐蚀青年。他很有可能是
个聪明人，察觉到我由于无知而去腐蚀他们这一辈的青年，于是就
像小孩向母亲哭诉那样向城邦起诉我。在我看来，他是惟一正确
地开始他的政治生涯的人，因为从政的正确道路就始于关注青年， D
尽可能使他们学好，确实就像一位能干的农夫首先要关注幼苗，然
后及于其他。所以，美勒托无疑要从清除我们这种人开始，因为如
他所说，我们想要摧残柔嫩的秧苗般的青年。等完成了这件事，他
显然就会关心年纪较大的人。这件事将会成为国家利益的源泉， 3
可以最大程度地造福于国家。有如此高尚的开端，他获得成功的
可能性可以看好。

欧绪弗洛 但愿如此，苏格拉底，但我担心事情会走向反面。他一旦开始伤害你，在我看来就像是从根本上① 动摇国家，是祸国殃民之始。但请告诉我，他说你腐蚀青年是怎么说的。

苏格拉底 听起来非常稀奇古怪，我的朋友，如果你是第一次 B
听。他说我是诸神的创造者，指控我创立新神，不信老神。他说，
这些就是他起诉我的根据。

欧绪弗洛 我明白了，苏格拉底。那是因为你不时地说你拥
有神灵的告诫！所以他指控你把新奇的事物引进宗教，上法庭诬
告你，大家都知道向大众曲解这类事情有多么容易。我自己就是 C

① 此处原文为“从灶边开始伤害国家”。

这样,我在公民大会上谈论宗教事务或未来之事,他们就嘲笑我,把我当作疯子,而我的预言从来就没有落空过。事实上,他们妒忌所有像我们这样的人。我们不必为他们烦恼了,还是去见他们吧。

苏格拉底 亲爱的欧绪弗洛,如果我们只是受到嘲笑,那倒没什么关系。但在我看来,如果这些雅典人认为某某人很能干,但只要这个人不把他的知识传给其他人,那么他们并不在乎。但若他
D 们怀疑这个人正在把他的本事教给别人,他们就会生气,无论是像你所说出于妒忌,还是由于其他原因。

欧绪弗洛 关于这个问题,我并不十分想要考察他们对我的态度。

苏格拉底 你给他们留下的印象很可能是个小心谨慎的人,不愿把智慧传给别人;而我就不一样了,我担心他们会认为我很好心,想把自己拥有的一切都传给每个人,如果有人被我吸引,愿意听我谈话,那么我不仅不要报酬,而且乐意奉献。好吧,像我才说过的那样,如果他们要嘲笑我,就像你说他们嘲笑过你一样,那么
E 在法庭上听到戏弄和玩笑并没有什么不愉快。但若他们对此事是严肃的,那么我无法预知最后的结果。只有你这样的预言家能够知道!

欧绪弗洛 好吧,苏格拉底,可能根本就不会有什么伤害,不过你还是要按照你的意愿去打好这场官司,我想我也要打好我的官司。

苏格拉底 你的官司,欧绪弗洛?你的官司是什么?你在起诉别人,还是要为自己申辩?

欧绪弗洛 起诉别人。

苏格拉底 起诉谁?

欧绪弗洛 我要告的这个人会使别人把我当作疯子来攻击。

4 **苏格拉底** 怎么会这样?他有翅膀能在天上飞吗?

欧绪弗洛 他绝对不可能在天上飞,他已经老态龙钟了。

苏格拉底 他到底是谁?

欧绪弗洛 我的父亲。

苏格拉底 你要告你的父亲,我的好朋友?

欧绪弗洛 没错。

苏格拉底 罪状是什么,或者说你为什么要起诉他?

欧绪弗洛 杀人罪,苏格拉底。

苏格拉底 天哪,欧绪弗洛!普通民众肯定不会深明大义。我想,任何普通人都不会认为控告自己的父亲是对的,而只有那些拥有极高智慧的人才会这样想。 B

欧绪弗洛 我向天发誓,你说的对,苏格拉底。只有大智者方能如此。

苏格拉底 你父亲杀的那个人是你的亲戚吧?他一定是的,否则你不会为一个非亲非故的人死了而去控告你的父亲,对吗?

欧绪弗洛 你在跟我开玩笑,苏格拉底。你认为死者是否家庭成员会使行为有区别,而不是只需要注意杀害他的那个人的行为是否正确。如果他的行为是正确的,那么就放过他;如果不正确,那你就不得不起诉他,而不论杀人者与你是否使用同一个炉 C 台,或者吃饭坐一张桌子。如果你的亲属犯了杀人罪而你不去告发他,那么你们的罪过相同,不仅不能洗脱你自己,而且也不能洗涤他的罪过。这个案子中的死者是我家的一名雇工,我们在那克索斯[①] 开垦时雇他在农场里干活。有一天,他喝醉了酒, 与我们

① 那克索斯(Naxos)是爱琴海区基克拉迪群岛中的一个岛屿。雅典城邦地域狭小,不足以提供足够的粮食。城邦定期组织向海外的殖民团体,赴海外垦荒,或建立新城邦。但新城邦建立后仍与母邦保持关系,新城邦公民仍为雅典公民。

的一名家奴发生争执,盛怒之下割断了他的喉咙;而我的父亲把
他捆绑起来扔在沟渠里,然后派人去雅典问巫师该怎么处置这个
杀人凶手。由于那个被捆绑起来的人是个杀人凶手,哪怕死了也
D 没有什么大不了的,因此我的父亲一点也不在意。事情就这样发
生了。饥寒交迫,再加上手足皆被捆绑,结果他在派去雅典的人
回来之前就一命呜呼了。我控告我父亲杀人,但是我父亲和其他
亲属对我怀恨在心。他们说我父亲没有杀那个人,被杀的那个人
自己是个杀人犯,对这样的人不需要多加考虑,但是我父亲确实
E 杀了人。他们说儿子控告父亲是不虔敬的,就像杀人一样。苏格
拉底,你瞧他们对神圣与虔敬、不虔敬的关系的理解有多么贫
乏!

苏格拉底 可是你,天哪!欧绪弗洛,你认为自己拥有关于神圣事物的精确知识,懂得什么是虔敬,什么是不虔敬,因此在你讲的这种情况下,你可以控告你的父亲,对吗?你并不害怕自己这样做是不虔敬的吗?

欧绪弗洛 为什么要害怕,苏格拉底,如果我并不拥有这方面的精确知识,那我欧绪弗洛也就一无是处,与他人无异了。

苏格拉底 那么好吧,尊敬的欧绪弗洛,我现在最好能成为你
的学生,这样我在审判开始之前就能挑战美勒托。让我告诉他,我
过去就认为认识神圣的事物是最重要的。他说我错误地提出这方
面的看法,并在这方面标新立异,而现在我成了你的学生。我可以
B 说,来吧,美勒托,如果你同意说欧绪弗洛拥有这方面的智慧,
那么你就必须承认我也拥有真正的信仰,你一定不能起诉我。如
果你不愿放弃,那么你必须控告我的老师,而不是控告我。你应
当控告他腐蚀老人,腐蚀我和他自己的父亲,他对我进行教诲就
是对我进行腐蚀,他对他父亲进行矫正和惩罚也就是对他父亲的
腐蚀。

如果他不愿投降,既不肯放弃对我的控告,也不将控告转向你,那么我到了法庭上也会说这些向他挑战的话!

欧绪弗洛 对天发誓,你说的对,苏格拉底!如果他把我告上 C
法庭,那么我想我会很快找到他的劣迹,听了我们在法庭上的谈话,人们很快就会把视线集中到他身上。

苏格拉底 对,我亲爱的朋友,我知道会这样,所以我希望成为你的学生。我发现这位美勒托,还有其他人,都好像忽视了你,而对我却好像过分热心,以至于要控告我不虔敬。所以,以上天的名义,请告诉我你刚才感到非常肯定、完全了解的事情。说一说你
对与凶杀以及其他案子有关的虔敬和不虔敬怎么看。虔敬在所有 D
行为中都是相同的吗?不虔敬总是虔敬的对立面,始终保持自身同一吗?不虔敬是否总是具有一种基本的型,可以在各种不虔敬的事情中找到吗?

欧绪弗洛 是的,确实如此,苏格拉底。

苏格拉底 那么告诉我,你如何定义虔敬和不虔敬?

欧绪弗洛 行。我认为所谓虔敬就是像我现在所做的这种
事,起诉杀人犯或偷窃圣物的盗贼,或者任何类似的罪犯,无论犯 E
罪的是你的父母,还是其他任何人。不控告他们就是不虔敬。苏格拉底,听清楚我将给你提供的决定性的证明,这个证明就是法律。这种证明我已经告诉过别人,我对他们说,正确的法律程序一
定不能宽容那些不虔敬的人,无论他是谁。人类不是相信宙斯是 6
诸神中最杰出、最公正的神吗?也就是这些人不也承认,宙斯把他自己的父亲(克洛诺斯)用铁链捆绑起来,因为他不公正地吞食了他的其他儿子,而克洛诺斯也曾由于同样的理由阉割了他的父亲(乌拉诺斯)。但是这些人现在却对我发火,因为我控告我父亲的罪恶,所以他们自相矛盾,对诸神是一种说法,对我又是另一种说法。

苏格拉底 欧绪弗洛,你道出了我受到指控的原因。因为每当人们谈论起这样的诸神故事,我总是表示厌恶,这就使得他们要
B 坚持说我有罪。好吧,如果你对这些事情烂熟于心,与他们一样拥有这种信仰,那么看起来我必须让步了,既然我们承认对这些事一无所知,那么我们还有什么话可说呢?但是,看在我们的友谊的份上,请告诉我,你是否真的相信这些事情?

欧绪弗洛 是的,苏格拉底,甚至还有更加令人惊讶的事情,而多数人对这些事情是不懂的。

苏格拉底 你实际上相信诸神之间会发生战争、仇杀、殴斗,还有其他各种可怕的事情,对吗?这些事情就像诗人讲述的、优秀
C 的画家绘在神庙里的那样,对,就像在泛雅典娜节送往卫城供奉的绣袍上的图画一样,是吗?我们的看法是什么,欧绪弗洛?我们说这些事情都是真实的吗?

欧绪弗洛 不仅这些事情是真的,苏格拉底,而且我刚才说过,如果你想听,那么我还可以告诉你其他许多诸神的故事,你听了以后肯定会惊叹不已。

苏格拉底 我不会再犹豫了。等下次我们有空的时候,你可以把这些事都讲给我听。不过现在还是更加清楚地回答我刚才向
D 你提出的问题,我的朋友,因为我在提出这个问题时,你说得不太清楚。什么是虔敬?对这个问题你只是说你现在做的事情是虔敬的行为,亦即起诉你的父亲,罪名是杀人。

欧绪弗洛 苏格拉底,我说的是真话。

苏格拉底 可能是真话。但是,欧绪弗洛,还有许多事情你会说它们是虔敬的。

欧绪弗洛 那是因为它们是虔敬的。

苏格拉底 好吧,请你注意,我的问题不是要你从无数的虔敬行为中举出一两样来,而是要你告诉我,使一切虔敬行为成为虔敬

的基本的型是什么。我相信你知道有一类完美的型，它使不虔敬的事物成为不虔敬的，使虔敬的事物成为虔敬的。你记得这种说 E
法吗？

欧绪弗洛 我记得。

苏格拉底 那么请准确地告诉我这个完美的型是什么，让我能用眼睛看到它，拿它来作标准衡量你的行为或其他人的行为，凡与之相同的就是虔敬的，凡与之不同的就是不虔敬的。

欧绪弗洛 好吧，苏格拉底，如果这就是你想要得到的，那么我肯定可以告诉你。

苏格拉底 这确实是我想要得到的。

欧绪弗洛 行，凡是令诸神喜悦的就是虔敬的，凡不能令诸神 7
喜悦的就是不虔敬的。

苏格拉底 好极了，欧绪弗洛！这正是我想要得到的。我不知道它是否正确，但你显然将会证明你的说法是正确的。

欧绪弗洛 我确实会这样做。

苏格拉底 来吧，现在让我们对说过的这些话作一番考察。诸神喜欢的事情和诸神喜欢的人是虔敬的，诸神痛恨的事情和诸神痛恨的人是不虔敬的。虔敬和不虔敬不是一回事，虔敬与不虔敬是直接对立的。这样说对吗？

欧绪弗洛 对。

苏格拉底 这就把问题说得很清楚了。

欧绪弗洛 我同意，苏格拉底，说清楚了。 B

苏格拉底 欧绪弗洛，我们不是还得说诸神之间是不一样的，他们相互反叛、相互敌视吗？

欧绪弗洛 这是我们已经说过的话。

苏格拉底 仇恨与愤怒，我的朋友，什么样的分歧才会产生仇恨与愤怒？让我们按这样的方式来理解这个问题。如果你和我对

两个数目中哪一个较大有不同看法,这样的分歧会使我们仇视对
C 方,成为死敌吗?难道我们不应该通过计算来迅速达成一致意见吗?

欧绪弗洛　对,应该这样做。

苏格拉底　同理,如果我们对长短问题有分歧,难道我们不会拿一把尺来,迅速地结束争执吗?

欧绪弗洛　我们会这样做。

苏格拉底　所以我想对重量问题我们可以用秤来解决,对吗?

欧绪弗洛　当然对。

苏格拉底　那么什么样的事情会使我们无法解决分歧而相互
D 仇恨,成为敌人呢?你可能对这个问题没有现成的答案,所以请听我说。看是不是下面这些事情:正确与错误、高尚与卑鄙、善与恶。这些事情使我们产生分歧,莫衷一是,相互交恶,无论你我还是他人莫不如此,对吗?

欧绪弗洛　对,苏格拉底,就是在这些问题上我们产生分歧。

苏格拉底　那么诸神的情况如何,欧绪弗洛?如果他们确实有意见分歧,那么也一定是在这些问题上,对吗?

欧绪弗洛　必定如此。

E **苏格拉底**　我尊贵的欧绪弗洛,按照你的说法,有些神把一件事当作正确的,有些神把另一件事当作正确的,在高尚与卑鄙、善与恶的问题上也同样。如果他们在这些问题上没有分歧,他们相互之间也不会有什么差异了。对吗?

欧绪弗洛　你说的对。

苏格拉底　每个神喜欢的是他认为高尚的、善的、公正的事物,相反的东西是他痛恨的,对吗?

欧绪弗洛　对,确实如此。

8 **苏格拉底**　但你说过,同样的事情有些神认为是正确的,有些

神认为是错误的,诸神因此发生争执而产生差别,相互之间发生战争。是这样吗?

欧绪弗洛 是的。

苏格拉底 如此看来,同样的事物既是神喜爱的又是神仇恨的,同样的事物既使他们喜悦又使他们不喜悦。

欧绪弗洛 似乎如此。

苏格拉底 所以,欧绪弗洛,按照这种论证,同样的事物既是虔敬的又是不虔敬的。

欧绪弗洛 也许是吧。

苏格拉底 尊敬的朋友,这样的话你并没有回答我的问题。我不是要你告诉我什么事情既是虔敬的又是不虔敬的,但似乎使诸神喜悦的事物也是诸神痛恨的事物。如此看来,欧绪弗洛,如 B
果你现在要做的惩罚你父亲的事会使宙斯喜悦而使克洛诺斯和乌拉诺斯痛恨,赫淮斯托斯会对此表示欢迎,赫拉会对此表示厌恶,那么也就一点儿也不奇怪了。如果其他神灵对这件事有不同看法,有些表示满意,有些表示厌恶,我们也不必感到奇怪。

欧绪弗洛 但是,苏格拉底,我的意思是,在这一点上诸神的看法是一致的,他们全都认为,错杀了人就得抵罪。

苏格拉底 还是以人而论,好吗?你难道从未听到有人说过, C
错杀人或对他人行不公正之事不必抵罪吗?

欧绪弗洛 你为什么要这样问?关于这些事情的争论从未停息过,到处都有人争论这些事,甚至在法庭上还在争。有人作恶多端,然而为了逃避惩罚,没有什么事是他们不会去做的,也没有什么话是他们不会去说的。

苏格拉底 他们会承认自己做错了吗,欧绪弗洛,在认错以后他们才拒绝抵罪吗?

欧绪弗洛 不会,他们决不会承认自己有错。

苏格拉底 那么他们还是有些话不会说,有些事不会做。除非我错了,否则他们不敢说或不敢争辩作了错事也不必抵罪。他
D 们只会否认做错事。对吗?

欧绪弗洛 你说的对。

苏格拉底 因此他们不会争辩做错事的应当抵罪。不会,他们争论的是谁做错了事,他做错了什么,在什么时候做的。

欧绪弗洛 你说的对。

苏格拉底 如果诸神真的会像你说的那样争论什么是正确的,什么是错误的,那么这不就是诸神中发生的事吗?有些神会
E 认为另一些神做错了,而另一些神则加以否认,对吗?至于说做错事不必抵罪,亲爱的朋友,我想无论是神还是人都不会这样说。

欧绪弗洛 对,苏格拉底,你说的基本上是对的。

苏格拉底 我想,欧绪弗洛,如果诸神也曾进行争论,那么参与争论的人和神所争论的是个别的行为。他们对某个行为有不同看法,有些认为这样做是正确的,有些认为这样做是错误的。是这样吗?

欧绪弗洛 对,确实如此。

9 **苏格拉底** 那么来吧,欧绪弗洛,开导开导我,让我变得更加聪明。你有什么证据表明诸神全都认为你的奴仆之死是不公正的?你雇了他,他杀了人,被主人捆绑起来,在捆他的那个人从巫师那里知道应该如何处置他之前死去。你有什么证据表明儿子控告父亲,以杀人罪起诉他是正确的?说吧。帮我解
B 除这些困惑,为什么诸神一定全都会认为在这种情况下这种行为是正确的。如果你能作出恰当的证明,我一定会对你的智慧赞不绝口。

欧绪弗洛 但是苏格拉底,要做出证明可不容易,不过我确实

已经对你说清楚了。

苏格拉底　我明白。你认为我比法官愚蠢，你显然已经向他们证明你父亲的行为是错误的，诸神全都痛恨这样的行为。

欧绪弗洛　如果他们愿意听我的话，苏格拉底，我绝对能够作出证明。

苏格拉底　如果他们认为你说的很好，他们当然愿意听。刚 C
才你在说话的时候，我突然冒出一个念头，我问自己，假如欧绪弗洛相当清楚地向我证明诸神认为这样的死是不公正的，那么我是否也成了像他那样的聪明人，知道什么是虔敬，什么是不虔敬。我们正在讨论的这种行为似乎有可能令诸神厌恶，但我们已经看到你不能以这种方式给虔敬和不虔敬下定义，因为某个既定事物既可以令诸神不喜悦也可以使诸神喜悦。所以在这一点上，欧绪弗洛，我会放过你的，如果你喜欢的话，诸神全都会认为这个行为是
不公正的，他们全都会痛恨它。但是假定我们现在纠正我们的定 D
义，说凡诸神全都痛恨的就是不虔敬的，凡诸神全都喜爱的就是虔敬的，而有些神喜爱有些神痛恨的事物就是既是虔敬的又是不虔敬的，或者既不是虔敬的又不是不虔敬的。你同意我们现在用这种方式定义虔敬和不虔敬吗？

欧绪弗洛　有什么能阻碍我们这样下定义呢，苏格拉底？

苏格拉底　确实没有什么东西能阻碍我，欧绪弗洛。至于你，还得看你若是接受这个定义还能否很好地开导我，这是你答应过的。

欧绪弗洛　对，我确实会肯定虔敬就是诸神全都热爱的，而虔 E
诚的对立面就是诸神全都痛恨的，就是不虔敬。

苏格拉底　我们是否也得考察一下这种说法，看它是否健全？或者说我们得放过它，接受我们自己的或别人的这种说法，并同意这种说法仅仅是因为有人这样说？我们是否一定不要考察谈话者

说些什么?

欧绪弗洛 我们一定要考察。然而在我看来,我把当前的这个陈述当作正确的。

苏格拉底 我们很快就会知道它是否正确了,我的朋友。现在请这样想。虔敬事物之虔敬是因为诸神赞许它,还是因为它是虔敬的所以诸神赞许它?

欧绪弗洛 我不明白你的意思。

苏格拉底 好吧,让我试着说得更加清楚一些。我们讲被携带的与携带者,我们不是还讲被引导的和引导者、被看见的与看者吗?你懂得所有这些都是有区别的,也知道它们为什么有区别?

欧绪弗洛 对,我认为我懂。

苏格拉底 同理,被爱的是一个事物,爱者是另一事物?

B **欧绪弗洛** 当然。

苏格拉底 现在请告诉我,之所以有被携带的是因为有携带者,还是由于有别的什么原因?

欧绪弗洛 就是因为有这个原因,没有别的原因了。

苏格拉底 还有,之所以有被引导的是因为有引导者,对吗?之所以有被看见的是因为有看者,对吗?

欧绪弗洛 对,确实如此。

苏格拉底 那么并不是因为有事物被看见才有某事物在看它,而是正好相反,由于某事物看它,因此它才被看见。同样,并非有事物被引导才有某事物在引导,而是由于某事物在引导才有事物被引导。同样也不是有事物被携带才有携带者,而是由于
C 有携带者才有被携带的事物。你明白我想说什么了吧,欧绪弗洛?事情就是这样。每当有一种效果产生,或某事物受到影响,这种效果并不是由受到影响的事物产生的,而是先有原因,然

后才产生效果。也不是因为有了受动的事物才有了这种影响，而是先有使某种效果产生的原因，然后才产生这种效果。你同意吗？

欧绪弗洛 我同意。

苏格拉底 那么好吧。当某事物被爱的时候，它由于别的某些事物而处在变成某事物的过程中，或者说是在承受某事物，对吗？

欧绪弗洛 对，确实如此。

苏格拉底 那么这个例子与前面的例子同样是对的。那些事物爱某个被爱的事物并非由于它被爱，而是因为这些事物爱它。

欧绪弗洛 必然如此。

苏格拉底 那么关于虔敬我们该怎么说，欧绪弗洛？按照你 D
的论证，虔敬的事物不是受到所有神的喜爱吗？

欧绪弗洛 对。

苏格拉底 他们喜爱虔敬的东西是因为这个事物是虔敬的，还是因为别的什么原因？

欧绪弗洛 就是因为这个原因，没有别的原因了。

苏格拉底 如此说来，由于该事物是虔敬的所以它被神喜爱，而不是因为它被神喜爱所以才是虔敬的。

欧绪弗洛 似乎是这样的。

苏格拉底 另一方面，该事物被爱和被神喜欢正是因为神爱它，对吗？

欧绪弗洛 没错。

苏格拉底 所以使诸神喜爱的东西与虔敬的东西不是一回事，欧绪弗洛，按照你的说法，虔敬的东西与诸神喜爱的东西也不一样。它们是两种不同的事物。

欧绪弗洛 怎么可能这样呢，苏格拉底？ E

苏格拉底 因为我们同意过虔敬的事物得到喜爱是因为它是虔敬的，而不是因为它得到喜爱才是虔敬的。难道不是这样吗?

欧绪弗洛 对。

苏格拉底 而使神喜爱的事物之所以得到神的喜爱是因为诸神爱它,因此该事物具有了这种性质,神的爱是它的原因。它被神所爱并非它被爱的原因。

欧绪弗洛 你说的对。

苏格拉底 亲爱的欧绪弗洛,假定诸神喜爱的事物和虔敬的
11 事物不是两个分离的事物,那么在这种情况下,如果说虔敬的事物得到喜爱是因为它是虔敬的,那么使神喜欢的事物被喜爱也是因为该事物使诸神喜爱。另一方面,如果使诸神喜欢的事物被诸神喜欢是因为诸神喜爱它,那么虔敬的事物之所以是虔敬的也是因为诸神喜爱它。但是,你现在看到的正好相反,这两个事物之间是绝对不同的。一个事物(诸神喜欢的事物)因为被神喜爱才成为一种被喜爱的事物,而另一个事物(虔敬的事物)被神喜爱则是因为
B 它是虔敬的。所以,欧绪弗洛,你似乎并没有回答我的问题,我问的是虔敬的性质,而你并不希望解释它的本质。你只告诉我它的属性,也就是说,它是所有神都喜爱的。至于什么是虔敬,你并没有说。所以如果你高兴的话,别对我隐瞒了。不,让我们从头开始吧。请说,什么是虔敬,别在乎诸神是否热爱它,也别在乎它有无其他属性,我们不必为此争吵。来吧,大声说。解释虔敬和不虔敬的性质。

欧绪弗洛 我现在根本不知道如何把我的想法告诉你,苏格拉底。我们提出来的一切都像是在围绕着我们不停地旋转,没有什么是固定不变的。

C **苏格拉底** 你的论断就像我的祖先代达罗斯的作品,欧绪弗

洛,如果这些论断是我提出来的,那么它们就是我的立足点,你无疑会对我开玩笑,你会说,瞧啊,这个代达罗斯的后代用言语塑造的形象也会飞走,就像代达罗斯的雕像一样,不肯呆在我们安放它的地方。由于这些论断是你界定的,所以我们得笑话你,就像你自己说的那样,这些论断没有什么是固定不变的。

欧绪弗洛 但是,苏格拉底,这个玩笑在我看来对你倒很合
适。我们的论断是在不停地打转转,不肯呆在一个地方,但是把它 D
们放在那里的并不是我。在我眼里你就是代达罗斯,把这些论断放在那里的是你,而由我提出来的论断是确定不移的。

苏格拉底 如果是这样的话,我的朋友,那么我对代达罗斯的这种技艺比他更在行,他只能把他的作品造成能转的,而我不仅有能力使自己的作品能转,而且似乎还能使其他人的作品转动。关于我的才能最稀罕的事情是我不知不觉地就成了艺术家,因为我
宁愿看到我们的论证能够可靠,能有坚实的依据,胜过代达罗斯的 E
技艺,此外再加上坦塔罗斯的所有财富。不过关于这一点已经讲够了。在我看来,你已经倦怠了,我要和你一道勇敢奋进,这样你才能教我什么是虔敬。不要没精打采。想想看,你是否认为凡是虔敬的必然是公正的。

欧绪弗洛 对,我是这样想的。

苏格拉底 那么好吧,凡是公正的也一定是虔敬的吗?或者
说,假定凡是公正的一定是公正的,而公正并非全都是虔敬的,而 12
是一部分公正是虔敬的,另一部分公正是不虔敬的,可以这样认为吗?

欧绪弗洛 我跟不上你的意思,苏格拉底。

苏格拉底 然而你在智慧方面超过我,并不亚于你比我更年轻。我重复一遍,你由于智慧充裕而变得倦怠了。来吧,我幸运的朋友,尽力去做!我所说的并非那么难以把握。我的意思正好是

诗人这两句诗的反面:“创造万物的宙斯使之生长,你无法叫出它
B 的名字,因为有害怕之处也有敬畏。”① 在这个问题上我与诗人的看法不同。要我解释为什么吗?

欧绪弗洛　当然要。

苏格拉底　我不认为“有害怕之处也有敬畏”。因为在我看来有许多人害怕疾病、贫穷等等可怕的东西,但并不敬畏他们害怕的东西。你不这样认为吗?

欧绪弗洛　确实如此。

苏格拉底　然而,有敬畏之处必有害怕。有敬畏感和对某个
C 行为感到可耻的人难道不会同时感到害怕和恐惧恶名吗?

欧绪弗洛　对,他会感到害怕。

苏格拉底　所以说“有害怕之处也有敬畏”是错误的。不对,你可以说凡有敬畏之处也有害怕。我想,害怕的涵义比敬畏广。敬畏是害怕的一部分,就像奇数是数的一部分,你在没有奇数的地方仍然可以拥有数,但在你拥有奇数的地方你必定拥有数。我想你现在跟得上我的意思了,对吗?

欧绪弗洛　对,确实如此。

D **苏格拉底**　那么好吧,我的问题与此相同。我问你是否有公正之处也有虔敬,或者说假定凡有虔敬之处也有公正,那么是否有公正之处也总是能发现虔敬。如果是这样的话,虔敬就会是公正的一部分。我们是否应该这样说,或者你有不同的看法?

欧绪弗洛　我没有异议,我是这样看的。我认为你完全正确。

苏格拉底　那么来看从中可以得出什么样的结论。如果虔敬是公正的一部分,那么在我看来我们必须找到它是哪一部分公正。

---

①　斯塔昔努:《残篇》20。

例如,在我们刚才的讨论中,假定你问我数的哪个部分是偶数,偶数是什么样的数,我会回答说,偶数是能被二整除的数,不是不能被二整除的数。① 你看如何?

欧绪弗洛 确实如此。

苏格拉底 那么请试着用这种方式告诉我,公正的什么部分 E
是虔敬,这样我们就能告诉美勒托,停止对我作恶,放弃用不虔敬的罪名起诉我,因为我们已经恰当地从你这里学到了什么是虔诚和虔敬,什么是敬畏。

欧绪弗洛 好吧,苏格拉底,我认为公正的这个虔诚的和虔敬的部分与诸神的侍奉有关,而剩余部分与人的侍奉有关。

苏格拉底 你所说的在我看来好极了,欧绪弗洛。然而,还有 13
一个地方我需要更多的启发。我还不太清楚你所说的"侍奉"是什么意思。我假定你说的侍奉并不是指我们给其他事物某种照料。诸神的"侍奉"并不像是我们大家都知道的照料马匹这样的事。并非每个人都知道怎样照料马匹,知道怎样照料马匹的是牧马人,对吗?

欧绪弗洛 对,当然如此。

苏格拉底 我假定这种事是适合于马的对马匹的专门照料。

欧绪弗洛 对。

苏格拉底 以同样的方式,并非每个人都知道怎样照料猎犬,知道怎样照料猎犬的是猎人。

欧绪弗洛 对。

苏格拉底 猎人的技艺是对猎犬的照料。 B

欧绪弗洛 对。

---

① 此句原意为"偶数是与等边形相应的数,不是与不等边形相应的数",不易理解,故改译。

苏格拉底 牧牛人的技艺是对牛的照料。

欧绪弗洛 对,确实如此。

苏格拉底 同理,欧绪弗洛,虔敬和虔诚意味着照料诸神吗?你会这样说吗?

欧绪弗洛 我会这样说。

苏格拉底 所以,一切照料和侍奉的目标是相同的,对吗?我的意思是,照料就是为被侍奉的对象提供好处和福益。比如,你瞧,马如何在牧马人的技艺的照料下得到益处,变得更好。你认为是这样吗?

欧绪弗洛 对。

C **苏格拉底** 所以,猎犬因猎人的技艺而得益,牛因牧牛人的技艺而得益,其他莫不如此。除非你也许认为这种照料会伤害被照料的对象,是吗?

欧绪弗洛 指天发誓,我绝对不会这样想!

苏格拉底 照料的目的是为了被照料的对象的利益吗?

欧绪弗洛 这是确定无疑的。

苏格拉底 那么虔敬作为对诸神的侍奉,其目的同样也一定是为了使诸神得益,使他们变得更好,对吗?你会说当你做了一件虔敬的事你就使某些神变得更好了吗?

欧绪弗洛 指天发誓,我绝对不会这样说!

D **苏格拉底** 我也不敢这样想,欧绪弗洛,你的意思实际上差得远呢。我刚才问你对诸神的侍奉是什么意思,实际上我已经假定你并不认为它的意思是某种照料。

欧绪弗洛 你说的对,苏格拉底。我并不是这个意思。

苏格拉底 好。那么虔敬是对诸神的什么样的侍奉?

欧绪弗洛 苏格拉底,这种侍奉就像奴隶对他们的主人。

苏格拉底 我明白了。对诸神的侍奉似乎就是服伺诸神。

欧绪弗洛 正是这样。

苏格拉底 那么看你是否能告诉我,医生用来侍奉的技艺会产生什么样的结果?你不认为这个结果是健康吗?

欧绪弗洛 我认为是健康。

苏格拉底 进一步问,造船木工侍奉的技艺怎么样?这种技 E
艺的侍奉会产生什么样的结果呢?

欧绪弗洛 这很明显,苏格拉底,造船。

苏格拉底 那么建筑师侍奉的技艺就是造房子吗?

欧绪弗洛 是的。

苏格拉底 现在请告诉我对诸神的侍奉,我最好的朋友。这种技艺会产生什么样的结果呢?你显然是知道的,因为你自认为是最熟悉神圣事物的人!

欧绪弗洛 对,苏格拉底,我是这样说过,我说的是实话。

苏格拉底 那么我恳求你,请告诉我,诸神在使用了我们的侍奉以后会形成什么样的最佳结果?

欧绪弗洛 他们会做许多好事和高尚的事,苏格拉底。

苏格拉底 正如将军们所做的那样,我的朋友。如果要你总 14
结一下他们的技艺会产生什么结果,你不会感到有什么麻烦,你会说就是在战争中取胜。是这样吗?

欧绪弗洛 当然如此。

苏格拉底 我还要提到农夫也会产生许多好的结果,但他们的生产的最后结果是从大地中获得食物。

欧绪弗洛 对,确实如此。

苏格拉底 好吧,诸神会产生许多美好高尚的事物,他们产生的最终结果是什么?

欧绪弗洛 刚才我还对你说过,要准确地知道这些事情并非
轻而易举,苏格拉底。然而我会非常简要地告诉你。如果有人知 B

道在祈祷和献祭中怎样说和怎样做才能令诸神喜欢,那就是虔敬的,这样的行为才能使家庭中的个人生活和国家的共同利益得到保全。与此相反的、不能使诸神喜悦的事则是不敬神的,会使一切遭到毁灭。

苏格拉底 不错,欧绪弗洛,如果你愿意的话,你能够更加简要地概括我要你回答的内容。但实际上你并不急于指点我。这很
C 清楚。你刚要说到节骨眼上,又偏离了正题。如果你作出了回答,那么我现在就已经从你这里学到什么是虔敬,会感到满意。没办法,爱者必须跟随被爱的,无论他走到哪里。再问一次,你怎样定义虔敬,什么是虔敬?你不是说它是一门献祭和祈祷的知识吗?

欧绪弗洛 我是这样说过。

苏格拉底 好吧,那么献祭不就是把东西送给诸神,而祈祷就是恳求他们恩赐吗?

欧绪弗洛 一点都不错,苏格拉底。

D **苏格拉底** 按照这种推论,虔敬是一门向诸神乞讨和给予的知识。

欧绪弗洛 完全正确,苏格拉底,你完全明白了我的意思。

苏格拉底 对,我的朋友,因为我敬佩你的智慧,用心听讲,所以不会错过你的讲话。告诉我,这种对诸神的侍奉是什么?你说就是向他们乞讨和给予吗?

欧绪弗洛 我是这样说的。

苏格拉底 那么正确的乞求应当是向他们索取我们需要的东西吗?

欧绪弗洛 还能是什么?

E **苏格拉底** 但是另一方面,正确的给予就是用那些他们需要从我们这里得到的东西回报他们,对吗?我想,把任何人并不需要

的礼物送给他谈不上有什么技艺。

欧绪弗洛 对,苏格拉底。

苏格拉底 因此,欧绪弗洛,虔敬就是一门诸神与凡人之间相互交易的技艺。

欧绪弗洛 如果你喜欢这样说,那么它是一门交易的技艺。

苏格拉底 如果它不是这样,那么我不会喜欢这样说。但是
请告诉我,诸神从我们奉献的礼物中能得到什么好处?每个人都 15
能看到他们把什么东西赐给我们?依靠从我们这里得到的东西,他们又能获得什么益处?我们是否在这种交易中比他们能干,我们从他们那里得到所有好东西,而他们从我们这里一无所获,是这样吗?

欧绪弗洛 你在说什么,苏格拉底!你认为诸神从我们这里一无所获吗?

苏格拉底 如果有收获,欧绪弗洛,那么诸神从我们这里得到什么样的礼物?

欧绪弗洛 崇拜、荣耀,还有我刚才说的善意。你认为是什么礼物?

苏格拉底 那么,欧绪弗洛,虔敬的东西是使他们喜悦的东 B
西,而不是对他们有用的东西,也不是他们热爱的东西,对吗?

欧绪弗洛 我相信使他们喜悦的东西就是他们热爱的东西。

苏格拉底 那么我们又得认为,虔敬显然就是诸神热爱的东西。

欧绪弗洛 确实如此。

苏格拉底 现在你该感到愕然了吧,你的论断游移不定,不能停留在你安放它们的地方。你自己远比代达罗斯更在行,使这些论断不停地打转转。所以,你还会指责我像代达罗斯一样使这些论断游移不定吗?你不是看到我们的论证转了一大圈又回到它原

C 来的起点上了吗？你肯定没有忘记我们在前面发现虔敬和令神喜悦不是一回事，而是相互不同的。你还记得起来吗？

欧绪弗洛　我记得。

苏格拉底　但是现在你说诸神所爱的就是虔敬的，是吗？这不就是说诸神热爱的与使诸神喜悦的是一回事吗？

欧绪弗洛　对，确实如此。

苏格拉底　好吧，可见要么前面的结论是错的，要么前面的结论是对的，而现在的结论是错的。

欧绪弗洛　似乎如此。

苏格拉底　所以我们必须回到起点，从头开始，去发现什么是
D 虔敬。对我来说，我决不会放弃，直到我搞清楚为止。啊！不要摒弃我，请尽心尽力地把绝对真理告诉我。这世上如果有人知道这个真理，那就是你，我一定不能放你走，你这个普洛托斯[1]，直到你说出来为止。如果你对什么是虔敬，什么是不虔敬没有真知灼见，那么你为了一名雇工而去告你年迈的父亲杀人是不可思议的。你会感到害怕，担心自己要是做错了会引起诸神的愤怒，你也会害怕人们的非议。但是现在我肯定你认为自己完全知道什么是虔敬，
E 什么是不虔敬。所以告诉我吧，无与伦比的欧绪弗洛，别对我再隐瞒你的看法了。

欧绪弗洛　来日方长，下次再说吧，苏格拉底，我有急事，现在就得走。

苏格拉底　你这是在干什么，我的朋友？我抱着满腔热情想要从你这里学到什么是虔敬，什么是不虔敬，以便能够逃脱美勒托的控告，而你却要把我扔下不管了？我想对美勒托说，我现在已经
16 从欧绪弗洛那里得到了关于神圣事物的智慧，不会再出于无知而

---

[1] 普洛托斯(Proteus)，希腊神话中变幻无常的海神。

对诸神作出鲁莽的论断和虚构新神，今后我要好好地做人。可是你走了，我的希望全都落空了。

美涅克塞努篇

提　要

这篇对话与其他对话都没有什么联系。它实际上不是一篇对话，而是苏格拉底的一篇演说，在其中他自称要对雅典的历史进行考察，尤其是自马拉松战役以来的那些日子。有人曾对这篇对话的真伪提出过质疑，但近来持这种怀疑态度的人比从前要少。如果这篇对话是柏拉图写的，那么问题就转换成他为什么要写这篇对话，但对话本身并没有对这个问题提出现成的答案。柏拉图之所以要写这篇对话肯定不是因为他对这篇对话的主题——无限制地赞美雅典——感兴趣。在对话中，苏格拉底声称有关雅典辉煌功绩的记载从来就没有中断过。伯罗奔尼撒战争在对话中有详细描述，但没有明确指出斯巴达人在这场战争中才是胜利者。

还有，如果说这篇讲话，或者毋宁说这篇讲演，还有几分可读的话，那么除了它是柏拉图写的，它的风格还表现出苏格拉底式的聪明和趣味，此外就没有什么重要性可言了。对话中充满着摘抄，至多只能算是一篇写得很糟糕的历史。对话开头是引人入胜的，苏格拉底声称阿丝帕希娅① 把一篇讲话——一篇葬礼演说词教给他，但是对话的其余部分都显得非常呆滞，不像柏拉图的写作风

① 阿丝帕希娅(Aspasia)是希腊名妓，喜爱艺术与哲学。她是政治家伯里克利的情妇，也认识苏格拉底。

格。

那些坚持柏拉图是这篇对话作者的人说它是一部羊人剧①，每逢七月四日公开讲演时上演，尤其是在伯里克利② 发表了著名的葬礼演说之后更是如此。在伯里克利演说中，雅典得到高度赞扬，被吹上了天。如果情况确实如此，那么羊人剧这种表现形式在这篇对话中已经退隐到背景中，几乎看不见了，除了在开头和末尾苏格拉底讲的几句话中还能看到它的一些痕迹。

正 文

苏格拉底 你从哪儿来，美涅克塞努？从市场那边来吗？ 234

美涅克塞努 对，苏格拉底，我从市场来，还去过议事会。

苏格拉底 你去议事会干什么？噢，这个问题几乎不需要问，因为我明白，你相信自己要接受的教育和哲学已经学完了，你学到的东西已经足够了，现在可以朝着更高的目标前进。尽管你还年轻，不能担任要职，但你还是打算像你的其他家庭成员一样，管理我们这些年长者，你们家一直有人出来仁慈地关照我们这些人。 B

美涅克塞努 你说得对，苏格拉底。如果你允许和建议我去从政，那么我会作好准备的；但若你有其他想法，那么我就不去好了。我之所以要去议事会，那是因为我听说议事会想要选一位给死难者致悼词的人。你知道要举行公共葬礼的事吗？

苏格拉底 我知道。他们选了谁？

---

① 古代雅典人为纪念酒神而举行化妆歌舞会，人们披上山羊皮，戴上面具，表演神话故事。这种迎神赛会上的歌舞以后逐渐发展为戏剧。

② 伯里克利(Pericles)，雅典著名政治家，从公元前461—前429年一直是雅典政治上的中心人物，这个时代在历史上被称为“伯里克利时代”。

美涅克塞努　还没选,他们把投票时间推迟到明天,但我猜想阿基努斯或狄翁可能会当选。

苏格拉底　噢,美涅克塞努!从许多方面来看,在战斗中牺牲
C 是高尚的。阵亡者尽管可能是个穷人,但死后也能得到庄严而昂
贵的葬礼,一位长期作了精心准备的聪明人会为他致悼词。哪怕
235 他并没有悼词说得那么好,发表演说者也会赞美他,说明他为什么
要做他做了的事情,也说明他为什么不做那些他没有做的事情,这
就是这些聪明人的绝妙之处,他们用华美的辞藻偷走了我们的灵
魂。他们想尽一切办法赞美这个城邦,赞美在战争中牺牲的人,赞
美我们的祖先和前辈,还赞美我们这些仍旧活着的人。他们的赞
美使我感到大抬身价,美涅克塞努,我站在那里听他们讲演,完全
B 被他们迷住了。刹那间我想象自己已经变得比从前更加伟大、更
加高尚、更加英俊了。如果像往常那样有外邦人和我一起听演讲,
我会突然产生一种优越感,而他们也好像会对我有一种相应的崇
敬感。在演讲者的影响下,他们感到这个伟大的城邦比以往任何
时候都要显得更加神奇了。这种尊严感会在我身上延续三天,直
C 到第四天、第五天,我才回过神来,明白自己是谁,而在此之前我就
好像生活在福岛① 上。这就是我们那些修辞学家的技艺,他们的
言语一直在我耳边轰鸣。

美涅克塞努　你老是拿修辞学家开玩笑,苏格拉底。不过我想,这一次选出来的演讲者不会有很多话要说,因为是临时通知他作讲演,根本没时间准备,他只能被迫临时凑合一下。

D **苏格拉底**　但是,我的朋友,为什么他没有很多话要说?每个
修辞学家都有一大堆现成的演说词,要拼凑一下也不是什么难事。

① 福岛(the Island of the Blessed)是希腊神话中的仙境。

如果是在伯罗奔尼撒人[1] 中间赞美雅典人,或是在雅典人中间赞美伯罗奔尼撒人,那么演说者必须是一位能够赢得听众信服的优秀修辞学家。但对一位想要在受到赞扬的民众中获得名声的人来说,赢得他们的掌声并非难事。

美涅克塞努 你认为不难,苏格拉底?

苏格拉底 肯定不难。

美涅克塞努 如果议事会选了你,要你去做讲演,那么你能去 E
吗?

苏格拉底 我能去,这一点儿都不奇怪,美涅克塞努,你想一想,在修辞学方面我有一位杰出的女老师[2],她造就了许多优秀的演说家,有一位还是全希腊最优秀的,他是克珊西普之子伯里克利。

美涅克塞努 这位女教师是谁?我想你指的是阿丝帕希娅。

苏格拉底 对,我指的就是她。此外我还有一位老师,梅特洛 236
比乌之子孔努斯,他教我音乐,而阿丝帕希娅教我修辞。能接受这样的教育,成为熟练的演说家,那是不足为奇的。哪怕是跟一位很差的老师学,比如说,跟兰普鲁斯学音乐,跟拉姆努西亚人安提丰学修辞,他们的学生也能在雅典人中赞美雅典人时崭露头角。

美涅克塞努 如果一定要你演讲,你能说些什么?

苏格拉底 要凭我自己的小聪明,那么我什么也说不出来,但
是,昨天我听了阿丝帕希娅准备的一篇葬礼演说词。就好像你刚 B
才说的那样,有人告诉她雅典人要选一名演讲者,于是她就把在那种场合该讲什么话复述给我听,一部分是当场构思的,一部分则来

① 伯罗奔尼撒人指参加伯罗奔尼撒同盟与雅典作战的斯巴达、科林斯等城邦的人。

② 此处的老师(mistress)一词亦有情妇之意。

自她以前的想法,她从伯里克利的葬礼演说词中采用了许多片断,但我相信,伯里克利的演说词实际上是她写的。

美涅克塞努 你还记得阿丝帕希娅说了些什么吗?

C **苏格拉底** 我必须记住,因为她是我的老师,由于我老是忘记,所以她已经准备好要揍我了。

美涅克塞努 那么你干吗不把她说的话重复一遍呢?

苏格拉底 因为我担心,如果我把老师的演讲词拿到外面来讲,她一定会生气的。

美涅克塞努 别害怕,苏格拉底,尽管大胆讲给我们听,无论是阿丝帕希娅的,还是别的什么人的都没关系。我希望你能满足我的要求。

苏格拉底 但是我担心,如果我这把年纪还要继续像你们年轻人一样玩这种把戏,你们一定会笑话我。

美涅克塞努 我们绝对不会笑话你,苏格拉底,请务必让我们听到这篇讲演。

D **苏格拉底** 哪怕你要我脱去衣服跳舞,我都愿意满足你的要求,因为现在没有别人在场。现在请注意听,如果我没记错,那么她的讲演一开始就提到了牺牲的烈士:

赞美有两种,一种用行为来表示,一种用言语来表示。这些牺
牲的烈士已经得到了第一种赞美,当他们踏上命定的旅程时,城邦
和他们的朋友护送他们上路;还要给他们用言语来表达的赞美,这
E 是需要的,也是法律规定的。高尚的言语既是一种纪念,又是给高
尚行为戴上的王冠,由听众赠给做出这些高尚业绩的人。我们需
要用言词来及时赞美烈士,并仁慈地告诫活着的人,鼓励烈士的兄
237 弟和后代学习他们的美德,安慰烈士的父母和其他活着的长辈,如
果他们还有幸能活到今天。要赞美这些勇敢的人,我们该用什么

样的言语呢？怎样开头才是正确的呢？他们活着的时候用他们的美德使朋友们欢乐，而他们的死又换取了其他人的生。我认为，我们应当按照使他们成善的天然秩序来赞扬他们，他们之所以是优秀的，那是因为他们的父辈是优秀的。因此让我们首先赞美他们高贵的出生，其次赞美他们得到的抚养和教育，然后让我们指出他们的行为有多么高尚，他们接受的教育多么有价值。 B

首先要说的是他们的出生。他们的祖先不是异邦人，因此这些祖先的后裔也就不算是客居在此地的旅行者。哪怕他们的祖先来自另一个国家，但他们自己却是这块土地的儿女，居住与生活在他们自己的土地上。抚养他们成长的国家与其他国家不一样，这个国家对他们来说不是继母，而是他们自己的亲生母亲。祖国生下他们、抚育他们，如今又接纳他们在自己的怀抱中安息。所以， C
我们应当赞美做他们母亲的这片土地，这是赞扬他们的高贵出生的一种方式。

这个国家值得赞扬，不仅值得我们赞扬，而且值得全人类赞扬。理由很多，首先最重要的是她是神所钟爱的国家。诸神为了表示对她的敬重而发生争执，使这一点得到了证明。① 诸神赞美的国家难道还不该被全人类赞美吗？第二条理由也是完全正当 D
的，当整个大地都在出现和创造出各种驯服的动物和野兽的时候，作为我们母亲的这块国土却没有出现野蛮的怪兽，而是从各种动物中选择了人类在这里出生，人类不仅在智力上优于其他动物，而且也只有人类才有正义和宗教。有一条伟大的证据可以说明这块 E

① 希腊神话中说波塞冬和雅典娜为了要做雅典的主神而发生争执。两位神比赛神力，波塞冬用三尖叉击打岩石，岩石缝里跳出一匹马来；雅典娜则使岩石上长出一棵橄榄树。雅典人认为橄榄树有用，选定雅典娜作城邦保护神，并以她的名字作为城邦的名字，称为“雅典”。

国土生下了这些烈士和我们的共同祖先,这就是她为她的后代提
供了维持生命的方法。就像一名妇女通过给她的孩子哺乳而展示
母性,没有乳房就不能算是一位母亲,所以我们的大地母亲也以这
种方式证明了她是人类的母亲。在那些日子里,只有她首先产出
238 了小麦和大麦给人作食物,这是人类最优良、最高级的养料,而她
也把人当作她真正的后代。这些都更加真实地证明了国家的母性
胜过妇女的母性,因为妇女的怀孕和生育只不过是对大地的模仿,
而不是大地倒过来模仿妇女。大地把她的丰硕果实不仅充裕地提
供给自己,而且也提供给其他人,后来她还产出橄榄,作为赐给她
的子女的一种恩惠,慰藉他们的辛劳。把子女抚养长大成人后,她
B 赐给他们诸神作他们的统治者和教师,诸神的名字是人所周知的,
没有必要在这里重复。这些神安排着我们的生活,把各种日常生
活所需要的技艺传授给我们最初的人类,也教会我们获得和使用
武器保卫祖国。

烈士们的祖先就这样来到这个世界上,并接受教育。他们生
C 活在一起,组织了政府,对此我要简略地加以说明。政府是人的本
性所致,好人组成的政府是好的,坏人组成的政府是坏的。我必须
说明我们的祖先在一个好政府的领导下接受训练,因此他们都是
好人,我们这个时代的人也都是好人,我们那些牺牲了的朋友亦属
于此列。从那时起一直到现在,总的说来,我们的政府是一种贤人
政制。① 这种形式的政府有着不同的名字,按照人们的想象,有时
D 候它被称作民主政制,但它实际上是一种经过多数人赞同而建立
起来的贤人政制,或者是一种由最优秀的人实行统治的政府。我
们一直有国王,起初是世袭的,然后是民选的,大部分权力掌握在

① 贤人政制(aristocracy)通译贵族政制。从文中叙述的意思来看,只有在第一阶段世袭的时候这种政制才可以称为贵族政制。

民众手里,由民众把职位和权力分配给那些最适宜担任这些工作
的人。一个人既不会因为体弱、贫穷、出身低贱而被排斥在政治之
外,也不会像别的国家那样,由于相反的原因而获得荣耀。只有一
条原则:表现得聪明和善良的人才能担任统治者。我们这种统治 E
形式的基础在于出生平等,而其他国家则是由处在不平等状况下
的各式各样的人组成的,因此他们的统治是不平等的,有僭主,也
有寡头,在这些人的统治下,一部分人是奴隶,另一部分人是主人。
但是我们的公民是兄弟,全都是同一个母亲的孩子,我们不认为互 239
相把对方当作主人或奴隶是正确的,这种天生的平等也推动着我
们去寻求法律上的平等。我们承认,除了美德和智慧的名声有差
别外,没有谁能高人一等。

就这样,他们的祖先和我们的祖先,还有我们的兄弟,出身都
是高贵的,并且都在自由中成长起来,在公共事务和私人事务中都
能完成许多闻名于全世界的高尚业绩。他们认为要用战斗来捍卫
自由,所以他们可以为了希腊人的缘故而反对希腊人,也可以为了 B
希腊人的共同利益而与野蛮人作战。因为时间关系,我无法细述
他们如何保卫祖国,如何反抗欧谟尔普① 和亚马孙人② 的入侵,
或者为了保卫阿耳戈斯的后代而反对卡德摩斯的子孙③,或者为
了保卫赫拉克勒斯的子孙而反对阿耳戈斯人。④ 此外,诗人们已
经用诗歌向全人类宣告了他们的光荣,因此我们用散文赞扬他们 C

---

① 欧谟尔普(Eumolpus)是色雷斯人首领,曾助厄琉息斯人入侵阿提卡。

② 亚马孙人(Amazons)是本都斯的一个好战的女族,传说曾入侵雅典,被英雄忒修斯逐回亚细亚。

③ 指希腊传说中七国共同抵抗底比斯之战。卡德摩斯是底比斯城的创建者。

④ 赫拉克勒斯是希腊神话中的英雄,出生于底比斯,赫拉克勒斯的子孙指底比斯人。雅典人曾帮助底比斯人抗击阿耳戈斯人。

的功绩的任何尝试都只能屈居第二。他们已经获得了奖赏,因此关于这些功绩我不想再多说,但仍有一些高尚的业绩尚未得到正确的歌颂,仍在引诱着诗人们的缪斯。因此,我必须光荣地赞扬这些业绩,也要呼吁其他人使用各种乐器来加以歌颂,以至于成为一名演员。

D 我首先要说的是,波斯人,亚细亚之主,如何奴役欧罗巴,而这块土地的子孙,我们的祖先,又如何把他们驱逐回去。我要先讲述这些事,赞扬他们的勇敢,这样做是适宜的。要想对他们作出正确的评价,必须设身处地了解那个时代。当时,所有亚细亚人都是波斯人的第三个国王的臣民。波斯人的第一位国王居鲁士[1] 凭着
E 他的勇敢解放了他的同胞波斯人,使他们原先的统治者米地亚人沦为奴隶,还统治了亚细亚的其他各地,远至埃及。继他之后,他的儿子[2] 又进一步统治了所有与埃及相邻的地区和利比亚。[3] 第三位国王是大流士[4],他把这个帝国的疆域拓展至西徐亚,又用他
240 的舰队控制了海洋和岛屿。无人敢与之争锋,所有人的心灵都被他慑服,世上许多尚武的强大民族都在波斯人的力量面前屈服。

大流士指责我们和埃雷特里亚人[5] 合谋反对萨尔迪斯,他派了 50 万大军登上运兵船和战舰,又派出战船三百艘,由达提斯统
B 领。大流士对达提斯说,如果你还想要你的脑袋长在脖子上,就把

---

① 居鲁士(Cyrus)于公元前 559 年击败米地亚人,自居王位至公元前 529 年。

② 居鲁士之子冈比西斯(Gambyses)为波斯第二位国王,公元前 529—前 522 年在位。

③ 当时希腊人所说的利比亚(Libya)指非洲北部。

④ 大流士(Darius)是波斯第一位国王居鲁士的女婿,公元前 522—前 485 年在位。

⑤ 埃雷特里亚(Eretria)是优卑亚岛上的一个城邦。

埃雷特里亚人和雅典人统统俘虏回来。达提斯首先进攻埃雷特里
亚人,这个城邦的人在那个时代的希腊人中享有高尚和善战的盛
名。他们人数众多,然而却在三日之内就被达提斯征服了。打败
埃雷特里亚人以后,为了不让一个人逃脱,他下令仔细搜查整个国 C
家。他的士兵开往海边,拉起手来从海边开始横扫整个国土,目的
是为了回国后可以向国王报告没有一个人漏网。此后,他们抱着
同样的企图从埃雷特里亚向马拉松进发,想要像征服埃雷特里亚
人一样,让雅典人也成为他们的战俘。

他们的目标既然已经有一半实现了,于是他们就试图让另一
半也成为现实。除了拉栖代蒙人[①] 以外,没有一个希腊城邦曾对
埃雷特里亚人或雅典人伸出过援手,而他们也是在战斗结束一天 D
后才到达的,其他城邦则全都竭力保持沉默,只想保住眼前的平
安。在心中回想起当时那场冲突的人会明白我们的先辈如何在马
拉松抗击野蛮人的攻击,挫败了这些亚细亚人的骄横。这场胜利
使人们首次明白了波斯人的力量并非不可战胜,人多势众也好,财
富巨大也好,都会在勇敢面前投降。我断定这些勇敢的人不仅是
我们的先辈,而且也是我们和其他生活在这个大陆上的民众的自
由之父。这一行为给希腊人树立了榜样,每当需要冒着危险为自
身安全而战斗时,他们就会缅怀马拉松战役勇士们的事迹。他们
成了马拉松勇士的追随者。 241

因此,我此刻的讲演首先要颂扬他们,其次要颂扬那些在萨拉
米和阿特米西乌附近的海战中[②] 战斗和战胜敌人的勇士,因为关
于他们如何抵挡敌人从海陆两方面发起的进攻,如何把侵略者赶
走,确实也有许多事迹可言。这里只提在我看来他们最高尚的行

① 拉栖代蒙人(Lacedaemonians)即斯巴达人。

② 这两次战役发生在公元前480年薛西斯领兵侵略希腊的时候。

为,几乎可与马拉松勇士的事迹媲美。因为马拉松的勇士只告诉
B 希腊人,以少胜多,从陆上挡住野蛮人是可能的,但还无法证明在
海上也能战胜他们,波斯人在海战中仍旧拥有兵员众多、供应充
分、技术娴熟、军力强大的优势。这是那些在海战中取胜的勇士们
的光荣,他们打消了希腊人的第二种恐惧,从今以后他们不再害怕
敌人的数量,无论是舰船的数量还是兵员的数量。就这样,在马拉
C 松战斗的士兵和在萨拉米战斗的水手成了希腊的老师,一个教导
希腊人不要害怕从陆上来犯的蛮夷,另一个教导希腊人不要害怕
从海上来犯的蛮夷。

以参战的人数多少、勇敢程度,以及在解救希腊中所起的作用
为标准,我把普拉蒂亚战役[1] 列在第三位。拉栖代蒙人和雅典人
参加了战斗。他们在这场战况空前惨烈的战争中联合起来,因此
D 他们的美德将世代流传,就像我们现在要加以颂扬一样。但这次
战役以后的一个时期内,仍有许多希腊部落站在野蛮人一边,有传
闻说那位伟大的波斯国王还想要对希腊发动一次新的战争,因此
我们也还要公正地提到那些把所有蛮夷从海上彻底清除掉、为希
E 腊人的解放作出贡献的人。他们是参加欧律墨冬河口海战的勇
士、远征塞浦路斯的勇士,以及远航到埃及和其他地方的人。[2] 我
们应当对他们感恩,纪念他们,因为是他们迫使那位波斯国王小心
自己的安全,而不再策划毁灭希腊的阴谋。

242 就这样,整个城邦的人为了他们自己和他们的国家,把这场抗
击野蛮人的战争坚持到了最后。和平取得了,我们的城邦光荣地
保存下来。可是后来,就像成功会招来妒忌一样,我们的城邦招来

---

① 公元前 479 年波斯将领马多尼厄斯率兵侵犯希腊,希腊联军与侵略者决战于普拉蒂亚(Plataea),以少胜多,取得决战胜利。

② 这些军事行动大约发生在公元前 461—前 458 年。

了邻邦的妒忌,妒忌又产生怨恨,于是她只好参与了希腊各城邦的内战。战争爆发的时候,为了玻俄提亚人[1]的自由,我们的公民与拉栖代蒙人在唐格拉相遇,[2]这次战斗的结果是可疑的,是由后来发生的战斗所决定的。因为拉栖代蒙人在撤走的时候把原来帮助他们的玻俄提亚人也丢下不管了。唐格拉战斗后的第三天, B
我们的同胞占领了恩诺斐塔[3]公正地恢复了那些原先不公正地被放逐的玻俄提亚人。这是希波战争之后雅典人首次为了自由而在某些希腊人的帮助下反对另一些希腊人的战争。参加这次战争的雅典人是勇敢的,解救了他们所支援的人民,他们也是第一批光荣地埋葬在这个国家公墓中的人。

后来又发生了一场大战,在战争中所有希腊人联合起来蹂躏 C
我们的国家,他们确实是不感恩的。我们的国民在海战中打败了他们,在斯法吉亚俘虏了一些指挥他们的斯巴达将领。[4]我们的战士当时完全可以把这些斯巴达人处死,但最后还是饶了他们的命,把他们遣送回去,缔结了和平。这样做是因为考虑到,大家同 D
为希腊人,只要打了胜仗也就可以了,不必为了一个城邦的私愤而毁灭了整个希腊的共同利益,而对蛮夷作战那就应当把他们斩尽杀绝。参加这次战争而后被埋葬在这里的人也值得赞扬,因为他们证明了,如果有人怀疑雅典人在从前那场对野蛮人的战争中的勇敢,那么这种怀疑是毫无根据的,因为他们在后来这场希腊人的内战中取得的胜利,表明雅典人可以单独击败其他主要希腊城邦的联盟,它们曾经联合起来在那场抗击野蛮人的战争中取

① 玻俄提亚(Boeotia)是希腊中部的一个古国,底比斯为其首都。

② 公元前457年雅典人在玻俄提亚东部的唐格拉(Tanagra)为拉栖代蒙人所败。

③ 恩诺斐塔(Oenophyta)是玻俄提亚重镇。

④ 此事发生在公元前425年,即伯罗奔尼撒战争的第七个年头。

胜。

这次和平之后又发生了第三次恐怖和险恶的战争,许多勇敢
的人在这场战争中牺牲,现在埋葬在这里。他们中有许多人在赴
243 西西里岛作战时取得了胜利。为了信守誓言、帮助林地尼人保持
自由,他们渡海作战,但由于距离母邦太远而无法取得增援,他们
放弃了计划,遭到不幸。由于他们的勇敢与审慎,他们从敌人和对
手那里得到的赞扬比其他人从朋友那里得到的赞扬更多。在赫勒
斯旁海战中也有许多人牺牲,他们在一天之内俘获了敌人的全部
B 战船,此外还在多次交战中获胜。我之所以把这次战争称作恐怖
和险恶的,那是因为极端妒忌我们城邦的某些希腊城邦竟然与他
们最凶恶的敌人波斯国王谈判,联合起来对付雅典,当年被他们和
C 我们联合驱逐出去的敌人又被他们请了回来。① 我们城邦的力量
和勇敢像光芒四射。她的敌人以为她已经被战争消耗殆尽,我们
的舰船当时已经被困在米提利尼。② 但是,我们的公民自己组织
了60艘船前往救援,他们的勇敢得到世人公认,因为他们战胜了
敌人,拯救了朋友。由于遭遇厄运,他们在海中遇难,未能埋葬在
D 这里。③ 但他们永远值得我们纪念,因为他们的勇敢不仅赢得了
那场海战,而且决定了整场战争的结局。通过他们,城邦重新获得
了不可战胜的名声,哪怕是整个世界都来攻打她都不能取胜。这
种名声是真实的,因为我们的战败是由于我们自己的行为。我们
决不会被敌人征服,时至今日我们仍旧没有被敌人征服,但我们是
自己的征服者,我们用自己的手把自己打倒了。

① 公元前412年斯巴达人与波斯人联合进攻雅典人。

② 米提利尼战役发生在公元前407年。

③ 公元前406年阿基努斯群岛战役中,雅典战胜斯巴达,但损失了25艘战船的全部兵员。

后来一个时期,海外的战事平静下来,有了和平,但是内乱却 E
在家中爆发了,如果人们命中注定要打内战,那么没有人能够期盼
他的城邦的混乱会采取比较温和的形式。来自皮莱乌斯[①] 的民
众与雅典城里的民众达成了和解,这是多么令人欢欣鼓舞,又是多
么自然啊。他们组织了讨伐厄琉息斯的僭主们[②] 的战争,其节制 244
态度完全超出其他希腊人的预料!这种仁慈的原因在于名副其实
的血缘关系和由此在他们中间产生的同胞之情,对这种友谊的忠
诚不仅表现在言语中,而且表现在行动上。我们也必须纪念那些
由于节制而在内战中被杀害的人,他们在那样的情况下仍旧用献
祭和祈祷来谋求和解,为那些对他们施加暴力的人祈祷,希望他们
也能像我们一样和解。他们没有出于恶毒或敌意而相互攻伐,但
却遭遇了不幸。我们自己可以为这些事实作证,我们和他们属于 B
同一种族,不管过去是谁伤害了谁,都应当相互宽恕。

此后迎来了完全的和平,我们的城邦得以安宁。她感到那些
进攻希腊的蛮夷可以原谅了,他们已经受到沉重的报复而元气大
伤,但她对那些不感恩的希腊人仍旧耿耿于怀,这些人以怨报德, C
勾结野蛮人,使她失去了派去救援他们的战船,还要我们拆毁城
墙,而正是我们的城墙曾经使他们的城墙免于被拆毁。她想从今
以后,无论是各城邦之间相互奴役,还是被野蛮人统治,她都不会
再去保卫其他希腊城邦。这就是我们当时的感觉,而拉栖代蒙人
则认为我们这些自由的卫士已经倒下,他们下一步要做的事情是
征服其他希腊人。我为什么要说这么多呢?因为我讲的这些事件 D

---

① 皮莱乌斯(Piraeus)是雅典人在阿提卡半岛西部建立的一个港口城镇,距离雅典约四里。

② 指于公元前 404—前 403 年在雅典执政 18 个月后被逐往厄琉息斯的寡头们。

并非很久以前发生的,我们全都能记得希腊的主要部族,阿耳戈斯人、玻俄提亚人和科林斯人,感到需要我们了,最为神奇的是,波斯国王本人也被迫接受了这样一种看法,只有这个被他摧毁过的城邦才能给他带来拯救。

E 如果有人刻意想要找出恰当的理由来指责我们的城邦,那么
他所能发现的惟一公正的理由是她对弱者太同情,总是想要帮助
弱者。由于这个缘故,她无法硬起心肠来拒绝帮助那些受到奴役
但曾经伤害过她的城邦,而老是伸出援手来解救它们,把希腊人从
245 奴隶制下解放出来,使他们获得自由,直到他们后来奴役自己的同
胞。不过对于那位伟大的波斯国王,她拒绝以国家的名义出面援
助,因为她不能忘记马拉松、萨拉米、普拉蒂亚三次战役的胜利,但
她允许那些被放逐的人和自愿者前去提供帮助,这些人成了这位
B 国王的救星。当城邦本身被迫进入战争状态时,她修建城墙和战
船,为了帕罗斯人而对拉栖代蒙人作战。① 当时那位波斯国王看
到拉栖代蒙人在海战中已经无法支持下去,出于对我们城邦的恐
惧心理,他想要割断与我们的联系。作为与我们和其他同盟者结
盟的代价,他要求我们放弃在亚细亚的希腊人,而这些人是拉栖代
蒙人从前交给他的。他以为我们会拒绝这项要求,这样他就可以
C 用这个借口与我们断绝同盟。对其他联盟者来说他的估计是错
的,因为科林斯人、阿耳戈斯人、玻俄提亚人以及其他城邦,宁可把
那些在亚细亚的希腊人交给他处理。他们与波斯国王订立了条
约,并保证,只要他能支付一笔赔偿金,他们就会把这些在亚细亚
大陆上的希腊人交给他。只有我们城邦拒绝加入这个条约,不愿
放弃这些人。这就是这个城邦天生高贵之处,我们的自由精神是
D 健全的、健康的,我们对野蛮人从心底里感到厌恶,因为我们是纯

① 帕罗斯(Paros)是爱琴海上的一个岛屿。

血统的希腊人，没有混杂一点儿蛮夷的血液。我们和其他许多希
腊城邦不一样，他们是珀罗普斯、卡德摩斯、埃古普托斯、达那俄斯
的后代，[①] 说起来是希腊人，居住在我们中间，但本质上却是蛮
夷。只有我们是纯粹的希腊人，没有被外来的血液所玷污，因此我
们城邦的血统中就有一种对异族人的憎恶。就这样，为了坚持我 E
们高尚的情操，我们再次受到孤立，因为我们不愿罪恶地、卑鄙地
把希腊人交给野蛮人去处置。我们又落到从前被征服那样的境
况，然而有上苍的恩惠，我们这一次的结局比上一次要好，战争结
束了，但我们没有失去我们的战船、城墙、殖民地，我们的敌人看到
我们能接受停战也非常高兴。然而，在这场战争中我们失去了许
多勇士，比如在科林斯战场上艰苦作战而牺牲的人，或在莱卡乌姆
叛乱中牺牲的人。还有，那些曾经解救过波斯国王的人，把拉栖代 246
蒙人赶出海域的人也是非常勇敢的。我提醒你们要和我一道赞美
他们的功绩，纪念他们。

这就是埋葬在这里的勇士和为了祖国而捐躯的人的行为。我
已经讲了许多他们的光荣事迹，但是可讲的还有很多，要想一一细
说，那是许多个昼夜都不够的。不要忘记他们，每个人都要提醒他 B
们的后代，你们也是战士，一定不能辱没了先辈的英名，在战场上
一定不能胆怯而从背后被敌人杀死。尽管我今天已经对你们进行
了鼓励，但是今后凡有机会遇见你们，我还要不断地提醒和鼓励你
们。噢，英雄的子孙们，你们一定要努力成为勇士。我想，现在我 C
必须重复一下你们的父辈在奔赴战场前想对你们这些幸存者说的
话，他们知道在战斗中任何事情都会发生。我想把我自己亲耳从
他们那里听到的话告诉你们，如果他们现在还能对你们说，那么

① 此处提到的人名均为希腊神话传说中某些希腊城邦国家的国王或王子。

从当时的情景来看,我想他们会乐意讲给你们听的。听了我下面的复述,你们一定会想象出当时的情景:

D “孩子们,事实证明了你们的父亲是勇士,因为我们活着的时候不一定荣耀,但我们宁可死得光荣,而不愿给你们和你们的孩子带来耻辱,也不愿辱没我们自己的父亲和祖宗。我们认为,给他的种族带来耻辱的人纵然活着也等于死人,因为凡人也好,诸神也好,都不会友好地对待这种人,无论他活在这个世界上,还是死后
E 去下面那个世界。所以,记住我们的话,无论你们有什么目标,都要凭借美德去实现,要知道没有美德,你们拥有的一切财富和追求的东西都是可耻的,罪恶的。如果是个胆小鬼,那么财富不会给他带来荣耀,这样的人的财产实际上不属于他自己,而属于别人。身体的美貌和膂力也不会给人带来荣耀,如果这些东西出现在一个胆小鬼身上,它们只会走向反面,使他更加受人注意并表现出他的
247 胆怯。一切知识如果离开了正义和美德,都可以看做是一种欺诈而不是一种智慧。因此,你们要始终不渝地、一心一意地在美德方面超过我们,不仅要超过我们,还要超过你们所有的祖先。你们要知道,如果你们在美德方面不能超过我们,那么会给我们带来耻辱;但若你们在美德方面超过了我们,那么你们会成为我们快乐的
B 源泉。在这场竞赛中,我们宁可被你们打败,我们宁愿你们是胜利者,我们希望你们能够规范自己的生活,决不辱没或浪费祖先的名声。你们要知道,对有一丝一毫自尊的人来说,不是由于他自身的功绩,而是由于他祖先的功绩而受到赞扬,这是一种耻辱而不是光荣。父母的光荣对子女来说是一个美丽而珍贵的宝库,但若子女只是使用宝库中的财富和光荣,而自己却既无钱财又无名声,不能为他们自己的后代留下任何东西的话,那么这样的子女是卑劣的、
C 可耻的。如果你们遵守我们的告诫,那么当命运要你们到这里来的时候,我们会把你当作朋友来接待;但若你们不听我们的话,过

一种可耻的生活，那么没有人会欢迎你，接受你。这些话你要传给我们的孩子。

“我们有些人的父母还活着，所以我们要劝告他们。我们很可
能就要死了，千万要平静地对待我们的死讯，不要太悲伤，不要相 D
互劝慰，因为他们已经有了太多的悲哀，不再需要别人来激起他们的伤感了。当我们温和地治疗他们心中的创伤时，让我们提醒他们说，诸神已经聆听了他们的祈祷的主要部分，因为他们并没有祈求让他们的孩子永生，而是祈求让他们的孩子勇敢和扬名。这就是最伟大的善，他们已经获得了。一个凡人不能够期待此生一切
如意，但只要他们勇敢地面对不幸，那么他们确实是勇敢者的父 E
亲。如果他们过分悲哀，那么人们就会怀疑他们不是我们的父母，或者认为那些对我们的赞扬是错的。让这两种情况都不要发生，让他们成为我们的主要的和真正的颂扬者，向人们显示他们是真
正的人，有我们这样儿子。古谚说：“万勿过度”，说得确实好极了。 248
把幸福全部或尽可能建立在自身基础上，而不是依赖他人或听凭命运摆布的人，是最能应付生活的。这样的人是节制的、勇敢的、聪明的，无论他的财产来而复去，他的子女得而复失，他都会记住
那句格言：“悲喜均勿过度”，因为他依靠的是他自己。这就是我们 B
对父母的希望，希望他们成为这样的人，就好像我们现在也在要求自己，如果我们现在就要去死，那么既不要太悲伤，也不要太害怕。我们要我们的父母在余生中都保持这样的情感，要他们明白他们对我们的悲哀和伤心都不能使我们快乐。如果人死了还能知道活
人的事，那么他们的过度悲哀和伤心会使我们不高兴，如果他们想 C
使我们开心，那么还是要平静地、有节制地承受他们的痛苦。我们的生命会有一个最高尚的结局，这是对人的一种赏赐，所以应当对它赞美而不是悲哀。如果我们的父母能把心思转移到照料和关怀我们的妻子和子女上，那么他们很快就会忘记不幸，以一种更优

D 秀、更高尚的方式生活,而这是我们更希望看到的。

“我们必须要对家属说的话就是这些,而对国家我们要说,请照料我们的父母和儿子,请敬重我们年迈的父母,请用正确的方式把我们的儿子抚养成人。当然,我们知道国家会自愿照料他们,不需要我们的任何告诫。”

E 噢,死难者的子女和父母们,这就是他们要我们传达给你们的遗言,我已经非常严肃地向你们传达了。以他们的名义我要嘱咐你们,你们这些死难者的子女要效仿你们的父亲,你们这些死难者的父母一定不要伤心过度,因为我们会抚养你们安度晚年,只要我们中任何人碰到任何一位死难者的父母,都会从公私两个方面照顾你们。至于国家给予的照顾,你们自己知道得很清楚,法律规定
249 了由国家来供养战死者的父母和子女,国家最高当局比其他所有公民更加负有特别照料他们的责任,务必不使他们受到一点亏待。城邦本身担负着对儿童的教育,会尽可能不让烈士们的遗孤感到自己是孤儿。在他们还未成年的时候,城邦是他们的父母,等他们
B 成年后,城邦就会指派他们去担负使命,给他们配上全副武装,把他们的父辈建功立业的武器交给他们,使他们明白父辈走过的道路。出于城邦的预见,她使他们在成为一家之主之始,就在自己家中摆放着他们父辈用过的兵器,展示他们父辈的力量。至于那些死难者,城邦从未停止过对他们表示敬意,每年都以全民的名义举行适宜的祭祀,此外还举行竞技、赛马、音乐等各项比赛。对死难者来说,城邦以儿子和后嗣的身分自居;对死难者的儿子来说,城
C 邦以父亲的身分自居;而对死难者的父母和长辈来说,城邦以保护人的身分自居,自始至终照料他们。想到这一点,你们必须更加温和地忍受你们的不幸,这样你们就能使死难者和活着的人都感到满意,你们的悲哀也就可以得到抚慰而被治愈。你们大家都已经按照法律对死难者表达了哀悼,现在,大家可以回去了。

美涅克塞努,你已经听到了米利都人阿丝帕希娅的演说词。 D

美涅克塞努 说真的,苏格拉底,我对阿丝帕希娅感到惊讶,她只是一个女人,竟然能够写出这样一篇演说词来,实在是非常稀罕。

苏格拉底 哦,你要是不相信,可以和我一起去听她亲自演讲。

美涅克塞努 我经常有机会见到阿丝帕希娅,苏格拉底,我知道她是个什么样的人。

苏格拉底 那好吧,难道你不崇拜她,对她的演讲不感激吗?

美涅克塞努 我崇拜她,苏格拉底,我非常感激她把这篇讲演告诉了你,而你又把它告诉了我。 E

苏格拉底 那很好。但你一定要注意,千万替我保守秘密。这样的话,我以后还会把她许多精美的政治演说词告诉你。

美涅克塞努 你放心吧。只要你告诉我,我一定替你保密。

苏格拉底 那么好吧,一言为定。

小希庇亚篇

提　　要

这篇对话可以归为柏拉图的作品，只因为从亚里士多德时代起人们就一直这么看。它比其他对话都要差。争论在苏格拉底和一位智者希庇亚之间展开，这位希庇亚说他从来没有发现过任何人在任何方面比他强。讨论到故意或并非故意地犯错误时，希庇亚坚持说，无意中做错事比故意做错事要好，而苏格拉底则持相反的看法。他一开始就肯定一名故意摔倒的摔跤手比一名不得不摔倒的摔跤手要好，然后又肯定一名因为听力不佳而唱歌跑了调的人比一名故意这样做的人要糟，因此故意做错事比并非故意地做错事要好，等等，最后不可避免地得出结论：所谓好人就是明知故犯的人。

在这一点上，希庇亚犹豫不决，而苏格拉底则说他对希庇亚表示同情，但是他只是一个无知的普通人，如果最聪明的智者也不能告诉他真理，那么他也无计可施。

正　　文

363 **欧狄库**　苏格拉底，在希庇亚作了这番极好的表现之后，你为什么沉默？如果你认为他有什么错误，为什么不起来驳斥他？如果他没有什么错误，你为什么不和我们一道赞扬他？有更多的理由表明你应该说话，因为现在在场的只有我们这些人了，听众也仅限于擅长哲学讨论的人。

苏格拉底 欧狄库，我很想问希庇亚他刚才谈论荷马时所说
的话是什么意思。我听你的父亲阿培曼图说过，荷马的《伊利亚 B
特》比他的《奥德赛》更好，就好比阿喀琉斯比奥德修斯更好。他还说，奥德修斯是一部史诗的中心人物，而阿喀琉斯是另一部史诗的中心人物。现在，如果希庇亚不反对的话，那么请他告诉我，他对
这两位英雄是怎么想的，他认为哪一位英雄更好。刚才他在展示 C
他的才能时，已经告诉我们许多关于荷马和其他形形色色的诗人的各种各样的事情。

欧狄库 我敢肯定，希庇亚乐意回答你想问的任何事情。请告诉我，希庇亚，如果苏格拉底向你提问，你愿意回答吗?

希庇亚 欧狄库，如果我拒绝回答苏格拉底的问题，那么我确实是十分奇怪地言行不一的了，因为每逢奥林匹克节我都要从埃利斯的家中去奥林比亚的神庙，所有希腊人都在那里集会，我不断地宣称自己愿意进行任何已有准备的表演，回答任何人必须要问的问题。

苏格拉底 说真的，希庇亚，如果每次奥林匹克节你去神庙时 364
都对自己的智慧如此自信，那么我应当向你表示祝贺。但我怀疑任何男英雄在投身于奥林比亚的竞赛时对他奉献的身体会抱着如此无畏和自信的态度，就像你奉献你的心灵那样自信。

希庇亚 我这样说有足够的理由，苏格拉底，因为从我第一次进入奥林比亚竞赛的行列起，我从未发现有任何人在任何事情上比我强。

苏格拉底 希庇亚，你的智慧的名声确实是在为你的埃利斯 B
城邦和你的父母增光添彩！但把话说回来，你关于奥德修斯和阿喀琉斯是怎么说的？他们哪一个较好？在什么具体方面一个比另

一个强？刚才你在演讲表演时有很多人在场,尽管我没弄明白你
的意思,但我没想要提问,因为当时人太多了,我担心我的提问会
打扰你的表演。但是现在人不那么多了,我的朋友欧狄库要我提
C 问,希望你能告诉我关于两位英雄你是怎么说的,使我能够清楚地
理解你的意思。你是怎么区分他们的？

希庇亚 苏格拉底,我很高兴能有机会比刚才公开讲演时更加清楚地解释我对这两位英雄和其他英雄的看法。我认为,荷马想把阿喀琉斯说成最勇敢的人,把涅斯托耳说成最聪明的人,把奥德修斯说成最狡猾的人。

苏格拉底 噢,希庇亚,你确实是举世罕见的人。如果我不能
马上明白你的意思,要把我的问题重复问几遍,你能仁慈地不笑话
D 我吗？请你仁慈、温和地回答我的问题。

希庇亚 苏格拉底,我收费授徒,如果我不能在你提问的时候有礼貌地欣然回答你的问题,那么我自己会感到极大的耻辱。

苏格拉底 谢谢你。实际上，当你说诗人想把阿喀琉斯说成最勇敢的人，把涅斯托耳说成最聪明的人时，我好像明白你的意思，但是当你说诗人把奥德修斯说成最狡猾的人时，我得承认我无法理解你的意思。如果你能告诉我荷马有没有把阿喀琉斯说成是狡猾的，那么我也许能比较好地理解你的意思。这样做行吗？

希庇亚 荷马肯定没有这样说过,苏格拉底。阿喀琉斯是人
类中最正直的,荷马在那段被称作“祈祷词”的段落中说他们在交
365 谈,阿喀琉斯对奥德修斯说:“拉埃尔特之子、天神的后裔、足智多
谋的奥德修斯,我会把心里想要做的事明明白白地说出来,我相信
B 我一定会这样做。有些人心里想的是一回事,嘴上说的是另一回
事,这种人就像冥王的大门那样可恨。而我心里怎么想,嘴上就怎

么说。"[①] 在这几行诗句中,诗人设想阿喀琉斯对奥德修斯说了这些话,用这些诗句清楚地揭示了他们的品性差异。他指出阿喀琉斯是诚实坦率的,而奥德修斯是狡猾虚伪的。

苏格拉底 希庇亚,我现在明白你的意思了。当你说奥德修斯狡猾时,显然是指他的虚伪。对吗?

希庇亚 一点儿没错,苏格拉底。这就是奥德修斯的品性,荷马在《伊利亚特》和《奥德赛》这两部史诗中的许多段落中都是这样描写他的。 C

苏格拉底 荷马一定假定诚实的人和虚假的人不同。对吗?

希庇亚 当然如此,苏格拉底。

苏格拉底 这是你自己的看法吗,希庇亚?

希庇亚 当然是。我怎么会有别的看法呢?

苏格拉底 那么好吧。由于我们不可能去问荷马这些诗句指的什么意思,所以让我们把他搁在一边,而你会代他回答,你本人的观点与你所认为的荷马的观点是一致的,因此你愿意代表你自己和他进行回答吗? D

希庇亚 我愿意。不管你问什么,请尽量简短。

苏格拉底 你认为虚伪的人就像病人那样没有能力做事,还是有能力做事?

希庇亚 我应当说他们有能力做许多事,尤其是骗人。 E

苏格拉底 照你这样说来,他们既是有能力的,又是狡猾的,是吗?

希庇亚 是。

苏格拉底 如果他们是狡猾的,那么他们依靠他们的单纯和愚蠢来骗人,还是依靠他们的狡诈和某种精明来骗人?

---

① 荷马:《伊利亚特》第9卷,第308行。

希庇亚 肯定是依靠他们的狡诈和精明。

苏格拉底 那么我假定他们是精明的,对吗?

希庇亚 对,他们非常精明。

苏格拉底 如果他们是精明的,那么他们知不知道他们在做什么?

希庇亚 当然知道,他们非常明白自己要做的事,这就是他们要加害于他人的原因。

366 **苏格拉底** 拥有这种知识,他们是无知的,还是聪明的?

希庇亚 当然是聪明的,至少他们要聪明到能够骗人。

苏格拉底 让我们暂停,回忆一下你说了些什么。你说虚伪的人是有能力的、精明的、聪明的,知道那些虚假的事情,不是吗?

希庇亚 我是这样说的。

苏格拉底 真实与虚假不同,真实与虚假是相互对立的吗?

希庇亚 这是我的看法。

苏格拉底 按照你的看法,虚假似乎要纳入有能力和聪明一类?

希庇亚 没错。

B **苏格拉底** 你说虚伪的人就其虚假而言是有能力的和聪明的,这个时候你的意思是他们拥有还是不拥有在他们愿意的时候把他们的虚假的东西说出来的能力?

希庇亚 我的意思是他们拥有这种能力。

苏格拉底 那么,简言之,这些虚伪的人是聪明的,他们拥有说假话的能力。对吗?

希庇亚 对。

苏格拉底 那么不拥有说假话的能力的人是愚蠢的,这样的人不会是虚伪的。对吗?

希庇亚 你说得对。

苏格拉底 每个人都有能力做他希望做的事。我指的不是特殊情况,例如患重病或其他类似的情况,而是一般说来是这样的, C
比如我说你要是愿意的话你有能力写出我的名字来。你把能做这种事的人称作有能力的吗?

希庇亚 是的。

苏格拉底 请告诉我,希庇亚,你是一名熟练的计算者和数学家吗?

希庇亚 是,苏格拉底,我确实是。

苏格拉底 如果有人问你,三乘七百是多少,如果你愿意,你会马上把正确答案告诉他,是吗?

希庇亚 我肯定会这样做。 D

苏格拉底 这是因为你在这些事情上是最聪明、最能干的吗?

希庇亚 对。

苏格拉底 既然你在计算中是最聪明、最能干的,因此你也是最优秀的。对吗?

希庇亚 对,苏格拉底,我当然是最优秀的。

苏格拉底 因此,你是最有能力说出这些事情的真相的人,你会这样做吗?

希庇亚 我会。 E

苏格拉底 你不是同样也能很好地说出这些事情的假相吗?希庇亚,到现在为止你一直表现得坦率和宽宏大量,我请求你仍旧要以这种态度回答我的问题。假如有人问你三乘七百是多少,由于你对同一件事既可以讲真话,也可以讲假话,总是拥有同样的能力,如果你想说假话,不愿作出真实的回答,那么你在说假话方面 367
是最优秀的和最一贯的,对吗?如果你选择了讲假话,那么对算术一无所知的人比你更能说出虚假的结果,对吗?对算术无知的人如果想要说谎,由于他不懂算术,所以他有时候可能会碰上真理,说出正确的结果来,而你是一个聪明人,如果你想说谎,那么你一定能始终一贯地说谎,是吗?

希庇亚 对,你说得对。

苏格拉底 虚伪的人在其他事情上说谎而不在数字问题上说谎,或者说他在计算时也要在数字问题上说谎?

希庇亚 那是一定的,他在数字问题上也和在其他事情上一样撒许多谎。

苏格拉底 那么,希庇亚,我们可以进一步假定有许多人在计算和数字方面是虚假的,可以吗?

B **希庇亚** 可以。

苏格拉底 他们是谁?因为你已经承认虚假的人一定有能力成为虚假的。你会记得你说过,不能成为虚假的人不会成为虚假的。

希庇亚 对,我记得,我是这样说过。

苏格拉底 你刚才不是才说过,你本人最有能力在计算方面撒谎吗?

希庇亚 对,但那是另一回事。

C **苏格拉底** 你不是也说过在计算方面说真话吗?

希庇亚 没错。

苏格拉底 那么同一个人在计算方面既能说假话也能说真话,对吗?这个人擅长计算,是算术家,对吗?

希庇亚 对。

苏格拉底 那么,希庇亚,我们发现了谁在计算方面是虚假的?他不是个好人吗?因为好人是有能力的人,是诚实的人。

希庇亚 显然如此。

苏格拉底 那么你瞧,关于这些同样的事情,同一个人既是虚
D 假的,也是真实的吗?诚实的人不会比虚伪的人更狡猾,因为真实

和虚假可以在同一个人身上出现，而不是像你刚才所想象的那样是完全对立的。

希庇亚 在这个例子中显然不是完全对立的。

苏格拉底 我们还要考察其他例子吗？

希庇亚 如果你提出这种建议，当然要。

苏格拉底 你对几何不也很擅长吗？

希庇亚 是的。

苏格拉底 那么好，在这门学问中情况不也是一样的吗？同一个人不是可以对图形既说真话又说假话，在这方面最能干，他就是几何学家，是吗？

希庇亚 是。

苏格拉底 除了他以外，没有别的人在这方面是好的，对吗？ E

希庇亚 对，只有他在这方面是好的。

苏格拉底 好的、聪明的几何学家具有最高程度的双重能力，如果说有人能对图形说假话，那么这个人就是这个好人，因为他有能力成为假的，而坏人是没有能力的，由于这个原因他不能成为假的，这是我们已经承认了的。

希庇亚 对。

苏格拉底 还有，让我们以天文学家为第三个例子加以考察。你，希庇亚，仍旧会声称比前人更加充分地拥有天文学家的技艺，是吗？

希庇亚 是的。 368

苏格拉底 天文学中不也存在着相同的情形吗？

希庇亚 对，苏格拉底。

苏格拉底 在天文学中，如果有人能够说假话，那么他是一个好天文学家，而那些缺乏这种能力的人是不会说假话的，因为他根本没有这方面的知识。

希庇亚 显然没有。

苏格拉底 那么在天文学中,同一个人也会既是真实的又是虚假的,对吗?

希庇亚 好像没错。

B **苏格拉底** 现在,希庇亚,请考虑一下所有学问,看同样的原
则是否能够通行。我知道在许多门技能和艺术中你都是最聪明的
人,就像你自己在市场上那些兑换银钱的人的桌子边上自夸的那
样。你当时正在展示你那伟大的、令人妒忌的智慧,你说有一次去
奥林匹克赛会,身上所有的东西都是你自己制造的。你首先说你
C 的戒指是自己造的,并说你自己会雕刻戒指的图案,刻制过别的一
些印章,还自制了一块刮身板和一个油瓶。你说你穿在脚上的这
双鞋、斗篷和短袖上衣[①] 都是自制的,但最令我们惊叹不已的是
你短袖上衣上的花边,足以证明你掌握了这门技艺,你说自己织的
花边与最昂贵的波斯花边一样精美。还有,你告诉我们,你带来了
诗歌、史诗、悲剧、酒神颂歌,以及各种各样的散文,在我刚才提到
D 的这些艺术以及把握韵律、和谐、缀字等方面,你说你的技能也是
杰出的。如果我没记错,你还在其他许多方面有杰出的造诣。我
忘了提到你的记忆术,你认为这是你特有的光荣,我得说我肯定还
E 忘了其他许多事情。但是,现在只需要看一看你自己的大量技艺
和其他人的那些技艺,请告诉我,依据你我已经接受的那些看法,
你是否发现有任何一门技艺,或对智慧的描述,或足智多谋,无论
369 你用什么名称,在这门技艺中真实与虚假是不同的,不是一回事。
如果你能做到,就请尽可能说出来。但是你做不到。

希庇亚 如果不给我时间考虑,我是做不到,苏格拉底。

苏格拉底 我相信,给你时间考虑也帮不了你的忙,希庇亚,

---

① 原文为 tunic,希腊人长达膝盖的短袖束腰外衣。

但是如果我没弄错,你应当能记住结果。

希庇亚 我不明白你在说什么,苏格拉底。

苏格拉底 我设想你现在没在用你的记忆术,无疑是因为你认为在当前的情况下不需要用这门技能。因此我得提醒你刚才说过的话。你不是说过阿喀琉斯是诚实的,奥德修斯是虚伪的和狡 B
猾的吗?

希庇亚 我说过。

苏格拉底 而现在你认为同一个人已经变得既虚假又真实吗?如果奥德修斯是虚伪的,那么他也是诚实的,如果阿喀琉斯是诚实的,那么他也是虚伪的,所以这两个人并不是互相对立的,而是相同的。

希庇亚 噢,苏格拉底,你老是在编造论证之网,把最难的地方挑选出来,纠缠这些细节,而不从总体上解决问题。现在,如果 C
你愿意听,让我用许多证据来证明给你看,荷马把阿喀琉斯说得比奥德修斯好,他把阿喀琉斯也说成是诚实的人,而把另一位说成是狡诈的,说了许多谎话,比阿喀琉斯要坏。然后,如果你高兴的话,你可以站在另一边发表一篇讲演,证明奥德修斯比阿喀琉斯好,你的讲演可以与我的相比较,这样听众就能知道我们中谁是比较好的演讲者。

苏格拉底 噢,希庇亚,我丝毫也不怀疑你比我聪明。但我有 D
自己的方法,别人说了些什么,我就密切注意他,尤其当说话的人在我看来是个聪明人的时候,我更是如此。抱着想要理解他的意思的愿望,我向他提问,把他说过的话放在一起加以考察和分析,为的是使自己能够理解他的意思。但若说话的人在我看来是个新手,那我就不会向他提问,或自找麻烦了。按照这种方法,你可以知道我把哪些人当作聪明人,你显然明白我正在与之交谈的是一位聪明人,我专心听讲并向他提问,为的是能够向他学习以改善自

E 己。我无法不注意到,刚才你在讲话中,在引述那些诗句的时候,
你认为阿喀琉斯在其中把奥德修斯当作骗子来攻击,我感到你一
定是不可思议地犯了错误,因为奥德修斯这个足智多谋的人从来
370 没有说过谎,而你自己关于阿喀琉斯的谈论则可以表明他是狡诈
的,因为是他先说出了你刚才复述过的话,"有些人心里想的是一
回事,嘴上说的是另一回事,这种人就像冥王的大门那样可恨。"[1]
B 稍后,阿喀琉斯说自己不会听从奥德修斯和阿伽门农的劝告,也不
会留在特洛伊,而是如他自己所说:"明天我会向宙斯和全体天神
献祭,然后我会把船只装上货物,拖到海上。只要你愿意,这样的
事还值得你关心,那么你就会看到,拂晓时我的船就会航行在多鱼
C 的赫勒斯旁海上,我的人热心划桨;要是那位闻名的震撼大地的海
神赐我顺利的航行,第三天我就能到达土地肥沃的弗提亚。"[2] 还
有,在此之前,他在辱骂阿伽门农时说:"我现在要回弗提亚,带着
我那些有着鸟嘴形船头的战船,那样要好得多,我可不想在这里忍
D 受侮辱,为你挣得财产和金钱。"[2] 尽管在这种场合,当着全军的
面,他以这种口吻说话,但在另外的场合,当他与自己人在一起时,
他从来没有打算或试图撤回自己的战船,高傲地不顾一切地回家,
这就是他的所谓真实。希庇亚,我原先向你提问是因为我怀疑诗
E 人有无意向要区别这两位英雄,看哪一位更好,我想他们两位都是
杰出的,很难决定他们哪一位更好,不仅是在真实和虚假方面,而
且在一般的美德方面,哪怕仅就真实而言,他们也处在同一水平
上。

希庇亚 你错了,苏格拉底,阿喀琉斯说了假话,但这种虚假显然并非故意的。他被迫违反自己的想要逗留在军中、把这支军

---

①② 荷马:《伊利亚特》第9卷,第308行,第357行。

② 同上书,第1卷,第169行。

队从危险中拯救出来的意愿。而奥德修斯说假话显然是自觉的和故意的。

苏格拉底 亲爱的希庇亚,你像奥德修斯一样,是一个欺骗自己的骗子。

希庇亚 我肯定不是,苏格拉底?你为什么要这样说? 371

苏格拉底 因为你说阿喀琉斯说假话不是故意的,而他不仅是一个骗子,而且在荷马的描述中表现得非常狡诈,他除了吹牛,还在撒谎和伪装方面远远胜过奥德修斯,他竟敢违背自己说过的话,而奥德修斯竟然没有察觉到,至少奥德修斯对阿喀琉斯没有说过任何话,表明他自己觉察到了阿喀琉斯的虚假。 B

希庇亚 你这是什么意思,苏格拉底?

苏格拉底 你难道没有注意到,他对奥德修斯说自己拂晓时就要启航回家,而他对埃阿斯又是另一番说法吗?

希庇亚 他是怎么说的?

苏格拉底 他说:"在英勇的普利亚姆之子、神一般的赫克托耳杀死阿耳戈斯人,放火烧毁密耳弥冬人的营帐之前,我不会准备参加这场流血的战争。但我怀疑,尽管赫克托耳渴望打仗,但他一定会在我的营帐和黑色的船只前停下来。"① 现在,希庇亚,你真的认为这位曾作过贤人喀戎的学生的忒提斯之子记性那么坏吗,或者说他是在极为高明地撒谎,是在用最激烈的言词攻击他前不久表明了的态度,对奥德修斯他说要启航回家,对埃阿斯他说要留下,或者倒不如说他是在实行奥德修斯式的单纯,他把奥德修斯当作一个足智多谋的人,而认为自己的狡诈和虚伪一定能超过奥德修斯,对吗? C D

希庇亚 不对,苏格拉底,我不同意你的看法。我相信阿喀琉 E

---

① 荷马:《伊利亚特》第9卷,第650行。

斯被引导着对埃阿斯说一件事,对奥德修斯说另一件事,但他的内心是纯洁无邪的;而奥德修斯无论是在说真话还是说假话,他总是故意的。

苏格拉底 所以说到底,奥德修斯要比阿喀琉斯好,是吗?

希庇亚 肯定不是这样,苏格拉底。

苏格拉底 为什么不是,我们在前面不是已经证明了故意撒谎比并非故意的撒谎要好吗?

希庇亚 苏格拉底,那些故意的、有意识、有目的地犯下的错
372 误和罪恶怎么会比不自觉地犯下的错误和罪恶要好呢?那些由于无知而说了假话或伤害了别人的人,确实总能够得到原谅。而法律对那些故意撒谎或作恶的人显然要比对那些不自觉地作恶的人严厉得多。

苏格拉底 你瞧,希庇亚,我已经说过一遍了,我向聪明人提
B 问时是非常固执的。我想这是我惟一可取之处,因为我从头到脚都是缺点,总是把事情弄错。事实上,每当我遇到你们这种拥有智慧名声的人,我的缺点就被证实了,我知道自己一无所知,而你们的智慧是全体希腊人都可以作证的。总的说来,我和你几乎对任何事情的看法都不一样,否则又怎么能证明无知的我与聪明人有
C 天壤之别呢?但我拥有一个良好的品质,这是我的救星。我不怕羞耻地学习,我提出问题,研究问题,对那些回答我的问题的人抱着深深的感激之情,从来不会忘了对他们表示感谢。当我学会了某样东西,我也决不诋毁我的老师,或者把学到的东西说成是自己的发现,我会赞扬老师的智慧,宣称我是从他那里学来的。现在我
D 不能同意你的看法,强烈地表示反对。我知道这是我的错,是我性格中的一个缺陷,但我也不想伪装自己。希庇亚,我现在的看法与你的看法是完全对立的,因为我认为那些自觉地伤害别人的人、自觉地说假话和欺骗人的人、自觉地犯错误的人比那些不自觉地做

错事的人要好得多。然而有的时候我的看法是相反的，因为我对
这个问题的看法连我自己也感到莫名其妙，这显然是由于我的无
知所致。刚才我正好陷入了茫无头绪的危机中，所以竟然认为故 E
意犯错误比并非故意地犯错误要好。我现在的思想状态要归于我
们前面的论证，那些论证使我相信，一般说来，并非故意地作恶比
故意作恶更坏，因此我希望你能对我发发善心，不要拒绝治疗我，
如果你能比治疗我的有病的身体更加热情地治疗我无知的灵魂， 373
那么你一定能使我得到极大的好处。然而我得事先告诉你，如果
你对我发表长篇演讲，那么你治不好我，因为我没有能力跟上你的
讲演；但若你能回答我的问题，像刚才一样，那么你一定能治好我，
我也不会对你有什么不好的看法。另外，阿培曼图之子，我对你也
有一些请求，因为是你让我与希庇亚对话的，现在，如果希庇亚不
回答我的问题，那么你必须代我向他求情。

欧狄库　苏格拉底，我不认为希庇亚需要我的任何恳求，因为 B
他已经说过，他从来没有拒绝过回答任何人的问题。你这样说过
吗，希庇亚？

希庇亚　对，我说过，但是欧狄库，苏格拉底老是在论证上找麻烦，显得很不诚实。

苏格拉底　杰出的希庇亚，我不是故意的，而是无意的，如果我这样做过，那么这样做会使我明白如何成为一个聪明人或一个狡猾的人，你当然会对此进行争论，因此，你必须原谅我，就像你说的那样，不是故意的不诚实应当原谅。

欧狄库　对，希庇亚，为了我们，也为了你的职业道德，按他说 C
的去做吧，回答苏格拉底提出来的任何问题。

希庇亚　既然你对我提出这种请求，那我就这样做。

苏格拉底　希庇亚，我想要考察这个问题，自觉地犯错误的人好，还是不自觉地犯错误的人好？如果你愿意回答我，那么我想我

能够领着你走上解决这个问题的道路。你承认不承认有好的赛跑运动员?

D **希庇亚** 承认。

苏格拉底 也有坏的赛跑运动员吗?

希庇亚 有。

苏格拉底 跑得好的是好运动员,跑得坏的是坏运动员吗?

希庇亚 非常正确。

苏格拉底 跑得坏就是跑得慢,跑得好就是跑得快吗?

希庇亚 对。

苏格拉底 那么在赛跑比赛中,快是好的性质,慢是坏的性质吗?

希庇亚 对。

苏格拉底 那么在这两种人中谁是较好的运动员?是故意跑得慢的人,还是并非故意跑得慢的人?

希庇亚 并非故意跑得慢的人。

苏格拉底 跑步不也是做事吗?

希庇亚 当然是。

E **苏格拉底** 如果它是做事,那么它也是一种行为吗?

希庇亚 对。

苏格拉底 那么在跑步中跑得坏的人做了一件坏事,有坏的行为。

希庇亚 对,确实是一种坏行为。

苏格拉底 跑得慢就是跑得坏吗?

希庇亚 对。

苏格拉底 那么好的赛跑运动员做这种坏事和有这种可耻的行为是故意的,而坏的赛跑运动员做这种坏事和有这种可耻的行为是无意的吗?

希庇亚 我们可以这样推论。

苏格拉底 那么无意地做这种坏事的人比故意做这种坏事的 374
人要坏吗？

希庇亚 对，在赛跑中是这样的。

苏格拉底 好吧，在摔跤比赛中怎么样，故意摔倒的人好还是无意摔倒的人好？

希庇亚 无疑是故意摔倒的人。

苏格拉底 那么在摔跤比赛中，摔倒更糟糕更可耻，还是把别人摔倒更糟糕更可耻？

希庇亚 自己摔倒更可耻。

苏格拉底 那么在摔跤比赛中，故意做坏事和有可耻行为的人比无意做坏事和有可耻行为的人更好吗？

希庇亚 这样说才接近真理。

苏格拉底 关于其他身体训练你会怎么说？一个人既能从事强烈的运动又能从事较弱的运动不是更好吗？一种运动是美妙
的，一种运动是令人厌恶的，所以在身体训练中有坏的行为时，故 B
意这样做的人比较好，无意中这样做的人比较坏，是吗？

希庇亚 对，就膂力来说是这样的。

苏格拉底 关于优美你怎么看，希庇亚？那个能够故意做出可恶的、不优美的姿势和体态来的人比较好，而那个并非故意做出不优美姿势来的人比较差吗？

希庇亚 对。

苏格拉底 那么故意不优美来自好体形，而并非故意的不优美来自有缺陷的体形，对吗？

希庇亚 对。 C

苏格拉底 你对不合音律的声音会怎么说？你宁可听到故意跑调的歌声还是并非故意跑调的歌声？

希庇亚 故意跑调的歌声。

苏格拉底 那并非故意的声音是两种声音中较差的吗?

希庇亚 对。

苏格拉底 你会选择善还是选择恶?

希庇亚 选择善。

苏格拉底 你宁可要故意瘸了的腿还是并非故意瘸了的腿?

D **希庇亚** 故意瘸了的腿。

苏格拉底 但瘸腿不是一种缺陷和残疾吗?

希庇亚 是的。

苏格拉底 眨眼不是眼睛的一种缺陷吗?

希庇亚 是。

苏格拉底 你宁可一直自觉地眨眼而看不见,还是让你的眼睛不自觉地眨眼?

希庇亚 我宁可自觉地眨眼。

苏格拉底 那么看来,你看重那些自觉的坏行为胜过不自觉的坏行为,是吗?

希庇亚 确实如此,在你提到的这些事例中。

苏格拉底 在耳朵、鼻子、嘴以及其他感官中,是否也是同样,
E 那些不自觉的坏行为是人们不期望有的,被当作缺点,而那些自觉的坏行为是人们所期望的,被当作优点,对吗?

希庇亚 我同意你的看法。

苏格拉底 关于那些器具你会怎么说?哪一种器具比较好,是一个人可以故意用来做出坏行为的器具,还是一个人不自觉地用它来做出坏行为的器具?比如,人用舵来掌握船的方向,用一个舵他故意地把方向弄偏了,用另一个舵他不自觉地把方向弄偏了,他最好拥有哪个舵呢?

希庇亚 他最好拥有那个他用来故意把方向弄偏了的舵。

苏格拉底 弓、琴、笛以及其他东西,是否也是同样情况?

希庇亚 是的。

苏格拉底 你宁可拥有一匹能故意让它跑得坏的马,还是拥 375
有一匹并非故意也跑得很坏的马?

希庇亚 我宁可要一匹能故意让它跑得坏的马。

苏格拉底 这匹马是比较好的吗?

希庇亚 是。

苏格拉底 那么骑一匹脾气较好的马,坏的行为都是故意产生出来的,而骑一匹脾气很坏的马,坏行为的产生都并非故意的吗?

希庇亚 肯定是这样的。

苏格拉底 对一只狗或其他动物也是这么回事吗?

希庇亚 对。

苏格拉底 故意射不中靶子的弓箭手比并非故意射不中靶子的弓箭手要好吗?

希庇亚 对,那个故意射不中靶子的弓箭手比较好。 B

苏格拉底 就射箭术的目的来说,这样的弓箭手的心灵比较好吗?

希庇亚 对。

苏格拉底 那么并非故意地犯了错误的心灵比故意犯错误的心灵要坏吗?

希庇亚 对,确实如此,就弓的使用而言。

苏格拉底 关于医学的技艺你会怎么说,故意伤害身体的心灵拥有的医术更高吗?

希庇亚 对。

苏格拉底 那么在医术中,故意的人比并非故意的人要好吗?

希庇亚 对。

C **苏格拉底** 在弹琵琶、吹笛子,以及所有艺术和学问中,故意做坏事和可耻的事,故意犯错误的心灵比较好,而那些并非故意地做了坏事的心灵比较坏吗?

希庇亚 显然如此。

苏格拉底 你对奴隶的品性会怎么说?我们应当宁可要那些故意做错事和犯错误的奴隶,这样的奴隶所犯的错误比那些并非故意犯错误的奴隶所犯的错误要好吗?

希庇亚 对。

苏格拉底 我们应当使我们自己的心灵尽可能处在最佳状态吗?

希庇亚 对。

D **苏格拉底** 我们的心灵是故意作恶或犯错误好,还是并非故意地作恶好?

希庇亚 噢,苏格拉底,如果说那些故意作恶的心灵比并非故意作了恶的心灵好,那么就太荒谬了!

苏格拉底 然而这看起来是惟一的推论。

希庇亚 我不这样认为。

苏格拉底 但是我想你已经这样做了,希庇亚。请再次回答我的问题。正义是一种力量还是知识,或者既是力量又是知识?正义在一切事件中必须是这些可能性中的一种吗?

E **希庇亚** 是的。

苏格拉底 但若正义是灵魂的力量,那么灵魂的力量越大,灵魂也就越正义,因为我的朋友,我们已经证明力量越大,这个事物就越好。

希庇亚 对,这是已经证明了的。

苏格拉底 如果正义是知识,那么比较聪明的灵魂也就拥有较多的正义,比较无知的灵魂也就拥有较多的不正义?

希庇亚 对。

苏格拉底 如果正义既是力量又是知识,那么既有力量又有知识的灵魂是拥有较多的正义,而比较无知的灵魂拥有较多的不正义,对吗?难道不是这样吗?

希庇亚 显然如此。

苏格拉底 拥有较大力量和较多智慧的灵魂比较好,它在各种行为中能够更加能干地行善和作恶,对吗?

希庇亚 确实如此。 376

苏格拉底 作恶的灵魂故意凭着力量和技艺作恶,力量和技艺,或两者之一,是正义的要素,对吗?

希庇亚 这样说好像是对的。

苏格拉底 做不正义的事就是作恶,不做不正义的事就是作好事,对吗?

希庇亚 对。

苏格拉底 比较好、比较能干的灵魂在作恶时是故意作恶的,而那些比较坏的灵魂在作恶时不是故意的,对吗?

希庇亚 显然如此。

苏格拉底 好人有好的灵魂,坏人有坏的灵魂,对吗? B

希庇亚 对。

苏格拉底 如果好人就是有好的灵魂的人,那么好人作恶是故意的,而坏人作恶不是故意的,对吗?

希庇亚 确实如此。

苏格拉底 那么,希庇亚,故意作恶和做可耻的事情的人,如果有这样的人,那么他是个好人吗?

希庇亚 我无法同意这种说法。

苏格拉底 我本人也无法同意,希庇亚,然而这却是我们现在能够看到的结论,是从我们的论证中必然推导出来的。我在前面 C

说过,我对这个问题的看法连我自己也感到莫名其妙,茫无头绪,并且老是改变自己的看法。现在我们明白了,如果连你这样的聪明人也对这个问题困惑不解,那么我,或者任何普通人,在这种问题上茫然不知所措是不足为奇的。我们不能依靠你来解决我们的困惑,这个问题对你我双方来说都是严重的。

伊 安 篇

提 要

柏拉图在这篇短小的对话中给自己找乐子。苏格拉底与伊安谈话,这个人的职业是在某些特殊场合朗诵荷马的诗歌,自认为是全希腊最伟大的艺术家。他的天真、自满与苏格拉底非常温和地表现出来的讥讽形成可笑的对照。对于苏格拉底比较戏剧化地强加在伊安身上的东西,伊安并不反对。苏格拉底用最温和的态度对待伊安,而他在对话最后也像一开始那样感到非常满足。

这篇对话并不包含真正的讨论,它的真正兴趣在于苏格拉底对技艺① 的看法。在此之前,雅典人的情感和理智在所有技艺中一道起作用,二者之间有一种力量的平衡。这是希腊技艺的独特之处,它是一种理智的技艺。在《伊安篇》中,苏格拉底驳斥了这种平衡的可能性。他说,技艺并不依赖于情感,它属于知识的范畴。“神把每一门技艺都确定为懂得某个具体行业的这种力量”,就好像医生的技艺、雕刻家的技艺,但是诗学不是技艺,它不像技艺那样受规则的指引,它是一种灵感,而不是知识。诗人和他们那些像伊安这样的解释者并不“处在正常的理智之中”,“因为诗歌就像光

---

① “技艺”一词的希腊原文是techne,含义较广,可译为技艺、手艺、技能、艺术,等等。在柏拉图对话中,它既指文学、音乐、图画、雕刻等艺术门类,又指医药、耕种、骑射、畜牧等凭专门知识来进行工作的行业。

和长着翅膀的东西,是神圣的,只有在灵感的激励下超出自我,离开理智,才能创作诗歌,否则绝对不可能写出诗来”。

对话本身也证明了,造就伯里克利时代的那种对立面的平衡正在逝去,以至于这个最伟大的雅典人都要努力反对这个混乱迅速出现、越来越多地不是依靠心灵,而是依靠情感来统治的城邦。

正　文

530 **苏格拉底** 欢迎你,伊安！你怎么会来看我们？从你的家乡爱菲索来吗？

伊安 不,我从埃皮道伦[1]来,那里在庆祝阿斯克勒庇俄斯节。

苏格拉底 什么！埃皮道伦的公民在荣耀这位神,那里也举行诵诗比赛吗？

伊安 他们确实这样做了。他们举行了各种音乐比赛。[2]

苏格拉底 那么,你参加比赛了吗？结果怎么样？

B **伊安** 我们城邦的人拿到了第一个奖,苏格拉底。

苏格拉底 干得好！我们务必也要在泛雅典娜节[3]上得奖。

伊安 如果神允许的话,我们能够得奖。

苏格拉底 我得说,伊安,我经常妒忌你们这些干诵诗这一行的。你们的技艺要求你们外出时必须穿得漂漂亮亮,光彩照人,同

---

① 埃皮道伦(Epidaurus)是希腊南部的一个城镇,建有阿斯克勒庇俄斯神庙。

② 希腊文 mousikei(音乐)一词出自艺术女神缪斯(Muses),广义上包括艺术的多个分支,而非仅指音乐。此处音乐一词是在广义上使用的。

③ 泛雅典娜节(Panathenaea)祭祀雅典的保护神雅典娜。这个节日后来成为全希腊性质的节庆,希腊各城邦都会派人来参加。

时还必须熟悉许多杰出的诗人，尤其是荷马这位最伟大、最神圣的诗人。你必须弄懂他的思想，而不是仅仅熟读他的诗句。干这一 C
行真是令人羡慕！事实上，如果一个人不能理解诗人的话语，那么他决不可能成为诵诗人，因为诵诗人必须向听众解释诗人的思想，只知道诗人说了些什么是完全不可能做到这一点的。当然，干这一行越是困难，越是令人羡慕。

伊安 你说得不错，苏格拉底。对我来说，无论如何，我已经密切注意到了这门技艺的这个方面。至于谈论荷马，我认为谁也比不上我，无论是兰萨库斯人梅特罗多洛、萨索斯人斯特西洛图、 D
格劳孔，还是其他任何一位还活着的人，都不如我有那么多好见解，能把荷马的思想表现得那么好。

苏格拉底 这真是个令人愉快的消息，伊安，要你表演一下你的才能，你显然不会感到有什么勉为其难。

伊安 根本不会。苏格拉底，听我如何给荷马的诗句润色的确是值得的。在我看来，凡是荷马的信徒都得用金冠来酬谢我，这是我该得的。

苏格拉底 下次我有空的时候再来听你朗诵荷马。现在你只 531
要回答我的问题就可以了。你是只熟悉荷马，还是对赫西奥德、阿基洛库斯[①] 也很熟？

伊安 我只熟悉荷马，在我看来这已经足够了。

苏格拉底 有没有什么事情，荷马和赫西奥德说的是一样的呢？

伊安 确实有，我是这样想的，有许多例子可以说明。

苏格拉底 那么在这些情况下，你会把荷马的话解释得比赫西奥德的话更好吗？

---

① 阿基洛库斯(Archilochus)是一位希腊抒情诗人和讽刺诗人。

B **伊安** 苏格拉底,如果他们两人说得一样,那么我也会把它们解释成一个样。

苏格拉底 在他们两人说得不一样的情况下,你又怎么办?比如,以占卜为例,荷马和赫西奥德两人都谈到过占卜。

伊安 是这样的。

苏格拉底 那么,他们关于占卜的看法相同也好,不同也罢,在解释这两位诗人的看法时,是你解释得好,还是某个占卜家,某个优秀的占卜家解释得好?

伊安 占卜家解释得好。

苏格拉底 现在假定你就是个占卜家。如果你有能力解释这两位诗人意见相同的段落,那么你也有能力把他们意见不同的段落解释好,对吗?

伊安 对,我显然也能解释好。

C **苏格拉底** 那么你怎么会熟悉荷马,而不熟悉赫西奥德或其他诗人呢?荷马处理的题材和其他诗人不一样吗?他的主题不也是战争,他不是也讨论善人与恶人的相互关系、普通人和有某些技能的人的关系、诸神相互间的关系以及诸神与凡人的关系、天上和
D 地上发生的那些现象、诸神与英雄的出生吗?荷马在他的诗歌中处理的不是这些题材吗?

伊安 你说得对,苏格拉底。

苏格拉底 其他诗人又如何?他们不是在处理相同的主题吗?

伊安 对,但是,苏格拉底,他们的方式不一样。

苏格拉底 为什么?他们的方式比荷马差吗?

伊安 差远了。

苏格拉底 荷马的方式比较好吗?

伊安 确实比较好,我向你保证。

苏格拉底 好吧，亲爱的伊安。请你告诉我，当几个人在一起讨论数字的时候，他们中有一位谈得比其他人要好，能有人把这位优秀的谈论者识别出来吗？

伊安 有。

苏格拉底 能识别优秀谈论者的人也能识别谁谈论得差，或 E
者说要由别的人来识别？

伊安 无疑是同一个人。

苏格拉底 这个人是一位懂得算术技艺的人吗？

伊安 是。

苏格拉底 告诉我，当几个人在一起讨论节食，讨论什么样的食物有营养，有一个人谈得比其他人好，会有某个人看出这位最优秀的谈论者的出众之处，也会有另一个人能看出最差的谈论者的低劣，或者说同一个人就能识别二者？

伊安 显然是同一个人就能识别二者，这是我的看法。

苏格拉底 他是谁？我们把他称作什么？

伊安 医生。

苏格拉底 因此我们可以作一概括，并且说，当几个人在一起
讨论某个给定的主题时，能识别最佳谈论者和最差谈论者的人总 532
是同一个人。或者说，如果他无法识别出那个谈论得很差的人来，那么显然他也无法识别出那个谈论得很好的人，假定他们所谈论的主题是相同的。

伊安 是这么回事。

苏格拉底 所以同一个人在这两方面都是有能力的吗？

伊安 对。

苏格拉底 现在你肯定荷马和其他诗人，其中有赫西奥德和阿基洛库斯，全都处理相同的主题，然而却不是以同样的方式，一个人说得很好，而其他人说得很差。

伊安 我说的话是对的。

B **苏格拉底** 如果你能识别说得好的诗人,那么你也能识别说得差的诗人,能看出他们说得差。

伊安 似乎是这样的。

苏格拉底 那么好吧,我亲爱的朋友,当我们说伊安对荷马和对其他所有诗人拥有同样的技艺,这样说不会错。结果肯定如此,因为你自己承认过同一个人有能力判断所有谈论相同题材的人,而诗人们全都处理相同的主题。

C **伊安** 但是苏格拉底,你又如何解释我的行为呢?当人们在讨论其他诗人时,我一点也不注意听,也提不出什么有价值的看法来,我会当众打瞌睡。但若有人提到荷马,我马上就会醒过来,全神贯注地听,也有一肚子话要说。

苏格拉底 我的朋友,这个谜并不难解。每个人都会明白你谈论荷马的能力并非来自技艺和知识。如果是技艺使你拥有这种能力,那么你也能很好地谈论其他所有诗人。你认为存在着一门作为整体的诗学,我这样说对吗?

伊安 对。

D **苏格拉底** 当你提到其他任何你喜欢的技艺,把它作为一个整体来考虑时,情况不也是一样的吗?这种考察的方法对所有技艺都是适宜的吗?伊安,你想要我对我说的这些话作些解释吗?

伊安 对,苏格拉底,我是这样想的,听你这样的聪明人谈话令我感到愉快。

苏格拉底 我只希望你说得对,伊安。可是你说"聪明人"!在我看来你们这些诵诗人和演员才是聪明人,还有写出那些你们
E 朗诵的诗歌的人,而我除了像平常人那样说老实话,此外一无所有。以刚才我向你提出的那个问题为例。请注意,我的意思是非常普通的,无论谁都能听得懂。我的意思是:只要把一门技艺当作

一个整体来对待,那么对它进行考察的方法就是相同的。让我们对此再作一些推理。你认为存在着一门作为整体的绘画艺术吗?

伊安 存在。

苏格拉底 有许多画家,他们有好有差吗?

伊安 确实有。

苏格拉底 我们现在以阿格拉俄封之子波吕格诺图[①] 为例。你曾见过有人能指出波吕格诺图的作品什么地方好,什么地方不好,但却没有能力指出其他画家作品的优劣吗?还有没有这样的人,别人把其他画家的作品拿给他看,他就要打瞌睡,什么也说不出来,而当要他对某个专门的画家,比如波吕格诺图或你选择的其他画家,进行判断时,他就会醒过来,肚子里有说不完的话? 533

伊安 不,我发誓,我从来没有见过这样的人。

苏格拉底 再以雕刻为例。你曾见过有人能判断麦提翁之子 B
代达罗斯、帕诺培乌斯之子厄培乌斯、萨摩斯的塞奥多洛,[②] 或其他任何雕刻家的精美作品,但在面对某些雕刻家的作品时,却会打瞌睡,茫然无话可说吗?

伊安 不,我发誓,我一个都没见到过。

苏格拉底 我想,再进一步说,在吹笛子、弹竖琴、伴着竖琴唱歌、诵诗中,情况也是一样的。你从来没见过一个人有能力判断奥
林帕斯、萨弥拉斯、奥菲斯、伊塔卡的诵诗人斐米乌斯,但却丝毫不 C
关心爱菲索的伊安,对他的朗诵成功与否茫然无话可说。

伊安 对此我无法与你抗辩,苏格拉底。但是我自己觉得在

① 波吕格诺图(Polygnotus)是公元前五世纪希腊大画家。

② 代达罗斯(Daedalus)是希腊神话中的建筑师和雕刻家,是希腊雕刻的祖师,其他两人都是雕刻家。

解说荷马方面我比谁都强,一提起荷马我就有许多话要说,大家也都承认我说得好,但是对其他诗人我就不这样了。那么你说这是怎么回事吧。

苏格拉底 我明白这是怎么回事,伊安,实际上我马上就要开
D 始告诉你我是怎么想的。我刚才说过,使你擅长解说荷马的才能
不是一门技艺,而是一种神圣的力量,它像欧里庇得斯[①] 所说的
磁石一样在推动着你,磁石也就是大多数人所说的“赫拉克勒斯
石”。这块磁石不仅自身具有吸铁的能力,而且能将磁力传给它吸
住的铁环,使铁环也能像磁石一样吸引其他铁环,许多铁环悬挂在
E 一起,由此形成一条很长的铁链。然而,这些铁环的吸力依赖于那
块磁石。缪斯[②] 也是这样。她首先使一些人产生灵感,然后通过
这些有了灵感的人把灵感热情地传递出去,由此形成一条长链。
那些创作史诗的诗人都是非常杰出的,他们的才能决不是来自某
一门技艺,而是来自灵感,他们在拥有灵感的时候,把那些令人敬
534 佩的诗句全都说了出来。那些优秀的抒情诗人也一样,就像那些
举行祭仪的科里班忒[③] 在狂舞时自己并不知道一样,抒情诗人创
作出那些可爱的诗句自己也不知道。他们一旦登上和谐与韵律的
征程,就被酒神所俘虏,酒神附在他们身上,就像酒神狂女凭着酒
神附身就能从河水中汲取乳和蜜,但他们自己却是不知道的。所
以是抒情诗人的神灵在起作用,诗人们自己也是这样说的。诗人
们不是告诉过我们,他们给我们带来的诗歌是他们飞到缪斯的幽

---

① 欧里庇得斯(Euripides)是希腊三大悲剧家之一,生于公元前484年,死于公元前407年。

② 缪斯(Muses)是希腊神话中九位艺术和科学女神的通称,此处指诗神。

③ 科里班忒(Corybantes)是希腊宗教中大母神的祭司,他们在举行祭仪时狂歌乱舞,并用长矛胡乱碰撞,在疯狂中互伤。

谷和花园里，从流蜜的源泉中采来的，采集诗歌就像蜜蜂采蜜，而 B
他们就像蜜蜂一样飞舞吗？他们这样说是对的，因为诗歌就像光
和长着翅膀的东西，是神圣的，只有在灵感的激励下超出自我，离
开理智，才能创作诗歌，否则绝对不可能写出诗来。只有神灵附
体，诗人才能作诗或发预言。由于诗人的创作不是凭借技艺，因此 C
他们说出许多事情或讲到许多人的功绩，正如你谈论荷马一样，凭
的不是技艺，而是神的指派。他们只能在缪斯的推动下各自做指
定要他做的事，一个创作酒神颂，另一个创作颂神诗，还有的创作
合唱诗、史诗、短长格诗。[1] 他们只擅长做一种诗，而不会做其他
诗，因为他们创作诗歌不是凭技艺，而是凭神力，如果他们做诗凭
的是技艺，那么他们既然知道如何写好一种诗，也会知道如何写好
其他种类的诗。神为什么要像对待占卜家和预言家一样，剥夺诗 D
人们的正常理智，把他们当作代言人来使用，其原因在于神想使我
们这些听众明白，他们在说出这些珍贵的启示时是失去常人理智
的，而真正说话的是神，通过诗人，我们能够清晰地聆听神的话语。
卡尔昔斯人廷尼库斯为这种说法提供了一个令人信服的证据。除
了那首人人传诵的颂歌，他从来没有创作过一首值得记忆的诗歌，
而这首颂歌却是所有抒情诗中最好的，绝对是“缪斯的作品”，廷尼 E
库斯自己就是这样说的。在我看来，诗神想用这个例子告诉我们，
让我们不要怀疑，那些美好的诗歌不是人写的，不是人的作品，而
是神写的，是神的作品，诗人只是神的代言人，神依附在诗人身上，
支配着诗人。为了证明这一点，神故意通过这位最差的诗人唱出
最美妙的抒情诗。难道不是这样吗，伊安？你认为我说得对吗？ 535

伊安 我承认，你确实说得对，你的话语以某种方式拨动了我的心弦，我现在好像明白了优秀的诗人在上天的指派下向我们解

---

① 此处提到的都是希腊诗歌的各种体裁。

释诸神的话语。

苏格拉底 是啊,而你们这些诵诗人又解释了诗人的话语,对吗?

伊安 这也不错。

苏格拉底 如此说来,你们是解释者的解释者吗?

伊安 这是不可否认的。

B **苏格拉底** 现在,伊安,请等一下,坦率地回答我的提问。假定你擅长朗诵史诗,能深深地吸引听众。假如你正在歌颂奥德修斯如何跳上高台,面向那些求婚者除去他的伪装,用箭将他们射死,或者正在讲阿喀琉斯如何猛追赫克托耳,或者讲一段可悲的故事,比如安德洛玛刻、赫卡柏、普利亚姆,等等。[①] 当你歌颂这些事
C 迹时,你还神志清醒吗?或者说,你的灵魂不由自主地陷入迷狂之中,好像身临其境,处在伊塔卡、特洛伊或史诗提到的其他地方?

伊安 你说得非常生动,苏格拉底,你为我作了证明!我要坦率地告诉你,每当我朗诵一段悲哀的故事,我就热泪盈眶,如果故事中提到什么恐怖或惊愕,我也会害怕得毛骨悚然,心跳不已。

D **苏格拉底** 那么好吧,伊安,我们该如何看待这样的人呢?他身临祭奠或节庆,感染着假日的气氛,戴着金冠,尽管他什么也没失去,但却在那里痛哭流泪。或者说,面对着两万多友善的民众,尽管没有人想要抢他的东西,也没有人想要伤害他,但他还是在那里显得害怕得要死。我们能说他是神志清醒的吗?

伊安 绝对不能这样说,苏格拉底。说他丧失理智肯定没错。

苏格拉底 你对大多数听众也造成了同样的效果,你明白吗?

E **伊安** 对,我非常明白。我从舞台上向下看,每次都看见他们随着我朗诵的故事情节露出悲哀、害怕、惊愕的表情。实际上我非

---

① 此处提到的均为荷马史诗中的故事情节。

常注意他们,如果我成功地使他们哭了,那么在得到赏钱时我自己就会笑;但若他们在该哭的时候反而笑了,那么我在丢了赏钱的时候就得哭了。

苏格拉底 好吧,你明白观众是我讲过的最后一环,被那块磁
石通过一些中间环节吸引过来吗? 你们这些诵诗人和演员是中间 536
环节,最初的一环是诗人本身。但是最初对这些环节产生吸引力
的是神,是他在愿意这样做的时候吸引着人们的灵魂,使吸引力在
他们之间传递。就这样,从最初的磁石开始,形成了一条伟大的链
条,合唱队的舞蹈演员、大大小小的乐师,全都斜挂在由缪斯吸引
着的那些铁环上。一名诗人悬挂在一位缪斯身上,另一名诗人悬 B
挂在另一名缪斯身上,我们称之为“被附身”,不过悬挂和被附身实
际上是一回事,只是说法不一样罢了,因为是诗人被把握住了。诗
人是最初的环节,其他人逐一悬挂在诗人身上,有些依附这个诗
人,有些依附那个诗人,由此取得灵感,有些人从奥菲斯那里得到
灵感,有些人从穆赛乌斯那里得到灵感。但是大多数人依附荷马
或被荷马附身了,伊安,你就是其中之一。当别人在朗诵其他诗人
的作品时,你打瞌睡,无话可说;当别人一谈起荷马,你就马上醒过 C
来,神采飞扬,有许多话要说,可见你谈论荷马不是凭技艺或知识,
而是凭天命和神灵附身。所以举行祭仪的科里班忒对那种属于神
的乐调有一种亲切的感受,神灵附在他们身上,歌舞也就随之而
来,而对其他乐调他们却听而不闻。你也是如此,伊安。一听到别
人提起荷马,你就来精神了,而提到其他诗人,你就无话可说。你 D
问我这是为什么。我认为,这是因为你雄辩地颂扬荷马凭的不是
技艺,而是神圣的灵感。

伊安 我承认你回答得很好,苏格拉底。但若你能使用论证成功地使我信服我在赞扬荷马时有神灵附体或神志不清,那么我就会更加感到惊奇。如果你亲耳聆听我朗诵荷马,你就会发现我

并非如此。

苏格拉底 我确实希望能听到你的朗诵,但是请先回答我的问题。你朗诵荷马的哪些部分最拿手?我想不会是全部吧?

E

伊安 我向你保证,苏格拉底,我对荷马的每个部分都很在行,没有例外。

苏格拉底 但是我想,荷马谈到的某些事情你正好是无知的,涉及这些部分你不可能在行,对吗?

伊安 荷马讲过但我却不知道的事情,请问是哪些事情?

537 **苏格拉底** 荷马不是在许多段落中谈到技艺,说了许多话吗?比如说,驾驭一辆车,如果我能记得起那些诗句,我就背给你听。

伊安 不,让我来,因为我知道这些诗句。

苏格拉底 那么就请你背给我听,涅斯托耳对他的儿子安提罗科斯是怎么说的,当时在举行纪念帕特洛克罗的赛车比赛,涅斯托耳告诫他的儿子在拐弯时要当心。

伊安 "你要倚靠在精制的战车里,要在辕马的左侧,然后用

B 刺棒和吆喝声驱赶,放松手里的缰绳。在拐弯处,要让里侧的辕马紧挨着路标驶过,让战车轮毂挨近那作标记的石头。但你一定要当心,切不可让那石头碰坏战车!"①

苏格拉底 噢,够了。伊安,要评判荷马在这些诗句中说的是

C 否正确,一名医生能做得好些,还是一名驭手做得好些?

伊安 无疑是驭手。

苏格拉底 因为这是他的技艺,还是由于别的什么原因?

伊安 因为这是他的技艺,没别的原因了。

苏格拉底 神把每一门技艺都确定为懂得某个具体行业的这种力量吗?好比说,我们凭驭手的技艺能懂得的事情是我们凭医

① 荷马:《伊利亚特》第23卷,第335行。

学的技艺所不能懂得的。

伊安 确实不能。 D

苏格拉底 我们凭医学的技艺懂得的事情是我们凭建筑的技艺所不能懂的。

伊安 确实不能。

苏格拉底 所以,各门技艺莫不如此吗?我们凭一门技艺懂得的事情,我们凭另一门技艺能懂吗?但在回答这些问题前,请告诉我,你允许区分技艺吗?技艺之间是相互不同的吗?

伊安 是。

苏格拉底 现在请注意,区分技艺的标准在于,一门技艺是关于某一类事情的知识,另一门技艺是关于另一类事情的知识,所以我能给它们起相应的不同的名称。你在区分技艺的时候也是这样做的吗?

伊安 是。

苏格拉底 如果各门技艺都只是关于相同事物的知识,我们 E
干吗要对技艺作区分呢?如果它们都能给我们相同的知识,我们又有什么理由把它们称作不同的呢?以手指头为例,我知道有五个手指头,你也知道有五个手指头,假如我问你,你和我两人,凭着相同的技艺——算术,知道这件相同的事情,还是凭着不同的技艺知道这件相同的事情。我想你会认为我们是凭着相同的技艺知道这件事情的,对吗?

伊安 对。

苏格拉底 那么现在请回答我刚才提出的问题。在你看来, 538
在所有技艺中,这种相同的技艺使我们知道相同的事情,另一种技艺则不能使我们知道相同的事情,如果的确有另一种技艺,那么它一定会使我们知道其他事情,这样说对吗?

伊安 我是这样看的,苏格拉底。

苏格拉底 那么,如果一个人不拥有某种给定的技艺,那么他就不能正确地知道属于这种技艺的语言和行为,对吗?

B **伊安** 对。

苏格拉底 那么,对你刚才背诵的诗句,谁能拥有关于荷马说的是否正确的较好的知识,是你,还是驭手?

伊安 驭手。

苏格拉底 这无疑因为你是一名诵诗人,而不是一名驭手。

伊安 对。

苏格拉底 诵诗人的技艺和驭手的技艺不同吗?

伊安 不同。

苏格拉底 如果它是另一种技艺,那么它也是关于其他事情的一种知识。

伊安 对。

C **苏格拉底** 现在来看荷马诗中的那段诗,其中讲到涅斯托耳的小妾赫卡墨得给受伤的马卡昂喝汤。这段诗好像是这样的:"她用青铜锉锉下一些山羊奶酪,拌入普拉尼酒① 中,还在汤中放上一些葱调味。"② 要评判荷马在这里讲得是否妥帖,是凭医生的技艺还是凭诵诗人的技艺?

伊安 凭医生的技艺。

D **苏格拉底** 再来看另一段诗。荷马说:"她像铅坠子钻到深处,那坠子拴在圈养的公牛头上取来的角尖,它一直往下坠,给吃生肉的鱼带来死亡的命运。"③ 对此我们该怎么说?是钓鱼的技艺还是诵诗的技艺能够判定这些诗句的意思,判定它们是否说得

---

① 普拉尼酒(Pramnian wine)是一种甜美的红葡萄酒,产于普拉尼山。

② 荷马:《伊利亚特》第11卷,第639行。

③ 同上书,第24卷,第80行。

妥当？

伊安 这很明显，苏格拉底，是钓鱼的技艺。

苏格拉底 现在请想一想。假定你问我："苏格拉底，你现在 E
发现有几种技艺可以用来判定荷马，还找到了与这些技艺相关的
诗句。那么请把关于占卜家和占卜家的技艺的段落挑出来，占卜
家一定能够判别这些诗句是好是坏，对吗？"如果你这样问我，那么
我很容易回答。事实上，诗人在《奥德赛》中也涉及过这个问题，例
如，墨拉普斯的一名预言家特奥克吕墨诺斯对求婚者说："啊，你们 539
这些恶人，你们在遭受什么灾难？你们的头脸手脚全都被黑夜笼
罩，呻吟之声阵阵，两颊挂满泪珠。走廊里充满阴魂，又把厅堂遍
布，全都要急匆匆地奔向黑暗的地狱，太阳的光芒从空中消失，滚
滚涌来的是邪恶的浓雾。"① 诗人在《伊利亚特》中也有许多地方 B
涉及预言，例如描写城堡边的战事的那一段。他说："他们正急于
要跨越壕沟，一只老鹰向他们飞来，在队伍左侧高高地盘旋，鹰爪
紧紧抓着一条血红色的大蛇，大蛇还活着，仍在拼力挣扎，不忘厮 C
斗。它扭转身躯朝着老鹰猛击，甩中老鹰的颈旁前胸，老鹰痛得抛
下大蛇，落在那支队伍中间。它自己大叫一声，乘风飞去。"② 我 D
敢说，这些段落和其他相似的段落应当由占卜家来评判。

伊安 对，苏格拉底，你说得对。

苏格拉底 伊安，你这样说也是对的。现在，我是怎么对你
的，你也要怎么对我。我已经从《奥德赛》和《伊利亚特》中为你选
出了属于医生、占卜家、钓鱼人的段落，由于你比我更熟悉荷马的 E
诗，所以请你也要同样为我挑选一些关于诵诗人和诵诗技艺的段
落，在所有人中，诵诗人最适宜对这些段落考察与判别。

---

① 荷马：《奥德赛》，第 20 卷，第 351 行。

② 荷马：《伊利亚特》，第 12 卷，第 200 行。

伊安 苏格拉底,我得说荷马的所有段落都适宜诵诗人判别。

苏格拉底 伊安,你的意思肯定不是指所有段落!你真的那么健忘吗?一名诵诗人如果健忘那真是太糟了。

540 **伊安** 为什么?我忘了什么?

苏格拉底 你还记得自己说过诵诗人的技艺与驭手的技艺不同吗?

伊安 我记得。

苏格拉底 那么好,你还承认不同的技艺有不同的知识范围吗?

伊安 我承认。

苏格拉底 那么按照你自己的说法,诵诗的技艺不可能包揽一切,诵诗人也不可能知道一切。

伊安 无疑只在这些事情上有些例外,苏格拉底。

B **苏格拉底** 你说的“这些事情”肯定包括几乎所有其他技艺。如果说诵诗人不能全部知道所有的事情,那么他知道哪些事情呢?

伊安 他知道男人和女人分别该说什么话,奴隶和自由人分别该说什么话,被统治者和统治者分别该说什么话,他们分别谈论哪些事情是适宜的。

苏格拉底 你的意思是,一艘船在大海上遇到风暴,诵诗人比舵手更加知道船主在这个时候该说什么话?

伊安 不,在这种情况下,舵手知道得更加清楚。

C **苏格拉底** 再以病人的统治者为例。诵诗人会比医生更加清楚地知道病人的统治者该说什么话吗?

伊安 不会,在这种情况下也不会。

苏格拉底 但你刚才说“适宜奴隶说的那种话”。

伊安 我说过。

苏格拉底 那么举例来说,假如一个奴隶是个牧牛人,难道不是他更加清楚在驯服发狂的牛时该说什么话,而是诵诗人吗?

伊安 肯定不是诵诗人。

苏格拉底 那么再来看“适合女人说的话”,假定有一名纺织女,有关纺羊毛的事,不是这名纺织女,而是诵诗人知道该说什么话吗?

伊安 肯定不是诵诗人。 D

苏格拉底 那么好,诵诗人会知道“适合男人说的话”,以一名训诫士兵的将军为例,可以吗?

伊安 对!这就是诵诗人知道的事情。

苏格拉底 什么!诵诗人的技艺就是将军的技艺吗?

伊安 不管你怎么说,我肯定知道一名将军该说什么话。

苏格拉底 你无疑拥有当将军的才能,伊安!假定你正好还
拥有骑马的技艺,以及弹竖琴的技艺,那么你知道马跑得好不好, E
但若我问你:“伊安,凭什么技艺你知道马跑得好不好,因为你是个骑兵,还是因为你会弹琴呢?”你会给我什么样的答复?

伊安 我会说,凭我骑马的技艺。

苏格拉底 那么道理是一样的,如果要你挑选出竖琴弹得好的人,你会认为是凭你弹竖琴的技艺,而不是凭你骑马的技艺来识别他们的,对吗?

伊安 对。

苏格拉底 如果你懂得军务,那是因为你有能力作将军,还是有能力作诵诗人?

伊安 我看不出这两种说法有什么区别?

苏格拉底 什么,你说没有区别?你的意思是可以把诵诗的 541
技艺和将军的技艺称作一种技艺吗?或者说它们是两种技艺?

伊安 在我看来,只有一种技艺。

苏格拉底 所以,无论谁只要能诵诗,也一定能够做将军,对

吗?

伊安 当然如此,苏格拉底。

苏格拉底 那么,能干的将军也一定是能干的诵诗人。

伊安 不,我不认为这样说也能成立。

B **苏格拉底** 但你认为倒过来说是成立的,能干的诵诗人也一定是能干的将军,是吗?

伊安 绝对是!

苏格拉底 那么好吧,你是全希腊最能干的诵诗人吗?

伊安 是的,苏格拉底,到目前为止。

苏格拉底 你也是最能干的将军吗,伊安?全希腊最能干的?

伊安 你可以放心,苏格拉底,我确实是,因为在这方面荷马也是我的老师。

苏格拉底 那么这到底是怎么一回事?你是希腊人中最能干
C 的将军和最能干的诵诗人,然而我只看到你奔走各地诵诗,没看到你做将军。你是怎么想的?希腊人需要大量的戴金冠的诵诗人,而根本不需要将军吗?

伊安 苏格拉底,这是因为我的母邦受你们城邦的控制,因此在你们的军事统治下,不需要我们去做什么将军。至于你们雅典人和拉栖代蒙人,也都不会选我做将军,因为你们自信有足够多的将军。

苏格拉底 好一个伊安,你认识西泽库人阿波罗多洛吗?

伊安 他是个什么样的人?

苏格拉底 尽管他是个外邦人,但却屡次被雅典人选为将军。
D 安德罗斯人法诺斯提尼、克拉佐门尼人赫拉克利德,他们也一样都是外邦人,然而一旦表现出他们的才能,他们就被这个城邦选为将军,置于统帅的高位。而爱菲索人伊安,如果他显示出他的价值来,这个城邦难道不会选他做将军,给他崇高的荣誉吗?你们爱菲索的居民原先也是雅典人,爱菲索这个城邦也不比其他任何城邦差,但结果为什么会是这个样子呢?事实上,伊安,如果你说得对,如果你确实是凭着技艺和知识在赞美荷马,那么你把我给骗了。你向我保证你拥有关于荷马的许多优秀知识,你不断许诺要表演给我看,但是你却骗了我。你不仅不作这种表演,而且甚至不愿告诉我你能够表演哪方面的题材,而我却一直在恳求你。不,你活像普洛托斯,弯来扭去,一会儿这样,一会儿那样,变化出各种样子
来,最后你想跳出我的手掌心,把自己说成是一名将军。这样做全 542
都是为了不肯显示你朗诵荷马的本领!所以,如果你是一名艺术家,并且如我刚才所说,如果你只向我许诺为我表演荷马,那么你就是在欺骗我。但若你不是一名艺术家,而是凭着神圣的灵感,被荷马附身,像我所说的那样,在这种情况下你虽然一无所知,但却能够说出许多关于这位诗人的事情和优秀的词句,那么你什么也没有做错。因此,请你选择吧,你希望我们怎样称呼你,我们应当把你当作一个不义之人,还是一个神圣的人?

伊安 这两种选择的差别是巨大的,苏格拉底。被称作神圣 B
的要好得多。

苏格拉底 伊安,这个比较可爱的头衔归你了,记得在赞美荷马时要用我们神圣的心灵,而不要用艺术家的心灵。

高尔吉亚篇

提　要

这篇对话中的苏格拉底与其他对话不一样。他通常自称无知，但在这篇对话中除了有两处隐约提到外，这种做法已经放弃了。他不再说，由于他无知因此不能教别人。在《高尔吉亚篇》中他是有知的，渴望教别人。他在交谈中不时表现出传道人般的热情，不过对话前半部分还不属于这种情况。在对话的这个部分，苏格拉底驳斥一位著名的修辞学教师高尔吉亚及其想要代表老师进行论证的学生波卢斯，试图说明什么是人类最伟大的善。波卢斯起先肯定最伟大的善是权力，拥有全权的僭主是幸福的人。但是他慢慢地被苏格拉底牵引着得出这样的结论，僭主远远不是幸福的，他比那些被他伤害的人更加不幸，因为作恶是一种不幸，而承受伤害与此相比不能算是不幸。进一步说，和上面那个权力的例子一样，作恶但没有受到惩罚的人比作恶受到惩罚的人更不幸。这些论述令波卢斯感到震惊，因为他明白从论证本身不可避免地会得出这些结论，苏格拉底还在论述的时候他就已经感到沮丧了。

这个时候，第三位对话人卡利克勒加入了论战。他问道，苏格拉底只是在开玩笑吗？如果不是，那么他正在颠覆人们对人生的看法。他假装寻找真理，但实际上正在谈论宗教。(卡利克勒的用词是哲学，但他所说的哲学就是我们所说的宗教。)他说，小宗教都不错，甚至对年轻人也是好的，但若一个人沉迷于宗教，那他就给毁了。因为这样的话,他再也不能获得财富和荣耀了。相反,任何人都能伤害他,而他也不能保护自己。他只能挨揍,而揍他的人不会受到惩罚。这个时候苏格拉底热情地接过话头讲了起来。他此时谈话的对象已经不是卡利克勒一个人,而是在想着全人类了。“因为你明白我们讨论的主题,亦即人应当过什么样的生活,对理智清晰的人来说也是非常严肃的吗?”

卡利克勒简洁明了地叙述了他的立场。能让激情和愿望得到最大的实现,并有能力使其得到满足的人是幸福的。这种观点是顺从本性而非顺从习俗。人们赞扬自我节制以及其他相似的品质只是因为虚弱和胆怯,因为他们没有力量去获取想要的东西。苏格拉底在回答中重复了他对波卢斯说过的话,作恶是人所能遇到的最糟糕的事情,与此相比,承受恶行的不幸是微不足道的。

下面的内容几乎不能算是论证。两人分歧之大使争论无法持续下去。最后卡利克勒沉默了,但也是仅此而已,尽管苏格拉底强烈地想要说服他,改变他的信念,这一点变得越来越明显。最后,苏格拉底不是在与他讲理,而是在劝告他,向他传道。为了实现这一目的,苏格拉底必须使他明白,善与平安完全是两码事。苏格拉底劝告卡利克勒,如果有人骚扰他或攻击他,请他千万别在意,而要“看在上苍的份上,笑脸相迎。”(有人打你的左脸,把右脸迎上去)你会承受正确的行为,但你决不会受到伤害。

读者想必还会记得斐多在苏格拉底喝下毒药前说的话:“我竟然一点儿都没有为他感到难过,而他显得相当快乐。”

正　文

卡利克勒 苏格拉底,他们说你应当参加这场战斗。 447

苏格拉底 为什么?我们像俗话说的那样,筵席将散才姗姗来迟。

卡利克勒 没错,这真是一场令人陶醉的筵席,因为高尔吉亚刚才给我们作了一场精彩纷呈的表演。

苏格拉底 卡利克勒,该受责备的是凯勒丰,他让我们在市场上闲逛得太久了。

B **凯勒丰** 没关系,苏格拉底,我有个补救的办法。高尔吉亚是我的朋友,如果你现在想听,那么他会给我们再表演一次,如果你现在不想听,那就留待以后吧。

卡利克勒 你在说什么,凯勒丰?苏格拉底急于想听高尔吉亚演讲吗?

凯勒丰 这就是我们要到这里来的原因。

卡利克勒 高尔吉亚住在我家,你可以在任何时候来我家,他会表演给你看的。

C **苏格拉底** 你真是太好了,卡利克勒,但他也愿意和我们交谈吗?我想从他那里知道他的技艺的范围是什么和他传授什么。至于演讲表演就按你所说,让他另外再找机会给我们表演吧。

卡利克勒 你尽管向他提问,苏格拉底,因为这是他的表演特色之一。他刚才吩咐我们在场的每个人随意提问,并说他会回答任何问题。

苏格拉底 好极了!凯勒丰,向他提问。

凯勒丰 问什么呢?

D **苏格拉底** 问他是谁?

凯勒丰 你这是什么意思?

苏格拉底 假定他是制鞋的,那么他一定会说他是个鞋匠。你明白我的意思吗?

凯勒丰 明白了,我会问他的。噢,高尔吉亚,请告诉我,卡利克勒说你声称愿意回答任何提问,他没说错吧?

高尔吉亚 没错,凯勒丰。这是我刚才作出的承诺,我向你保 448
证这么多年来还没有人向我提出过什么新问题。

凯勒丰 你一定是胸有成竹,高尔吉亚。

高尔吉亚 不信你可以随意试一试,凯勒丰。

波卢斯 确实如此,凯勒丰,要是你愿意的话,我可以代高尔吉亚作答,他已经讲了很长时间了。

凯勒丰 波卢斯,你为什么要这样做?你认为自己比高尔吉亚还要擅长回答问题吗?

波卢斯 如果我能绰绰有余地回答你的问题,那又有什么关 B
系呢?

凯勒丰 是没关系,如果你想这样做,那你就回答好了。

波卢斯 那就开始吧。

凯勒丰 行。如果高尔吉亚在他兄弟希罗狄库的技艺中也是一名行家,我们该如何正确称呼高尔吉亚呢?用与他兄弟同样的那个职业名称吗?

波卢斯 肯定如此。

凯勒丰 那么我们把高尔吉亚称作医生是正确的吗?

波卢斯 是。

凯勒丰 如果他也擅长与阿格拉俄封之子阿里斯托丰或阿里斯托丰的兄弟相同的技艺,我们该如何正确地称呼他呢?

波卢斯 显然要称他为画家。 C

凯勒丰 那么在什么技艺上他是行家,我们该用什么名称正确地称呼他呢?

波卢斯 凯勒丰,人类有许多技艺,是人们凭着经验发明出来的,经验指引着我们走上技艺之路,而缺乏经验就只能在偶然性的道路上摸索。不同的人以不同的方式分有这些不同的技艺,最优秀的人追随最优秀的技艺。高尔吉亚是一名最优秀的人,他分有最高尚的技艺。

D **苏格拉底** 高尔吉亚,波卢斯显然很擅长讲话,但他并没有完成他对凯勒丰许下的诺言。

高尔吉亚 苏格拉底,请问你为什么要这样说?

苏格拉底 他似乎并没有在回答凯勒丰所提的问题。

高尔吉亚 那么好吧,如果你愿意的话,你自己可以向他提问。

苏格拉底 不行,除非你来代替他回答。我宁可向你提问。从刚才波卢斯所说的话中可以看出他显然更擅长修辞而不擅长对话。

E **波卢斯** 你为什么要这样说,苏格拉底?

苏格拉底 波卢斯,你问我为什么,因为凯勒丰问的是高尔吉亚精通什么技艺,而你赞扬他的技艺,就好像有人在诋毁它似的,但你却忽略了回答这门技艺是什么。

波卢斯 我不是回答说它是一门最高尚的技艺吗?

苏格拉底 你确实这样说过。但是并没有人问你高尔吉亚从
449 事哪一种技艺,而是问这门技艺是什么,我们应当如何称呼高尔吉亚。刚才凯勒丰向你提了一串问题,你简洁地作了回答,请以同样的方式告诉我们这门技艺是什么,我们应当给高尔吉亚一个什么样的称呼。或者我们倒不如请高尔吉亚自己告诉我们,你精通什么技艺,我们该如何称呼你。

高尔吉亚 修辞学的技艺,苏格拉底。

苏格拉底 那么我们必须称你为修辞学家吗?

高尔吉亚 对,一名优秀的修辞学家,苏格拉底。如果你真的想用这个荷马的表达法称呼我,那么我得自豪地说我是一名修辞学家。

苏格拉底 这才是我想要得到的答案。

高尔吉亚 那么你就这样称呼我好了。

苏格拉底 我们不是说你还能使其他人成为修辞学家吗？ B

高尔吉亚 这是我的职业，我在本地和其他地方都这样做。

苏格拉底 高尔吉亚，你愿意继续用我们刚才一问一答的方式谈话吗？至于刚才波卢斯一开始使用的那种长篇大论，你还是放到别的场合去用吧。不过你一定不能让我们失望，你许诺过准备简洁地回答提问。

高尔吉亚 苏格拉底，有些问题必须详细回答，不过我会试着 C
尽可能简短地回答。因为这也是我宣称过的，没有人能比我更加简短地作出回答了。

苏格拉底 这正是我需要的，高尔吉亚。把你的简洁表现出来吧，以后有机会再去发表宏篇巨制。

高尔吉亚 我会这样做，你也将承认从来没有听到过如此简洁的谈话。

苏格拉底 那么就开始。你声称自己是一名修辞技艺的行 D
家，也能使别人成为修辞学家。请问，修辞学的范围是什么？举例来说，纺织必定与做衣服有关。对吗？

高尔吉亚 对。

苏格拉底 音乐必定与创作乐曲有关吗？

高尔吉亚 是。

苏格拉底 以赫拉[①] 的名义发誓，高尔吉亚，我对你的回答感到惊叹，没有比这更简洁的回答了。

高尔吉亚 对，苏格拉底，我认为我的回答非常成功。

苏格拉底 很好，现在请你以同样的方式回答有关修辞学的问题。这门知识的范围是什么？

---

① 赫拉(Hera)是希腊神话中的天后。

高尔吉亚 话语。

E **苏格拉底** 什么样的话语,高尔吉亚?那些说给病人听的用什么样的治疗能使他们恢复健康的话语吗?

高尔吉亚 不是。

苏格拉底 那么修辞学并不涉及各种话语。

高尔吉亚 肯定不。

苏格拉底 然而修辞学使人能够说话。

高尔吉亚 对。

苏格拉底 也能使人思考他们讨论的问题吗?

高尔吉亚 当然。

450 **苏格拉底** 那么我们刚才提到的医学知识不是也能使人思考和谈论他们的病人吗?

高尔吉亚 肯定能。

苏格拉底 那么医学似乎也和话语有关。

高尔吉亚 对。

苏格拉底 它是关于疾病的话语吗?

高尔吉亚 肯定是。

苏格拉底 体育不是与那些叙述好坏状况的话语有关吗?

高尔吉亚 毋庸置疑。

B **苏格拉底** 那么其他技艺也是这样,高尔吉亚。每一门技艺都与话语有关,这些话语都涉及技艺的主题。

高尔吉亚 显然如此。

苏格拉底 那么,既然其他技艺都与话语有关,何不把它们都称作"修辞学"呢?因为你把关于话语的技艺称作修辞学。

高尔吉亚 苏格拉底,因为所有其他技艺的知识一般说来涉及的是身体的技艺和相应的活动,而修辞学处理的不是这些体力
C 活动,而是所有那些以话语为中介来完成的活动。因此我宣称修

辞学的技艺和话语相关,我坚持说我的看法是正确的。

苏格拉底 我不知道自己能否理解你指的这类事情,但我很快就会弄明白。请回答我的问题,我们不是承认存在着技艺吗?

高尔吉亚 是的。

苏格拉底 我想,在存在着的各种技艺中,有些技艺主要是由行动构成的,而几乎不需要言语;有些技艺实际上并不需要言语,而仅凭行动就可发挥其功能,例如绘画、雕刻,以及其他许多技艺。我想,你说与修辞学无关的技艺指的就是这些技艺,是吗?

高尔吉亚 你的观点完全正确,苏格拉底。 D

苏格拉底 但也有些技艺确实要完全通过言语来起作用,实际上不需要或几乎不需要行动。举例来说,算术、计算、几何、跳棋游戏,以及其他技艺,其中有些技艺涉及的言语和行动一样多,有些技艺涉及的言语多于行动,它们的整个成就和影响一般说来可以归结为言语的作用。我相信,被你确定为与修辞学相关的主要是这类技艺。

高尔吉亚 你说得对。

苏格拉底 但我并不认为你想要把前面提到的这类技艺中的任何一种称作修辞学,尽管你的实际表述是“通过话语来产生影响的技艺是修辞学”。在我们的争论中如果有人希望找麻烦,他都会提出责问说:那么你把算术称作修辞学吗,高尔吉亚?我并不认为你讲的修辞学是指算术或几何。

高尔吉亚 你说得对,苏格拉底,你的假定非常正确。 451

苏格拉底 那么请你对我的提问作出更加完整的回答。由于修辞学是主要使用言语的技艺之一,也还有其他一些这样的技艺,所以请你试着告诉我,这门通过言语来产生影响的被称作修辞学的技艺的范围是什么。假定有人向我问起我们刚才提到过的那些技艺:“苏格拉底,算术的技艺是什么?”我会像你刚才那样回答说: B

"那是一门通过语言来产生影响的技艺。"如果他进一步问我:"它的范围是什么?"我会回答说:"它的范围是奇数与偶数,而无论这些具体数字有多大。"如果他还要问:"你把计算称作什么技艺?"我会说:"计算也是一门通过语言来产生影响的技艺。"如果他再问:"是在什么方面?"我会像一名在集会中提出修正案的动议者那样
C 回答说:"在迄今为止我们提到过的所有技艺中,计算与算术最相似,因为计算的范围与算术是一样的,也是偶数与奇数,但是计算与算术的不同之处在于算术要考察奇数和偶数与其自身的关系以及它们之间的相互关系。"如果有人问起天文学,而我说这门知识也完全是通过话语来产生它的影响的时候,那么他们肯定还要问:"与天文学相关的谈论范围是什么,苏格拉底?"而我会回答说:"是日月星辰的运动,以及它们的相对速度。"

高尔吉亚 苏格拉底,你的叙述非常正确。

D **苏格拉底** 现在让我们来听听你的回答,高尔吉亚。修辞学是完全通过话语来获得和实现其全部功能的技艺之一,不是吗?

高尔吉亚 这样说是对的。

苏格拉底 那么把它的范围告诉我。修辞学使用的话语的主题是什么?

高尔吉亚 是人类最伟大、最高尚的事物,苏格拉底。

E **苏格拉底** 但是,高尔吉亚,你的这种说法是有争议的,不很清楚。我想你一定听到过人们在宴饮中唱那些熟悉的歌,把我们的幸福一样样唱出来,第一位是健康,第二位是美丽,第三位是诚实地获取财富,这是那首歌的作者说的。

高尔吉亚 我听到过这种说法。但是你提到这些有什么意思呢?

452 **苏格拉底** 假定创作这首歌的作者所赞扬的那些幸福的人突然出现了,他们是医生、教练和商人。医生首先会说:"苏格拉底,

高尔吉亚在骗你。不是他的技艺,而是我的技艺,才与人类最伟大的幸福相关。"

如果我问他:"你是谁? 竟敢说这样的话。"我想,他会告诉我他是一名医生。

"那么你这话是什么意思? 你技艺的产物是一切幸福中最伟大的吗?"

无疑他会回答说:"当然了,苏格拉底,健康! 还能有什么幸福比健康更伟大呢?"

再假定继那名医生之后,那位教练会说:"如果高尔吉亚能够 B
向你展示比我产生的幸福更加伟大的幸福,那么我也会感到惊讶。"

我会接着对他说:"我的好伙伴,你是干什么的? 你的作用是什么?"

他会回答说:"我是一名教练,我的任务是使人身体强壮和健美。"

继教练之后,我想那名商人也会对其他人表示轻视,他会说:
"请你考虑,苏格拉底,你相信在高尔吉亚的口袋里或其他人的口 C
袋里,有比富裕更大的幸福吗?"

我们会对他说:"你说什么? 你创造的东西才是更大的幸福吗?"

他会回答说:"对。"

"那么你是谁?"

"我是一名商人。"

然后我们会说:"你把富裕断定为人的最大幸福吗?"

"当然,"他会这样回答。

"然而高尔吉亚在这里坚持他的技艺比你的技艺带来的好处更大,"我们会这样说。

“那么他显然要接下去考察,这种好处是什么?让高尔吉亚告诉我们吧。”

D “高尔吉亚,假定这些人和我向你提出这个问题,请回答什么是你宣称并且也能产生出来的人类最伟大的幸福。”

高尔吉亚 苏格拉底,那的确是某种最伟大的幸福,因为它给全人类带来自由,也给每个人带来控制他自己国家的其他人的自由。

苏格拉底 你这样说到底是什么意思?

E **高尔吉亚** 我指的是用你的话语去说服法庭上的法官、议事会的议员、公民大会的民众或其他任何公民集团。拥有这种力量,你可以造就医生,你可以使教练成为你的奴隶,使你的商人不为自己挣钱,而为他人挣钱,因为你能对众人谈话,可以说服他们。

苏格拉底 高尔吉亚,在我看来,你终于最准确地揭示了你心
453 目中的修辞学是一门什么样的技艺了,如果我没弄错的话,你断定修辞学是说服的创造者,它所有的活动都与此相关,这就是修辞学的全部与本质。修辞学在听众的灵魂中产生说服,你还能说出修辞学比这更加广泛的范围吗?

高尔吉亚 决不可能,苏格拉底。我认为你给修辞学下的定义是恰当的,说服正是修辞学的全部与本质。

B **苏格拉底** 那么听着,高尔吉亚,我信服了,你也可以明确,假定有个人正在与另一个人讨论问题,急于知道讨论的真正主题是什么,我就是这么个人,而我也相信你也是这样的人。

高尔吉亚 那又怎样,苏格拉底?

苏格拉底 我会告诉你的。这就好比问,什么是你说的修辞学产生的说服,它处理什么样的主题,我向你保证我不知道,但我对你说的说服及其范围表示怀疑。无论如何我得提问,你说的修
C 辞学产生的信服到底是什么意思,它的领域是什么。当我有这种

疑问的时候,为什么我要问你而不是自己来回答呢?这不是为了你,而是因为我急于想要尽力用论证来澄清我们正在讨论的主题。请考虑我下面的提问是否正确。如果我问你宙克西是一位什么样的画家,而你回答说他是一位画生物的画家,那么我会进一步问哪一种生物,在哪里可以找到这种生物,这样问可以吗?

高尔吉亚 当然可以。

苏格拉底 可以这样问的原因在于还有其他画家,他们画的 D
是其他主题,对吗?

高尔吉亚 对。

苏格拉底 而如果宙克西是惟一的画家,你的回答就是一个很好的回答,对吗?

高尔吉亚 确实如此。

苏格拉底 那么好,再来说修辞学。你认为只有修辞学产生说服,还是其他技艺也产生说服?我的意思是这样的。当一个人教某个主题时,他是在那里说服,还是不是?

高尔吉亚 是,苏格拉底,没有人会否认他在说服。

苏格拉底 让我们再次以刚才讨论过的技艺为例。算术和算 E
术家教我们,他们不是在教数的性质吗?

高尔吉亚 肯定是。

苏格拉底 因此他不也是在说服我们吗?

高尔吉亚 是的。

苏格拉底 所以算术也是说服的创造者吗?

高尔吉亚 显然是。

苏格拉底 如果现在有人问它是什么样的说服,在什么范围
内,那么我想我们应当回答说,它教的是奇数和偶数的数量,我们 454
也能证明刚才提到的其他技艺也都是说服的创造者,指出它们的类型和范围,对吗?

高尔吉亚 对。

苏格拉底 那么修辞学并非惟一的说服的创造者。

高尔吉亚 你说得对。

苏格拉底 那么,既然除了修辞学之外,其他技艺也产生这样的结果,我们作进一步提问就是公正的,就像刚才画家那个例子一
B 样。修辞学这门技艺是什么样的说服,它的领域是什么?你不认为这是一个公正的问题,有必要进一步置疑吗?

高尔吉亚 我认为这样问是公正的。

苏格拉底 那么请回答,高尔吉亚,因为你赞同我的看法。

高尔吉亚 一种在法庭或其他集会中使用的说服,苏格拉底,如我刚才所说,涉及正确与错误。

苏格拉底 高尔吉亚,对你说的这种说服及其领域我也表示怀疑,如果我过一会儿再提出相同的问题,请你别感到奇怪,尽管
C 答案在我看来是清楚的。我现在要重复一下我说过的话,我向你提问不是为了你,而是为了合理地推进论证,这样我们就不会养成怀疑他人观点或附和他人观点的习惯,只要你高兴,你也可以按照你最初的打算完成你自己的陈述。

高尔吉亚 我想你的方法是正确的,苏格拉底。

苏格拉底 那么让我们考虑下一个要点。存在着一种你称之为“学会了”的状态吗?

高尔吉亚 存在。

苏格拉底 存在着一种“相信了”的事情吗?

高尔吉亚 存在。

D **苏格拉底** 那么,你认为学会了和相信了的,或者说知识与信仰,是一回事,还是有所不同?

高尔吉亚 我认为它们是不同的,苏格拉底。

苏格拉底 你说得对,也可以这样加以证明。如果有人问:

"既有虚假的信仰,又有真实的信仰吗,高尔吉亚?"我想你会说:"有。"

高尔吉亚 对。

苏格拉底 那么既有虚假的知识,又有真实的知识吗?

高尔吉亚 决不会。

苏格拉底 那么知识与信仰显然不是一回事。

高尔吉亚 你说得对。

苏格拉底 但是那些学会了的人和相信了的人都是被说服了 E
的人。

高尔吉亚 是这样的。

苏格拉底 那么我们是否可以确定下来,有两种说服:一种产生没有知识的信仰,另一种产生知识。对吗?

高尔吉亚 当然如此。

苏格拉底 那么,由修辞学在法庭和其他集会上产生出来的关于对错的确定的信念是哪一种?是没有知识的信仰,还是知识?

高尔吉亚 苏格拉底,显然是信仰。

苏格拉底 那么修辞学显然是确定信念的创造者,它是说服 455
性的,而不是关于对错的一种指示。

高尔吉亚 对。

苏格拉底 那么修辞学家也不会在法庭和其他集会中指示对错,而只是在进行说服,因为他肯定不能在短时间内对如此重要的事物进行指示。

高尔吉亚 确实不能。

苏格拉底 那么好吧,让我们来看关于修辞学我们到底是怎
么说的,我得说连我自己都还不明白它指的是什么。每当城邦有 B
集会选择医生、造船工或从事其他工作的人,修辞学家不会提出他的建议,因为在这样的选择中选出来的一定是真正的行家。如果

要讨论的问题是城墙的建设、港口或船坞的装备,那么我们要咨询的一定不会是修辞学家,而是建筑师。还有,如果我们需要选拔将军或运用某些战术队形以抗击敌军或固守某地等方面的建议,那么军事专家会向我们提出建议,而不是修辞学家。高尔吉亚,关于
C 这些事情你会怎么说?由于你声称自己是一名修辞学家,而且还能使别人成为修辞学家,因此我们完全应当考察一下你的技艺的性质。请你体察我的用心,我这样做完全是为了你好,因为许多在场的人都急于想做你的门徒,但我知道有许多人,实际上还不少,
D 羞于向你提问。因此,当我提问时,请设想一下他们也在提问:"高尔吉亚,如果与你交往,我们能有什么收获呢?在什么问题上我们能够给城邦提建议,只涉及对错,还是也涉及苏格拉底刚才提到的这些事情呢?"

请你试着回答这些问题吧。

高尔吉亚 行,苏格拉底,我会试着把修辞学的整个范围清楚地告诉你,因为你已经很好地把如何能做到这一点的方式告诉了我。你当然知道关于修建你们的船坞、雅典的城墙和港口所需要
E 的装备的建议,部分来自塞米司托克勒①,部分来自伯里克利,而不是来自建筑师。

苏格拉底 高尔吉亚,我听到人们是这样谈论塞米司托克勒和伯里克利的,我也亲耳听到伯里克利提出要修建中部城墙。

456 **高尔吉亚** 苏格拉底,你瞧,在你刚才提到的那些选择中,是演说家在提出建议和动议。

苏格拉底 这是令我惊讶之处,高尔吉亚,也是我要不断问你修辞学的范围的原因。如果这样来看待修辞学的话,那么我认为可以说它具有至高无上的重要性。

---

① 塞米司托克勒(Themistocles,公元前528—前460年),雅典政治家。

高尔吉亚 啊！苏格拉底，如果你了解了修辞学的全部范围，
明白它实际上包括和支配其他所有才能，那么你确实可以这样说。
让我来向你很好地证明这一点。我经常和我的兄弟或其他医生一 B
道去看望他们的某个病人，这个病人不愿喝药，拒绝开刀，不接受
烧灼术。医生们束手无策，而我却用修辞术成功地说服了他。我
也宣称，如果一名修辞学家和一名医生一道访问任何一座城市，他
们在议事会或其他集会中不得不竞争谁能被选为医生，那么那名
医生不会被选上，而那位能言善辩的人如果愿意的话会被选上。 C
如果他与其他任何手艺人竞争，那么是这位修辞学家，而不是其他
手艺人，能够说服民众选他，因为在民众面前，无论谈论的是什么
主题，修辞学家都要比其他手艺人更具有说服力。这就是修辞学
的范围和特点，苏格拉底，但是我们要像对其他竞争性技艺一样来
使用它。我们一定不会使用其他竞争性的技艺来反对他人，仅仅 D
因为我们学了拳击、肉搏、兵器格斗，因此我们强于我们的朋友和
敌人，我说的是，我们一定不会由于这个缘故痛打、伤害、杀死他
们。确实不会如此，假定某个身体强健的人去了摔跤学校，成了一
名优秀的拳击手，然后痛打他的父母或其他亲属和朋友，我们也一
定不会因为这个缘故厌恶体育教师或教练，把他们从城里赶走。 E
因为他们告诉过学员，这些技艺只能用来对付敌人或作恶者，用于
自卫而不能用于侵犯，但是这样的学员使用他们的力量和技艺的 457
方式是错误的。因此教师们没有罪，这种技艺也不会因此而是邪
恶的、该受谴责的，在我看来，有罪的和该受谴责的是那些不适当
地运用这种技艺的人。相同的论证也可以用于修辞学。修辞学家
有能力谈论任何主题，反对任何人，可以在民众面前就他所希望谈
论的每个论题上证明自己比其他人更有说服力，但他不会仅仅因 B
为自己拥有这种力量而去剥夺医生或其他手艺人的名声。人们应
当像对待体育才能一样适当地使用修辞学。如果有人成了修辞学

家并错误地使用这种能力和技艺去作恶,那么在我看来,你们一定
C 不能厌恶他的教师,并把他的教师驱逐出这个城邦。因为修辞学的教师教诲过学生要良好地使用这种技艺,而滥用了这种技艺的是学生。因此是这个滥用修辞学的人应当受到厌恶、驱逐,乃至于处死,而不是修辞学的教师。

苏格拉底 高尔吉亚,我想你和我一样有过这样的经验,在讨论中你会看到有些发言者几乎无法限定争论的主题,经过相互交
D 谈和互受启发后使讨论结束,但若在争论中,有一方坚持另一方的观点是不正确的或晦涩的,然后就生气,认为他们的对手说的话是恶意的,于是他们就急于在争论中取胜,而不是关心对讨论的主题进行考察。最后他们中有些人就形成了这样一种最可耻的风气,他们的相互谩骂使他们的听众感到后悔,真不该来听这些人讨论。
E 我为什么要提到这些?因为在我看来,你现在说的话与你一开始对修辞学的看法很不一致,或很不合拍。但我不敢对你进行考察,因为怕你会误认为我的固执是针对你的,而不是为了澄清要讨论
458 的问题。现在,如果你和我是同类人,那么我会乐意向你提问;如果你不是,那么我就算了。我是哪一类的人?如果我说的事情是错误的,那么我乐意受到驳斥;如果别人说错了话,我也乐意驳斥他。我受到驳斥比我驳斥别人更加使我感到高兴,因为我认为这样做有很大好处,使自己摆脱错误比使他人摆脱错误是一种更大的恩惠。我相信对一个人来说,没有什么比持有关于我们现在所
B 讨论的主题的一种虚假看法更糟糕的了。如果你和我是同类人,那么让我们继续下去,但若你感到我们应当放弃这个问题,那么就让我们对这个论证说声再见,把它打发掉。

高尔吉亚 不,我宣布我就是你说的这类人,但也许我们必须考虑到我们的听众。在你到达之前我为这些在场的同伴作了一个很长的讲演,现在如果我们继续争论下去,它也许是冗长的。所以

我们应当考虑到听众的方便,否则那些急于去做别的事的人就得 C
滞留在这里了。

凯勒丰 高尔吉亚、苏格拉底,你们都能听到在场同伴的反应,他们渴望听到你们的谈话,无论你们必须说些什么;至于我本人,上苍吩咐我应当聆听这样吸引人的谈话,对话者如此坦诚,我们也不会厌恶这种性质的对话,它肯定是有益的。

卡利克勒 没错,凯勒丰,我听到过许多争论,但我从来没有 D
像听到这场争论那样快乐。哪怕你们打算谈一整天,我都乐意奉陪。

苏格拉底 那么好吧,如果高尔吉亚同意,我也没有异议。

高尔吉亚 苏格拉底,话说到这一步我再拒绝,那就是一种耻辱了,更何况我说过愿意回答任何提问。如果大家都同意,我们就
继续谈下去,你想问什么就问什么。 E

苏格拉底 那么听着,高尔吉亚,你的说法令我惊讶,也许你说得没错,是我误解了你的意思。你宣布自己能使任何一位愿意向你学的人成为修辞学家吗?

高尔吉亚 是的。

苏格拉底 作为这件事的结果,他能够在众人面前谈论任何主题,不是通过指点,而是通过劝说使人信服吗?

高尔吉亚 确实如此。 459

苏格拉底 好,你刚才说过在健康问题上一名修辞学家比一名医生更具有说服力。

高尔吉亚 对,我说过,当着大家的面。

苏格拉底 当着大家的面意味着在无知者中间,当然了,在有知者中间他也会比医生更具说服力。

高尔吉亚 你说得很对。

苏格拉底 如果他比医生更具说服力,那么他比有知者更具

说服力,对吗?

高尔吉亚 当然对。

B **苏格拉底** 尽管他自己并不是一名医生。

高尔吉亚 对。

苏格拉底 不是医生的人肯定不知道医生知道的事。

高尔吉亚 显然如此。

苏格拉底 因此,如果说修辞学家比医生更令人信服,那么无知者在无知者中间比行家更有说服力。这就是我们的结论,此外还有别的什么结论吗?

高尔吉亚 在这个例子中,就是这个结论。

苏格拉底 涉及其他技艺,修辞学家和修辞学的地位不也同
C 样吗?它不需要知道事情的真相,而只要发现一种说服的技巧,这样他在无知者中出现时就能显得比专家更有知识,对吗?

高尔吉亚 苏格拉底,无需学任何技艺但又能证明自己在任何方面都不比那些专家差,这难道不是一种极大的安慰吗?

苏格拉底 修辞学家是否比其他掌握某些技艺的专家低劣,如果这个问题与我们现在的讨论有关,那么我们放到后面再加以
D 考虑。但是现在让我们首先来考察修辞学家和对与错、高尚与卑劣、正义与非正义等问题是否有关,就好像修辞学家与健康问题是否有关,与其他技艺的对象是否有关。修辞学家是否不知道对与错、高尚与卑劣、正义与非正义,但却发明了一种就这些事情说服听众的技艺,因此,尽管他对这些事情无知,但却能在无知者中间
E 显得比专家们更有知识。或者说你的那些未来的学生必定有关于这些事情的知识,当他们来向你学修辞学时会把这些知识带来?如果他是无知的,那么你,他的修辞学老师,在这些事情上什么都不会教给你的学生,因为这不是你关心的事,而只是使他能在大众面前显得拥有这样的知识,而实际上他并没有这种知识,使他显得

像个好人,而实际上他并不是个好人?或者说如果他不是事先知道关于这些事情的真相,你就完全不能教他修辞学?高尔吉亚,我们如何才能站得住脚?以上苍之名,把修辞学的真正力量揭示出来吧,这是你刚才答应过的。

高尔吉亚 好吧,苏格拉底,我假定如果他不拥有这种知识, 460
他也可以向我学习这些事情。

苏格拉底 等一下!你说得没错。如果你使某个人成为一名修辞学家,那么他必定已经拥有关于对错的知识,这种知识或者是他以前就熟悉的,或者是向你学到的。

高尔吉亚 当然了。

苏格拉底 已经学会了木匠技艺的人不是一名木匠吗? B

高尔吉亚 是。

苏格拉底 已经学会了音乐技艺的人不是一名音乐家吗?

高尔吉亚 是。

苏格拉底 已经学会了医学的人不是一名医生吗?以同样的原则,学会了某样事情的人都会成为这种事情的专家,他拥有的知识使他成为这样的人,对吗?

高尔吉亚 确实如此。

苏格拉底 按照这一原则,学会了正义的人是正义的。

高尔吉亚 一点没错。

苏格拉底 我假定,正义的人做的事都是正义的,对吗?

高尔吉亚 对。

苏格拉底 修辞学家必定是正义的,他必定希望做正义的事, C
对吗?

高尔吉亚 显然如此。

苏格拉底 那么正义的人决不希望做不义的事,对吗?

高尔吉亚 必定如此。

苏格拉底 我们的论证要求修辞学家是正义的吗?

高尔吉亚 对。

苏格拉底 那么修辞学家决不会希望做错事,对吗?

高尔吉亚 他显然不会。

苏格拉底 那么你还记得前不久你说过,如果某个拳击手把
D 他的技艺用在错误的方面,做出了伤害,我们不应当责备我们的教
练,或者把他们从我们的城市里驱逐出去,同理,如果某个修辞学
家把他的修辞学用于错误的方面,我们也不应当指责或驱逐他的
老师,而应当责备那个错误地使用修辞学的有罪的人,是吗? 你有
没有说过这样的话?

高尔吉亚 说过。

E **苏格拉底** 但是现在很清楚,这同一位修辞学家决不会做任
何错事,对吗?

高尔吉亚 这很清楚。

苏格拉底 高尔吉亚,在前面的讨论中我们提到过,修辞学与言语相关,它不处理奇数与偶数,而是处理对与错。是这样的吗?

高尔吉亚 是的。

苏格拉底 当你这样说的时候,我想修辞学决不会涉及不好
461 的事情,因为它的过程总是与正义相关。但是稍后你说修辞学家
实际上会把修辞学用于邪恶的方面,我感到惊讶,认为这样说与前
面的说法不一致,因此我才说如果你和我是同类人,你应当欢迎驳
斥这种看法,这样的话,我们继续谈话才有价值,如果你和我不是
同类人,那么我们还是放弃这个问题。从我们方才作的考察中你
可以看到这个结果,修辞学家不能错误地使用修辞学,也不会去作
B 恶。现在,以神犬的名义起誓,高尔吉亚,要想确定真理在何处,短
时间的讨论无法取得圆满的解决。

波卢斯 你在说什么,苏格拉底? 你在说关于修辞学你的看

法才是正确的吗？或者说，你只是在想象，由于高尔吉亚耻于承认
修辞学家不知道正义、光荣和善良的事情，如果有人带着这种知识
来向他求学，他本人无法把这种知识教给来求学的人，因此你的看
法是正确的。我认为，你所说的前后不一致的结果是从论证中产 C
生的，而这是你的爱好，是你在把论证引向歧途。你想，有谁会否
认自己知道正义，也能把正义教给别人呢？把讨论引入这样的死
胡同真是可恶至极。

苏格拉底 我高贵的朋友波卢斯，我们这些老年人到了要摔
跤的年纪需要有朋友和子女的原因就在于你们这些在场的年轻人
能够在行动和言语方面把我们扶正。现在，如果高尔吉亚和我在 D
论证中有失误，那么请你伸出援助之手，你这样做是完全正确的，
如果你认为我们接受了的东西是错误的，那么只要你愿意，我都可
以加以回顾，除了你看到的这种情况。

波卢斯 什么情况？

苏格拉底 你那冗长的发言必须受到约束，波卢斯，你一开始就在长篇大论。

波卢斯 什么？我就不能随意发言吗？

苏格拉底 我的朋友，如果来到全希腊享有最大程度言论自 E
由的雅典，只有你被禁止发言，那实在是太难为你了。但从我这方
面来看，如果在你发表长篇讲话而又不回答问题的时候，我不可
以走开，非得听你讲话不可，那岂不是也太难为我了吗？但若你
对我们已经说过的话还有兴趣，愿意使讨论走上正道，那么如我 462
刚才所说，随你所愿回顾一下刚才的讨论，像高尔吉亚和我所做
的那样，轮番提问和回答，对我的观点进行驳斥，也要让自己的
看法受到驳斥。因为你肯定说过，你知道高尔吉亚知道的事情，
不是吗？

波卢斯 我说过。

苏格拉底 你不是也要求其他人在任何时候随意向你提问,因为你知道如何作答吗?

波卢斯 当然是。

B **苏格拉底** 那么就做你现在选择了的两件事情吧,提问或者回答。

波卢斯 很好,我会这样做的。你来回答我的问题吧,苏格拉底。你认为高尔吉亚对修辞学的性质感到困惑,那么你说修辞学到底是什么?

苏格拉底 你问的是我认为它是一门什么技艺吗?

波卢斯 正是。

苏格拉底 说实话,波卢斯,它根本不是技艺。

波卢斯 那么你认为修辞学是什么?

C **苏格拉底** 我最近读到了一篇你的论文,它是你在其中宣布可以创造一门技艺的那个东西。

波卢斯 你这话什么意思?

苏格拉底 我称之为某种程序。

波卢斯 那么你认为修辞学是一种程序?

苏格拉底 这要看你是否批准,我是这样看的。

波卢斯 什么样的程序?

苏格拉底 一种产生满足和快乐的程序。

波卢斯 如果它能在人们中间产生满足和快乐,难道你不认为它是一样好东西吗?

D **苏格拉底** 波卢斯,你在说什么?难道你已经从我这里接受了我对修辞学的看法,然后开始问我是否认为修辞学是一样好东西了吗?

波卢斯 我不是已经听到你称它为一种程序了吗?

苏格拉底 好吧,你如此推崇满足,那么你能否使我有最低限度的满足呢?

波卢斯 我能。

苏格拉底 那么请你问我烹调是一门什么样的技艺吧。

波卢斯 行。烹调是一门什么样的技艺?

苏格拉底 它不是技艺,波卢斯。

波卢斯 那么它是什么?告诉我。

苏格拉底 在我看来,它是一种程序。

波卢斯 告诉我,什么是程序?

苏格拉底 我宣布它是一种产生满足和快乐的程序,波卢斯。 E

波卢斯 那么烹调和修辞学一样吗?

苏格拉底 不一样,但它们都是同一种活动的一个部分。

波卢斯 什么活动?

苏格拉底 我担心要是说实话会显得没有礼貌。我犹豫不决,怕高尔吉亚以为我在讽刺他的职业。在我看来,我不知道高尔
吉亚从事的职业是否属于修辞学,因为我们的争论在他看来并没 463
有达到确定的结论,而我说的修辞学是一种活动的某个部分,这个观点不是非常有名。

高尔吉亚 你说的是什么活动,苏格拉底?告诉我们吧,别对我有什么顾忌。

苏格拉底 那么好,高尔吉亚,在我看来,这种活动从整体上来看不是一种技艺,而是一种精明的行当和有进取心的精神,在与他人打交道的时候,人生来就有这种技巧,从整体上和本质上来
看,我称之为"奉承"。现在我认为这种活动还有许多其他部分,其 B
中之一就是烹调。人们把烹调当作一门技艺,而在我看来它根本不是技艺,而是一种程序和技巧。我把修辞学称作这种一般活动的另一个部分,加上美容和智术,这四个部分有着四种不同的对象。现在,如果波卢斯想要向我提问,那就让他问好了,因为他还

C 没有确定我把修辞学称作奉承的哪一个部分。他不明白我还没有回答他的问题,就开始问我是否认为它是一样好东西。但是在还没有回答修辞学是什么之前,我不会考虑它是好是坏。因为这样做是不对的,波卢斯。现在你如果想要向我提问,那就问我把修辞学称作奉承的哪个部分。

波卢斯 我想提问。请你回答,你把修辞学称作奉承的哪个部分?

D **苏格拉底** 我怀疑你是否能听懂我的回答。修辞学在我看来与政治学的某个部分很相似。

波卢斯 好吧,那么你称它为好还是坏?

苏格拉底 你好像已经明白了我的意思,如果我必须回答,那么它是坏,我把恶的事情称作坏。

高尔吉亚 为什么,苏格拉底,连我都没有把握你的意思。

E **苏格拉底** 这很自然,高尔吉亚,因为我还没有澄清我的陈述。波卢斯年轻而又轻浮,就像一个傻瓜。

高尔吉亚 别管他。告诉我,你说修辞学与政治学的某个部分相似是什么意思。

苏格拉底 我会试着向你解释我对修辞学的看法,如果我错了,波卢斯会驳斥我。你承认身体和灵魂的存在吗?

464 **高尔吉亚** 当然。

苏格拉底 你难道没有考虑过它们各自都有一个健康状态吗?

高尔吉亚 我想过。

苏格拉底 还有一种貌似健康而实际上并不真正健康的状态吗?例如,有许多人看起来身体健康,除了医生或某些体育教练没有人能察觉出他们不健康。

高尔吉亚 没错。

苏格拉底 我认为,身体和灵魂中都有一种状态,这种状态会创造出一种健康的印象,尽管实际上这种印象是虚假的。

高尔吉亚 是这么回事。 B

苏格拉底 现在让我来看是否能更加清楚地解释我的意思。身体和灵魂与两种技艺相对应,与灵魂相关的技艺我称之为政治的技艺,与身体相关的那门技艺我一下子还说不出一个现成的名称。但是这门照料身体的技艺由体育和医学两部分组成,在政治
的技艺中与体育相对应的是立法,而医学的对应物是正义。在各 C
门技艺下,医学对体育,正义对立法,这些组成部分是相互蚕食的,因为它们的领域相同,但是无论如何它们之间还有差别。这四种技艺总是关注最好的,一对技艺照料身体,另一对技艺照料灵魂。但是奉承察觉到了这一点,我不说它凭着知识,而是凭着推测察觉
到了这一点,把它自身也分成四个部分,分别伪装和假冒成这些技 D
艺。由于不知道什么是最好的,它通常使用快乐作诱饵进行捕捉,使人相信它具有至高无上的价值。就这样,烹调假冒医学,声称知道什么食物对身体最好,因此,当一位厨师和一名医生不得不竞争谁是食物方面的专家时,面对儿童或那些思想像儿童般幼稚的大
人,那位医生最后会饿死。我把烹调称为奉承的一种形式,我宣布 E
这种事情是坏的。波卢斯,我现在转过来对你说话,因为烹调的目 465
的是快乐,对好的事物则视而不见,我坚持烹调不是一种技艺,而是一种程序,因为它不能产生原则用以规范它所提供的事物,因此也不能解释他所能提供的本性和原因。我拒绝把技艺之名用于任何不合理的事物。但若你想对此提出任何反对意见,我愿意作进一步的考察。

所以,烹调如我所说是奉承的一种形式,与之相对应的是医 B
学。以同样的方式,体育被美容假冒了,成了一种有害的、欺骗性的方式,成为一种卑劣的活动。它以形状、颜色、光滑、褶皱来欺骗

我们,使人们追求一种外在的魅力,而放弃凭借锻炼产生的自然美。

C 为了简洁起见,我要尽力用几何学家般的语言来表述,因为现在你们可能还允许我这样做。智术与立法的关系就好比美容对体育,修辞对正义的关系就好比烹调对医学。但是我说过,它们之间还有天然的区别,由于它们关系密切,智者和修辞学家在同一领域工作,处理相同的主题,因此极易混淆,不知道对方是如何
D 产生的。如果身体不是处在灵魂的控制下,而是处在它自己的控制下,如果烹调和医学不是处在灵魂的考察和区分下,而是由身体依据它们所提供的身体快乐来裁决,那么阿那克萨戈拉的原则就是放之四海而皆准的了。我亲爱的波卢斯,你知道这条原则是什么,万物都会进入无差别的混合状态,医学、健康和烹调是无法区别的。

E 好吧,你们现在已经听到我对修辞学的看法了。它在灵魂中的作用就好比烹调对身体。在禁止你发表长篇大论后,我自己谈论了那么长时间,这样做也许很奇怪。但只有在这一点上你可以公平地责备我,因为我要是简洁地讲,你就不懂,也无法回答我
466 的提问,所以你需要这样的解释。所以,如果我也不能跟上你的回答,那么你也可以详细地讲述;但若我能跟得上,那么还是请你简洁地讲,这样做是公平的。现在来看你对我的回答有何想法。

波卢斯 你说了些什么呢?你认为修辞学是奉承吗?

苏格拉底 不对,我说的是"奉承的一部分"。波卢斯,你这样的年纪记性就这么差,如果你老了又该如何?

波卢斯 那么你认为一名优秀的修辞学家在城邦中被视为可怜虫,因为他们是奉承别人的吗?

B **苏格拉底** 你这是提问,还是演讲的开头?

波卢斯 这是我提出的问题。

苏格拉底 我认为根本就没有人会去理他们。

波卢斯 怎么会没人理呢？他们在城邦里不是最有权力的吗？

苏格拉底 如果你说的权力是指对拥有者来说是好的东西，那么他们不是。

波卢斯 我确实是这个意思。

苏格拉底 那么我认为修辞学家在任何城邦中拥有的权力是最小的。

波卢斯 你说什么？他们难道不是像僭主一样，可以随意杀人，剥夺他们的幸福，还能从城邦里驱逐那些似乎最优秀的人吗？ C

苏格拉底 凭着神犬起誓，波卢斯，我对你说的每句话都感到困惑。你是在表达自己的想法，还是在向我提问？

波卢斯 我在向你提问。

苏格拉底 那么好，亲爱的朋友，你一下子就向我提了两个问题。

波卢斯 哪两个问题？

苏格拉底 你不是才问过，演说家可以随意处死人，剥夺他们的幸福，从城邦里驱逐那些似乎是最优秀的人吗？ D

波卢斯 我问过。

苏格拉底 那么我宣布，这里有两个问题，我对两个问题都会作答。波卢斯，我认为演说家和僭主在我们的任何城邦里权力都是最小的，这是我才说过的，因为他们实际上并不能随心所欲，而只能做在他们看来是最好的事情。

波卢斯 这不就表明他们握有大权吗？ E

苏格拉底 按照波卢斯的说法，他们确实并不握有大权。

波卢斯 按照我的说法？喔，对，我肯定过这一点。

苏格拉底 对,因为你说过伟大的权力对它的拥有者来说是好的。

波卢斯 我确实这样说过。

苏格拉底 那么,如果某个没有理智的人做了在他看来最好的事情,你会称之为好吗?你会称之为伟大的权力吗?

波卢斯 我不会。

467 **苏格拉底** 那么请驳斥我,证明演说家是有理智的,修辞学是一门技艺,而不是奉承的一种形式。但若你不对我进行驳斥,那么我可以说,演说家和僭主在我们的城邦里做那些他们认为是好的事情,但并不能因此而得到好处,因为权力在你看来是好的,但你同时也承认在没有理智的情况下去做那些自己认为是好的事情是一种恶,你这样说过吗?

波卢斯 我说过。

苏格拉底 那么修辞学家或僭主如何能够在我们的城邦里拥有大权,除非波卢斯能驳倒苏格拉底,证明他们在做他们想做的事?

B **波卢斯** 这个家伙……

苏格拉底 我否定他们在做他们想做的事,驳斥我吧。

波卢斯 你刚才不是承认他们做在他们看来是最好的事情吗?

苏格拉底 对,我仍旧承认这一点。

波卢斯 那么他们不就是在做他们想做的事吗?

苏格拉底 我不否认。

波卢斯 当他们做在他们看来是好事情的时候?

苏格拉底 对。

波卢斯 苏格拉底,你说的这些话真是荒谬绝伦,令我恶心。

C **苏格拉底** 波卢斯,我的朋友,你不要生气,请按你自己的风格讲话。如果你有问题要问，那么就请你证明我的看法是错误的；如果你没有问题，那么请你回答我的问题。

波卢斯 好吧，只要搞懂了你的意思，我愿意回答问题。

苏格拉底 那么请你想一想，人在任何具体场合中做的事都是自己情愿的，还是为了某种行为的目的才去做事？例如，你认为那些在医生的嘱咐下吃药的人是情愿的，还是为了健康才去吃药，喝下那些苦涩的药水？

波卢斯 显然是为了健康。

苏格拉底 那些一般说来为了挣钱而出海航行的人也是这 D
样，他们在各个具体场合下做的事并不是情愿的。因为有谁情愿吃苦冒险去航海呢？在我看来，他们之所以愿意去航海是为了航海的目的，也就是为了财富，为了发财他们才去航海。

波卢斯 没错。

苏格拉底 这不就是一个普遍的真理吗？如果某人的行动有着某种目的，那么他不是想要这种行动，而是想要实现行动的目的。

波卢斯 对。 E

苏格拉底 世上有什么事物既不是好的，又不是坏的，也不是不好不坏的，即介于好与坏之间？

波卢斯 任何事物必居其一，苏格拉底。

苏格拉底 所谓好，你指的是智慧、健康、财富一类的事情，所谓坏，你指的是这些事物的对立面，是吗？

波卢斯 我是这样看的。

苏格拉底 所谓不好不坏，你指的是一会儿分有一种性质，一 468
会儿分有另一种性质，有时候两种性质都不分有的事物，例如坐、走、跑、航行，或者像石头、木头这样的物体，对吗？这是你的意思吗？或者说你指的是其他种类既不好又不坏的物体？

波卢斯　不,我指的就是这些。

苏格拉底　那么当人们在行动时,他们为了好的目的而去采取不同的行动,还是为了不同的目的而去好呢?

波卢斯　肯定是为了好的目的而去采取不同的行动。

B **苏格拉底**　那么在这种对好的目的的追求中，当我们坐的时候我们去坐，心里想着这样做比较好，相反，当我们站着的时候，我们为了同样的目的去站，也是为了实现好的目的。不是这样吗?

波卢斯　是这样的。

苏格拉底　当我们杀人、放逐、剥夺他人财产时,我们认为这样做比不这样做要好。不是这样吗?

波卢斯　肯定如此。

苏格拉底　那么那些采取某些行动的人总是为了实现好的目的而行动。

波卢斯　我同意。

C **苏格拉底**　但我们不是承认过,当我们抱着某些目的采取行动时,我们不情愿采取这项行动,而是为了实现这项行动的目的才这样做,是吗?

波卢斯　是的。

苏格拉底　那么当我们杀人,把人从城邦里驱赶出去,剥夺他们的财产时,我们对这些行动并不情愿。但若这些行动对我们有利,我们会这样做;如果它们对我们有害,我们就不会这样做了。如你所说,我们情愿做的是那些好事,而不是那些不好不坏的事,或者坏事。你认为我的说法正确还是错误,波卢斯? 你为什么不回答?

D **波卢斯**　你说得对。

苏格拉底　如果我们承认这一点,那么如果一个人,无论是僭主还是修辞学家，屠杀或驱逐别人，剥夺别人的财产，因为他认为这样做对他有利，不这样做对他有害，那么这个人确实做了在他看来是好的事情，是吗？

波卢斯 是的。

苏格拉底 如果他的行动证明对他有害，那么他在做他愿意做的事情吗？你为什么不回答？

波卢斯 不，在我看来，他并不在做他愿意做的事。

苏格拉底 如果像你自己所承认的那样，伟大的权力是一样 E
好东西，那么这样的人有可能在他的城邦里拥有大权吗？

波卢斯 这是不可能的。

苏格拉底 那么我说的才是对的，在城邦里做在他看来是好事的人可能没有大权，不能做他想做的事。

波卢斯 苏格拉底，这正好比你在这个城邦里不喜欢自由地做任何在你看来是好的事情，而宁可做在你看来是不好的事情。当你看到一个人在那里杀人、关人、剥夺财产，这些事在他看来是好的，但你并不羡慕他！

苏格拉底 你指的是正义的事情还是不正义的事情？

波卢斯 无论哪一种，难道不是在两种情况下都会有人羡慕 469
他吗？

苏格拉底 别做声，波卢斯！

波卢斯 为什么？

苏格拉底 因为我们不会羡慕不可避免的、不幸的事情，而只会对它们表示遗憾。

波卢斯 你在说什么？这就是你对我正在谈论的那个人的印象？

苏格拉底 当然是。

波卢斯 那么你认为这个可以按其意愿杀人的人是可悲的，

他这样做是正义的,而你要对他表示遗憾吗?

苏格拉底 不对,不是这么回事,但这样的人也不值得羡慕。

波卢斯 你不是才称他为不幸的吗?

B **苏格拉底** 波卢斯,我指的是不公正地杀人的人,他也是可悲的,公正地杀人的人也不会有人羡慕。

波卢斯 不公正地被杀的人肯定是可悲的、不幸的。

苏格拉底 波卢斯,他并不比杀他的人更可悲、更不幸,也不会比公正地被杀的人更可悲、更不幸。

波卢斯 怎么会这样呢,苏格拉底?

苏格拉底 因为作恶是最大的恶。

波卢斯 作恶是最大的恶? 承受恶不是更大的恶吗?

苏格拉底 肯定不是。

波卢斯 那么你会宁愿受恶,而不去作恶吗?

C **苏格拉底** 我两样都不情愿,但若我必须挑选,那么我会选择受恶而不会选择作恶。

波卢斯 那么你不打算成为一名僭主?

苏格拉底 不,除非你说的做僭主的意思就是做我现在做的事。

波卢斯 我的意思是刚才说过的,能够自由地在城邦里做我喜欢做的事情,杀人、放逐,在一切事情上都能随心所欲。

苏格拉底 天哪,世上还有你这样的人! 让我先说,然后请你
D 用论证来攻击我。假定我袖子里揣着匕首,在人群拥挤的市场上碰到你,然后对你说,波卢斯,我最近得到一种神奇的权力,一种僭主的权力。如果我认为你现在看到的人都该死,那么他们马上就得去死。如果我决定要某个人头破血流,那么他马上就得碰破头,如果我要撕烂他的衣服,那么他的衣服马上就得被撕烂。我在这个城邦里的权力是伟大的。

然后,要是你不相信我的话,我就亮出匕首。我想,你在看到 E
匕首的时候会说,苏格拉底,在这种意义上每个人都有伟大的权力,以这种方式,每个人都可以随意放火烧房子,还可以烧掉雅典人的造船厂、所有战舰、公家的或私人的船只。

但是话说回来,做一个人喜欢做的事并不是拥有伟大的权力,你看如何?

波卢斯 在你提到的这些情况下不是。

苏格拉底 那么你能告诉我,你发现这样的权力有什么错误 470
吗?

波卢斯 我能。

苏格拉底 是什么?请告诉我。

波卢斯 这种权力是如有人如此行事必将受罚。

苏格拉底 惩罚不是一种恶吗?

波卢斯 肯定是。

苏格拉底 我奇怪的朋友,在你看来难道不是正好相反,当一个人做他喜欢做的事情时,如果他的行动伴随着利益,它是一件好事情,这显然是伟大权力的意思,否则它就是一件坏事,所包含的
权力也很小,是吗?让我们也来检验一下这个观点。我们不是承 B
认过,做我们提到过的那些事情,杀人、放逐、剥夺财产,有时候是好的,有时候是不好的吗?

波卢斯 确实如此。

苏格拉底 那么看来在这一点上,你和我的意见一致了。

波卢斯 是的。

苏格拉底 现在当你说做这些事情比较好的时候,请你告诉我,你的标准是什么?

波卢斯 不,苏格拉底,还是你来回答这个问题。

苏格拉底 波卢斯,如果你宁可从我这里听到回答,那么我要 C

说如果这是一项正义的行为,那么做了比较好,如果这是一项不正义的行为,那么做了比较糟。

波卢斯 要驳斥你确实很困难,苏格拉底!但是在这个问题上,一名儿童也能证明你错了。

苏格拉底 那么我会非常感谢那名儿童。如果你驳斥我,消除我那些胡言乱语,那么我也同样感谢你。对一个朋友做好事别那么拖拉,请你驳斥我吧。

波卢斯 那么好吧,要想驳斥你并不需要去请教古代历史,昨天或前天发生的事件就足够了,可以用来证明有许多做了坏事的

D 人是幸福的。

苏格拉底 有哪些事件?

波卢斯 你见过佩尔狄卡之子阿凯劳斯,马其顿的统治者吗?

苏格拉底 如果说我没见过他,那么至少我听说过这个人。

波卢斯 你认为他是幸福的还是不幸的?

苏格拉底 我不知道,波卢斯。我从来没见过这个人。

E **波卢斯** 什么?你肯定见过他。你现在无法马上判断他是幸福的吗?

苏格拉底 确实不能,我做不到。

波卢斯 那么你显然也会说你不知道这位伟大的国王本人是否幸福。

苏格拉底 我会说实话,因为我不知道他的教育状况和他是否正义。

波卢斯 什么?幸福完全依赖于这些东西吗?

苏格拉底 在我看来是这样的,波卢斯,我把那些高尚、善良的男男女女称作幸福的,把那些邪恶、卑贱的人称作不幸的。

471 **波卢斯** 那么在你看来阿凯劳斯是不幸的。

苏格拉底 如果他是邪恶的,我的朋友。

波卢斯 邪恶的？他当然是邪恶的！他母亲是佩狄卡斯的兄弟阿凯塔斯的女奴，按理说，他是阿凯塔斯的奴隶，① 没有资格继承他现在享有的权力。如果他选择正义地行事，那么他现在仍旧是阿凯塔斯的奴隶。按你的说法，那样的话他会很幸福，而现在他却极其不幸了，因为他犯下了最大的恶行。首先，他派人请来这 B 位从前的主人和主人的叔父，诡称要为他恢复被佩狄卡斯剥夺的权力，然后设宴款待阿凯塔斯及其儿子亚历山大，也就是阿凯劳斯自己的堂兄，和他一般年纪，把他们灌醉以后，扔进一驾马车，乘黑夜把他们送走，然后再派人去把他们杀死。阿凯劳斯犯下了这些罪行，但他没有意识到自己是最不幸的人，没有丝毫悔 C 恨。以后他也从来没有希望自己成为这种幸福的人。他不是通过正义行动使合法的王位继承人——他自己的兄弟，佩狄卡斯的合法儿子，一个大约七岁左右的孩子——登上王位，而是把他扔到井里淹死，然后告诉孩子的母亲克勒俄帕特拉，那孩子在追一只鹅的时候摔倒，掉进井里淹死了。如此说来，在犯下比任何马其顿人更大的罪恶以后，他是最不幸的，而不是最幸福的马其顿 D 人。我想除你之外还会有其他雅典人宁可喜欢其他任何马其顿人，而不喜欢阿凯劳斯。

苏格拉底 波卢斯，讨论一开始我就称赞你，尽管你否定辩证法，但在我看来你有着良好的修辞学训练。现在，我宣称作恶者是不幸福的，你说连一个孩子也能用论证驳倒我的观点，那么这就是你用来驳倒我的论证吗？你认为我的观点已经被驳倒了吗？怎么可能呢，我的好伙伴？对你说的话，我一个字也不承认。

波卢斯 你只是口头上拒绝而已，你的实际想法和我是一样 E 的。

---

① 奴隶所生之子仍为奴隶。

苏格拉底 我亲爱的先生,你试图用演说的方式驳倒我,就像
那些在法庭上从事论辩的人一样。有那么一些人认为,只要提出
许多有争议的证据来支持自己的论题,而对方只能提出一个论据,
472 或一个也提不出,这样就能驳倒对方。但是这种证明的方法对于发
现真理来说是没有价值的,因为面对多数人的驳斥,会有人成为多
数人提出的虚假证据的牺牲品。现在,如果你希望提出这些在我
看来是虚假的事情作证据,那么实际上所有人,雅典人和外邦人,
都会支持你的论题。如果你选择论据,你可以用尼刻拉图之子尼
昔亚斯和他的兄弟的事情为证,他们长期在狄奥尼修斯圣地的三
脚祭坛奉献;或者选择斯凯利亚之子阿里司托克拉底的事情为证,
B 此人在阿波罗神庙向神做的献祭极为丰盛;或者如果你愿意在雅
典选择,你也可以用伯里克利家族或其他家族的事情为证。然而,
只有我不同意你的看法,因为你不能迫使我同意,你只不过提出了
许多虚假的论据来反对我的看法,努力想要使我丧失本性和真理。
但若我也不能从你身上举出一个证据来支持我的观点,那么我想
C 自己在当前争论的这个问题上也毫无建树。另外,我想,如果惟有
我这个证人不支持你的观点,不能向你证明你的错误,使你放弃其
他那些解释,那么这种情况对你来说也是同样的。现在你和其他
许多人接受了这种形式的驳斥,但在我看来,还有其他形式的驳
斥。让我们来作一些比较,然后想一想它们是否有差别。我们当
前争论的问题决非微不足道,而是一个关于知识最高尚、无知最可
耻的问题,这就是有知识的人还是无知的人是幸福的这个问题的
D 总和与本质。例如,以我们当前讨论的第一个主题为例,你认为尽
管某人是恶的,他的行动是邪恶的,但他仍旧是幸福的,你把阿凯
劳斯判断为邪恶的,然而他仍旧是幸福的。我们可以把这个看法
当作你的观点吗?

波卢斯 当然可以。

苏格拉底 但我说这是不可能的。这是要争论的第一个要点。好吧,作恶者是幸福的,如果他遇到正义和惩罚,他就会不幸福,是吗?

波卢斯 当然了,在这些情况下他是最不幸福的。

苏格拉底 那么按照你的看法,如果作恶者不受惩罚,他就是幸福的。 E

波卢斯 我是这么说的。

苏格拉底 但是按照我的看法,波卢斯,恶人和作恶者在任何情况下都是不幸福的,如果他没有遇上正义和接受惩罚,那么他就更加不幸福,如果他付出了代价,从诸神和凡人那里受到惩罚,那么他就要好些了。

波卢斯 苏格拉底,这就是你想要坚持的荒谬绝伦的理论。 473

苏格拉底 我的朋友,我要试着让你也和我一道分享这种理论,因为我把你当作朋友。不过就当前来说,这些是我们的分歧,请你为自己考虑一下。我前不久说过,作恶比受恶更坏。

波卢斯 确实说过。

苏格拉底 但是你说受恶比作恶更坏。

波卢斯 对。

苏格拉底 我说作恶者是不幸福的,但受到你的驳斥。

波卢斯 对,确实如此。

苏格拉底 这是你的看法。 B

波卢斯 我的看法是正确的。

苏格拉底 也许是吧。你坚持如果作恶者逃脱惩罚,那么他们是幸福的。

波卢斯 对。

苏格拉底 但我宣布他们是最不幸福的,那些受到惩罚的作恶者比他们还要好些。你想对此作出驳斥吗?

波卢斯 这一点当然比你的第一个要点更难驳斥,苏格拉底。

苏格拉底 波卢斯,不是难,而是不可能,因为真理是驳不倒的。

波卢斯 你这是什么意思?如果一个人在罪恶地实施使自己
C 成为僭主的阴谋时被抓住了,放到拉肢刑架上受刑,眼睛也被烧坏了,在自己受苦后看到妻儿也受到各种酷刑,最后被钉死在柱子上,或者一把火把尸体给烧了,假如他能逃脱,后来成功地做了僭主,掌握了城邦的大权,可以随心所欲,成了本城公民和异邦人羡慕的对象,他的福气为人们所称道,那么他不会比先前那种状况幸
D 福些吗?这就是你说的所谓不可能驳倒的看法吗?

苏格拉底 我高贵的朋友,你在使我起鸡皮疙瘩,而不是在驳斥我。你刚才在寻找证据。不过,请你提醒我一下。你说到"罪恶地实施使自己成为僭主的阴谋"?

波卢斯 我说了。

苏格拉底 在这个例子中,这个人无论处在两种情况中的哪一种都不会比另一种更加幸福,通过邪恶的手段成为僭主不可能幸福,因此而受惩罚也不可能幸福,因为两个可悲的家伙不会有一
E 个更幸福,但是逃避逮捕而成为僭主更加不幸。怎么回事,波卢斯?你在笑?这是另一种驳斥方式吗,当别人在讲话时笑话他,而不是驳斥他?

波卢斯 苏格拉底,如果提出自己的观点而没有人接受,你不认为自己已经受到驳斥了吗?怎么样,你问问在场的人吧!

苏格拉底 波卢斯,我不是政治家,去年我成了议事会的议员,代表我的族人担任议事会主席,我当时的职责是对各种动议
474 组织投票,我由于不知道该怎么办而引来嘲笑。但是现在情况不一样,我没有必要就这个问题要在场的人投票。如果你对这个问题无法进行更好的驳斥,那么还是留给我去解决。我刚才建议

过，让我们试一试我认为恰当的那种驳斥形式。因为我知道该如何就我所说的真理提出一项证据，以我正在与之争论的人为证，但我不知道其他证据。我知道如何获取一个人的选票，但如果参加讨论的有许多人，我甚至根本不会参加讨论。所以考虑一下你 B
是否愿意通过回答我的问题来参与这种考察。因为我认为，你和其他所有人和我一样，认为作恶比受恶更坏，逃避惩罚比接受惩罚更坏。

波卢斯 我坚持我和其他任何人都不相信这种看法。你要问为什么,你自己会宁可受恶而不愿作恶吗?

苏格拉底 我会,你和其他任何人都会。

波卢斯 事实决非如此！我不会,你不会,其他任何人都不会。

苏格拉底 那么你愿意回答问题吗? C

波卢斯 当然愿意,因为我急于想知道你会说些什么。

苏格拉底 如果你想知道,那么就回答我的问题,就当作我才开始向你提问。波卢斯,你认为作恶和受恶哪一种情况更坏?

波卢斯 我？受恶更坏。

苏格拉底 好,作恶更可耻还是受恶更可耻?

波卢斯 作恶。

苏格拉底 如果作恶更可耻,那么作恶不也是更坏吗?

波卢斯 绝对不是。

苏格拉底 我明白了。你显然并不把善与美丽当作一回事， D
也不把恶与可耻当作一回事。

波卢斯 对。

苏格拉底 下一个要点。当你把有些事物,比如身体、颜色、图形、声音、风俗,称作美丽的时候,你心里一定有某些标准。例如,你首先把身体称作美丽的,或者因为它是有用的,或者因为它在看到它的人心里产生快感,对吗?除了这些,你还能说出使你称某个身体为美丽的其他原因吗?

波卢斯 我一个也说不出来。

E **苏格拉底** 你不也是以同样的方式把其他那些事物,图形或颜色,称作美丽的,或是由于它们产生的某些快乐,或是由于它们的用处,或是两种原因都有吗?

波卢斯 是的。

苏格拉底 关于声音和其他与音乐有关的事物,不也一样吗?

波卢斯 对。

苏格拉底 进一步说,涉及法律和风俗,我指的是美丽的法律和风俗,它们的美不也是取决于它们产生快乐的限度、它们的有用性,或两方面原因都有吗?

波卢斯 不,我不这么看。

475 **苏格拉底** 它与各种形式的知识之美是一样的。

波卢斯 当然是,苏格拉底,但是你现在提出了一个精确的美的定义,用快乐和有用来定义它。

苏格拉底 那么你会用痛苦和恶来定义丑吗?

波卢斯 必定如此。

苏格拉底 因此,当两样美的事物在美的方面一样超过另一样,那么这种比较优越的品质要归于比较优越的快乐、有用,或者快乐加有用?

波卢斯 确实如此。

B **苏格拉底** 当两样可耻的事物在卑劣方面一样超过另一样,那么这种超过应当归于痛苦或邪恶方面的超越。难道不是这样吗?

波卢斯 是这样的。

苏格拉底 那么好,我们刚才关于作恶和受恶是怎么说的?

你不是说过受恶是坏的,但是作恶更可耻吗?

波卢斯 我这样说过。

苏格拉底 如果作恶比受恶更可耻,由于痛苦、邪恶,或两方面原因加在一起,那么作恶比受恶更痛苦、更可耻。结果必定如此,不是吗?

波卢斯 结果当然如此。

苏格拉底 现在让我们来考虑作恶是否比受恶更痛苦,作恶 C
者是否比恶行的牺牲者要承受更多的痛苦。

波卢斯 这种情况决不可能,苏格拉底。

苏格拉底 那么作恶超过受恶不是在痛苦方面吗?

波卢斯 肯定不是。

苏格拉底 如果作恶超过受恶不是在痛苦方面,那么它也不可能在痛苦和邪恶加在一起的方面,对吗?

波卢斯 对。

苏格拉底 那么只剩下一种选择了,是吗?

波卢斯 是。

苏格拉底 这种选择就是邪恶。

波卢斯 好像是这样的。

苏格拉底 那么通过在邪恶方面的超越,作恶比受恶更坏。

波卢斯 这很明显。

苏格拉底 此前你和大多数人不是同意作恶比受恶更可耻 D
吗?

波卢斯 是的。

苏格拉底 我们刚刚说明了作恶比受恶更邪恶。

波卢斯 好像是这样。

苏格拉底 那么你会选择更加邪恶和更加可耻的事情吗?波卢斯,请回答,别犹豫不决,因为这样做不会伤害你,而是服从高尚的论证,就好像去看医生,回答我的问题,说对还是错。

E **波卢斯** 苏格拉底,我不会选择更加邪恶和更加可耻的事情。

苏格拉底 其他人会吗?

波卢斯 我想,按照这个论证他们不会。

苏格拉底 那么我说的话是对的,我、你,或者其他人,都不会宁愿作恶而不愿受恶,因为作恶比受恶更坏。

波卢斯 显然如此。

苏格拉底 那么你瞧,波卢斯,我们一起提出来的证据没有什
476 么相同的地方。尽管除我之外,其他人都会同意你的看法,但我除了你不需要其他人的证明,我只让你一个人来决定而不管其他人的意见。好吧,这个要点就谈到这里。现在让我们来考察争论的第二个要点,你认为犯了大罪受到惩罚是最大的恶,而我认为逃避惩罚是一桩更大的恶。

让我们按下列方式来考察。你说受惩罚和犯罪而公正地受到惩罚是一回事吗?

波卢斯 我会这样说。

B **苏格拉底** 你能否认所有正义的事情在其正义的范围内都是好的吗?在你回答前好好想一想。

波卢斯 苏格拉底,在我看来是的。

苏格拉底 现在来看下一步。当某个行动发生时,必定有某些事物承受行动者的行为,不是吗?

波卢斯 我想是这样的。

苏格拉底 这不就是行动者的体验吗?这不就是这种体验和同一行动自身的性质吗?我指的是,例如,某人采取打的行动,必定有某事物被打。

波卢斯 肯定有。

C **苏格拉底** 如果打的人打得狠或打得快,那么承受者挨的打

也具有同样的性质。

波卢斯 对。

苏格拉底 那么挨打的人的体验与打的人的行为具有相同的性质吗?

波卢斯 当然相同。

苏格拉底 如果某人烧,那么必定有某事物被烧,对吗?

波卢斯 当然对。

苏格拉底 如果他烧得很厉害,或很剧烈,那么被烧的事物也一定以同样的方式被烧,对吗?

波卢斯 对。

苏格拉底 同样的推理可以用于某人切割,必然会有被切割的事物。

波卢斯 对。

苏格拉底 如果切割得很大、很深、很痛,那么被切割的对象 D
也以同样的方式被切割,对吗?

波卢斯 显然如此。

苏格拉底 那么请考虑一下,你是否同意我刚才说的是一条适用于各种事例的原则,也就是说,承受者的体验的性质与行动者的行为的性质相对应。

波卢斯 我同意。

苏格拉底 承认了这一点,那么告诉我受惩罚是受还是作。

波卢斯 苏格拉底,受惩罚必定是受。

苏格拉底 掌握在某些行为者手中吗?

波卢斯 当然,那些惩罚的实施者。

苏格拉底 这个实施者公正地施行惩罚吗?

波卢斯 是的。 E

苏格拉底 他的行为是公正的,还是不公正的?

波卢斯 公正。

苏格拉底 所以当受惩罚的人付出公正的代价时,他是在公正地承受,对吗?

波卢斯 显然如此。

苏格拉底 我们同意过公正的事物是好的或光荣的。

波卢斯 对。

苏格拉底 那么在这两个人中,一个实施、一个接受光荣的事情吗?

波卢斯 是的。

477 **苏格拉底** 如果它是光荣的,那么它也是好的,因为光荣是令人愉悦的,或者是有利的。

波卢斯 确实如此。

苏格拉底 所以受到公正惩罚的人是在承受好东西吗?

波卢斯 显然如此。

苏格拉底 因此这也是有利的吗?

波卢斯 是。

苏格拉底 这是我想象的那种好处吗?如果受到公正的惩罚,他的灵魂会被变得较好吗?

波卢斯 这似乎很有可能。

苏格拉底 那么受惩罚可以使人在灵魂中摆脱邪恶吗?

波卢斯 对。

B **苏格拉底** 那么受惩罚的人不就摆脱了最大的邪恶吗?请以这种方式看问题。在人的各种物质财富的范围内,你看到有贫穷以外的其他恶吗?

波卢斯 没有。只有贫穷这种恶。

苏格拉底 关于人的身体构造又如何?你会说身体中的恶有虚弱、患病、丑陋,以及诸如此类的事情吗?

波卢斯 我会这样说。

苏格拉底 你想过灵魂有一种恶的状态吗？

波卢斯 当然有。

苏格拉底 你称之为不义、无知、胆怯或其他类似的说法吗？

波卢斯 当然。

苏格拉底 那么为物质财富、身体和灵魂这三类事物你分别 C
指出了三种恶：贫穷、疾病和不义，是吗？

波卢斯 是。

苏格拉底 这些恶中哪一种最可耻？一般说来，不就是不义和灵魂的恶最可耻吗？

波卢斯 对，在这个范围内是这样的。

苏格拉底 如果是最可耻的，那么也是最坏的，对吗？

波卢斯 你这是什么意思，苏格拉底？

苏格拉底 我的意思是，最可耻的事物是最坏的，像我们已经承认了的那样，它会产生最大的痛苦、伤害，或同时产生二者。

波卢斯 当然。

苏格拉底 我们刚才同意过，不义和所有灵魂的恶是最可耻的，是吗？

波卢斯 对。 D

苏格拉底 那么最痛苦和最可耻是过度的痛苦或过度的伤害，或二者皆有，是吗？

波卢斯 这是必然的。

苏格拉底 不正义、不节制、胆怯、无知比贫穷和疾病更痛苦，是吗？

波卢斯 从我们的讨论中似乎得不出这个结论，苏格拉底。

苏格拉底 那么按照你的意见，如果灵魂的恶在痛苦方面不超过其他恶，那么它的最大的可耻必定归于伤害和一种直接的更大的恶。

E 波卢斯 显然如此。

苏格拉底 但是在引起的伤害超过其他恶的情况下,它在一切可能的恶中必定是最大的恶。

波卢斯 显然如此。

苏格拉底 使我们摆脱贫穷的技艺是什么?不就是挣钱的技艺吗?

波卢斯 是。

苏格拉底 什么技艺使我们摆脱疾病?不就是医学吗?

478 **波卢斯** 肯定是。

苏格拉底 什么技艺使我们摆脱邪恶和不义?如果这个问题你不清楚,那么试着这样想。我们的身体有了病,我们要去哪里,去见什么人?

波卢斯 去看医生,苏格拉底。

苏格拉底 我们有了不义和不节制,要去见什么人?

波卢斯 去见法官,你认为如何?

苏格拉底 去受惩罚吗?

波卢斯 对。

苏格拉底 那些实行公正惩罚的人这样做要借助于某种正义吗?

波卢斯 显然要。

B **苏格拉底** 挣钱使我们摆脱贫穷,医学使我们摆脱疾病,正义使我们摆脱不节制和不义。

波卢斯 显然如此。

苏格拉底 这些东西中哪一样最好?

波卢斯 哪些东西?

苏格拉底 挣钱、医学、正义。

波卢斯 正义是最好的，苏格拉底。

苏格拉底 那么如果正义是最好的，它不是一定会产生最大的快乐、最大的好处，或同时产生二者吗？

波卢斯 是。

苏格拉底 那么治病是一件愉快的事情，病人治病很开心吗？

波卢斯 我不这么想。

苏格拉底 但它是有益的，是吗？

波卢斯 是。

苏格拉底 因为病人可以摆脱一种大恶，所以受一点儿苦是 C
有利的，可以恢复健康。

波卢斯 当然。

苏格拉底 如果一个人接受治疗，或从来不生病，那么他的身体状态是最幸福的吗？

波卢斯 从来不生病是最幸福的。

苏格拉底 这样说来，幸福不仅是对恶的摆脱，而且是从来不染上恶。

波卢斯 是这样的。

苏格拉底 再来看两个在身体或灵魂上受恶的人哪一个更不 D
幸，是那个接受治疗摆脱了恶的人，还是那个不接受治疗仍旧保持恶的人？

波卢斯 显然是那个不接受治疗的人。

苏格拉底 而受惩罚不就是从最大的恶，亦即邪恶中解脱出来吗？

波卢斯 是的。

苏格拉底 对，因为公正的惩罚可以规范我们，使我们更加正义，治疗我们的恶。

波卢斯 我同意。

苏格拉底 那么灵魂中没有恶的人是最幸福的,因为我们已经说明灵魂上的恶是最大的恶,对吗?

E **波卢斯** 这很清楚。

苏格拉底 其次就是灵魂上摆脱了恶的人。

波卢斯 显然如此。

苏格拉底 我们发现这个人就是受到告诫、指责、惩罚的人。

波卢斯 对。

苏格拉底 那么施恶者和不能摆脱恶的人,他的生活是最不幸的。

波卢斯 显然如此。

479 **苏格拉底** 犯下极大的错误和罪行,而又努力逃避告诫、矫正或惩罚,这不就是你所描述的阿凯劳斯和其他僭主、演说家、统治者的状况吗?

波卢斯 似乎如此。

苏格拉底 我亲爱的朋友,这些人的所作所为就像一名讳疾忌医的人,患了重病,却又像小孩那样害怕烧灼术或外科手术的痛

B 苦,因此拒绝接受治疗,不愿向医生支付报酬。你同意吗?

波卢斯 我同意。

苏格拉底 他显然不知道身体健康和适宜的含义。波卢斯,我们刚才已经证明,那些逃避惩罚的人也以同样的方式行事。他们看到受惩罚是痛苦的,但不知道它的好处,不知道有一个不健康的灵魂比有一个不健康的身体更加不幸,这个灵魂不仅是不健康

C 的,而且是腐败、亵渎、罪恶的,所以他们不遗余力地逃避惩罚,不愿从这种最大的疾病中解脱出来,而只是为他们自己谋取金钱、朋友和说服性的修辞术的最大权力。但是,波卢斯,如果我们的看法是正确的,那么你看出我们论证的结果来了吗?或者说我们该作一个小结了?

波卢斯 行,如果你希望这样做。

苏格拉底 我们的结论不就是不义和作恶是最大的恶吗?

波卢斯 显然是。

苏格拉底 我们已经说明惩罚使我们摆脱这种恶,对吗? D

波卢斯 没错。

苏格拉底 如果逃避惩罚,那么罪恶仍旧存在?

波卢斯 对。

苏格拉底 恶行本身在罪恶中是第二位的,第一位的最大的恶是作恶和逃避惩罚。

波卢斯 似乎如此。

苏格拉底 我的朋友,在这个要点上我们有分歧,你认为阿凯劳斯是幸福的,因为他在犯下大罪以后仍旧未受惩罚,而我的看 E
法正好相反,阿凯劳斯或其他任何犯了罪而逃避惩罚的人必定比其他人更不幸,作恶者必定比他的恶行的牺牲者更不幸,逃避惩罚的人比接受惩罚的人更不幸,是吗?这些不就是我刚才说过的话吗?

波卢斯 是。

苏格拉底 我们不是已经证明这个说法是正确的吗?

波卢斯 是的。

苏格拉底 那么好,波卢斯,如果这是正确的,那么修辞学的 480
重要作用又在哪里?我们的考察不是已经指出,人们必须小心谨慎地不作恶,因为他若是作恶就会受到重大伤害,对吗?

波卢斯 确实如此。

苏格拉底 但若他或其他那些他关心的人作了恶,他必须自愿去法官那里接受惩罚,越快越好,就像去看医生一样,他要尽 B
快防止邪恶蔓延,以免在灵魂上留下无法治愈的溃烂的疮口。波卢斯,如果我们的看法是正确的,那么我们还能怎么说?只有这种结论，而不是别的什么结论，才能与我们前面说过的话一致，是吗?

波卢斯 苏格拉底,没错,除此之外我们还能说什么呢?

苏格拉底 那么,波卢斯,若要为自己的罪行辩护,为自己的
C 父母、朋友、子女、国家所犯的罪行辩护,修辞学没有任何用处,除非我们持有相反的观点,假定某人必须首先责备自己,然后责备他在某个时候作恶的亲属和朋友,他一定不能隐瞒罪恶,而要将之公布于众,以便使罪犯接受惩罚,重获健康。他会要求自己和其他人不要胆怯,而要闭上眼睛,勇敢地面对刀子和烧灼,不畏痛苦,追求
D 良善和光荣。如果他的罪要受拷打,那么就接受拷打;如果他的罪该坐牢,那么就接受捆绑;如果要付罚款,那么就交罚金;如果该流放,那么就接受放逐;如果该处死,那么就去死。他首先应该责备自己和他的亲属,只能用修辞学来揭露他自己的恶行,把自己从最大的恶——邪恶——中摆脱出来。我们接不接受这种说法,波卢斯?

E **波卢斯** 苏格拉底,这在我看来简直是异想天开,但我假定它与我们前面说过的看法是前后一致的。

苏格拉底 那么我们必须否认这种说法,否则就接受这种看法。

波卢斯 对,是该这么做。

苏格拉底 那么让我们再从头来过。假定伤害人是对的,无论被伤害的是敌人还是别的什么人,而你自己一定不要被他所伤,
481 因为你必定会提防。如果你的敌人伤了其他人,你应当尽一切可能,凭言语和行动,让他逃避惩罚,不上法庭。但若他在法庭上出现了,那么你一定不要让他挨打和受罚。如果他抢了别人一大笔钱,不要让他偿还,而是让他无视诸神和凡人继续拥有和挥霍这笔钱。如果他的罪行应当处死,那么只要有可能,就不要让他死,而

要让他在罪恶中永生,如果不可能做到这一点,也要让他尽可能活
得长。波卢斯,我们前面的讨论已经表明修辞学没有用,如果说修 B
辞学有什么用的话,那么我认为它可以用来实现这种目的,但它对
不想作恶的人来说没有用。

卡利克勒 凯勒丰,你来告诉我,苏格拉底此刻是在说真心话,还是在开玩笑?

凯勒丰 卡利克勒,我认为他绝对真诚,但你可以问他自己。

卡利克勒 老天在上,这正是我急于想问的。告诉我,苏格拉
底,我们应该把你的话当作认真的还是在开玩笑?如果你是认真
的,如果你说得对,那么我们凡人的生活必须颠倒过来,我们显然 C
到处都在做我们不该做的事。

苏格拉底 卡利克勒,如果人类并不拥有一种共同情感,这种
情感表现形式各异而实际内容相同,而是我们中的某些人体验到
的独特情感不能为他人所分享,那么要我们中的某个人把他的情
感告诉别人不是一件易事。我这样说是因为我注意到,你和我有 D
着极为相同的经历,我们都热爱两个对象,我爱阿尔基比亚德和哲
学,你爱雅典的各个区和皮里兰佩之子德摩斯。现在我注意到,你
在各种场合下都比较能干,无论别人喜欢说什么,无论他把事情说
成什么样,你不会与他对抗,而只会不断地改变自己的看法。在公 E
民大会上,如果你的某个说法与雅典各个区的看法不同,你就改变
自己的看法,说些他们希望你说的话,你的行为很像你对待年轻、
英俊的皮里兰佩之子的态度。因为你不能坚持你自己喜欢的话语
和计划,而这些话说出来很可能会被别人当作谬论。你可能会说
自己是在他们的驱使下一次次地发言的,但若你想要说真话,那么
除非别人禁止你说你想说的话,而说他们想听的话,否则你自己决
不会停止说真话。从我这里听到相同的事情,你一定会认为自己
受到约束,请你对我这样说别感到诧异,而要禁止我喜爱的哲学说 482

她想说的话。我的朋友,你从我这里听到的话实际上是哲学说的,
她比我的其他相好更加稳定,因为克利尼亚之子[①] 一会儿同情这
个论证,一会儿同情那个论证,而哲学总是坚持同一种论证,她说
B 出了现在令你惊讶的话,这些话说出来时你在这里。你必须反对
她的观点,如我刚才所说,证明作恶和逃避惩罚不是一切罪恶中最
坏的,如果你不驳斥她的观点,那么凭着埃及神犬的名义起誓,卡
利克勒,你自己不会心安理得,而会抱憾终生。然而,我的朋友,我
想最好是我的七弦琴出了毛病,弹出的曲调不和谐,跑调了,只有
C 我一个人因为跑了调而自相矛盾,所以人类中的大多数都不会同
意我的看法,而要反对我。

卡利克勒 苏格拉底,在我看来你的讲话真像一名煽动暴乱
的演说家那样疯狂,你正在用这种方式夸夸其谈,因为波卢斯犯了
大错,他责备高尔吉亚被你拉下水了。他说,你问高尔吉亚是否愿
D 意教一名有发展前途的学生,这个学生来向高尔吉亚学修辞学,但
他没有关于正义的知识,而高尔吉亚则耻于说愿意,因为一般的传
统观念要求他说愿意,他要是拒绝,麻烦也就来了。由于在这个问
题上失足,波卢斯就像你一样被迫自相矛盾。我注意到,波卢斯当
时在笑话你的时候是正确的,但是现在轮到他以同样的方式被抓
住了。我并不认为波卢斯真心同意你的看法,作恶比承受不义更
E 可耻,而是因为他被你的论证捉住了,缄默了,因为他羞于说出他
内心的想法。苏格拉底,尽管你声称追求真理,但你实际上可恶地
把我们引向这些流行的错误观念,不是依据本性,而是按照习俗去
寻找优秀、高尚的事情。本性和习俗在大部分场合下都是相互对
483 立的。因此,如果一个人耻于说出内心的想法,那么他就会被迫自
相矛盾。你发现了这种狡诈的伎俩,在你的论证中不公平地加以

① 指阿尔基比亚德。

使用。如果某人的讲话以习俗为基础，你就狡猾地依据本性向他
提问；如果他追随本性，你就追随习俗。例如，在我们当前讨论的
作恶与受恶问题上，波卢斯按照习俗说出什么东西更可耻，而你就
诉诸于本性加以反驳。依据本性，事物越坏就越可耻，比如受恶，
但依据习俗，则是作恶更可耻。受恶甚至不适用于公民，而只适用 B
于奴隶，因为对奴隶来说死比生好，当受到虐待和暴行时，奴隶不
能够帮助自己和他关心的人。我认为那些立法的人是一群弱者，
多数人都是弱者。他们为自己立法，为自己的利益而立法。他们
的规定和审查也一样，是为了防止强者超过他们，夺取他们的利 C
益。他们吓唬强者说，超过其他人是可耻的，是一种邪恶，向他人
谋求利益是不义的。我假定，这些人是低劣的，因此希望享有与他
人平等的待遇，从中得到满足。这就是为什么传统上要说寻求特
权是错误、可耻的。但在我看来，本性已经彰明了这一点，强者谋 D
取弱者的利益是正确的，人越是能干，就应得到更多的利益。所有
动物、整个国家、整个人类显然都是这样，人们把这种权力当作君
主之权和强者对弱者之权。泽西斯侵略希腊，或他的父亲侵略西
徐亚，有什么正义可言？人们还可以提到无数相同的事例。我想 E
这些人的行动遵循着权力的真正本质，对，老天在上，他们依据的
是本性自身的法则，而可能并不依据我们设置的法律。我们在我
们自己中间塑造出最优秀、最强大的人，但乘他们还年幼时就把他
们像幼狮一样抓来，用符咒使他们成为奴隶，要他们满足于平等，
并说这样做才是正义的、公平的。但若有人生来就非常强大，我相 484
信，他会站起来摆脱各种控制，打碎一切枷锁。他会把我们写着符
咒的那些纸踩在脚下，破坏我们一切非自然的习俗。他会站起来
宣布，他才是我们的主人，而以前他是我们的奴隶，符合本性的正
义之光将会在那里闪耀。在我看来，品达的颂歌似乎表达了我正 B
在说的意思。他写道："法则是万物之君王，可朽的与不朽的均如

此”。他还说,这种法则“支配一切,把胜利判给最强暴的行为,我
用赫拉克勒斯的业绩来证明这一点,他无需付钱……”[1] 诗的大
C 意如此,我背不准确。据说他把革律翁[2] 的牛赶走,既不是送给
他的,也不是付了钱的,因为这是天然的正义,劣者和弱者的牛,以
及其他所有财产,都属于优者和强者。

如果你现在放弃哲学, 追求更伟大的东西, 那么你会明白这
就是真理。因为哲学,你知道的,苏格拉底,如果你在年轻时有节
制地学习哲学,那么它是一样好东西,但若你超过必要的程度继续
D 研究它,那么它能把任何人给毁了。如果一个人天赋极高而又终
生追求哲学,那么他一定会丝毫不熟悉做一名绅士和杰出人物要
有哪些修养。这种人对他们城邦的法律一无所知,也不知道在公
共场合和私下里该用什么样的语言与他人交往, 更不明白人生享
乐和风情。总之一句话,他们完全缺乏人生经验。所以,参加公共
E 活动或私人活动时,他们显得非常可笑,我想,正如那些从事公务
的人参加你的讨论和论证显得可笑一样。欧里庇得斯说得对:“苦
苦追求,必有所获;终日修炼,必成正果。”[3] 但是在这些活动中他
485 们的表现是低劣的,他们出于偏见而赞美他人,以为这样做也是在
赞美自己,但这是在滥用赞扬。我认为,正确的做法是两种活动都
要参加。把哲学当作有助于教育的东西,有限度地学习哲学,那么
哲学是一样好东西,一名青年学习哲学也并不可耻,但若已经成年
B 仍要学习哲学,那么情况就变得可笑了。苏格拉底,我面对哲学家
的感觉很像面对那些口齿不清、尚在玩耍的儿童。当我看到一个
小孩口齿不清地讲话和玩耍,那么他这样做并没有什么不妥,我会

① 品达:《残篇》第169条。
② 革律翁(Geryon)是希腊神话中的巨人,他的牛被赫拉克勒斯夺走。
③ 欧里庇得斯:《安提俄珀》残篇20。

喜欢他,这对一名幼童来说是很自然的;但若我听到他用精确的语
言讲话,那么反而会使我不高兴,好像在折磨我的耳朵,在我看来
这样的用语反而适合奴隶;如果听到一个成年人还在那里口齿不
清地讲话,或看到他像儿童一样玩耍,那么这是滑稽可笑的,不像 C
成年人的作为,这个人该打。对学哲学的学生我也抱着完全相同
的感觉。当我看到一名青年学习哲学,我敬重他,这在我看来是很
自然的,我会认为这个人很本真;如果有青年不学习哲学,那么我
会认为他没教养,今后也不会有任何高尚的行为;但若我看到一个 D
成年人仍旧不放弃学哲学,那么,苏格拉底,这个人实际上是在讨
打。因为我才说过,这样的人即使天赋极高也不配称作人,因为他
们从来不去市中心和市场,诗人说这些地方是崭露头角之处,而是
终生躲在某个角落里和三四个奴仆窃窃私语,不能以自由、崇高、 E
辉煌的风格说话。苏格拉底,我现在对你还是相当友好的,我的感
觉就像我提到过的欧里庇得斯剧中的泽苏斯对安菲翁的感觉。我
对你说的话就好像他对他的兄弟说的话一样。苏格拉底,"你放弃
了你最应当关心的事,你既不能在正义的议事会里贡献只言片语, 486
也不能抓住似乎有理的和令人信服的话语,更不能代表别人提出
高明的建议。"① 然而,我亲爱的苏格拉底,别对我生气,因为我是
为了你好才对你这样说的,你和那些在哲学上走得更远的人就不
认为你们的处境很可悲吗? 如果现在有人抓住你,或其他像你这
样的人,拉着你去监狱,你们没犯罪也说你们有罪,那你就会发现 B
自己不知如何是好,嘴张个没完,但却说不出话来,如果你被送上
法庭,乃至碰上一位非常恶毒的无赖似的原告,如果他要求处死
你,那么你会被处死。苏格拉底,这种"使天赋良好的人变坏的技

① 欧里庇得斯:《安提俄珀》残篇21。

艺”[①] 有什么智慧可言？既不能给他提供帮助，又不能使他和其他人摆脱极端危险的处境，而是命中注定要被他的敌人剥夺全部
C 财产，像一个被剥夺公民权的人一样生活在自己的城邦里。如果我还能说得更加残忍些，那么这样的人大家都可以打他的耳光而不必受惩罚。但是，我的好同胞，“停止你的提问，从事那些更加公平的音乐方面的事吧”，试着做一些能给你带来好名声的事情，放弃“这些使你生活在空虚之中的、挑剔的发明”，无论我们称之为胡言乱语还是愚蠢。你不应当竭力效仿对这些微不足道的小事进行考察的人，而应当模仿那些享受生活、名声以及其他
D 许多幸福的人。

苏格拉底 如果我的灵魂是一块精炼的黄金，卡利克勒，你不认为我应当为能够发现一块最好的试金石而感到高兴吗？如果我能找到这样一块试金石，能用它来检验我的灵魂是否成熟，那么我就能确信自己处在良好的状态中，而不再需要进一步的考察了。

E **卡利克勒** 苏格拉底，你问我这个问题有什么用意？

苏格拉底 我会告诉你的。我认为能与你相会是天赐良机。

卡利克勒 为什么？

苏格拉底 我确信，如果你的看法与我心中的看法一致，那么
487 我们终于真正地获得了真理。因为我观察到，任何人想要恰当地考察一个人的灵魂是否善良或邪恶，必须拥有三项素质，而这些素质你全部都有，这就是知识、善意和坦率。我现在认为，有许多人无法对我进行考察，那是因为他们和你不一样，有些人是聪明的，但却不愿说实话，因为他们没有善意，不像你那么关心我。而我们在场的两位客人，高尔吉亚和波卢斯，他们是聪明人，是我的朋友，但他们缺乏坦率，显得太害羞了。当他们的羞怯超过应有限度时，

---

① 欧里庇得斯:《安提俄珀》残篇 25。

他们就分别当着众人的面，冒险自相矛盾，在涉及最重要的事务时 B
也是如此。不这样做他们又能如何呢？但是你具有别人缺乏的所有这些素质。你接受过良好的教育，许多雅典人都会同意这一点，你对我抱着良好的意愿。我这样说有什么根据呢？我会告诉你 C
的。卡利克勒，我知道你在智慧方面与其他三个人是同伙，你、阿菲德那人提珊德尔、安德罗提翁之子安德隆、科拉吉斯的瑙昔居德，我曾经听你们讨论过学哲学应当学到什么程度。我知道在这个问题上你们中间占上风的观点是，我们学哲学不能热情到最挑剔的程度，你们相互之间也建议说要警惕变得过分聪明，因为这样 D
一来反而会不知不觉地被哲学所腐蚀。所以，当我听到你向我提出的建议时，我知道这个建议与你向你最亲密的同伴提出的建议是相同的，这样一来我就有了一个最充分的证据，表明你确实对我心存善意。再说，你自己的陈述和你刚才的讲话都表明你非常坦率，没有任何害羞、忸怩之处。那么，我们此刻的进程显然是这样的。如果在我们的讨论中，你我在某个问题上意见一致，那么这个问题就已经被你我恰当地作了证明，不再需要其他试金石的考验。 E
你决不会由于缺乏智慧或不节制而赞同我的看法，也不会出于某种欺骗的意向而赞同我的意见。因为你是我的朋友，这是你自己宣布的。因此，你我之间所达到的任何一致都是真理的顶峰。卡利克勒，在所有研究中，你驳斥我的这件事就是最高尚的研究，也就是考察一个人应当成为什么样的人，应当从事什么事务，做到什么程度，年轻时该做到什么程度，年老时该做到什么程度。如果说 488
我的人生行为错了的话，那么你可以确信我的错误不是自愿的，而是由于无知。现在，你已经开始对我进行告诫，因此请别放弃，而要清楚地告诉我应当走什么道路，怎样才能走上这条道路。如果你现在使我赞同你的意见，而我以后又不做我表示赞同的事，那么你可以把我当作一个彻头彻尾的笨蛋和一个卑鄙的家伙，不再对 B

我进行训诫。现在请你重新回到那个问题上来,把你和品达的看法告诉我,这种使强者用暴力剥夺弱者的财产、优者统治劣者、高贵者统治卑贱者的"天然的正义"是什么?你还有别的关于正义的看法,或者说我记得没错吧?

卡利克勒 没错,我就是这么说的,而且仍旧这样认为。

苏格拉底 你所说的优者和强者是同一个人吗?你知道,我
C 现在一下子还不能把握你的意思。你把体力较强的人称作强者,因此弱者必须服从强者吗?举例说来,你好像说过强大的城邦进攻弱小的城邦是天经地义的,因为它们更加强大,强大、强壮和优秀是一回事。但是否有可能较为优秀但却又是弱小和不那么强
D 大,或者较为强大却又是更加邪恶的呢?你们给较为优秀和较为强大下的定义是一样的吗?请你说清楚一些,你是否认为较为强大、较为优秀、较为强壮是一回事?

卡利克勒 我可以清楚地告诉你,它们是一样的。

苏格拉底 不是有许多人生来比某个人强大吗?如你刚才所说,这些人设置了法律用来约束这个人。

卡利克勒 当然如此。

苏格拉底 那么多数人的法令是那些比较强大的人的法令吗?

卡利克勒 当然是。

E **苏格拉底** 也是比较优秀的人的法令吗?因为按你的说法比较强大就是比较优秀。

卡利克勒 是的。

苏格拉底 那么,他们的法令也是天然高贵的,因为它们是那些比较强大的人制定的法令。

卡利克勒 我同意。

苏格拉底 那么如你刚才所说,有许多人认为正义就是平等

地分享和作恶比受恶更可耻吗？这样说是对还是错？请注意，你 489
自己这一次并没有成为谦虚的牺牲品。正义就是平等地分享而不过分，作恶比受恶更可耻，这是多数人的观点吗？卡利克勒，别吝惜对我作出回答，如果你同意我的观点，那么我现在就可以接受一位最有能力作决定的人的看法，由此来确认真理。

卡利克勒 那好，这是多数人的看法。

苏格拉底 那么，作恶比受恶更可耻，真正的正义就是平等地 B
分享，这个观点不仅是习俗的，而且也是自然的。由此可见，你前面的说法是不对的，你在攻击我的时候错误地说我承认习俗和自然是对立的，但在争论中却没有公正地这样做，而是每当别人提到自然的时候，我就诉诸于习俗，而当别人提到习俗时，我就诉诸于自然。

卡利克勒 你这个人就不能停止胡言乱语吗？告诉我，苏格
拉底，如果有人出现了口误，而你这把年纪的人还要在那里吹毛求 C
疵，你不感到可耻吗？你认为我说的比较强大只能用来指比较优秀而不能用来表示其他事情吗？我在前面告诉过你，我把比较优秀等同于比较强大，不是吗？你以为我指的是一群奴隶和除了身体强壮之外毫无实际用处的乌合之众，他们聚集在一起宣布某些事情，而这就是法律吗？

苏格拉底 噢，最神圣的卡利克勒，这就是你必须要说的话 D
吗？

卡利克勒 我当然要说。

苏格拉底 那么好，我陌生的朋友，当你说了“比较强大”以后，我自己一直在猜测它到底是指谁，我重复这个问题是因为我急于清楚地理解你的意思。你肯定不会认为二比一更优秀，或者认为你的奴隶比你更优秀，因为他们比你强壮。但是我们还得重头来，请告诉我，你说的“比较优秀”是什么意思，因为你并不认为比

较优秀就是比较强壮。我尊敬的朋友,请你更加温和地把我领上知识之路,以免我从你的学校里逃走。

E **卡利克勒** 你在讥讽我,苏格拉底。

苏格拉底 我确实没有,卡利克勒,而你刚才借着那位泽苏斯对我竭尽讥讽之能事。① 但不管怎样,告诉我,你说的"比较优秀"是什么意思?

卡利克勒 我指的是比较高贵。

苏格拉底 那么你瞧,是你在玩弄辞藻,实际上什么也没说。你还会说比较优秀、比较强大的意思就是比较聪明或其他什么吗?

卡利克勒 老天在上,我确确实实就是这个意思。

490 **苏格拉底** 那么按你的解释,一个聪明人经常比一万个傻瓜更强大,如果一个人比一万个人更强大,那么应当由这个人来统治那一万个人,而这个人得到的东西比他的臣民要多是公正的。我不想歪曲你的话,但我想这就是你的意思。

卡利克勒 这是我的意思,我认为这就是天然的正义,比较优秀和比较聪明的人应当统治比他们低劣的人,也应当获得更多。

B **苏格拉底** 等一下!你这一次又是什么意思?假定我们许多人像现在这样聚集在一起,在同一个地方,共同分享大量的食物和饮料,假定我们是多种多样的,有些强壮,有些弱小,再假定我们中间有一位是医生,在这些事情上比其他人聪明,他可能比有些人身体强壮,而比另一些人身体弱小,但他肯定比我们聪明,因此他在这个方面是比较优秀的和比较强大的。

卡利克勒 确实如此。

C **苏格拉底** 那么他必须拥有比我们更多的食物,因为他比较

① 参阅上文提到的欧里庇得斯戏剧中的人物泽苏斯。

优秀，或者是由于他的权威，应当由他来分配食物，而如果他不想受苦，他在消费食物时一定不会超过他自己身体所需要的限度，因此他会比某些人得到的多些，而比某些人得到的少些，对吗？如果他正好是所有人中最体弱的，那么岂不是最优秀的人得到的食物最少吗？卡利克勒，难道不是这样吗，我的朋友？

卡利克勒 你在不断地谈论饮食和医生，真是一派胡言。我 D
谈论的不是这些事情。

苏格拉底 你不是说过比较聪明的人比较优秀吗？对还是错？

卡利克勒 我说过。

苏格拉底 比较优秀的人不是应当拥有较大的份额吗？

卡利克勒 我指的不是食物或饮料。

苏格拉底 我明白了。也许是衣服，最能干的纺织工应当拥有最大的披风，应当穿着大量的漂亮衣服到处走。

卡利克勒 他当然能拥有最漂亮的衣服！

苏格拉底 那么好，最优秀和最聪明的制鞋专家显然也会近 E
水楼台先得月。我想，鞋匠会穿上最大的鞋子，穿着无数的鞋子到处行走。

卡利克勒 鞋子！你一直在胡说八道。

苏格拉底 如果这不是你的意思，那么你指的可能是农夫。一位农夫对土壤有着最健全的知识，是这方面的专家，所以他应当拥有最大份额的种子，把它们用在自己的土地上。

卡利克勒 苏格拉底，你怎么老是不断地说同一类事情！

苏格拉底 卡利克勒，这些事情不仅是同类的，而且是关于同一问题的。

卡利克勒 老天在上，你一直在谈论鞋匠、纺织匠、厨师和医 491
生，就好像我们在讨论他们似的。

苏格拉底 你自己不是说在某项事务中在智慧和力量方面比较优秀的人应当享有较大的份额吗？或者说你既不赞成我的看法,又不想把你的看法告诉我？

卡利克勒 我一直在告诉你,我说的比较强大的人首先不是
B 鞋匠或厨师,而是那些在国家事务中很聪明,拥有管理国家的最好方法的人。他们不仅聪明,而且勇敢,有能力完成他们的意愿,不会因为灵魂的虚弱而后退。

苏格拉底 我的好卡利克勒，你瞧，你没有发现你和我犯了类似的错误。你说我不断地说同一件事，并因此而责备我，而我要对你提出相反的指责，你对相同的主题所说的看法从来都不一
C 样。前面你把比较优秀和比较强大定义为比较强壮，然后定义为比较聪明，现在又变成了别的什么东西，比较优秀和比较强大被说成了比较勇敢。但是我亲爱的先生，请你把话说完，告诉我，你说的比较优秀和比较强大指的是谁，他们的行动领域是什么。

卡利克勒 我已经告诉过你,他们是那些在国家事务上很聪
D 明的人,是勇敢的。由这些人来统治国家是恰当的。这些人所得应当比其他人多,统治者所得应当比被统治者多,这就是正义的含义。

苏格拉底 我的朋友,请告诉我,这些人与他们自己的关系如何？他们是统治者还是被统治者？

卡利克勒 你这话是什么意思？

苏格拉底 我的意思是,每个人都是他自己的主人,或者说一个人不需要统治他自己而只需要统治其他人吗？

卡利克勒 统治自己是什么意思？

苏格拉底 这没什么深奥的,只是指那种流行的观念,节制、
E 自制、控制自己的快乐和欲望。

卡利克勒 多么迷人的天真无邪！你说的节制就是傻瓜。

苏格拉底 我怎么会是这个意思呢？任何人都会明白我不是这个意思。

卡利克勒 苏格拉底，你肯定是这个意思。一个人要是成为
任何人的奴隶怎么还能幸福呢？决不能，而所谓天生的高贵和正
义就是我现在极为坦率地对你说的意思，亦即每个正义地活着的
人都应当让他的欲望生长到最大程度，而不应当限制它们，凭着勇 492
敢和理智，应当能够让他的各种欲望都得到最大满足，这是他的欲
望所渴求的。但是我想，要做到这一点对许多人来说是不可能的，
因此他们就谴责能做到这一点的人，借此掩饰他们自己的无能，我
在前面说过，他们宣称无节制是可耻的，而那些能够控制自己的人
是天生较为优秀的。由于他们自己没有能力满足自己快乐的欲
望，出于胆怯他们就赞扬节制和正义。对那些生来就是国王的儿 B
子，或者那些拥有天赋能够取得职位、当上僭主或夺取最高权力的
人来说，还有什么比节制和正义更加糟糕和可耻的事情呢？尽管
这些人自由自在地享受幸福生活而没有任何障碍，但是他们会欢
迎法律和讨论，以防止多数人成为统治他们的主人。如果他们能 C
够赐予朋友的东西还不如给予敌人的多，那么这种高贵的正义和
他们的节制会使他们成为不幸的人，也会使他们作为统治者的国
家成为不幸的。但是，苏格拉底，你承认的真理是这么一回事。当
他们有了充足的给养时，仍然奢侈、放纵、不节制，把这些品质当作
美德和幸福，而其他品质都是华而不实的东西，是人类不合本性的
时髦话，完全是胡言乱语，不值一提。

苏格拉底 卡利克勒，你勇敢地发起了进攻，非常坦率，也非 D
常冲动。你现在说的话是有些人心里想但却犹豫着不愿说出来
的。为了能够真正弄清应当如何生活，我不会再把你当作一名弱
者了。还是请你回答我的问题。你说要是我们想成为真正的人，

E 我们就不应当约束我们的欲望,而应当允许它们尽可能地生长,从任何资源中为它们寻求满足,而你说这是一种美德。

卡利克勒　这是我说的。

苏格拉底　那么,把那些没有任何需要的人称作幸福的是不对的。

卡利克勒　不能这样说,否则的话,石头和尸体会是最幸福的。

苏格拉底　好吧,你所描述的生命真是一件奇怪的事。你知
493 道的,欧里庇得斯说过:"有谁知道,死就是生,生就是死?"[①] 如果
他说得对,那么我也不会感到奇怪。我们也许真的已经死了,因为
我听说过有位聪明人说过我们是死人,我们的身体是一个坟墓,住
在里头的灵魂的性质是摇摆不定的。所以有个能干的家伙,他是
个西西里人,也许是意大利人,写了一个寓言,用一种有些违反常
B 情的语言把灵魂的这个部分称作一个水罐,因为灵魂的这个部分
很容易动摇和被说服,他还把未入会的人称作傻瓜,傻瓜的灵魂的
这个部分就是欲望的居所,是不受控制的和无法保持的,他把傻瓜
灵魂的这个部分比作一个有裂缝的水罐,因为它永远无法装满。
与你相反,卡利克勒,他指出在哈得斯里,他指的是不可见的世界,
那些未入会的人的灵魂是最不幸福的,因为它们得用细筛子到别
C 处去为那只漏水的罐子取水。对我讲这个寓言的人告诉我,筛子
指的是灵魂,他把蠢人的灵魂比作筛子,因为筛子有许多洞,蠢人
缺乏信仰并且易忘,因而不能保有任何东西。这些想法当然有点
荒谬,但它们道出了我要对你说的意思,如果我能做到的话,可以
用来劝你追溯你的观点,在不满意和不受控制的生活中选择一种
有序的生活,拥有这种有序的生活可以使人在任何时候感到满意。

---

① 欧里庇得斯:《波吕伊都斯》残篇7。

但是即使我能说服你，使你承认过着有序生活的民众比不受任何约束的人更加幸福，或者哪怕我还能提供其他许多诸如此类的寓言，你会后退半步吗？ D

卡利克勒 这样说可能更接近真理。

苏格拉底 那么好，让我再为你提供另一种比喻，和刚才那个寓言出自同一学派，作为最后一种说法。考虑一下你对这些类型的生活会说些什么：节制的生活和不受任何约束的生活。假定有 E
两个人，各自拥有几只罐子。一个人的罐子都很好，装满了东西，一只盛酒，一只盛蜜，一只盛奶，还有的则装着各种各样的液体，但是这些液体的来源是稀缺的，只能通过非常艰苦的劳动才能得到。假定一个人在装满了他的罐子以后不再自找麻烦去寻求进一步的供应，而是只要罐子里还有东西就不再忧愁；而另一个人的罐子起初是装满的，只是难以为继，他的罐子有裂缝，如果他不愿忍受最大的痛苦，就不得不日夜操劳去装满他的罐子。如果这就是每个 494
人生活的性质，你仍旧坚持不受控制的生活比有序的生活更幸福吗？我是否该用这个比喻来劝你承认受约束的生活比不节制的生活更好呢？

卡利克勒 你不应该这样做，苏格拉底。那个装满了他的罐子的人不能够再发现任何快乐，而这正是我刚才所说的那种石头般的生活。罐子一旦装满了，就不再会有快乐，也不再会有痛苦。而快乐的生活需要最大可能的流入。 B

苏格拉底 有巨大的流入必有巨大的流出，那么供快乐流出的那些缝隙也一定很大，是吗？

卡利克勒 当然是。

苏格拉底 你指的是一种海鸟的生活，而不是死尸或石头的生活。告诉我，你指的是饥饿和饿了就吃这样一类事情吗？

卡利克勒 是的。

C **苏格拉底** 你也指口渴和渴了就喝吗?

卡利克勒 对,并且经历其他所有欲望,还要能够满足这些欲望,在满足欲望中幸福地生活。

苏格拉底 好极了,我高贵的朋友,继续说下去,你刚开了个头,不要因为害羞而停下来。我似乎也应当把羞耻全抛在一边。首先请告诉我,如果一个人身上发痒,想要用手去搔痒,如果他能搔到心里十分满意为止,并且一辈子继续搔下去,那么能说他的生活是幸福的吗?

D **卡利克勒** 苏格拉底,你的话荒谬至极,你真是一个蛮不讲理的演说家!

苏格拉底 卡利克勒,这就是为什么我把波卢斯和高尔吉亚吓坏了,使他们感到羞耻,但你肯定不会泄气或羞愧,因为你是勇敢的。你只要回答我的问题就可以了。

卡利克勒 那么好,我说哪怕是那个搔痒的人也会愉快地生活。

苏格拉底 如果他是愉快的,那么他幸福吗?

卡利克勒 当然幸福。

E **苏格拉底** 如果只有他的头部需要搔痒……,我还能进一步提问吗?卡利克勒,如果任何人都可以不断地追问那些天然相关的问题,想一想你该如何回答。作为这类生活最典型的例子,男妓的生活,岂不是令人震惊的、可耻的、可悲的吗?如果这些人能够极大地满足他们的欲望,你敢说这些人是幸福的吗?

卡利克勒 苏格拉底,你把我们的讨论引到这样的问题上来,你不感到可耻吗?

苏格拉底 我高贵的朋友,是我在这样做,还是某个人在这样做?这个人说快乐是无可非议的,无论它具有什么样的性质,都是
495 通向幸福的关键,而对好的快乐和坏的快乐不做区别。请你明确

告诉我,你是否说过快乐与善是同一的,或者说有些快乐不是善。

卡利克勒 如果我说这两种快乐是不同的,那么我就会前后不一,所以我断定它们是相同的。

苏格拉底 你把你前面的论断给毁了,卡利克勒。如果你的观点前后矛盾,那么你就不再能够与我一道恰当地探索真理。

卡利克勒 你不也是这样做的吗,苏格拉底。 B

苏格拉底 如果我是这样的,那么我做的不对,而你做的也不对。但是我亲爱的先生,请考虑一下不加区别的快乐是否归根到底都是好的。因为如果是这样的话,那么我们刚才暗示过的许多令人震惊的事情显然就是它的结果,还有其他一些事情也是它的结果。

卡利克勒 那么你是这样看的,苏格拉底。

苏格拉底 你真的坚持这种看法吗,卡利克勒?

卡利克勒 是的。

苏格拉底 相信你是认真的,因此我们要接受这个论点吗? C

卡利克勒 一点没错。

苏格拉底 既然我们同意了,那么请你解决这个要点。被你称作知识的那个东西存在吗?

卡利克勒 存在。

苏格拉底 你刚才说过某种勇敢伴随着知识吗?

卡利克勒 说过。

苏格拉底 你把它们当作两样东西来说,因为勇敢与知识不同,是吗?

卡利克勒 当然是。

苏格拉底 再问,快乐和知识是相同的还是不同的?

卡利克勒 我认为是不同的,啊,尽善尽美的智慧。 D

苏格拉底 勇敢也和快乐不同吗?

卡利克勒 当然不同。

苏格拉底 让我们记住这一点,阿卡奈[1] 的卡利克勒说快乐和善是一回事,但是知识和勇敢相互之间是不同的,也和善不同。

卡利克勒 但是阿罗卑克[2] 的苏格拉底不同意这一点。他同意吗?

E **苏格拉底** 他不同意,我想卡利克勒如果正确地认识自己,他也不会同意。告诉我,你不认为那些生活得很健康的人经历过那种病人的生活吗?

卡利克勒 我想经历过。

苏格拉底 如果这些生活是相反的,那么一个人必须把这些事情当作健康和疾病。一个人不可能同时既是健康的又是有病的,也不能在同一时候两者都不是。

卡利克勒 你这是什么意思?

496 **苏格拉底** 好比说,以身体的某个部分为例。一个人可能眼睛有毛病,称作眼炎。

卡利克勒 当然。

苏格拉底 那么他的眼睛不可能同时又是健康的。

卡利克勒 决不可能。

苏格拉底 当他消除了眼炎的时候会怎么样?他会把眼睛的健康也消除了,最后既不是有病的又不是健康的吗?

卡利克勒 肯定不会。

B **苏格拉底** 如果是这样的话,那可真是奇迹了,也是极不合理的,不是吗?

卡利克勒 确实如此。

---

① 阿卡奈(Acharnae)是阿提卡半岛一个区的名字。

② 阿罗卑克(Alopece)是雅典一个区的名字,苏格拉底属于这个区。

苏格拉底　但是我假定,他会轮番获得和消除健康和疾病。

卡利克勒　我同意。

苏格拉底　强大和虚弱不也同样吗?

卡利克勒　对。

苏格拉底　敏捷和迟缓呢?

卡利克勒　肯定也是这样。

苏格拉底　好的事物和幸福,以及它们的对立面,坏的事物和不幸,他会轮番拥有和消除它们吗?

卡利克勒　我想,一定是这样的。

苏格拉底　如果我们发现有些事物是被人同时拥有和消除 C
的,那么这些事物显然不会是好的事物和坏的事物。我们同意这一点吗?请仔细加以考虑,然后再作回答。

卡利克勒　我对此表示完全同意。

苏格拉底　那么再回到我们前面的看法上来。你说饥饿是一种快乐还是痛苦?我指的是真正的饥饿。

卡利克勒　是痛苦,但是通过吃东西使饥饿得以消除是快乐。

苏格拉底　我明白。但是至少饥饿本身是痛苦,不是吗? D

卡利克勒　我同意。

苏格拉底　口渴也一样吗?

卡利克勒　肯定一样。

苏格拉底　我还要继续问吗,或者说,你承认每一种缺乏和欲望都是痛苦?

卡利克勒　我承认,你不用再问了。

苏格拉底　很好,但是你认为口渴时喝水是快乐?

卡利克勒　是的。

苏格拉底　我假定,在这句话中,“口渴”这个词包含着痛苦的意思。

E **卡利克勒** 对。

苏格拉底 喝水是对一种缺乏的满足,是一种快乐吗?

卡利克勒 是的。

苏格拉底 所以你说喝水中有快乐,是吗?

卡利克勒 肯定有。

苏格拉底 当某人口渴时?

卡利克勒 我同意。

苏格拉底 这也就是说,在痛苦的时候?

卡利克勒 对。

苏格拉底 那么你是否意识到这个结果,当你说一个人口渴喝水的时候,你实际上是在说他在痛苦的同时享受着快乐?这种情况不是发生在同一时间、同一地点吗?无论是在身体中还是在灵魂中?我想这没有什么差别。事情是不是这样?

卡利克勒 是这样的。

苏格拉底 没错,但是你也认为当一个人生活得很好时,对他来说不可能同时又生活得很坏。

卡利克勒 我是这样认为的。

497 **苏格拉底** 但是你已经同意,同时经历痛苦与快乐是可能的。

卡利克勒 显然如此。

苏格拉底 那么,快乐与生活得好不是一回事,痛苦与生活得坏也不是一回事,因此快乐不同于好。

卡利克勒 苏格拉底,我不明白你的咬文嚼字。

苏格拉底 卡利克勒,你实际上是明白的,只是不愿承认罢了。我们要是再追问下去,你就会明白自己有多么狡猾,而你却还
B 在对我进行告诫。我们每个人不是在停止喝水的快乐时也停止了口渴吗?

卡利克勒 我不知道你这样说是什么意思?

高尔吉亚 卡利克勒,别这样,还是代表我们作出回答,使争论能有个结论。

卡利克勒 但是,高尔吉亚,苏格拉底老是这样。他专门提出这些微不足道的、无用的问题,然后再加以驳斥。

高尔吉亚 但这样做对你来说又有何妨呢?任何情况下你都不需要付钱,卡利克勒,还是接受苏格拉底的盘问吧,只要他愿意。

卡利克勒 那么好,你就问这些琐碎的小问题吧,因为高尔吉 C
亚希望这样做。

苏格拉底 你真幸运,卡利克勒,竟然能在这些小事情上领悟伟大的奥秘。我真没想到这样做能够得到允许。那么从刚才中断的地方开始,回答我,喝水的快乐和口渴是否同时停止。

卡利克勒 是的。

苏格拉底 停止饥饿或其他欲望和停止快乐也是同时的吗?

卡利克勒 是的。

苏格拉底 那么一个人停止痛苦和停止快乐不也是同时的 D
吗?

卡利克勒 是的。

苏格拉底 但是他不会同时停止经历好的事情和坏的事情,这是你自己同意过的。你现在还同意吗?

卡利克勒 我同意。那又怎样?

苏格拉底 只有在这一点上,好事情和快乐才不是一回事,我的朋友,坏事情和痛苦也不是一回事。我们同时停止一个对子,但不会同时停止另一个对子,因为它们有区别。因此快乐怎么能与好是一回事,或者痛苦怎么能与坏是一回事呢?如果你愿意,让我
们换个方式来理解,我想恐怕你连这样做也不会同意。但请你想 E
一想。你把某些人称作好人,不就是因为在他们身上表现出来的事情是好的吗?就好比你把某些人称作美的,因为美在他们身上

表现出来。

卡利克勒 是的。

苏格拉底 再问,你把傻瓜或胆小鬼称作好人吗?你刚才不是傻瓜和胆小鬼,而是勇敢的和聪明的。你把勇敢和聪明称作好吗?

卡利克勒 我当然会这样做。

苏格拉底 你见过一名愚蠢的儿童享受着快乐吗?

卡利克勒 见过。

苏格拉底 你从没见过一个愚蠢的人享受着快乐吗?

卡利克勒 见过,我想我是见过的,但这又怎样?

498 **苏格拉底** 不怎么样,请你只管回答。

卡利克勒 我见过。

苏格拉底 你见过一个聪明人经历着痛苦或快乐吗?

卡利克勒 我见过。

苏格拉底 哪一个能感觉到更加痛苦或更加快乐,是那个聪明人还是那个傻瓜?

卡利克勒 我不认为会有很大区别。

苏格拉底 这就够了。你见过战场上的胆小鬼吗?

卡利克勒 当然。

苏格拉底 当敌人撤退时,什么人似乎更加高兴,是胆小鬼还是勇敢者?

B **卡利克勒** 我想他们可能都会感到高兴,如果不是,那么也差得不多。

苏格拉底 是没有什么差别。至少胆小鬼也感到快乐。

卡利克勒 确实如此。

苏格拉底 看起来,傻瓜也会感到快乐。

卡利克勒 没错。

苏格拉底 只有胆小鬼在敌人逼近时感到痛苦，或者勇敢者也一样？

卡利克勒 他们都感到痛苦。

苏格拉底 他们的痛苦程度相当吗？

卡利克勒 胆小鬼可能更厉害些。

苏格拉底 胆小鬼在敌人撤退时也更加高兴些吗？

卡利克勒 也许是的。

苏格拉底 那么你认为傻瓜和聪明人、胆小鬼和勇敢者，都能感受到痛苦和快乐，程度大体相当，但是胆小鬼比勇敢者的感受更 C
加厉害，是吗？

卡利克勒 我同意。

苏格拉底 但是聪明人和勇敢者是好人，胆小鬼和傻瓜是坏人。

卡利克勒 是的。

苏格拉底 那么好人与坏人同等程度地感受到快乐和痛苦。

卡利克勒 我同意。

苏格拉底 那么好人与坏人的好坏程度是一样的吗？或者说坏人甚至会比好人还要好些？

卡利克勒 我的天哪，我真不知道你到底是什么意思。 D

苏格拉底 按你的说法，好人通过表现出好事情才是好的，坏人通过表现出坏事情才是坏的，也是按你的看法，快乐是好事情，痛苦是坏事情，你难道不明白吗？

卡利克勒 我是这么看的。

苏格拉底 那么好事情，也就是快乐，如果这些人高兴的话，表现在这些高兴的人身上。

卡利克勒 当然如此。

苏格拉底 通过这种好事情的表现，那么这些高兴的人也是好的,对吗?

卡利克勒 对。

苏格拉底 还有,坏事情,也就是痛苦,表现在那些承受痛苦的人身上。

卡利克勒 是表现出来了。

E **苏格拉底** 你认为通过这些坏事情的表现,坏人才是坏的。或者说,你不再坚持这个看法了?

卡利克勒 我还是这么认为。

苏格拉底 那么,那些感受到快乐的人是好的,那些感受到痛苦的人是坏的。

卡利克勒 肯定是。

苏格拉底 按照感受这些好事情和坏事情的程度,他们更加好、较不好、一样好,或者更加坏、较不坏、一样坏,对吗?

卡利克勒 对。

苏格拉底 刚才你不是说过,聪明人和傻瓜、勇敢者和胆小鬼,感受到同等程度的快乐和痛苦,而胆小鬼甚至感受到更加厉害吗?

卡利克勒 我说过。

苏格拉底 那么请你和我一道来看,这样的看法会导致什么
499 样的结果,因为人们经常说重复是好事,久炼成金。我们说聪明人和勇敢者是好人,不是吗?

卡利克勒 是的。

苏格拉底 傻瓜和胆小鬼是坏人?

卡利克勒 肯定是。

苏格拉底 享受快乐的是好人?

卡利克勒 是的。

苏格拉底 承受痛苦的是坏人?

卡利克勒 必定如此。

苏格拉底 好人和坏人经历着同等的痛苦和快乐,坏人的体验甚至更加强烈。

卡利克勒 是的。

苏格拉底 那么坏人会变得和好人一样坏和一样好,甚至比 B
好人更好。按照我们前面的说法,如果把快乐等同于好事情,那么结果不就是这样吗,卡利克勒?

卡利克勒 苏格拉底,我一直在听你讲,也同意你的观点。但我终于明白了,如果有人哪怕是在游戏中对你作出让步,你都会像个孩子似的乐意抓住它。难道你真的以为我或其他任何人,不知道某些快乐是比较好的,某些快乐是比较坏的吗?

苏格拉底 嘀,卡利克勒!你真是个无赖,把我当作小孩来欺 C
骗,把同一件事情一会儿说成是这样的, 一会儿说成是不同的。不过我并不认为你一开始就想欺骗我, 因为你是我的朋友。但是现在我显然被误导了, 就像谚语所说, 我必须以其人之道还治其人之身。你现在好像说某些快乐是好的, 某些快乐是坏的, 是这样吗?

卡利克勒 是的。 D

苏格拉底 好的东西是有益的,坏的东西是有害的吗?

卡利克勒 肯定是。

苏格拉底 有益的就是那些做好事的,而有害的就是做坏事的,对吗?

卡利克勒 我同意。

苏格拉底 这就是你的意思吗?举例来说,我们刚才提到的吃、喝这些身体的快乐,这些事情产生身体的健康、力量,或身体其他方面的优点,是好的快乐,而产生相反效果的是坏的快乐,对吗?

卡利克勒 当然如此。 E

苏格拉底 痛苦也一样,有些是好的,有些是坏的吗?

卡利克勒 当然是。

苏格拉底 那么我们岂不应当选择实施好的快乐和痛苦?

卡利克勒 肯定要选择。

苏格拉底 我们不应当选择坏的快乐和痛苦,对吗?

卡利克勒 显然如此。

苏格拉底 没错。如果你还记得,波卢斯和我同意过,我们的一切行为都应当出于好的目的。你也赞同我们的看法吗,善是一切行为的目的,一切事物皆为此目的而行事,而非善以其他一切事
500 物为目的?你愿意作为赞同我们观点的第三个人吗?

卡利克勒 我会投你们一票。

苏格拉底 那么快乐也和其他一切事物一样,它应当以善为目的,而不是善以快乐为目的。

卡利克勒 确实如此。

苏格拉底 每个人都能对好的快乐和坏的快乐作选择,或者说我们在两种情况下都需要专家?

卡利克勒 我们需要专家。

苏格拉底 让我再复述一下我对波卢斯和高尔吉亚说过的
B 话。如果你还记得,我说过有某些旨在快乐的过程只起保证快乐的作用而无所谓好与坏,另一些则有好坏之分。在与快乐相关的事情中我提到过烹调,这是一种程序,不是一种技艺,而在与好相关的事情中我提到医学这种技艺。卡利克勒,我凭着友谊之神起誓,别想戏弄我,别用那些实际上与你观点相反的看法来回答我的提问。如果是我在开玩笑,那么就别把我的话当真,因为你明白我
C 们讨论的主题,还有什么主题能比它更加严肃呢?哪怕是理智低下的人也会认真起来。这个主题是:人应当过什么样的生活?你要求我过的生活是"真正的人"的生活,在公民大会上演讲、实践修

辞学、按照你现在的风格做一名政治家，而另一种生活则是把生命耗费在哲学上，弄清事物的区别。我们现在最好还是努力区分这 D
两种生活，然后达成一致的看法，如果确实存在着这样两种不同的生活，那么就进一步考虑它们的区别在什么地方，一个人应当过什么样的生活。现在，你也许还不明白我的意思。

卡利克勒 我确实不明白。

苏格拉底 好吧，让我讲得更清楚些。你和我同意过，存在着好和快乐，快乐和好有区别，存在着一种研究它们的方法可以分别获得它们，一种方法追踪快乐，另一种方法追踪好，但你首先得表态，同意不同意接受这个论断。你同意吗？

卡利克勒 事情好像是你说的这样。 E

苏格拉底 如果你认为我是在说真话，那么请你告诉我，你也同意我对高尔吉亚和波卢斯说过的话。我说过，我相信烹调和医学在"它是什么"这一点上是不同的，烹调不是一种技艺，而是一种
程序。我还指出另一种东西，亦即医学，要考察它处理的对象的性 501
质以及医学行为的原因，对之分别做出合理的解释，而医学的对应物，即烹调，则完全用于开发快乐，用的是一种完全不科学的方式，根本不考察快乐的性质和原因，不以理性自居，也不去努力分类，而仅仅是一种经验和程序，是对通常发生的事件的记忆，以此保证
它的快乐。现在，首先请考虑一下，你是否满足于这种说法，是否 B
相信还有其他某些与灵魂相关的行业。这些行业，有些具有技艺的性质，能预见到对灵魂最好的事情，另一些行业则不具有这种功能，但却像在身体中那样，完全被灵魂的快乐所占据。这些行业考虑的是如何取得灵魂的快乐，但对于这些快乐是好是坏，从来不加
考虑。它们惟一关心的事情就是如何使这些快乐得到满足，而不 C
管这些快乐是好是坏。卡利克勒，我相信有这样一些程序，我把这种行为称作奉承，无论它涉及的是身体、灵魂，还是其他对象，其快

乐受它支配,但它从来不管快乐的好坏。你拥有和我相同的观点,还是反对它?

卡利克勒 噢,我不反对。我表示同意为的是可以结束争论,让在这里的高尔吉亚感到满意。

D **苏格拉底** 我说的这些只对一个灵魂来说是正确的,还是对两个或许多灵魂来说都是正确的?

卡利克勒 两个或许多灵魂。

苏格拉底 我们有可能使大量灵魂感到满足而无需考虑什么是最好的吗?

卡利克勒 我想是的。

苏格拉底 那么你能否告诉我,能做到这一点的行业是什么?或者说,如果你愿意的话,我要问你认为哪一种行业在你看来属于
E 这种类型,如果有就说有,如果没有就说没有。首先让我们来看吹笛子的。卡利克勒,你不认为吹笛子属于这种类型,只追求快乐而不顾及其他吗?

卡利克勒 我想吹笛子属于这种类型。

苏格拉底 诸如此类的行业不也一样吗,例如在比赛中弹七弦琴?

卡利克勒 是的。

苏格拉底 合唱训练和唱赞美诗怎么样?你不认为在性质上它们是一样的吗?你认为美勒斯之子喀涅西亚一点儿都不关心改
502 善他的听众,而只注意使他的大量听众感到满足吗?

卡利克勒 这一点显而易见,苏格拉底,至少喀涅西亚是这样的。

苏格拉底 他的父亲美勒斯怎么样?你认为当他弹着七弦琴在那里歌唱时,他关心过什么东西适合最优秀的人吗?他甚至连最令人快乐的东西都不寻求,因为他的听众发现他的歌是最令人

厌烦的。但是请想一想，你不认为所有为七弦琴和赞美诗而创作的音乐都是为了提供快乐吗？

卡利克勒 我认为是的。

苏格拉底 庄严神奇的悲剧诗歌的目的何在？它的努力和雄心在你看来只是为了满足观众，或者说如果有什么令人愉快的和迷人的但却是坏的东西，它就努力不说出来，而对那些不受欢迎但却是有益的东西，无论观众是否喜欢，它都要说出来或唱出来吗？你认为悲剧诗歌的目的是这两种中的哪一种？ B

卡利克勒 这确实很明显，苏格拉底，它的目的倾向于快乐，使观众满意。 C

苏格拉底 我们刚才不是把这种活动说成是奉承吗？

卡利克勒 确实是。

苏格拉底 那么好，如果你从所有诗歌中剥去它的技艺、韵律、韵步，剩下的除了语言还有什么呢？

卡利克勒 必定如此。

苏格拉底 这些语言是说给大众听的吗？

卡利克勒 我同意。

苏格拉底 那么诗歌是一种公开的讲演吗？

卡利克勒 显然是。 D

苏格拉底 它不就是一种修辞学的公开讲演吗？你不认为诗人就是在舞台上从事修辞学的人吗？

卡利克勒 我认为是这样的。

苏格拉底 那么我们现在已经发现了一种修辞学的形式，是说给由儿童、妇女、男人、奴隶、自由人组成的民众听的，这种形式我们不能过分地加以崇敬，因为我们把它说成是一种奉承。

卡利克勒 确实如此。

苏格拉底 好吧，但是讲给雅典公民和其他各城邦的自由民

E 听的修辞学怎么样?它对我们意味着什么?在你看来,这些演说
家总是代表最优秀的人讲话,他们的目标是为了尽可能用他们的
语言使公民们完善,或者说他们的动机也是为了使他们得到满
足,为了自己的个人利益而放弃公共利益,把民众像儿童一样来
503 对待,只想使他们快乐,而不关心这样的行为会使他们变好还是
变坏吗?

卡利克勒 你问的不是一个问题,因为有些人说他们为公民的利益而说活,但也有些人就像你所描述的这个样子。

苏格拉底 这对我来说已经足够了,因为只要有两部分人,那
么有一部分肯定是在奉承,进行可耻的煽动,而另一部分则是优秀
的,是在尽力谋求公民的灵魂完善,努力做到总是代表最优秀的人
讲话,无论听众是否欢迎。但你本人从来没有见到过这种修辞学,
B 或者说你能提到某个这样的演说家,你为什么不马上把他的名字
告诉我呢?

卡利克勒 凭天发誓,我无法告诉你现在还活着的演说家中有这样的人。

苏格拉底 那么你能说出从公开演讲出现起,以往的演说家中有这样的人,而那些公民原先是坏的,后来变好了吗?我不知道有这样的人。

C **卡利克勒** 什么,你难道从来没有听说过塞米司托克勒是个
好人,还有喀蒙和米尔提亚得,还有最近死去的伯里克利,你自己
还听过他的讲话?

苏格拉底 如果你前面讲的东西确实是美德,也就是说使你
自己和其他人的欲望充分得到满足是美德,那么我们可以说是的;
但若不是这么回事,而是在我们后来的争论中被迫承认的那些东
D 西是美德,亦即只有那些能使人变好的欲望才应当得到满足,而不
是那些使人变坏的欲望,如果要做到这一点有一门专门的技艺,那

么我不能承认你提到过的任何人满足这些要求。

卡利克勒 那好吧，如果你很好地寻找一番，你会找到的。

苏格拉底 那就让我们来平静地思考一下是否有人具有这种性质。代表最优秀的人讲话的人肯定不会随意乱说，而总是有着某种目的，就好比所有匠人要想制造什么东西都不会随意选择材 E
料，而总是对他们的产品应当具有什么样的形式有着具体的看法。瞧，如果你愿意，你可以用画匠、建筑师、造船工以及其他所有匠人为例，你可以任意选，看他们如何精心选择，使每个要素都适合确定的程序，使每个部件都能相互和谐，直到造就某个精心设计和装 504
配起来产品。还有其他匠人和我们刚才提到的那些与身体打交道的人，体育教练和医生，我认为他们把秩序和纪律赋予身体。我们应不应当承认这是事情的真相？

卡利克勒 就算是吧。

苏格拉底 那么和谐与秩序使建筑良好，而无序则会使建筑不好。

卡利克勒 我同意。

苏格拉底 造船是否也一样？ B

卡利克勒 是的。

苏格拉底 对我们的身体是否也可以这样说？

卡利克勒 肯定行。

苏格拉底 我们的灵魂怎么样？它在无序的时候是好的，还是倒不如说它在获得了秩序和纪律时是好的？

卡利克勒 我们前面的论证也要求我们承认这一点。

苏格拉底 从秩序和纪律中产生出来的身体的品质叫什么名字？

卡利克勒 我想你指的是健康和强健。

苏格拉底 是的。秩序和纪律在灵魂中产生出来的结果呢？ C

请试着发现它,说出它的名字来,就像在其他场合一样。

卡利克勒 你为什么自己不把它的名字说出来呢,苏格拉底?

苏格拉底 如果你要我这样做,那么我会的,如果你认为我说得对,那么就同意,否则就驳斥我,别让我逃走。在我看来,健康这个词可以用于所有身体的规范,健康和身体的一般优点都是从规范中产生出来的。对还是不对?

卡利克勒 对。

D **苏格拉底** 守法或法律这个词适用于灵魂的所有秩序和规范,当一个人变得遵纪守法的时候,这就意味着正义和节制。对还是不对?

卡利克勒 对。

苏格拉底 我们的演说家,他是善良的和真正的艺术家,应该用他的眼睛关注这些事情,用他说出来的话语和他的所有行为给我们的灵魂打上这样的印记,把他要给我们的东西赐给我们,把他想要取走的东西取走,他的心总是被一个想法占据,这就是如何能使正义在公民的灵魂中扎根,从灵魂中消除不义,如何能使一般的善在公民的灵魂中生长,从灵魂中驱除邪恶,对吗?你同意还是不同意?

卡利克勒 我同意。

苏格拉底 卡利克勒,当身体有病或染上瘟疫的时候,给它提供丰富的食品和精美的饮料又有什么益处可言,说实话,这样做不仅没有好处,相反还会带来更大的伤害。这样说对吗?

卡利克勒 是这样的。

505 **苏格拉底** 在我看来,当一个人身体有病,而他又不得不过一种有病的生活时,这样的生活是没有价值的。不是这样吗?

卡利克勒 是这样的。

苏格拉底 当一个人身体健康时,医生一般都会允许他满足他的胃口,当饿了的时候,他想吃多少就吃多少,当渴了的时候,他想喝多少就喝多少,而当他生病时,医生决不会允许他这样做。我们对这一点看法一致吗?

卡利克勒 我同意。

苏格拉底 我的好朋友,这一点对灵魂来说不也是同样吗? B
只要灵魂是邪恶的、愚蠢的、无纪律的、不正义的、不虔诚的,它的欲望就应当受到约束,它什么都不能做,而只能做有益于改善它的事。你同不同意?

卡利克勒 我同意。

苏格拉底 我想,这样做对灵魂本身来说比较好。

卡利克勒 确实如此。

苏格拉底 约束它的欲望就是用纪律来约束它,是吗?

卡利克勒 是的。

苏格拉底 那么受纪律约束比不受纪律约束要好,你现在喜欢哪一样?

卡利克勒 我不知道你在说什么,苏格拉底,你问别人好了。 C

苏格拉底 这个家伙不愿接受改良,不愿经历讨论中的各种治疗和接受纪律。

卡利克勒 不对,我这样做只是因为我对你说的毫无兴趣,我回答你的问题只是为了满足高尔吉亚的要求。

苏格拉底 好吧,我们现在该怎么办? 使我们的讨论半途而废吗?

卡利克勒 你可以自己去决定。

苏格拉底 哎,有人说连故事没讲完都不对,所以让我们给它 D
续一个尾巴,省得它们没有尾巴到处走。你还是继续回答吧,使我们的讨论有个结尾。

卡利克勒 苏格拉底,你真是纠缠不休,如果你想听我说话,就跟这个论证说再见,否则你就去和别人争论。

苏格拉底 还有谁愿意呢?你知道,我们一定不能使这场讨论不完整。

卡利克勒 你就不能自己把它进行完毕吗?要么把你的话说完,要么自问自答?

E **苏格拉底** 这正好应验了厄庇卡尔谟的一句话:“一人就能道出两人的意思”,是吗?现在看来似乎只能这样了。然而,如果这样做,我们全都会急于知道所讨论的主题是否正确,因为把这一点
506 告诉所有人对他们有好处。所以我会按照自己的想法进行论证,如果你们中间有人相信我自己承认的东西不是真理,那么你一定要打断我,驳斥我。因为我不想装出一副有知识的样子,而想和你们一道探索。所以,如果有什么东西是我的对手说过的,那么我会首先加以抗拒。我说这番话只是因为你们认为争论应当进行到最后。如果你们不希望这样,那么让我们现在就停下来,各自回家去。

B **高尔吉亚** 好吧,苏格拉底,我想我们现在还不一定要离开。你应当继续讨论,其他人也会同意我的想法。我本人急于想知道你剩下的还有什么要说。

苏格拉底 我也一样,高尔吉亚,想要在此与卡利克勒继续论证,直到我以牙还牙,就像安菲翁对泽苏斯的攻击做出回答。卡利克勒,尽管你不愿意帮我结束这个论证,但你至少可以在这里听。
C 如果你认为我说错了什么,你可以打断我。如果你对我进行驳斥,那么我不会像你受到我的驳斥一样感到恼火,而会把你当作我最大的恩人。

卡利克勒 你自己一个人说吧,我亲爱的先生,把这个论证说完。

苏格拉底 那么听着,首先请允许我从头开始复述一下这个

论证。快乐的事情和好的事情是一回事吗？卡利克勒和我同意，它们不是一回事。快乐以好为目的，还是好以快乐为目的？答案是快乐以好为目的。快乐的事情出现使我们快乐，好的事情出现 D
使我们好，对吗？确实如此。但是我们自身的好和其他所有好事物的好都可归结为表现出来的某些优点吗？卡利克勒，这一点似乎是必然的。但是任何事物，无论是器具、身体、灵魂，还是某种活物，它们的好在这些事物中的出现肯定不是偶然的、杂乱无章的，
而是通过某种公正和秩序，通过分别指定给它们的那种技艺。是 E
这样的吗？对此我肯定同意。那么任何事物的好都要归结为秩序和安排吗？对此我表示同意。那么，出现在每个事物中并与之相适应的秩序是使一切事物成为好事物的原因吗？在我看来是这样的。那么有些灵魂有与其自身相宜的秩序，这样的灵魂比毫无秩序的灵魂要好吗？我认为必然如此。但是进一步问，拥有秩序的灵魂是有序的吗？我认为当然是。有序就是有节制吗？我认为必
然如此。所以有节制的灵魂就是好的灵魂。我本人对这一点提不 507
出反对意见，我亲爱的卡利克勒，如果你能提出反对意见，请你告诉我。

卡利克勒 你继续说吧，我的好先生。

苏格拉底 我接着断定，如果有节制的灵魂是好的，那么处在与节制相反状况的灵魂是坏的，我们说过，这种灵魂就是那些愚蠢和不守纪律的灵魂。我认为事情确实如此。还有，心灵健全
的人会通过诸神和凡人完成他的职责，因为如果做了不适宜的 B
事，那么他的心灵就不是健全的了。我认为这也是必然的。通过凡人完成职责，那么他会正义地行事；而通过诸神完成职责，那么他会虔诚地行事。因此，正义地行事的人和虔诚的行为必定是正义的和虔诚的。我认为事情就是这样。进一步说，这样的人必然是勇敢的，因为有着健全心灵的人的这个部分不是用来追求或

避免不该做的，而是用来追求或避免应该做的。无论不该做的和应该做的是事情还是人，是快乐还是痛苦，他都会站稳其职责所
C 要求的立场，决不动摇。卡利克勒，我们已经证明心灵健全和有节制的人从各方面来看都必定是正义的、勇敢的、虔诚的、全善的。好人无论做什么事都必定是好的和恰当的，他做好事必定是快乐的、幸福的，而做坏事的坏人必定是不幸的，他的所作所为必定是有节制的人的反面，你证明了这种人是不守纪律的家伙。

这就是我现在的看法，我肯定它是正确的。如果它是正确
D 的，那么希望幸福的人似乎必须追求和实践节制，我们中的每个人都必须尽快努力摆脱不守纪律的状况。他也许不需要受纪律约束，但若他或他的任何朋友，无论是个人还是城邦，有这种需要，那么他必须接受惩罚，成为守纪律的人，这是他幸福的保证。我把这一点当作一个人应当终生寻求的目标，他应当把他自身和他的城邦的全部努力用于这个目标的实现，使正义和节制在
E 他身上永驻，这样才能真正地获得幸福。他不应当过一种盗匪的生活，努力去满足他那些未受约束的欲望，而这是一种无止境的悲哀。因为这样的人不会与任何人亲近，也不会与神亲近。他不会有同伴，而在没有同伴的地方，也就不会有友谊。卡利克勒，
508 有聪明人说过，天与地、神与人，都是通过同仁、友谊、秩序、节制、正义而联系在一起的。我的朋友，由于这个原因，他们把事物之总和称作“有序的”宇宙，而不是无序的世界或暴乱。在我看来，尽管你富有智慧，但对这些事情未加注意，你不明白几何学中的相等对诸神和凡人来说都是极为重要的，你认为我们应当去超过别人，因为你拒绝几何学。好吧，我们现在要么驳斥这
B 个论证,证明幸福并不通过正义和节制的过程来实现,不幸也不是通过拥有邪恶而发生,要么承认我的论证是正确的,因此我们必须

考虑其后果。这个后果就是我们在前面所提到的，卡利克勒，你当时问我讲这些话是否认真，我当时说如果有什么错误的行为发生，一个人应当责备他自己、他的儿子和他的朋友，为了这个目的可以使用修辞学，你当时还认为波卢斯由于某种羞耻感而承认的东西 C
是正确的，作恶比受恶更坏，更可耻。以正确的方式成为一名修辞学家的人必定是一个正义的人，有着关于正义的知识，这是高尔吉亚后来承认的，而按照波卢斯的说法，高尔吉亚承认这一点是羞耻感在起作用。

事情就是这样，现在让我们来考虑你对我的驳斥是否正确。当时你说我不能够帮助自己，也不能帮助我的朋友和亲属，不能把他们从巨大的不幸中解救出来，而只能像一个被剥夺公民权的人 D
那样去求得人们的怜悯，而其他人想要打我的耳光，这是你的原话，也想抢我的钱，把我赶出城邦，最糟糕的是想把我处死，这种困境在你看来是世界上最可耻的事情。我对这个问题的看法也已经说过了，不过再说一遍也没有什么危害。卡利克勒，我坚持说，被人错误地打耳光并不是最可耻的事，我的钱被抢走或身体被砍伤也不是最可耻的事，更加可耻、更加邪恶的是打我的耳光和砍伤 E
我。进一步说，偷窃、绑架、抢劫，总而言之一句话，任何对我犯下的恶行比我自己犯下的恶行更加可耻，作恶者比作为受恶者的我更坏。我在前面讨论中已经说过的这些事实都是紧密地联系在一起的，更加形象地说，它们是用铁和钻石一般的坚强论证联系在一 509
起的，因此它至少看起来是站得住脚的。除非有人比你更加能干，能够化解这些论证，否则要像我现在这样正确地谈论是不可能的。我说过的话始终一致，我不知道这些事情的真理，但我知道自己从前和现在遇到的所有人提出来的观点都失败了，而且显得非常可笑。因此我再一次确信这些事情如果存在，那么它们确实就是这 B
样的，如果对作恶者来说不义是最大的恶，那么尽管它是最大的恶,但若他在有可能逃避惩罚的情况下逃避了,那么逃避惩罚就比作恶更坏。不能使自己摆脱困境确实显得滑稽可笑,但它就没有作用吗?它的作用不就是能使我们防止受到最大的伤害吗?不能帮助自己,也不能帮助自己的朋友和亲属,确实是最可耻的,然而
C 与此相关的是第二个最可耻的,然后是第三个最可耻的,就像在具体事例中恶有大小一样,能够帮助自己面对这样的恶是一件美事,不能帮助自己面对这样的恶是一件可耻的事。我说得对还是错,卡利克勒?

卡利克勒 你说得对。

苏格拉底 那么在作恶与受恶这两件事中,我们说作恶更坏,
D 受恶不如作恶那么坏。现在我们要问,一个人应当为自己提供什么样的东西来帮助自己,以便从两方面获益,即作恶和不受恶?这是一个力量或意愿的问题吗?我的意思是这样的。如果一个人有避免受恶的意愿,那么他能避免受恶吗,或者说只有在他获得力量的时候才能避免?

卡利克勒 这很明显,他必须获得力量。

苏格拉底 作恶怎么样?如果一个人不选择作恶是否就够
E 了,这样他就不会去作恶了吗?或者说他也必须要用某种力量和以这种力量为基础的技艺来武装自己,如果他不学习和实践这种技艺,他就会去作恶?卡利克勒,你为什么不回答这样一个问题:波卢斯和我在前面的论证中被迫承认无人自愿作恶,一切作恶者作恶都是违反他们自己意愿的,承认这一点是对还是错?

510 **卡利克勒** 就算对吧,苏格拉底,这样你可以对这个论证作结论。

苏格拉底 那么出于避免恶行的目的,我们也必须用某种力量和技艺来武装自己。

卡利克勒 当然。

苏格拉底 这种努力不受恶或尽可能少受恶的技艺是什么呢？看你在这一点上是否同意我的看法。你自己一定是某种统治力量，或者甚至就是你的城邦里的一名僭主，否则就是掌握权力的政府的一名坚定支持者。

卡利克勒 你瞧，苏格拉底，如果你说得对，我已经准备好为 B
你鼓掌，现在我认为你说得好极了。

苏格拉底 好吧，那么考虑一下你是否认为我在这一点上说得也对。我相信，最亲密的友谊存在于同类之中，这是古代贤人的话。你同意吗？

卡利克勒 我同意。

苏格拉底 假定某个掌权的僭主是野蛮的、无知的，如果他的城邦里有人比他要好得多，那么我想这个僭主一定会害怕这个人，
他在僭主的内心深处也不会成为真正的朋友。 C

卡利克勒 是这样的。

苏格拉底 比这个僭主还要低劣得多的人也不会成为僭主的真正朋友，因为僭主会藐视他，对他不会产生朋友的热情。

卡利克勒 这样说也对。

苏格拉底 只有一种人可以作僭主的真正朋友，这就是与僭主具有同样秉性的人，他的嗜好和喜恶都与僭主相同，愿意做这位
统治者的臣民和下属。他会在城邦里拥有大权，没有人能伤害他 D
而不受惩罚。不是这样吗？

卡利克勒 是这样的。

苏格拉底 假定这个城邦里有个年轻人在考虑如何获得大权，使别人无法伤害他，那么这就是他的途径，他从小就得养成习惯，像他的主人一样对同样的事物去感受快乐和烦恼，尽可能变得与主人一样。不是这样吗？

卡利克勒 是这样的。

E **苏格拉底** 现在按照你的理论,他这样一来就会在城邦里不受恶并拥有大权了。

卡利克勒 肯定是。

苏格拉底 不作恶也一样吗?或者说完全不是这么回事,如果他与邪恶的主人相似,而这个主人对他有巨大影响?不,我想,可能正好相反,他会做好作恶的准备,尽最大可能去作恶,并逃避因作恶而受到的惩罚。他难道不会这样做吗?

卡利克勒 显然会。

511 **苏格拉底** 那么最大的恶会留驻在他身上,因为通过模仿他的主人,通过他的权力,他的灵魂堕落了,毁灭了。

卡利克勒 苏格拉底,你又在用这样或那样的方式歪曲我们的论证。你难道不明白,如果僭主愿意的话,他会把拒绝模仿他的人处死,或者剥夺他的财产吗?

B **苏格拉底** 我的好先生,如果我不聋,我是知道的,因为我最近经常从你和波卢斯那里听到这种论调,城里头实际上也有其他人这样讲。但我要告诉你,尽管只要僭主愿意,他就可以处死别人,但这种做法实际上是一个无赖在谋杀一个好人,一个高尚的人。

卡利克勒 你这样说不正好表明你心中充满怒火吗?

苏格拉底 不对,如果你是个聪明人,就可以看出这是这个论证所证明了的。或者说你认为一个人应当努力活得尽可能长一些,去实施这些不断地将我们从危险中解救出来的技艺,比如你要
C 我实践的修辞学,它能使我们在法庭上保住性命?

卡利克勒 是的,老天在上,这也是一个很好的建议。

苏格拉底 我的好朋友,我们现在该怎么办?你认为游泳的技艺特别神奇吗?

卡利克勒 不,我确实不这么看。

苏格拉底 然而,当人们陷于某些需要这方面知识的处境时,即使这种技艺也能把人从死亡中拯救出来。但若你认为这种技艺 D 无足轻重,那么我还可以告诉你一种比它更重要的技艺,这就是船老大的技艺。它像修辞学一样,不仅能拯救我们的生命,而且能从巨大的危险中拯救我们的身体和财物。这种技艺不包含任何虚假的成分,是有序的,而不是虚无缥渺的,令信者对其功能感到惊讶。至于说到那些与鼓动相同的结果,那么我们可以说,如果这种技艺把你从伊齐那平安地送回这里,你只需付两个小银币作船资,如果是从埃及或黑海启程,把一家男女老少以及他们的 E 货物平安地运回来,那么这项服务可就大了,但当他们平安地在港口下船时,也顶多只需要付两个德拉克玛,而那个拥有这种技艺,取得这些结果的人也会以最大的宽容之心把船靠上码头。因为我假定,这个船老大能想到自己对这些没有淹死的旅客所起的作用是不确定的,他不知道自己到底是给他们带来了恩惠还是伤 512 害,只知道这些旅客在身体和灵魂两方面都没有比上船时更好些。他知道,如果有人在船上患了难以治愈的重病而又逃避了被扔下海去淹死,那么这个人的不死是不幸的,并没有从自己这里得到什么好处;由此也可推论,灵魂比身体更珍贵,如果有人在灵魂上得了许多难以治愈的疾病,那么这样的人的生命是没有价值的,如果船老大从海上,或从法庭上,或从任何危险中,把他救出来,那么这样做对这个人来说并没有什么好处。他知道对一个坏人来说活着并不比死了更好,因为这个坏人一定会生活得很 B 不好。

这就是为什么尽管船老大救了我们的命,也不习惯于表白自己。他不会这样做,我奇怪的朋友,筑城的工匠也不会这样做,他在拯救生命方面的力量并不亚于一名将军或其他人,更不必提船老大了,因为他可以在需要时保全整座城市。你会把他也归入

鼓动家一类人物吗？卡利克勒，如果他也喜欢像你们的人一样讲
话，提供许多服务，那么他会把我们埋葬在雄辩的论证中，鼓励
C 和敦促我们一定要成为筑城的工匠，因为其他所有职业都是没有
价值的，只有他的职业值得学习。但是你们会斥责他和他的技
艺，会称他为“筑城的工匠”，把这个词当作贬义词来使用，你
们决不会把自己的女儿嫁给他的儿子，也不会娶他的女儿。但是，
如果我们看一下你们赞扬自己成就的理由，那么你们指责筑城的
D 工匠和我刚才提到的其他人的理由有什么公正可言呢？我知道你
们会说自己是一个比较好的人，出生在一个比较好的家庭。但是
你们说的“比较好”和我说这个词的意思是不一样的，你们的好
只意味着保全自己的性命和财产，而不管人的品性如何，因此，
要指责筑城的工匠、医生，以及其他为提供安全而发明的技艺是
滑稽可笑的。我的好先生，请你还是想一想，善与高贵是否还不
E 止是救命和被救。真正的人也许应当漠视能活多久这个问题，他
不应当如此迷恋活命，而应当相信那些老妇人说的话，没有人能
够逃脱他的命运，他应当把诸如此类的事留给神，而去考虑其他
问题，一个人应当以什么方式度过他的一生才是最好的？他是否
应当使自己同化于他生活于其中的那种统治类型？如果你们想要
讨得雅典人的喜欢，并在城邦中行使大权，那么你们必须尽可能
513 变得和雅典人一样。我的朋友，考虑一下这样做对你我是否有好
处，这样才能使我们免于受命运之苦，这种命运据说是那些能把
月亮从天上拉下来的帖撒利女巫所说的命运，并且发现我们在城
邦里选择的这种权力意味着献身于我们最可贵的东西。但若你想
像这个世界上有人会赐给你一种技艺，使你能用它在城邦里赢得
B 大权，除非你变得与城邦的统治相似，变好或变坏，那么在我看
来，你的看法是错的，卡利克勒。如果你想与雅典的各个区结成
真正的友谊，那么你一定不能只做一名模仿者，而要有一种天然

的相似性。对，凭天发誓，你和皮里兰佩之子德摩斯也一样。[1]因此，无论是谁使你与他相似，都会使你成为仁慈的政治家和你想要成为的修辞学家，在这两种情况下，你都能在对人的品性有吸引 C 力的话语中得到快乐，但你也会厌恶对其他人有吸引力的话语。我亲爱的，你有什么反对意见要说吗？你对我刚才说的这些话有什么要回答吗，卡利克勒？

卡利克勒 我不知道怎么回事，你说的好像是正确的，苏格拉底。但是我和许多人一样，感到还没有完全被你说服。

苏格拉底 卡利克勒，那是因为你对雅典各区的热爱留驻在你的灵魂中，因此仍在对我进行抗拒，如果我们更好地考察这些问题，你就会被说服了。但是至少请你记住，我们说有两个过程，分 D 别旨在照料身体和灵魂，一个过程以身体的快乐为目的，另一个过程则以使灵魂成为最优秀的为目的。后一个过程不会沉迷于快乐，而会与之交战。我们不是已经做出这些区别了吗？

卡利克勒 确实如此。

苏格拉底 这两个过程中的一个，旨在快乐的那一个，是卑贱的，只不过是奉承，难道不是吗？

卡利克勒 就算是吧，如果你希望这么说。 E

苏格拉底 但是另一个过程的目标是我们想要达到的，无论是对身体还是灵魂，应当尽可能使之完善。

卡利克勒 确实是。

苏格拉底 那么难道我们不应该抱着使公民自身尽可能地变

---

① 雅典的基层政治组织称作“区”(Demo)，克利斯提尼改革时(公元前509年)将整个阿提卡半岛划分为一百个自治“区”，苏格拉底在这里把雅典各个区(Demos)与德摩斯(Demos)这个人名相提并论，这两个词在希腊文中拼写完全一样。

好这个目的去关心城邦及其公民吗?我们在前面已经发现,如果缺乏这一点,那么无论你再提供多少其他的服务都是无用的,也就
514 是说,除非他们认为获得钱财、统治权或其他任何权力,是好的和高尚的。我们是否得说我的观点是正确的?

卡利克勒 如果这样说使你高兴,那么当然是的。

苏格拉底 如果我们想着要为国家搞一些公共建设,那么我们会开列一张清单,把人们能为这些建设中提供的帮助都写在上面,这些建筑可能是非常重要的,比如城墙、船坞、神庙,在这种时
B 候,我们难道不应该思忖一下,看我们自己是否是建筑方面的专家,如果我们有建筑技艺,我们是从谁那里学来的?我们是否必须这样做?

卡利克勒 那是一定的。

苏格拉底 其次,我们要想一想我们从前是否为朋友或为自己建造过一所房子,想一想这所房子是美丽的还是丑陋的,在这样
C 的考察中如果我们发现自己已经有了优秀的、杰出的教师,已经建起了许多漂亮的建筑,如果我们已经向教师学习完了,那么有许多功劳也可以算到自己头上,如果这就是我们的状况,那么作为聪明人,我们应当受到鼓励去从事公共建筑,但若根本没有老师的指点,没有造出过什么房子,或者造出过许多毫无价值的建筑物,那么我们要去从事公共建筑是愚蠢的,邀请别人这样做也是愚蠢的。
D 我们是否应当接受这样的看法?

卡利克勒 当然应当接受。

苏格拉底 在其他各种场合下也一样。例如,假定我们受到激励去当一名能干的医生,去给人看病,并且相互之间进行鼓励,那么我们一定会相互之间进行考察。你肯定会这样问,苍天为证,让我们来看你苏格拉底是否知道如何保持身体健康?或者问,苏格拉底曾经治好过某人的病吗?无论这个人是奴隶还是自

由民？

我想，我对你也应该进行同样的考察，如果我们找不到任何人，无论是公民还是异邦人，是男人还是女人，曾经被我们改善过 E 他的身体状况，那么，卡利克勒，在这种情况下指定我们中的某个人去做医生，并鼓励其他人也这样做是滑稽可笑的。你不认为这样的行为是愚蠢的吗？在这样做之前实际上应当先在私下里经常练习，不断地取得成功，由此获得从事这种职业的充足经验，诚如俗话所说，从做一口大缸开始学习制陶的技艺。

卡利克勒 我认为是愚蠢的。

苏格拉底 现在，我最好的朋友，由于你刚开始进入公众生 515 活，并邀请我也这样做，还因为我不这样做而责备我，因此，我们难道不应当相互考察，并且问卡利克勒曾经使任何公民改善过吗？有哪个人，异邦人或公民，奴隶或自由民，从前是邪恶的、不义的、不守纪律的、愚蠢的，而通过卡利克勒，他现在成了一个正直、高尚的人吗？

卡利克勒，请告诉我，如果有人在这些要点上对你进行考察， B 你会怎么说？你会说出有什么人在你的帮助下得到改善了吗？别犹豫了，在你受到激励要去从事一种公共职业之前，如果你作为个别公民取得过这样的成就，那就请你回答。

卡利克勒 你真是喜欢挑起争端，苏格拉底。

苏格拉底 不是喜欢挑起争端在使我提问，而是因为我确实想知道你认为我们城邦公共生活的正确标准是什么。当你开始一种公共职业的时候，你要考虑的事情很多，但你一定会关注如何使我们的公民尽可能地变好，对吗？我们不是已经多次同意这应当 C 是政治家的任务吗？我们是否应当承认这一点？请回答。让我代表你来回答吧，我们应当承认这一点。如果好人应当努力为他的城邦做到这一点，那么请你回想一下你在前面提到过的那些人，并

且告诉我你是否仍旧认为他们证明了自己是优秀的公民,我指的
D 是伯里克利、喀蒙、米尔提亚得和塞米司托克勒。

卡利克勒 我仍旧这样看。

苏格拉底 如果他们是好的,那么他们每个人显然都在使从前不好的公民变好。他们是否这样做了?

卡利克勒 是的。

苏格拉底 所以当伯里克利开始对民众说话时,雅典人比他最后一次说话时还要坏?

卡利克勒 也许是吧。

苏格拉底 我的好朋友,关于这一点没有什么"也许",如果他真是一个好公民,那么根据我们所承认的,雅典人一定是这样的。

E **卡利克勒** 行,那又怎样?

苏格拉底 不怎么样,但请你接着告诉我,是否有雅典人曾被伯里克利所改善,或者说正好相反,被伯里克利腐蚀了。因为有人说伯里克利使雅典人变得愚蠢、胆怯、夸夸其谈、邪恶,因为他第一个向公民提供的劳役支付报酬。

卡利克勒 苏格拉底,你从那些耳朵被打坏了的人那里听到了这种话。

苏格拉底 这至少不是谣传,你实际上并不比我知道得少。伯里克利最初享有很好的名声,当雅典人很坏的时候,他从来没有受到雅典人任何可耻的指控。但当他使许多公民变得善良和高尚
516 时,到了他的晚年,他被指控为窃贼,但是侥幸地逃脱了死刑,那些公民显然把他当作一个坏人。

卡利克勒 那又怎样?这样做使伯里克利成了一个坏蛋了吗?

苏格拉底 不管怎么说,一个照看驴、马、牛的人做出同样的事情来会被人们认为是坏的。这些畜牲一开始不会踢他,抵他,咬

他,但是后来他使它们野性大发,能够做出所有这些举动来。或者说,你难道不认为把驯服的牲口弄得野性大发的人是一个不好的驯养者吗?你同意不同意? B

卡利克勒 当然同意,随你高兴吧。

苏格拉底 要让我高兴还得继续回答我的提问。人是否动物王国中的一员?

卡利克勒 当然是。

苏格拉底 人不就是伯里克利要管教的动物吗?

卡利克勒 对。

苏格拉底 那么如果他是一名优秀的政治家,他一定不能像我们刚才同意过的那样,使他要管教的公民变得比较正义,对吗? C

卡利克勒 对。

苏格拉底 按照荷马的说法,正义的人是驯服的。但是你怎么看?是这样的吗?

卡利克勒 是的。

苏格拉底 但是伯里克利使他们比以前要更加野蛮了,而且他们对伯里克利本人也很野蛮,到头来要吃他们的苦头。

卡利克勒 你要我同意你的看法吗?

苏格拉底 如果你认为我说的是真理。

卡利克勒 那么就算同意吧。

苏格拉底 更加野蛮不就是更加不义和更加坏吗?

卡利克勒 同意。 D

苏格拉底 那么这样看来,伯里克利不是一名优秀的政治家。

卡利克勒 这是你说的。

苏格拉底 对,但也是你承认的。接下来该谈你对喀蒙的看法了。那些被他服伺过的人用陶片放逐法把他流放了,使人们十年都不能听到他的声音,不是吗?他们还用同样的办法对付塞米

司托克勒,把他给流放了。他们还投票把马拉松战役的胜利者米尔提亚得给扔进地坑,他只能承受这种命运,而这种处罚只为议事
E 会的主席设立。如果按照你的说法这些人是好人,那么他们决不会受到这样的待遇。一名驭手驯好了马匹,自己也成了较好的驭手,他在第一轮竞赛中没有摔下马车,而是后来才被摔下来的,这种说法不管怎么说都不对。马车比赛也好,其他活动也好,都不是这种情况,或者说你认为是这种情况?

卡利克勒 我不这么看。

苏格拉底 如此看来,我们前面的说法似乎是对的,我们不知
517 道在这个城邦里有任何人可以被证明为是一名优秀的政治家。你承认现在还活着的人中间一个也没有,但是过去曾经有过,并以刚才提到过的这些人为例,但我们已经证明他们和现在还活着的人处在相同的水平上,因此,如果他们是演说家,那么他们没有使用真正的修辞学,也没有使用奉承的修辞学,否则他们就不会被放逐了。

B **卡利克勒** 但是苏格拉底,我们这个时代的人所取得的成就远远超过你所能列举的任何人。

苏格拉底 我的好朋友,我发现我们刚才提到的这些人并没有什么错误,至少是作为城邦的公仆他们没什么错,我实际上认为他们比现在的公仆更加成功,能够更好地提供城邦所需要的东西。至于把公民们的欲望引向不同的方向,而不是允许它们自由泛滥,通过劝导和强制使公民们接受能够改善他们的过程,尽管这只是
C 一个好公民的惟一真正的职责,但在这些方面他们实际上并不比现在的政治家高明。我也同意你的看法,他们在提供战船、城墙、船坞之类的事情上比他们的继任者做得更好。你和我在这个讨论中的表现是荒唐的,因为在整个论证中,我们一直在兜圈子,没有
D 正确理解对方的意思。至少我认为你已经多次承认并明白,我们

涉及的是与身体和灵魂相关的双重活动,一种活动是服务性的,如果我们的身体感到饥饿,它会提供食物,如果身体渴了,它会提供饮料,如果身体冷了,它会提供衣服、被褥、鞋子,以及其他我们的身体需要的东西。我有意使用相同的形象,这样可以使你更快地理解。这些东西的供应商,无论是小贩还是商人,或是制造者,比如烤面包的厨师、纺织工、鞋匠、制革匠,会由于他们的性质而对他自己和其他人都显得像是身体的真正管家。这并不奇怪,因为人 E
们不知道在所有这些技艺之上并超过这些技艺的还有体育和医学,它们才是身体的真正管理者,应当由它们来恰当地控制所有这些技艺和使用其他技艺的产品,因为只有它们才知道什么样的饮食对身体健康来说是好的,而其他技艺是不知道的。由于这个原 518
因,其他那些技艺对身体来说是服务性的、卑贱的、不自由的,而体育和医学应当是身体的主人。当我告诉你灵魂的善和身体的好是一回事时,你有一次好像已经明白了,对我的看法表示同意,就好像已经把握了我的意思,但是过了一会儿你又开始说在我们城邦里有过正直高尚的公民。当我问你他们的名字时,你本应当像在 B
政治领域中一样提出同样杰出的人物来,就好比说我问你有谁在体育领域内已经被证明为是一名身体的好教练,或者现在有这样的好教练,你应当最严肃地回答说,面包师塞亚里翁、写了那本西西里的烹调书的米赛库斯、开饭店的萨拉姆布斯,他们证明自己为身体提供了很好的服务,一个提供了面包,第二个提供了美味的菜肴,第三个提供了美酒。如果我现在对你说,喂,你这个家伙对体 C
育一无所知,那么你可能会十分恼火。你对我大谈特谈那些为我们提供食物,满足我们的欲望的仆人,但却提不出很好的或有力的观点来。这些人也许会赢得那些暴食者的赞扬,也会使人身体发胖,但他们最终会剥夺人们先前拥有的肌肉。而他们的牺牲者出 D
于无知反而不会因为身体失调和失去肌肉而去责备这些喂养他们

的人。此时若是有人在场向他们提出建议,告诉他们无视健康规
则、饮食过度会给他们带来疾病,那么如果能够做到的话,倒是这
些提建议的人会受到责备、污辱和伤害,而对他们遇到的麻烦应当
负责的人,暴食者反而会加以赞扬。

E 卡利克勒,你现在做的事和我刚才说的差不多。你赞扬那些
设宴向我们的公民提供他们所希望吃到的各种美味佳肴的人。人
们说这些人使我们的城邦伟大,而一点儿都没有意识到由于这些
过去的政治家,我们的城邦变得腐败和溃烂。因为他们一点儿都
519 不注意纪律和正义,而只是用港口、船坞、城墙、税收以及类似的垃
圾来喂养我们的城邦,因此当城邦危机到来时,他们就把罪名加到
他们现在的建议者身上,说他们引起了城邦的不幸,而对塞米司托
克勒、喀蒙和伯里克利则大加赞扬。如果你不小心,那么他们一旦
失去曾经拥有和获得的东西,或遇上什么麻烦,他们也许会对你以
B 及我的朋友阿尔基比亚德下手,尽管你不是始作俑者,但却可能是
同谋。然而,今天发生的事和涉及到他们以往那些政治家的言论
是滑稽可笑的。我注意到,无论什么时候城邦把自己的政治家当
作坏人来对待,他们都会受到暴力侵犯而丧失尊严,这种行为令人
发指。从这些人的故事来看,他们为城邦服务多年,最后却被城邦
C 不公正地给毁了。然而这些故事都是捏造。因为决不会有一位城
邦的统治者会被他所统治的城邦不公正地毁灭掉。这种情况倒像
是智者会遇到的,这些人会假冒政治家。你们的智者在其他事情
上都很聪明,但在有一点上极为荒谬,因为他们宣称自己是教人为
善的教师,但却又经常责备他们的学生对他们不好,因为这些学生
不交学费,对他们所得到的恩惠一点儿都不感恩。说这些人已经
变好了,变得正义了,他们的老师消除了他们的不义,使他们获得
了正义,但他们却用已经在他们身上不存在了的不义去对待他们
D 的老师,还有什么比这样说更荒唐的吗? 你不认为这样说很荒谬

吗,我的朋友?卡利克勒,你真的想要拒绝回答,迫使我扮演一名演说家的角色吗?

卡利克勒 如果没人回答,我想,那你就不能说话了。

苏格拉底 我显然能说话,至少我现在正在高谈阔论,因为你 E
不愿意回答我的提问。但是我的好先生,为了友谊,请你告诉我,当你宣布某人已经变好了的时候,尽管你使他变好了,而且他仍旧是好的,但你却找到了他的毛病,因为他仍旧是坏的,这样说不是显得很可笑吗?

卡利克勒 在我看来就是这样。

苏格拉底 你难道没有从那些声称教人为善的人那里听到过这样的论调吗?

卡利克勒 我听到过,但是为什么要提到那些无用的人。 520

苏格拉底 有些人打算统治城邦,要使城邦尽可能地好,然而一有机会,他们却又责备她是邪恶的,你对这种人会怎么看?你认为他们在许多方面与其他人不一样吗?智者和演说家,我亲爱的先生,是一类人,或者像我对波卢斯说的那样,他们非常相似。而你由于无知,把修辞学当作一种非常好的技艺,并因此而藐视其他
技艺。而实际上,智者的技艺比修辞学更好,其程度就相当于立法 B
比正义的管理更好,体育比医学更好。但我自己总是这样想,政治演说家和智者不适宜去批评那些接受了他们的训练而又对他们作恶的人,否则的话他们说的话会同时又是对自己的谴责,因为对那些他们声称使之受益的人,他们并没有为这些人做什么好事。难道不是这样吗?

卡利克勒 当然如此。 C

苏格拉底 进一步说,如果他们的说法是正确的,那么似乎只有他们是在提供免费的良好服务。一个人得到其他任何好处,都有可能不愿付费,比如通过接受教练的指导走得比以前快,如果那

名教练提供的指导不是免费的,而且也不是没有订过协议,那么当他教会学生走得快时他应当尽快收到学费。我假定,不正义的行
D 为不能归结为行走缓慢,而应当归结为不正义。难道不是这样吗?

卡利克勒 是这样的。

苏格拉底 如果一名指导者消灭了一种不正义的性质,那么他就不会再有受到这种不正义的危险的时候了;如果一个人真能使其他人变好,那么也只有他能安全地提供这种服务。这样说不对吗?

卡利克勒 我同意这种说法。

苏格拉底 那么由于这个原因,提供其他服务而收费没有什么可耻,比如造房子和其他技艺。

E **卡利克勒** 好像是这样的,至少。

苏格拉底 但是当问题转变为一个人如何变得尽可能好,能够最好地管理他的家庭和城邦,人们就认定拒绝这方面的指导是可耻的,除非向指导者付费。不是这样吗?

卡利克勒 是这样的。

苏格拉底 其中原因显然是因为,这是一种惟一的服务,会使它的接受者渴望得到回报,因此当某个人提供了他的服务以后,他的接受者得到了回报,他的服务才被认为是好的,如果接受者不能得到回报,他的服务就被认为是不好的。这就是事情的真相吗?

卡利克勒 是这样的。

521 **苏格拉底** 那么请为我区分一下,你要我为城邦提供哪方面的关心,与雅典人开战,像一个医生那样,使他们尽可能变好,还是为他们的快乐提供服务或管理?卡利克勒,对我说真话吧,因为你一开始就十分坦率,这样做非常好,你应当继续把你的想法说出来。勇敢地说真话吧。

卡利克勒 要我说我就说,提供服务和管理。

苏格拉底 我高贵的朋友,那么你会请我起一个奉承者的作 B
用,是吗?

卡利克勒 是的,如果你愿意用这个最容易冒犯人的术语,因为,如果你不……

苏格拉底 请你别再重复你已经说过许多遍的话——你说有人要杀我,我重复说那是一个坏蛋杀一个好人;你说有人要抢我的东西,我重复说他抢了我的东西也不知如何处理赃物,他对我抢劫是不正义的,所以他使用这些东西也是不正义的,如果是不正义,
那就是可耻,如果是可耻,那就是邪恶。 C

卡利克勒 苏格拉底,瞧你多么自信。你决不会经历诸如此类的麻烦,就好像你不住在这个城邦里似的,也决不会有人把你拉上法庭,这样做的人也许是某些非常邪恶的家伙。

苏格拉底 卡利克勒,如果我不认为在这个城邦里对任何人都可能发生任何事情,那么我一定是个傻瓜。但是我至少对这一
点有清醒的认识,如果我被拉上法庭,面对你提到的危险,那么一 D
定有个恶人在控告我,因为好人是不会把一个无罪的人拉上法庭的,如果我被处死,那也没有什么可大惊小怪的。要我告诉你为什么我期待这种处境吗?

卡利克勒 当然要。

苏格拉底 我认为我是从事真正的政治技艺的少数雅典人之一,但我不说自己是惟一的一个,现在这些人中间只有我一个人在实践政治家的才能。我在任何场合讲话不是为了博得欢心,我的
宗旨是最优秀,而不是最快乐。我不愿意从事你推荐的那些"精致 E
的发明",当我在法庭上时,我没有什么要为自己说的。我对波卢斯说过的那个形象现在又浮现在我心里。我的受审就像一名医生受到一名厨师的指控,而那个法官是一名儿童。如果那个厨师用

这样的话来指控他,想一想在这样的情景下这个医生能做出什么样的辩护吧:儿童法官,这个家伙给你们带来了种种伤害,他用外
522 科手术和烧灼术杀死你们中最年轻的,用饿肚子和窒息的方法迷惑你们,给你们吃苦药,迫使你们又饥又渴,而我却曾经给你们提供过大量的、各种各样的甜食。

你认为在这样令人绝望的处境下,那个医生还能说什么呢?如果他说真话,噢,孩子啊,我所做的一切都是为了健康,你认为在这个时候,这样的法官会怎样喊叫?他难道不会大声喊叫吗?

卡利克勒 也许会吧,我们必须假定如此。

B **苏格拉底** 你不认为他一定会被完全迷惑住吗?

卡利克勒 那是一定的。

苏格拉底 好吧,根据我的经验,如果我被拉上法庭,那么也是这种情况。因为我不能把我提供的快乐告诉他们,他们把快乐当作好处和服务,但我对那些提供快乐的人和接受快乐的人都不表示羡慕。如果有人指责我使青年感到困惑,并且因此腐蚀了他们,或者指责我在公开和私下场合用那些严厉的话语污辱老年人,
C 那么我既不能说出事情真相,宣布自己的所作所为都是正确的,对法官说我的侍奉都是为了你们的利益,也不能够说别的什么,因此任何事情都有可能对我发生。

卡利克勒 苏格拉底,生活在自己的国家里,但却无法帮助自己,那么你认为处于这种困境下的人还能说是生活得很好吗?

苏格拉底 是的,只要他还拥有你们经常承认的那种可以提供帮助的方式,这就是在对诸神和对凡人的言语和行动两方面都
D 不作恶,以此帮助自己,因为我们经常承认这样做才是一切帮助中最好的。现在如果有人指责我不能够为自己或为别人提供这种帮助,那么我会感到耻辱,无论我从前有多少次被人宣判有罪,或被所有人判刑,如果我因为缺乏这种力量而死,那么我会感到十分苦

恼,但若我是由于缺乏奉承的修辞学而死,那么我充满自信,你们会发现我冷静地谈论我的死亡。没有人会如此不合理,胆小到仅 E
仅害怕死亡这件事,只有作恶者才害怕死亡。带着一个犯下许多罪行的灵魂抵达另一个世界,这是一切罪恶中最坏的。如果你想听,那么我打算给你讲个故事来说明事情就是这样。

卡利克勒 好吧,其他的话你都讲完了,你也可以把这个故事讲完。

苏格拉底 把你的耳朵竖起来,注意听,这是一个非常美丽的 523
故事,我想你会把它当作虚构,但我会把它当作事实,因为我确实把将要告诉你的话当作真理。荷马说,宙斯、波塞冬、普路托把他们从父亲那里继承下来的王国分而治之。克洛诺斯时代立下的一条关于人类的法律从那时起在诸神中一直保留下来:过着虔诚和 B
正义生活的人死后要去福地中的福岛居住,过着完全幸福的生活而无任何疾苦;而过着不虔诚、不正义生活的人死后要去一个受到报复和惩罚的监狱,他们称之为塔塔洛斯。在克洛诺斯时代,乃至于后来宙斯取得王权的时候,活人要对活人进行审判,也就是对那些将要死的人进行审判,因此这些审判不那么准确。普路托和他那些来自福岛的随从前来告诉宙斯,两个地方都有坏人去了。宙 C
斯说:"好吧,我要停止这种做法。这样的审判不好,因为那些接受审判的人还穿着衣服,他们接受审判时还活着。有许多人灵魂邪恶,但却裹着漂亮的身体,有着高贵的世系和财富,他们接受审判时会有许多证人跑来证明他们的生活是正义的。这些情况使法官 D
眼花缭乱,而法官们在进行审判时也穿着衣服,他们的眼睛、耳朵、整个身体就像屏风一样遮蔽着他们的灵魂。这些东西都成了他们审判的障碍,他们自己的衣服和接受审判者的衣服。所以,首先,人类必须停止预测他们的死亡,因为他们现在拥有预见的知识,普罗米修斯已被告知停止这种预见。其次,他们在受审前必须剥去 E

所有的衣服,赤身裸体,死后才对他们进行审判。法官也必须是裸体的和死了的,能用他自己的灵魂去扫视那些刚死去的那些人的灵魂,而不管这些人有什么样的亲属,也不管他们留在世上的是什么样的打扮,这样的审判才是公正的。现在我当着你们的面把这些事确定下来,我已经任命了我的儿子做法官,两个来自亚细亚,
524 弥诺斯和拉达曼堤斯,一个来自欧罗巴,埃阿科斯。他们死了以后,就会去掌管设在草地上的法庭,它位于两条道路的交汇处,这两条路一条通往福地中的福岛,另一条通往塔塔洛斯。拉达曼堤斯负责审判来自亚细亚的亡灵,埃阿科斯负责审判来自欧罗巴的亡灵,我把上诉法庭交给弥诺斯掌管,如果其他两名法官有什么案子难以决断,就交由他处理,这样一来这些人该走哪条路就可以判决得非常公正了。"

B 卡利克勒,这就是我听说的故事。我相信它是真的,并从中推出以下结论:死亡在我看来无非就是两样东西的分离,灵魂与身体,它们分离以后仍旧各自保持着它们活着时的状况。身体保持
C 着它自己的性质,有着明显可见的各种痕迹或印记。例如,一个人身材高大,那么由于他身体的性质仍旧保持着,因此他死后尸体仍旧很庞大,如果他活着的时候很胖,那么他死后也仍旧很胖,如果他生前习惯留长发,那么他的尸体仍旧留长发,等等。如果一个人生前是个囚犯,身上有挨打的伤痕或其他伤口,那么他死后你从他的尸体上仍旧可以看到同样的伤痕,或者说如果他活着的时候手
D 脚被打断或扭曲,那么他死后这些迹象依然清晰可见。简言之,人活着的时候获得的身体特征在死后一段时间内,全部或大部分都仍然可以看见。所以我相信灵魂也一样,卡利克勒,灵魂的外衣一旦被剥去,灵魂中的一切也都是清晰可见的,其中都是一个人的灵魂通过他从事的各种活动获得的性质和经验。因此当它们来到法
E 官面前时,从亚细亚来的亡灵来到拉达曼堤斯面前,他让它们站

住,审视每一个灵魂,完全不知道它们生前是谁,但他经常能够把
那些国王或君主的灵魂找出来,因为这些灵魂中没有健康的迹象,
而只有由于犯下的种种罪恶而在肋骨上留下的伤痕,也就是各种 525
恶行在灵魂上留下的标记,还有因为虚伪和欺骗而被扭曲了的东
西,这样的灵魂中没有什么东西是正直的,对真理完全是陌生
的。他看到,由于行为的奢侈、放荡、专横、无节制,灵魂中充
满了畸形和丑恶。看到这样的灵魂,他就把它们径直送往监狱受
辱,到了那里以后这些灵魂都会受到与它们的罪行相应的惩罚。 B
进行这样公正的惩罚是恰当的,因为这样做才能使他变好和受
益,对其他人也是一个警告,其他人看到这个人因为作恶而受苦
就会感到害怕,他们因此也就可以变成好人。那些由于犯罪而从
诸神和凡人对他们的惩罚中受益的人是可以治好的,尽管他们在 C
这里和在另一个世界上的利益被剥夺时会感到苦恼,但是不这样
做就不可能消除罪恶。但是那些犯下滔天大罪的人和那些过去曾
被治愈过的人,他们已经接受过警告,不再能够接受任何好处,
因为他们是不可治的了。而那些看着他们受到最残忍、最可怕、
最悲惨的折磨的人会从中受益,在哈得斯的监狱里,那些受着永
久折磨的人实际上起着样板的作用,成为对不时来到那里的作恶 D
者的一个警示。我认为,如果波卢斯对我们说的是真话,那么这
些样板中有一个是阿凯劳斯,其他任何具有同样品性的僭主也一
样。我认为大部分起警示作用的样板都是从僭主、君王、统治
者、政治家中选出来的,因为他们所享受的荒淫生活是最大的、
最不虔诚的罪恶。

荷马已经向我证实了这一点,因为他描述了那些在哈得斯中 E
承受永久惩罚的国王和王子,坦塔罗斯、西绪福斯、提堤俄斯,但是
忒耳西忒斯,或其他做了错事的人,没有一个被说成是因为不可治
愈而要接受残酷刑罚的,因为我想忒耳西忒斯没有什么权力,因此

他也比那些有权力的人要幸福些。但是,卡利克勒,在最有权力的
526 人中间你可以找到最邪恶的人。当然,在最有权力的人中间,你也仍旧可以找到好人,能这样做的人值得特别的尊敬,因为要做到这一点是困难的,卡利克勒,当有权力胡作非为的时候仍旧能够终生过着正义的生活,这样的人最值得赞扬。但是这种人很少,尽管在雅典和在别的地方曾经有过这种高尚的、真正的人。他们
B 拥有美德,公正地管理托付给他们的事务。这些人中有一位最出名,甚至在希腊的其他地方也拥有巨大的名声,他就是吕西玛库之子阿里斯底德。但是,我的好朋友,大多数掌握着权力的人是邪恶的。

我说过,拉达曼堤斯进行审判时,对受审者的情况、名字和身世,一无所知,只知道他可能有罪。当他确定了这一点后,就在受审者身上打下烙印,标明它是可治的还是不可治的,然后就把它们
C 打发去塔塔洛斯接受相应的惩罚。但有的时候他也能看到另一种灵魂,它从前生活在虔诚和真理中,它也许是某个公民的灵魂,也许是其他人的灵魂。卡利克勒,我尤其感到这是哲学家的灵魂,他生前专注于自己的事业,而不是碌碌无为地使用他的身体,它会得到尊敬,被送往福地中的福岛居住。埃阿科斯的行为也完全一样,他和拉达曼堤斯分别做出审判,而弥诺斯作为上诉法庭的法官,只
D 有他握有黄金的权杖,就像荷马诗中的奥德修斯说的那样,他看见"他手握黄金权杖,正在给亡灵们宣判"。①

卡利克勒,我现在确实相信这些故事。我正在考虑自己应该如何把尽可能最健康的灵魂奉献给我的法官,所以我谴责大多数人追求的荣耀,追求那生前死后都应当追求的真理,尽可能做一个好人。我尽力劝告其他所有人,请你们全都来分享这种生活,展开

① 荷马:《奥德赛》,第11卷,第569行。

这方面的竞赛,我认为这种竞赛的意义超过其他一切竞赛。我反 E
过来还要责备你,因为你在面对我刚才说过的这种审判时无法帮
助自己。当你站在你的法官面前时,伊齐那之子①,当他抓住你的 527
时候,你会目瞪口呆,不知所措,并不亚于我在这里的表现,也许还
会有人打你的耳光,或是对你施加各种暴行。

所有这些在你看来可能都像是无知老妇的荒诞故事,你会藐
视它。如果我们的探索能够在某个地方发现更好的、更真实的解
释,那么藐视它可以说是不足为奇的。但是你瞧,你们三个人,你、
波卢斯、高尔吉亚,是当今最聪明的希腊人,都无法证明我们应当
过其他样子的生活,而过这种生活显然是在另一个世界里也是有 B
益的。在所有论证中,其他论证都已遭到驳斥,而只有这个论证还
是稳固的,也就是说我们应当十分警惕自己不要去作恶,这种警惕
要胜过不去受恶。一个人首先要学习的就是如何做一个好人,无
论是在公共的生活还是私人生活中。如果有人在各方面都被证明
为有罪,那么他就应当受到严惩。其次就是如何通过接受惩罚变
成好人。我们应当避免各种形式的奉承,无论是对我们自己还是 C
对别人,无论是多还是少,修辞学和其他各种活动都应当只用于获
得正义。如果你听我的,那么你会跟着我来,生前死后都能获得幸
福,这是我们前面的解释揭示了的。你可以让任何人藐视你,把你
当做傻瓜,对你施加暴力,只要他愿意,而你可以满脸带笑地让他
污辱你,打你的耳光。因为如果你真的是个好人,高尚的人,追求 D
美德的人,那么这样做对你并不能造成任何伤害。接受了诸如此
类的训练以后,至少当我们感到适当的时候,我们可以进入公共生
活。或者说,当我们比现在能够更好地接受建议时,我们可以接受
各种建议,无论它是从哪方面提出来的。在我看来,处在我们现在

① 指卡利克勒,伊齐那是卡利克勒的老家。

这种状况显然是可耻的。我们认为自己是很好的伙伴,但我们却不能对同一问题拥有相同的看法,而这些问题是一切问题中最重
E 要的,我们缺乏教养到了何等可悲的地步!让我们遵循已经显明了的这个论证的指引,它告诉我们这是生活的最佳方式,在追求公义和其他一切美德中生,在追求公义和其他一切美德中死。我要说,让我们遵循这种生活方式吧,还要邀请别人也和我们一道遵循它,而不要去遵循你相信并向我推荐的那种生活方式,因为它是卑鄙的,亲爱的卡利克勒。

普罗泰戈拉篇

提　要

仅对柏拉图的哲学感兴趣的读者完全可以跳过《普罗泰戈拉篇》的第一部分(约占全篇的四分之三),也就是到苏格拉底开始认真讨论快乐与痛苦为止。对话的后一部分提出了一种人们熟悉的柏拉图学说,这就是无人自愿作恶,亦即作恶的人不会认为这样做是邪恶的。最后得到的结论不仅属于柏拉图,而且基本上是希腊人所特有的:美德必须要有智慧,而罪恶之源在于无知。

然而对一般读者来说,在柏拉图的所有对话中,这篇对话最为集中地提供了一幅希腊人的生活图景,描述了雅典人对纯粹理智的迷恋。一名热心的青年在破晓前就把苏格拉底唤醒,请求苏格拉底把他介绍给普罗泰戈拉。他们来到这位伟大教师居住的地方,发现他刚来雅典不久,同行的还有许多学生。在场的所有人都想要跟他学习,竭力怂恿他与苏格拉底进行一场争论。可想而知,苏格拉底犹豫着不敢应战。然而,出乎读者们的预料,最后结果并非普罗泰戈拉的彻底失败。事实上,普罗泰戈拉多次进行了较好的论证,而苏格拉底的论证并不那么精彩,而且不时地表现出生气和厌倦。

这篇对话是一出小小的喜剧。柏拉图在对话中自娱,嘲笑包括他敬爱的老师苏格拉底在内的每一个人,滑稽地刻画出老普罗泰戈拉的和蔼可亲与虚荣心。这位杰出的教师热衷于精致地区别语词,而柏拉图悄悄地给他设了一个陷阱。柏拉图还勇敢地把其他人的意见告诉苏格拉底,要他注意谈话的风格,而不仅仅要做到简洁和精确。最后,雅典人令人喜欢的图景就这样形成了,他们有着迷人的品格,在激烈的争论中从不矫揉造作,喜欢公平竞争,一旦定下来要进行讨论,他们全都在“期待着聆听聪明人的话语”,从中感到巨大的快乐。

正　文

309 **朋友**　你从哪里来,苏格拉底?你一定是去追求迷人的阿尔基比亚德了。一两天前我肯定见过他,他似乎仍旧那么漂亮,但是苏格拉底,只在咱们俩中间说,他已经成年了。他实际上已经长胡子了。

B **苏格拉底**　那又怎样?你不是荷马的爱好者吗?荷马说青年长出第一撮胡子的时候是最迷人的,阿尔基比亚德现在就处在这个时期。

朋友　那么,有什么新鲜事吗?你是不是刚离开这个青年,他对你怎么样?

苏格拉底　我想很好,尤其是今天,因为他来求我帮忙,和我说了好一阵子话。你猜得没错,我刚刚才离开他。但是我得告诉你一件怪事。尽管他当时在场,但我没想他,而是经常忘了他的存在。

C **朋友**　为什么?你和他之间能有什么分歧?至少在雅典,你肯定碰不到比他更漂亮的青年了,是吗?

苏格拉底　不对,我碰到了,比他还要漂亮得多。

朋友　真的吗?雅典人还是异邦人?

苏格拉底　异邦人。

朋友 他从哪里来?

苏格拉底 阿布德拉。

朋友 这个异邦人使你神魂颠倒,你竟然认为他比克利尼亚之子还要漂亮吗?

苏格拉底 对。难道凭着完善的智慧就不能得到献给漂亮的棕榈枝吗?

朋友 你的意思是你刚刚才遇到一位聪明人吗? D

苏格拉底 如果你认为这个说法适合普罗泰戈拉,那么应当说是世上最聪明的人。

朋友 什么?普罗泰戈拉在雅典?

苏格拉底 已经有两天了。

朋友 你刚刚才见过他?

苏格拉底 是的,我们在一起谈了很长时间。 310

朋友 如果你现在有空,那么别浪费时间,把你们的谈话内容告诉我。就坐在这里吧,那个奴仆会给你让位的。

苏格拉底 行,你愿意听,我很感谢。

朋友 我应当感谢你。

苏格拉底 这么说来,是对双方都有好处。那么请听吧。

昨夜破晓时分,希波克拉底用棍子敲打我的门,他是阿波罗多洛之子,法松之弟。门开了,他急匆匆地走进来朝着我大喊:“苏格 B
拉底,你睡醒了没有?”

我躺在床上,睡眼朦胧地辨出他的声音来。我说:“噢,你是希波克拉底。我希望你没带来什么坏消息吧?”

“没有坏消息,只有好消息,”他答道。

“那我太高兴了,”我说道,“但你为什么要在这个时候到我这里来呢?”

“普罗泰戈拉已经到了,”他说着站在我身边。

“他是前天到的。你才知道?”

“我昨天傍晚才知道。”

C 他说着摸到我的床边,在我脚头坐下,又说:“对,昨天晚上,我从欧诺厄回来得很晚。我的奴隶萨堤罗斯逃跑了。我想让你知道,我正在抓他回来,但有件事使我顾不上去管他了。我到家后吃了晚饭正要上床睡觉,我的兄弟告诉我普罗泰戈拉已经到了。尽
D 管夜色已深,我还是很想马上就来找你。不过我转念一想,时间确实已经太晚了,还是去睡觉吧。等我躺在床上倦意一过,我马上就起床来见你。”

我看他如此坚决而又显得非常激动,于是就问他:“你为什么那么关心这件事?普罗泰戈拉伤害过你吗?”

“他当然伤害了我,苏格拉底,”希波克拉底笑着答道,“他对自己的智慧保密,不让我分享。”

“根本不是这么回事,”我说道,“如果你付足了学费,说服他,那么他也会使你聪明的。”

E “难道事情就那么简单!”他绝望地说道,“如果是这样的话,那么我一点儿也不会吝啬,哪怕花光我的钱,或者也花光我朋友的钱。我来这里的惟一原因是要说服你为了我而去与他交谈。因为一方面我还太年轻,另一方面我从未见过普罗泰戈拉,或者听他说话。上次他来雅典时,我还是个孩子。但你知道,苏格拉底,每个人都在赞扬他,说他是最能干的演说家。让我们出钱让他马上来
311 访问吧,供他食宿。所以我听说,他现在住在希波尼库之子卡里亚的家中。你快起来吧!”

“我亲爱的希波克拉底,”我说道,“我们不能那么早去。让我们去院子里散散步,等待天明。到那时再走。普罗泰戈拉大部分时间都呆在家里,所以你别着急,我们肯定能在那里见到他。”

这时我们起身去了院子,在那里走动,为了试探一下希波克拉 B
底的决心,我开始考验他,向他提问。我说:“希波克拉底,请你告
诉我,你现在想去见普罗泰戈拉,送钱给他,那么你认为你要见的
是个什么样的人?他会使你成为什么样的人呢?好比说,你想要
去见与你同名的科斯岛的医生希波克拉底,付钱给他,那么有人会
问你,你认为这位希波克拉底凭什么使你想要付钱给他,对这个问 C
题你会怎样回答呢?”

“我会说,凭他做医生的能力。”

“那么你希望成为什么样的人?”

“成为一名医生。”

“又比如你想去见阿耳戈斯的波吕克利图或雅典的斐狄亚斯,付钱给他们,那么有人会问,你认为他们凭什么使你想要付钱给他们,对此你会怎样回答?”

“我会说,凭他们做雕刻师的能力。”

“他们会使你成为什么样的人?”

“显然是雕刻师。”

“说得对,”我说,“现在你和我要去见普罗泰戈拉,送钱给他, D
作你的学费。如果我们的钱足够使他满意,那就好了,如果不够,
那么我们还会用上我们朋友的钱。看到我们如此热情,那么有人
会问:‘苏格拉底和希波克拉底,你们认为普罗泰戈拉是什么样的
人,使你们想要送钱给他?’对此我们该如何回答呢?斐狄亚斯被
称作雕刻师,荷马被称作诗人,照这种方式,我们该把普罗泰戈拉 E
称作什么呢?”

“噢,苏格拉底,我想称他为智者,一般说来,大家都这样称。”

“那么,因为他是一名智者,我们才去送钱给他,是这样吗?”

“是的。”

“如果你还得回答下一个问题,通过与普罗泰戈拉的交往,你 312

自己想成为什么样的人,你会怎么回答?”

此时,东方已经露出曙光。他脸上绯红地回答说:“如果按照上面的例子来回答,那么我必须说‘成为一名智者’。”

我说道:“但是,在你的同胞面前以智者的身分出现,像你这样的人不会感到可耻吗?”

“如果说真心话,那么我确实会感到可耻。”

“那么这也许并不是你期待着从普罗泰戈拉那里得到的教导,
B 而是你从那些教你文学、音乐、体育的老师那里得到的教导。你学习这些内容并不是出于职业的考虑,想成为一名专家,而是作为文科教育的内容,当作一名外行和君子应当了解的内容来学习。”

“你说得很准确,”他说道,“我期待着从普罗泰戈拉那里得到的就是这种教导。”

“那么好”,我继续说,“你现在明白自己该做什么,或不该做什么吗?”

“哪方面?”

C “我指的是,你将把照料你的灵魂的事托付给一名智者,这是你自己的用词,尽管要是你知道什么是智者,那么我会感到惊讶。然而,如果你不知道什么是智者,那么你并不知道你将把你的灵魂托付给谁,也不知道他为灵魂提供的东西是好是坏。”

“我认为我是知道的,”他说道。

“那么请你告诉我,你认为智者是个什么样的人?”

“我想,智者这个名称就包含着这样的意思,他是一个拥有知识的人,他的知识与智慧的事情有关。”

D “画家和建筑师的名称也可以这样说,”我说道,“他们也拥有知识,他们的知识也和智慧的事情有关。但若有人问,画家懂得的是哪一类知识,那么我们应该回答说,他们的知识与绘制相似事物有关，对其他的技艺专家也可以这样说。如果有人进一步问，智者拥有的与智慧的事情有关的知识是哪一类，那么我们该怎样回答？他擅长什么？”

“我们只能回答说，他擅长那门造就雄辩的演说家的技艺。”

“好吧，我们的回答可能是正确的，但决不可能是充分的。它
会引发进一步的问题，智者造就的雄辩的演说家是哪方面的？比 E
如说，我认为教人弹竖琴的老师可以使人雄辩地谈论他教会他们
的那件事，亦即弹竖琴，难道不是吗？”

“是的。”

“那么好，智者使人雄辩的事情是哪方面的？”

“显然是他传授的那些知识。”

“很有可能是这样的。那么智者本身擅长而且能使他的学生擅长的是什么事情呢？”

“我得放弃了，”他说道，“我说不出来。” 313

“那么好，”我继续说道，“你明白你的灵魂将要遇到什么样的
危险吗？如果你把自己的身体托付给某个人，他可以把你的身体
治好或者治坏，那么你会慎重地考虑是否要这样做，踌躇好几天，
向你的亲朋好友咨询。可是现在要托付的是你的灵魂，你却既没 B
有问你的父亲和兄弟，也没有问我们这些朋友，是否应当把灵魂托
付给一个刚刚到这里来的陌生人，而你把灵魂的价值看得比身体
高得多，灵魂的好坏关系到你的整个幸福。相反，你刚听说这件事
就在黎明前来到这里，不是为了与我讨论或商量是否应当把自己
托付给普罗泰戈拉的问题，而是准备花你自己的钱和你朋友的钱，
好像已经决定要不惜一切代价与这个人交往似的，而这个人你说
并不认识，也从来没和他说过话，只知道他是一名智者，而又在不 C
知道什么是智者的情况下就打算把自己交到他的手中。”

希波克拉底听了此话，他说：“苏格拉底，听你这么一说，好像

是这么回事。”

“那么,希波克拉底,我们可以说智者真是一名批发或零售灵魂粮食的商人吗?我觉得智者就是这样的人。”

“但是,什么是灵魂的粮食?”

“可能就是灵魂要学习的东西,”我说道,“我们一定不要让智
者在夸耀自己的货色时把我们给骗了,就像那些出售身体的粮食
D 的批发商或零售商。这些商人并不知道他们提供的货物对身体是
好还是坏,但在销售它们时不加区别地夸耀;那些购买粮食的人也
不知道它们对身体是否有益,除非购买者正好是体育教练或医生。
所以那些带着各种知识周游列邦的人也是这样,夸耀他们所销售
的所有知识,把它们卖给需要这些知识的人。但是,我亲爱的希波
克拉底,这些人中间也有一些人并不知道他们拿来出售的东西对
E 灵魂是否有益,那些购买者也不知道,除非他们中间正好有人是灵
魂的医生。因此,如果你是一名识别好坏的专家,那么你向普罗泰
戈拉或其他人购买知识是安全的;但若你不是专家,那么就得小
314 心,因为你是在拿你最珍贵的东西作危险的赌博。你购买知识所
冒的风险确实要比购买粮食大得多。如果你买了食物和饮料,那
么你会从商店或铺子里把它们拿回家,在把它们吃下去或喝下去
之前,你可以把它们储藏起来,然后向行家询问自己应当吃什么和
喝什么,不应当吃什么和喝什么,应当吃多少,在什么时候吃,因
B 此,真正的购买所冒的风险并不大。但是知识不能装在包裹里带
走。你一旦付了钱,就得马上把它接受到灵魂中去。你离开的时
候就已经学会了知识,要么大得其益,要么大受其害。所以我建议
你要考虑一下这个问题,不仅我们自己要考虑,而且也要和那些比
我们年长的人一道考虑。要想考察这样的大问题,我们仍旧太年
轻。不过,我们既然打算去听普罗泰戈拉谈话,那么就去好了,因
为他不是一个人在那里,我们听了他的谈话以后,还可以与其他人

一道商量。埃利斯的希庇亚在那里,科斯的普罗狄科也在那里,还 C
有其他许多聪明人。”

我们取得一致意见之后就出发了。到了卡里亚家的大门口,
我们站在那里继续讨论一路上谈论的问题。我们不想在没有结束
我们之间的讨论之前就进去,于是就站在门外交谈,直到达成一致
看法。我相信那个看门人听到了我们的谈话声,他是一个阉人,看 D
起来,大批智者的到来使他对来访者有一肚子火。不管怎么说,当
我们敲开门的时候,他一看到我们就说:“哈哈,你们这些智者!他
很忙。”说着,他就砰地一声用力关上了大门。我们又敲门,而他透
过门缝说:“你们没听到我说他很忙吗?”

“先生,”我说道,“我们不是来找卡里亚的,我们也不是智者。 E
请别生气。我们想见普罗泰戈拉。”经过这样一番劝说,他终于慢
吞吞地把门打开。

我们进到里头,看见普罗泰戈拉在门廊里散步,一长串人跟着
他。一边是希波尼库之子卡里亚、伯里克利之子帕拉卢斯,也就是
卡里亚的同母异父兄弟、格老孔之子卡尔米德;另一边是伯里克利 315
的另一个儿子克珊西普、菲罗美鲁之子腓力庇得,还有门德的安提
谟鲁,他是普罗泰戈拉最优秀的学生,通过学习而成为一名职业智
者。那些紧随其后、听他们交谈的人好像大部分是外邦人,也有一
些是雅典人。普罗泰戈拉吸引了他所经过的各个城邦的人,用奥 B
菲斯① 一样美妙的声音迷惑他们,而人们也像是被符咒镇住了似
的跟着来到这里。我很高兴地望着这群人,发现他们小心谨慎地
留意不让自己的脚步超到普罗泰戈拉的前面。当普罗泰戈拉和那
些在他左右的人转身的时候,后边的听众马上分开,让出路来,秩

① 奥菲斯(Orpheus),希腊神话中的色雷斯诗人和歌手,据说他的琴声能使猛兽俯首,顽石点头。

序井然,每一次都像是画一个圆圈,重新在后面占据他们各自的位置。真是美极了!

C 像荷马所说的那样,"然后我认出"① 埃利斯的希庇亚坐在对面门廊的一个荣耀的位置上,围着他坐在长凳子上的有阿库美努斯之子厄律克西马库、密利努的斐德罗、安德罗提翁之子安德隆,还有一些他自己城邦的同胞以及其他外邦人。他们好像是在向他提问,问的是自然科学,尤其是天文学,而希庇亚像一个权威那样逐一作出解释,解决他们的疑难。

D "我又见坦塔罗斯在那里忍受酷刑,"② 因为科斯的普罗狄科也在那里,占据着一个大房间。希波尼库曾把这个房间用作仓库,但是由于家里住的人太多了,卡里亚把它清理出来用作客房。那时候,普罗狄科还坐在床上,身上裹着毯子,远远望去,有许多人围着他。与普罗狄科的床并排放着一张睡椅,坐着来自
E 克拉梅斯的鲍萨尼亚,有个年轻的小伙子和他在一起,长得挺漂亮。我听别人说他的名字叫阿伽松,如果鲍萨尼亚对他特别迷恋,那么我也不会感到有什么惊讶。除了这个小伙子,围着鲍萨尼亚的还有两个阿狄曼图,一个是凯皮斯之子,另一个是琉科罗
316 菲得斯之子,以及其他一些人。尽管我把普罗狄科当作一名富有灵感的天才,很想听到他的谈话,但是我从外头听不清他们在谈论什么。你瞧,普罗狄科的嗓音很低沉,而房间里充满着喧闹声,嘈杂极了。我们刚进来,漂亮的阿尔基比亚德接踵而至,你们认为他长得漂亮,对此我也同意,与他一起来的还有卡莱克鲁

① 荷马:《奥德赛》,第11卷,第601行。

② 同上书,第582行。坦塔罗斯(Tantalus),希腊神话中的吕底亚国王,因为他把自己的儿子剁成碎块给神吃,触怒主神宙斯,被罚永世站在水中。那水深至下巴,他口渴想喝水时,水就减退,他头上有果树,饿了想吃果子时,树枝就升高。

斯之子克里底亚。

我们进到院内以后停留了一会儿，观看着里面的情景，然后朝 B
普罗泰戈拉走去，和他打招呼。我说："普罗泰戈拉，这位是希波克
拉底，我们特意来看你。"

"你们希望单独跟我谈，还是大家一起谈？"他问道。

"我们无所谓，"我答道，"我们把来访的目的告诉你，然后由你
决定好了。"

"你们来的目的是什么？"

"这位希波克拉底是我们城邦的一位公民，是阿波罗多洛的儿
子。他所属的家族伟大而又显赫，人们认为他的天赋决不亚于他 C
的任何一位同时代人。我想他急于要在这个城邦里获得声望，他
相信要做到这一点的最佳方式是成为你的学生。所以现在请你决
定是单独跟我们谈，还是大家一起谈。"

"苏格拉底，谢谢你这样看重我。一个异邦人访问强大的城
邦，劝说他们最有前途的青年背弃自己的亲朋好友，不管是年老的
还是年轻的，来同他住在一起，一心想从他的谈话中受到教育，这
样做当然要格外小心。因为这样的行为会引起各种形式的妒忌和 D
敌意，乃至成为阴谋的对象。我个人认为智者的技艺是一种古老
的技艺，但是从前做这种事情的人害怕这种怨恨，于是采用伪装。
有些人用诗歌做掩护，例如荷马、赫西奥德、西摩尼得，有些人用宗
教祭仪和预言作伪装，比如奥菲斯和穆赛乌斯，以及他们派别的
人。我还注意到，有些人甚至以体育作伪装，比如塔壬同的伊克库
斯，还有我们时代的塞林布里亚人希罗狄库，他从前是麦加拉人， E
是个第一流的智者。你们自己的阿伽索克莱斯是个伟大的智者，
用音乐作伪装，开奥斯的皮索克勒德以及其他许多人也这样做。
他们全都像我说的那样，用各种技艺作掩护来躲避怨恨。然而，我 317
的想法和他们不一样。我不相信他们这样做能达到目的，尽管他

们认为采用了这些伪装就不会引起民众的注意,民众当然只会附
和统治者的话语,但是他们不可能逃脱在城邦里掌权的统治者的
注意。想要逃跑,但在逃跑时又被发现而遭逮捕,这样做是极其愚
B 蠢的,并且不可能不引起人们更大的愤怒,因为人们除了用各种理
由反对逃跑者以外,还把这样的人看成恶棍。因此我的做法与我
的前辈截然不同。我承认自己是一名智者和教育家,我认为公开
承认这一点比隐匿或否认是一种更好的谨慎的做法。我自己在许
C 多方面是非常小心的,因此,如果上天能宽恕我的自夸,那么我可
以说,尽管我从事这种职业已经很多年了,但我并没有因为承认自
己是一名智者而遭到伤害。我的岁数确实已经很大,讲起来已经
可以做你们中的任何一位的父亲了,如果你们需要我,我很愿意当
着大家的面公开地与你们交谈。"

这个时候,我怀疑普罗泰戈拉想对普罗狄科和希庇亚炫耀他
的技艺,想从我们承认是他的崇拜者这一事实中获得荣耀,因此我
D 说:"我们为什么不请普罗狄科和希庇亚,以及和他们在一起的那
些人,都来听我们谈话呢?"

"好的,当然可以,"普罗泰戈拉说道。

"让大家像平常一样围成一个圈,"卡里亚说,"这样你们就能坐着说话,好吗?"

大家都表示同意,为了能够听清这些聪明人的谈话,我们纷纷
E 动手搬动板凳和椅子,摆放在希庇亚边上。同时,卡里亚和阿尔基
比亚德也去把普罗狄科从床上叫起来,让他们那边的人全都过来。

我们全都坐好以后,普罗泰戈拉开始说话了:"大家都来了,苏格拉底,你讲一讲你刚才对我提到的这位青年的事吧。"

"我只能像刚才那样告诉你我们来访的目的。希波克拉底想
318 要成为你的追随者,因此他说他乐意知道这样做会对他产生什么
影响。我们必须要说的就是这些。"

普罗泰戈拉答道:“年轻人,如果跟随我,你会有所收获的。你和我在一起呆一天,回家时就会变得比来的时候要好,第二天也同样。你每天都能取得进步,会变得越来越好。”

我听到这话就说:“普罗泰戈拉,你这样说并不奇怪,反倒是非 B
常自然的。如果有人教你一些你正好从前不知道的事情,那么连
你这把年纪和如此智慧的人也会有所长进。请你别用这种方式回
答我们,换一种方式吧。比如,假定希波克拉底突然改变主意,想
去向那位最近才来雅典的青年学习,我指的是赫拉克利亚的宙克
西波,那么希波克拉底能有什么收获呢。要是他去找宙克西波,就
像来找你一样,并且听宙克西波说了同样的话,和他呆在一起的每 C
一天,希波克拉底都能变得比较好和取得长进,那么他会进一步
问:‘在什么方面我会变得比较好? 在什么方面我能取得长进?’这
个时候,宙克西波会说:‘在绘画方面。’又比如说,假定希波克拉底
去找底比斯的俄尔萨戈拉,从他那里听到和你一样的答复,并且继
续问和他在一起在什么方面能变得较好,俄尔萨戈拉会说:‘在吹
笛方面。’现在请你对这位青年和我作出同样的回答,我正在为他
提问。希波克拉底通过做普罗泰戈拉的学生,和普罗泰戈拉呆在 D
一起的每一天,他都会在回家时变得比较好,每一天都会同样取得
进步,那么希波克拉底会变成什么样的人,普罗泰戈拉,他在什么
方面会变得比较好?”

听了我的话,普罗泰戈拉就说:“你问得好,我喜欢回答提得好
的问题。希波克拉底到我这里来,他不会受到其他智者惯常给学
生受的那种罪。那些智者对学生不好,年轻人不想受各种职业的
约束,但却被这些教师们驱赶着回到这些职业化的学习上来,教他 E
们学算术、天文学、几何学、音乐(他说这些话的时候瞧了希庇亚一
眼),但在我这里他可以学到他想要学的东西。其内容是什么呢?
这就是学会恰当地照料他的私人事务和国家事务,这样他就能把

319 自己的家庭管理得井井有条,也能够在城邦中成为强大的人,就国家事务作最好的发言和采取行动。"

我说:"我认为你说的是政治技艺,你许诺把人教成良好的公民。我没误解你的意思吧?"

"苏格拉底,这正是我从事的职业。"

"如果你真的掌握了这门技艺,"我说道,"那么你的本事确实
B 好极了。但是我得告诉你,从我这里你只能听到我的真心话。事实上,我并不认为这种事情可以拿来教别人,尽管你要是说能教,我也无法怀疑你。但是,为什么这种事情既不能由一个人教给另一个人,也不能由一个人灌输给另一个人,想要说明这一点取决于我。我认为雅典人和其他希腊人一样,是聪明的。当我们在公民大会上相遇时,如果国家要兴建某些工程,那么我观察到能就要建造的工程提出建议的是建筑师,如果要造的是船,那么能提出建议的是造船师,其他被公民大会当作可以学习和传授的事情莫不如
C 此。如果不被他们认为是行家的人想要提出建议,那么无论他有多么英俊和富裕,或者他的出身有多么高贵,其结果都不会有什么区别,参加公民大会的成员会纷纷对他嗤之以鼻,这种人要么声嘶力竭地喊叫,要么被大会主席指派的维持秩序的卫兵拉下台去。这就是他们对那些被认为是技术性事务的处理方式。但若有争议
D 的事情涉及这个国家的统治,那么站起来提建议的可以是建筑师、铁匠、鞋匠、商人、船主,无论他们是富裕的还是贫穷的,也无论他们出生高贵还是低贱。不会有人像我刚才所说的那样站起来提抗议,说这些人没有任何专业知识,也不能指出他们在这方面的老师是谁,然而他们却想要提建议。究其原因,正在于他们并不认为这种事情是能教的。

E "你一定不要认为这种事只有在自由社团中才存在。我们最聪明、最优秀的同胞也不能个别地将他们拥有的美德赋予他人。

例如,伯里克利有两个孩子,他们在各方面都受到过最好的教育,
但就伯里克利自己特有的智慧来说,他既没有专门训练他们,也没
有把他们托付给其他老师,他们就像献给神的牛犊一样被自由自 320
在地放出去吃草,偶然碰上什么美德就自己吃了进去。再举一个
不同的例子,克利尼亚是在这里的阿尔基比亚德的弟弟,他也受这
位伯里克利的监护。伯里克利老是担心阿尔基比亚德会把克利尼
亚带坏,于是就把克利尼亚领走,安置在阿里夫隆家里。六个月没
到,阿里夫隆就把他送了回来,因为他对克利尼亚束手无策。诸如 B
此类的事情还很多,杰出人物从来没有使任何人变得较好,无论这
些人是否是他们的亲戚。

“普罗泰戈拉,基于这些事实,我不相信美德可教。但是听了
你的话,我的怀疑发生了动摇,认为真理可能在你那里,因为我把
你当作一个经验丰富、学识渊博、有着原创思想的人。如果你能更
加清楚地向我们证明美德是某种可教的东西,那么请你别把智慧 C
珍藏起来,而要解释给我们听。”

“我不会做守财奴的,苏格拉底,”他答道,“但是我现在应该以什么样的方式来解释呢,以一个老人给年轻人讲故事的形式,还是以论证的形式?”

许多听众都说随他便,无论哪种形式都可以。

普罗泰戈拉说:“那么我想,给你们讲故事可能比较轻松一些。

“从前有一个时期只有诸神,而没有凡间的生物。后来创造这 D
些生物的既定时刻到了,诸神便在大地上用土、水以及一些这两种
元素的不同混合物把它们造了出来。等到这些生物已经造好,要
把它们拿到日光下来的时候,诸神就指派普罗米修斯和厄庇墨透
斯来装备它们,并且给它们逐个分配适宜的力量。厄庇墨透斯对
普罗米修斯说:‘让我来分配,你来监督。’他说服了普罗米修斯,然

E 后就开始工作。他把力量给了某些动物,但没有给它们速度,而把
速度给了那些比较弱小的动物。他给某些动物装备了武器,而对
那些没有武器的动物赋予其他能力,使它们能够自保。对那些形
体较小的动物,他让它们能飞,或者让它们能在地底下居住,而对
321 那些形体庞大的动物来说,它们的身体本身就是一种保护。他的
整个分配遵循一种补偿的原则,用这些措施来确保没有一种动物
会遭到毁灭。

“厄庇墨透斯充分采取各种措施,使动物免于相互屠杀以后,
他又为动物提供能够抵御季节变化的装备,使动物长出密密的毛
B 或坚硬的皮,足以抵挡严寒,也能抵挡酷暑,睡觉时还能用作天然
的被褥。他还让有些动物脚上长蹄子,有些动物脚上长茧子,天然
地起到鞋子的作用。

“然后他又给动物指定不同种类的食物,有些吃地上长的草,有些吃树上长的果子,有些吃植物的块根。他允许有些动物吞食其它动物,但使这些食肉动物不那么多育;而对这些动物的牺牲品,他使之多育,以便保存这个物种。

“厄庇墨透斯不是特别能干,在这样做的时候他竟然把人给忘
C 了。他已经把一切能提供的力量都分配给了野兽,什么也没留给
人。正在他手足无措的时候,普罗米修斯来检查工作,发现别的动
物都配备得很合适,只有人是赤裸裸的,没有鞋子,没有床,也没有
防身的装备,而此时指定人出世的时间快要到了。普罗米修斯不
D 知道怎样才能救人,于是就从赫淮斯托斯和雅典娜那里偷来了各
种技艺,再加上火,把它们作为礼物送给人,因为没有火,任何人就
不可能拥有这些技艺,拥有了也无法使用。以这种方式,人有了维
持生命所必需的充分资源,但是却没有政治智慧。这种智慧由宙
斯保管着,而普罗米修斯不再拥有权力进入宙斯居住的天宫,再说
那里有可怕的卫兵防守。但是,他偷偷地溜进雅典娜和赫淮斯托

斯合用的密室,他们常常在里面练习拿手的技艺。他拿走了赫淮 E
斯托斯的技艺、雅典娜的技艺以及火,把它们给了人类。通过这种 322
馈赠,人便拥有了生活的手段。据说普罗米修斯以后因为盗窃而被告发,因为厄庇墨透斯不小心泄了密。

“从那时起,人有了一份神性。首先,人成为崇拜诸神的惟一动物,因为只有人与诸神有亲戚关系,只有人建立神坛,塑造神像。其次,由于人拥有技艺,他们马上就发明了有音节的语言和名称,并且发明了房屋、衣服、鞋子、床,从大地中取食。

“得到了这些供养,人类起初一群群地散居各处,没有城市。 B
但是这样一来就产生了一个后果,即被野兽吞食,因为同野兽相比,他们在各方面都非常孱弱,他们的技能虽然足以取得生活资料,但不足以使他们与野兽作战,他们并不拥有政治技艺,而战争技艺就是其中的一部分。为了寻求自保,他们聚集到城堡里来,但
由于缺乏政治技艺,他们住在一起后又彼此为害,重陷分散和被吞 C
食的状态。宙斯担心整个人类会因此而毁灭,于是派遣赫耳墨斯来到人间,把尊敬和正义带给人类,以此建立我们城市的秩序,创造出一条友谊和团结的纽带。

“赫耳墨斯问宙斯他应当以什么样的方式在人们中间馈赠这些礼物,‘我是否应该像过去分配技艺那样馈赠这些礼物,也就是说,只送给少数人,让一个人成为训练有素的医生,而让他去为许多人服务?我在分配正义和尊敬同胞的时候也应当用这种方式,还是应当把正义和尊敬同胞分配给所有人?’

“宙斯说:‘分给所有人。让他们每人都有一份。如果只有少 D
数人分享道德,就像分享技艺那样,那么城市就决不能存在。此外,你必须替我立下一条法律,如果有人不能获得这两种美德,那么应当把他处死,因为这种人是国家的祸害。’

“事情就是这样,苏格拉底,由于这个原因,在与建筑技艺相

E 关,或与其他任何技艺相关的争论中,雅典人和其他人一样,相信只有极少数人能够提供建议,如果在这些行家之外还有人要提出建议,那么就像你说的一样,雅典人对此不会容忍,我也认为这样
323 做是对的。但若他们寻求的建议是关于政治智慧的,政治智慧总是遵循正义和节制的原则,那么他们会听取所有人的意见,因为他们认为每个人都必定拥有一份这种美德,否则的话城邦就不能存在。苏格拉底,他们这样做的原因就在于此。

“还有另外一个证据可以表明我并没有欺骗你,我说过所有人事实上都相信每个人都拥有一份正义感和一份公民美德。如你所说,在那些专门技艺中,如果某人声称擅长吹笛,或擅长别的
B 什么技艺,而实际上他并不擅长,那么人们会嘲笑他或厌恶他;如果他是个疯子,那么他的家人会把他捆起来。但是论及作为整体的正义和公民的美德,即使人们知道某人是邪恶的,但若他把事实真相公开地说出来,那么人们都会认为他发了疯,而他的这种真诚在别的场合会被当作一种美德。也就是说,每个人都必须说他是个好人,而无论他事实上是好是坏,不愿意这样说的人一
C 定是神经不正常,因为一个人不可能不拥有一份正义,否则他就不是人。

“关于这一点我们说的够多了,在这种美德方面,人们应当接受所有人的意见,因为他们相信每个人都拥有一份这种美德。下面我想向你证明,他们认为这种美德并非天生的或自然而然拥有
D 的,而是通过学习和接受教育获得的。没有人会对那些出于本性或命定而犯的错误感到愤怒,也不会出于治愈他们的希望而去责备、开导、惩罚有这种表现的人,而只是对他们感到遗憾。有谁会愚蠢到这种地步,会像对待丑陋、矮小、虚弱的人一样去对待他们?每个人都知道人人拥有的这种性格是天生的或命中注定的,好人也罢,恶人也罢。但是这些好品质被认为是通过关心、实践、教导

获得的。缺乏好品质肯定会导致相应的坏品质的出现，当然也就 E
会招致愤慨、惩罚和训诫。不义和不虔诚，以及与公民美德相反的
各种品德都属于这些错误。在这个领域中，愤慨和训诫是普遍的， 324
这显然是因为人们相信这样的美德可以通过学习和开导来获得。
苏格拉底，我们只需想一想与作恶者相关的惩罚也就可以了。只
要告诉你人们相信灌输善是可能的也就够了。在惩罚作恶者时，
没有人会关注作恶者过去犯下的错误，或因为他过去犯了错误而 B
加以惩罚，除非像野兽一样采取盲目的报复。有理性的人不会因
为某人过去犯下的罪行而对他进行惩罚，因为已经过去的事情不
可能挽回，而是为了通过惩罚，防止这个人或其他人在将来重犯过
去的罪行，重新作恶。人们之所以拥有这种看法，在于他们相信美
德是可以通过教育来灌输的，说到底，惩罚只起一种威慑作用。所
有在私下场合或在公共场合实施惩罚的人都拥有这种看法。你的 C
同胞雅典人肯定会对那些被认为作了恶的人实施惩罚或矫正，其
他城邦也会这样做。因此，这个论证表明，他们也认为灌输或传授
美德是可能的。

“我认为我现在已经充分地向你作了证明：第一、你的同胞接 D
受铁匠和鞋匠关于政治事务方面的建议是合理的；第二、他们相信
善是可以通过教育来加以灌输的东西。剩下还有一个关于好人的
问题会使你们感到困惑，这就是为什么人们可以把那些凭借学习
方能得到的知识教给儿子，使他们在这些事务上成为专家，但却不
能把他们自己的善教给自己的儿子，使他们变得比其他人要好呢？
在这个问题上，苏格拉底，我会向你提供一个清晰的论证，而不像
我前面提出的那个论证那样只是一个可能成立的论证。请这样
想。要使一个国家存在，有没有一种东西是所有公民必须共有的？ E
如果这个问题可以解答，那么这个答案与解决你的困难相关。如
果有这样一种东西，那么这种东西是最基本的，它不是建筑、铸造、

325 制陶的技艺,而是生活的正义、节制和虔诚,或者我们把它们当作
一个整体来说,是美德,如果我说这就是一切公民必须共享的东
西,无论他选择学习和实践其他什么职业,美德必须进入每个人的
行为;如果一个人缺乏美德,无论他是男人还是女人,或是儿童,都
必须接受训导和矫正,直到通过惩罚改过自新,无论谁拒绝接受惩
罚和训导,都必须从城邦里驱逐出去,或者被当作不可救药者处
B 死;如果这些都是对的,在这样的环境下,我们的好人教他们的儿
子其他事务,但在这方面却无能为力,那么这样的好人实在是太离
奇了!我们已经表明他们相信美德可教,无论是在公开的场合还
是在私人场合。尽管美德可教,美德可以培养,然而他们似乎还是
让他们的儿子去接受其他技艺的教导,无论结果如何。如果说他
C 们对美德无知,没有养成良好的道德,并会因此而受惩罚,被处死
或流放,不仅处死而且还要抄没家产,总而言之要毁灭他们的一
切,那么我们还能假定他们放弃了这方面的教育吗?他们不应该
把注意力集中到这方面来吗?苏格拉底,他们当然应当这样做。
他们从孩子幼年起就进行教育和训诫,并且延续终生。一旦孩子
D 能够明白事理,保姆、母亲、老师以及父亲本人都在争着使孩子尽
可能变好,指导他什么该说,什么该做,向他指出'这是对的,那是
错的,这是光荣的,那是可耻的,这是神圣的,那是亵渎的,要这样
做,不要那样做。'如果他能服从,那么一切都好。如果他不服从,
那么他们就会威胁他,甚至把他捆起来毒打,就像一块被扭曲的木
板。

"以后,他们还会把孩子送去上学,学校里的教育更加注重
E 善良的行为而非语文或音乐。老师们精心照料着孩子,当孩子们
326 学会了文字,准备理解书上的话,就像从前理解口头语言一样,
老师们会把好诗人的作品放在孩子们的桌上让他们阅读和背诵,
诗歌中包含着许多训诫、故事、赞歌,对古代的善人进行颂扬,

这样一来，孩子们就会受到鼓舞而去模仿他们，期望成为他们那
样的人。

“音乐教师通过类似的方法来灌输自制，使年轻人不敢作恶。
当他们学习弹竖琴时，老师教他们另一类好诗人的作品，亦即抒情 B
诗①，在竖琴的伴奏下，孩子们的心灵熟悉了节奏和旋律。通过这
种方式，他们变得越来越文明，越来越公平，能够比较好地调整自
我，变得更有能力说话和做事，因为节奏与和谐的调节对整个人生
来说都是基本的。

“除了上述内容以外，他们还接受体育训练，从而使好心灵能
有一个好身体侍奉，没有人会因为身体虚弱而在战争和其他严峻 C
考验中成为胆小鬼。

“最有能力的人会完成所有这些事，也就是说有钱人最能做到
这些事，他们的儿子很早就开始接受教育，受教育的时间也最长。
当他们结束了跟随老师的学习，国家就迫使他们学习法律，并用法
律规范他们的生活，以免他们游手好闲，毫无生活目标。你知道
的，当孩子们还没有学会写字时，老师把写好字的石板发给他们， D
让他们自己跟着描。同理，国家设立的法律是古代优秀立法家的
发明，法律迫使公民依法统治和被统治。无论谁逾越了界限，法律
就实施惩罚，你们这里和其他许多地方也把惩罚称作矫正，恰当地 E
说明了惩罚在起着矫正或指导的作用。

“由此可见，所有这些关心，私人的也好，国家的也好，都
是为了美德，那么你还会对美德可教感到惊讶和困惑吗？这其实
一点儿都不奇怪。如果它是不可教的，那才真是一件奇怪的事
情。

“你问为什么有那么多好人的儿子变得那么卑劣？我对此也 327

① 希腊人的抒情诗适宜用竖琴伴奏。

会做出回答。如果我前面说的话没错,一个国家要存在,就没有人可以成为这种技艺的外行,也就是说每个人都要有美德,那么就没有什么值得奇怪了。如果事情像我说的那样,那么你可以随你喜欢联系其他技艺来一起考虑这件事,我敢肯定事情确实就是这样。假定我们全都必须是最好的吹笛手,否则国家就不能存在,所以
B 每个人都私下里或在公开场合教其他人这种技艺,对那些坏笛手进行训斥,在这件事中,没有人可以比在其他事务中对他人表现得更加吝惜,不愿告诉他人怎样正确、合理地吹笛子,或者使之成为像其他技术中那样的秘密。说到底,我们的邻居成为正义的和有美德的,那是我们的福气,因此每个人都乐意对他人谈论这件事,告诉他如何保持正义和遵守法律。如我所说,如果像吹笛子这样,我们全都热心而自愿地相互传授这种技艺,那么苏格拉底,你还认为好笛手的儿子比坏笛手的儿子更能成为好笛手吗?我想结果并非如此,而是一个人,无论他是谁的儿子,只要他生
C 来就有最大的吹笛子的才能,都能成名,没有这种才能的人则仍旧会默默无闻。好的表演家的儿子经常很差,反之亦然,但是不管怎么说,与那些对吹笛子一窍不通的人相比,他们全都够好了。

“现在请把这个比喻用于我们当前的情况。在文明和人道的社会中生活的人,哪怕在你看来是最邪恶的人,也必须被认为是正义的,或者可以说是一个正义的实践者,因为我们只能拿他与
D 那些野蛮人相比,他们既不受教育、正义的法庭、法律或其他任何东西的约束,也没有什么东西可以迫使他们不断地接受美德,他们是野蛮的,就像那些去年被剧作家斐瑞克拉底在勒奈亚搬上舞台的人。如果你置身于这些人中,这些人就像这位剧作家的合唱队中的那些仇视人类的人,那么你不仅会乐意会见一位欧律巴图

和佛律农达①，而且会深深地后悔我们自己这个社会的腐败。E
但是，苏格拉底，你已经被宠坏了，由于所有美德的教师都在尽
力而为，因此你认为他们没有一个人是美德的教师。同样的道 328
理，你要是问谁是希腊语的教师，那么你一个也找不到。还有，你要是寻找我们那些技艺专家的儿子们的老师，这些专家们的技艺实际上都是从他们的父亲和与他们从事同一门技艺的朋友那里学来的，那么我想也不容易找到，尽管要指出一名完全是初学者的老师是相当容易的。至于美德或别的事情也是这样，如果我们发现某人在美德的进步方面只比其他人好一点点，那么我们也一定要感到满足。

“我要宣布我就是这样的人,能比其他人更好地帮助一个人获 B
得善良和高贵的品质,我完全配得上我收的那些学费,甚至认为应该收得更多,我的学生也这样认为。由于这个原因我采取这样的
方式来接受我的报酬。任何人要来向我学,他可以支付我索取的 C
费用,也可以去一座神庙,如果他愿意的话,发誓相信自己配得上我的教导,把学费存在那里。

“苏格拉底,你现在已经拥有了寓言和论证,借此我试图说明美德可教,这也是雅典人相信的事情。同时我也说明了父亲优秀,儿子可以一无是处,反之亦然。甚至连波吕克利图要想教他的儿子,他们是在场的帕拉卢斯和克珊西普的同辈人,也是徒劳的,其
他许多行家的儿子也一样。但是,现在就指责帕拉卢斯和克珊西 D
普还太早,他们还很年轻,还是很有前途的。”

到此为止,普罗泰戈拉结束了冗长的讲话,极好地展示了他那华丽的口才。我出神地凝视着他,急于听他还会说些什么。等我

---

① 欧律巴图(Eurybatus)原为希腊爱菲索城邦人,后在希波战争中投靠波斯人,他的名字被当作邪恶的代名词。佛律农达(Phrynondas)的出处不详。

看到他真的已经结束了的时候,我才极力回过神来,并转过身来对
E 希波克拉底说:“阿波罗多洛之子,我非常感谢你把我引到这里来。
普罗泰戈拉刚才说的话我认为具有极高的价值。我过去认为好人
获得他们的善德并非靠凡人的努力,但是现在我信服了。只有一
件小事还在使我犹豫,不过我知道这对普罗泰戈拉来说很容易解
329 释,他已经在很多问题上对我们进行了开导。没错,如果某人与我
们任何一位著名演说家谈论这些事情,他都能从伯里克利或其他
雄辩的演说家那里听到相似的谈话;但若他追问一个附加的问题,
他们就不能像书上所说的那样根据他们自己的解释来回答或提
问。只要就他们已经说过的事再问一个最小的补充性的问题,就
B 像敲一面铜锣,它会发出响声,直到你用手捂住它,所以我们的演
说家在任何细小问题上通常都会发表一篇马拉松式的演说。但是
普罗泰戈拉不一样,尽管他完全有能力作长篇讲演,这是我们刚才
已经领略到的,但他也有能力简略地回答问题,还能自问自答,这
确实是一项罕见的造诣。

“那么,普罗泰戈拉,现在只剩下一个小问题。你只要回答了
这个小问题,我想要的就全得到了。你说美德可教,我很快就相信
C 你的说法,胜过相信别人。但在你的讲话中有一点使我感到奇怪,
希望你能填补我心灵中的这个裂痕。你说宙斯把正义和尊重同胞
这些品质赐予人,还在你的谈话中多次提到正义、自制、虔诚,以及
其他品德合起来形成一种美德。我想问的就是这一点,希望你能
更加精确地加以说明。美德是一个整体,并以正义、自制、虔诚为
D 其组成部分,还是这些名称全都是同一事物的不同名称?我想知
道的就是这一点。”

他说:“好吧,这很容易解答。美德是一,你问的其他性质都是它的组成部分。”

我说:“你的意思是它们像一张脸的组成部分那样,好像嘴、

鼻、眼、耳,或者像一块金子的组成部分那样,各部分之间除了大小之外没有什么差别?”

“我应当说是第一种方式,也就是说它们就像一张脸的各个组
成部分一样与一个整体相关。” E

“那么人们如何分有美德的这些部分,是某些人拥有这个部分,而另一些人拥有那个部分,或者是拥有某部分美德的人必定也拥有全部美德?”

“一点不错。有许多人是勇敢的,但却是不正义的,而另一些人是正义的,但却是不聪明的。”

“那么这些东西也都是美德的组成部分吗?”我说道。“我指的是智慧和勇敢。”

“确实如此。智慧确实是美德的最大组成部分。” 330

“每个部分都与其他部分不同吗?”

“对。”

“每个部分都有它自己的功能吗? 以脸为例,眼睛与耳朵不同,它们不会拥有相同的功能。脸的某个部分也不会在其他方面
拥有和其他部分相同的功能。美德的组成部分是否也是这样,无 B
论是它们自身还是它们的功能都相互不同吗? 如果可以类比的话,那么我想必定如此。”

“是这样的,苏格拉底。”

“那么美德的其他部分都不会与知识、正义、勇敢、节制、虔诚相同。”

普罗泰戈拉表示同意。

“现在让我们总起来考虑一下这些事物属于哪一类。首先,有 C
正义这样一种东西吗? 我想是有的。”

“我也这样认为,”他说道。

“好,如果有人问你或问我:‘二位,请告诉我,你们刚才提到的

这个东西,亦即正义,它本身是正义的还是不正义的?'我会回答说它是正义的。你会偏向哪一种回答?"

"我的看法和你一样,"他说道。

"那么我们两人都认为正义具有正义的性质,是吗?"

D 普罗泰戈拉表示同意。

"如果他接着问,'你说有虔诚这样一种东西,是吗?'我想我们也会表示同意,对吗?"

"对。"

"'你们的意思是虔诚也是一种东西吗?'对这个问题我们也得表示同意,对吗?"

普罗泰戈拉又表示同意。

"'那么你们说这种东西具有虔诚的还是不虔诚的性质?'我对这个问题会感到厌烦,并且会说,'这真是个亵渎神灵的问题!如
E 果我们不允许虔诚本身具有虔诚的性质,那么还会有什么东西是虔诚的。'你怎么看?你也会这样回答吗?"

"当然会,"他说道。

"假定他继续问:'但是几分钟前你们是怎么说的?难道我听
331 错了吗?我听你们说美德的组成部分是连在一起的,各部分都与其他部分不同。'我会这样回答:'你听到的没错,但是如果你认为这就是我的看法,那么你的耳朵欺骗了你。这是普罗泰戈拉对我的一个问题的回答。'那么,如果他问你:'普罗泰戈拉,是这么回事吗?是你认为美德的组成部分与其他部分不同吗?这是你的说法吗?'对此你会如何回答?"

"我会加以承认,"他说道。

"承认这一点后,如果他继续问:'如此说来,那么虔诚的性质不会是正义的,正义的性质也不会是虔诚的,正义的性质会是非虔
B 诚的,虔诚的性质会是非正义的,亦即不正义的,而正义的性质会

是不虔诚的。这样说对吗?'对此我们会怎么说?我们该如何回答?我会说正义是虔诚的,虔诚是正义的,而你如果让我代你发言,我会作出相同的回答,正义与虔诚是一回事,或者说它们非常相似。正义与虔诚相似,虔诚与正义相似,这是毫无疑问的。你会阻止我作出这种回答,还是同意我的回答?"

他说:"我认为问题没那么简单,苏格拉底。我真的无法承认 C
正义就是虔诚,虔诚就是正义,我认为它们有区别。然而,这又有什么关系?如果你愿意,那么就让我们假定正义就是虔诚,虔诚就是正义好了。"

"对不起," 我说道, "这不是我喜欢不喜欢的问题, 也不是我想要怎样就怎样的问题, 而是你和我在一起进行考察。如果我们取消了那些假定, 那么我想我们的论证就得到了最公正的检验。"

"那当然了,"他答道,"正义确实与虔诚具有某些相似性。毕 D
竟任何事物都会在某一点上与其他事物相似。在一定的意义上,白与黑相似,硬和软相似,其他各种极为对立的事物莫不如此。甚至连我们刚才说的脸的那些组成部分,尽管它们具有不同的功能,相互之间是不同的,但总会以某种方式表现出某种相似性来。所以,如果你愿意,可以用你的方法来证明这一点,它们之间全都具有相似的地方。但若因为它们具有某些相同点就称之为相同的事
物,哪怕这些相似的地方非常细微,其相似程度甚至低于我们可以 E
称之为不同的那些不同点,那就不对了。"

这时候我有些惊讶地说:"这就是你假定正义与虔诚相联系的原因吗?它们之间只有细微的相似性?"

"并非如此,但另一方面,似乎也不像你所相信的那样。"

"好吧,"我说道,"你似乎并不同意这一番论证,那么让我们放 332
弃它,再来看你说过的其他事情。你承认存在着愚蠢吗?"

“承认。”

“智慧不就是愚蠢的对立面吗?”

“是的。”

“当人们正确而有益地行事时,你认为他们的行为是有节制的还是无节制的?”

“是有节制的。”

“也就是说他们带着节制行事吗?”

B “当然如此。”

“那些错误地行事的人的行为是愚蠢的,他们在这样做的时候没有节制,是吗?”

他表示同意。

“那么愚蠢的行为是节制的对立面吗?”

“是的。”

“愚蠢的行为是愚蠢的后果,有节制的行为是节制的后果,对吗?”

“是的。”

“如果用力做某事,那么这件事做得很用力;如果无力地做某事,那么这件事做得很无力;如果飞快地做某事,那么这件事做得很快;如果缓慢地做某事,那么这件事做得很慢。这样说对吗?”

“对。”

C “以相同的方式做的事情是由相同的行为者做出的,以相反的方式做的事情是由相反的行为者做出的,对吗?”

他同意了。

“还有,”我说道,“你承认聪明的存在吗?”

他承认了。

“除了愚蠢,还有其他与聪明相对立的东西吗?”

“没有。”

“你也承认好的存在吗？”

“承认。”

“除了坏，还有其他与好相对立的东西吗？”

“没有。”

“还有，存在着高音吗？除了低音还有与高音相对立的东西吗？”

“没有。”

“简言之，”我说道，“任何事物都只承认一个对立面，除此之外没有更多的对立面。”

他同意了这个看法。

“现在让我们复述一下我们一致同意的观点。我们认为每个 D
事物都有一个对立面，此外没有其他对立面，以相反的方式完成的事情是由相反的行为者完成的，愚蠢的行为与有节制的行为相反，有节制的行为是由行为者带着节制实施的，愚蠢的行为是由行为者带着愚蠢实施的。”

对这些观点普罗泰戈拉全都表示同意。 E

“那么，如果以相反的方式完成的事情是由相反的行为者完成的，一种行为带着节制实施，另一种行为带着愚蠢实施，这两种行为的方式相反，因此行为者也相反，那么愚蠢是节制的对立面。”

“似乎如此。”

“你还记得我们前不久同意过愚蠢是智慧的对立面吗？”

“是的。”

“一样事物有一个对立面吗？”

“当然。”

“那么我们应该抛弃哪一种说法？‘一样事物有一个对立面’， 333
还是智慧与节制不同，两样东西都是美德的组成部分，除了它们有

各种差别外,它们自身和它们的功能都不同,就像脸的组成部分一样?我们该拒斥哪一种说法?这两种说法似乎不很和谐。它们不
B 能相互匹配和共存。如果一样事物只有一个对立面,愚蠢是一样事物,而节制和智慧似乎又都是它的对立面,这如何可能呢?不是这么回事吗,普罗泰戈拉?”

他表示同意,不过非常犹豫。

“那么节制与智慧一定不是一回事,正如我们在前面说过正义和虔诚不是一回事,对吗?说吧,普罗泰戈拉,我们一定要完成我们的考察,不能半途而废。你认为一个实施不正义行为的人会有节制地实施这个行为吗?”

C “在我看来,同意这种看法是可耻的,”他答道,“当然,有许多人对此会表示同意。”

“那么,我的论证矛头应当指向他们,还是指向你呢?”

“如果你愿意,”他说,“请首先反对多数人的看法。”

“我无所谓,”我说道,“只要你能及时作出回答,无论你说的是否你自己的观点。我希望探讨的是论证本身,尽管我在提问,而你在回答,但我们同样处在困惑之中。”

D 普罗泰戈拉起初有点发难,抱怨说用这些术语进行讨论太困难了,但是最后他还是同意作出答复。

“好极了,”我说道,“现在让我们从头开始。你相信有些人在作恶时能表现出节制来吗?”

“我们愿意这样假设,”他说道。

“表现出节制就是表现出好意吗?”

“是的。”

“那就意味着他们在干坏事时有良好的计划吗?”

“就算是吧。”

“我们假定他们的恶行是成功的还是不成功的?”

"是成功的。"

"你同意某些事物是好的吗?"

"同意。"

"你的意思是这些事物是好的,因为它们对人有益吗?"

"并非仅仅如此,"他说道,"即使它们对我无益,我仍旧称它们为好事物。" E

这时候我感到普罗泰戈拉有点恼火了,打算用争吵来捍卫他的答复。因此我更加小心谨慎,发问时也比较温和。我说:"你指 334
的是这些事物对人类无益,还是毫无益处?你仍旧称它们为好的吗?"

"当然不是,"他说,"但是我知道有许多事物,食品、饮料、药物以及其他东西,它们对人是有害的,而其他一些东西是有益的,还有一些东西在人的范围内既无益又无害,但对马匹来说却是有益的或有害的,还有一些东西只对牛或狗才有益或有害。有些事物对动物没有影响,但对树木有影响。有些东西对树根来说是好的,但对幼苗来说是有害的。例如,粪肥如果施在根部,对所有植物都 B
是好的,但若把它施在叶子或幼苗上,就会完全摧毁植物。或以橄榄油为例。它对所有植物都有害,对除了人以外的所有动物的毛发都是最不利的,但人们发现它可以用来维护人的头发和身体的其他部分。所以好的形式多种多样,当我们把某种东西用于身体外部,它可以是好的,而若用于身体内部,那么它会是致命的。 C
因此,所有医生都禁止在病人的食物里放大量的油,只能少量添加,只要能够起到消除食物或调料中的异味的作用也就可以了。"

听众对普罗泰戈拉的这番话报以热烈的掌声。然后,我说:"对不起,普罗泰戈拉,我有点健忘,如果有人长篇大论,那么我总是理不清论证的线索。就好像如果我有点耳聋,那么你得明白在 D
与我谈话时必须放大嗓门。现在你知道我健忘了,所以请务必尽可能简短地回答我的提问,让我能够跟得上你。”

“你说‘尽可能简短’是什么意思?我得说得比这个主题所要求的还要简短吗?”

“当然不是。”

“那么是恰到好处吗?”

E “是的。”

“是我认为恰到好处,还是你认为恰到好处?”

“有人告诉我,”我答道,“你拥有两方面的才能,自己能言善
辩,也能教别人能言善辩。你可以随心所欲,或是发表宏篇巨制而
335 不感到舌敝唇焦,或是短到无人能责备你过分简洁。如果你要和
我谈话,请使用第二种方式,尽可能简短。”

“坦率地说,苏格拉底,”他说道,“我参加过许多舌剑唇枪的比赛,如果我照你的吩咐去做,采用我的对手使用的方法,那么我就无法证明我比别人强了,普罗泰戈拉这个名字也就不会在希腊人人皆知了。”

B 我看出他对刚才的回答并不满意,不想继续承担回答问题的
角色,不过对我来说,这不关我的事,我并不在乎讨论要进行多久。
于是我说:“好吧,我并不坚持要以这种你不情愿的方式继续我们
的谈话。等你愿意以一种我能跟得上的谈话方式与我交谈,到那
C 时我再来和你谈。你既能长篇大论,又能简短地演讲,其他人这样
说,你自己也这样说,因为你是一位天才。但是我无法把握长篇演
讲,尽管我希望自己能把握。因此事情取决于你,能长能短的人,
迁就我吧,使我们的讨论成为可能。不过既然你不愿意,而我也还
有别的事要做,无法呆在这里听你长篇大论,所以我要走了。我真
的要走了。如果你讲得简短些,我可能会乐意听完这场讨论。”

D 说了这些话,我起身离去。正在这个时候,卡里亚把我拦住,
他的右手抓住我的手,左手抓住我的旧上衣,说:“我们不让你走,

苏格拉底。没有你,我们的谈话就不会是这个样子了。请留下来,
和我们在一起。没有别的什么谈话能比你和普罗泰戈拉之间的谈
话使我更想听了。你一定会使我们满足的。”

我此时已经站了起来。我答道:“希波尼库之子,你对智慧的
热情一直令我尊敬。请相信我,我现在仍旧这样赞扬你,热爱你, E
如果你的要求是在我的能力范围之内,那么我也一定会乐意满足
你的希望。但是现在的情形就好像你要我赶上那位领先的来自希
墨腊[①] 的长跑运动员克里松,或是要我和那些运动员举行一次长
跑比赛或马拉松赛跑。如果能与他们一起跑步,那么我会比你还 336
要高兴,但是我实在无能为力。如果你想看到我和克里松在一起
跑步,那么你必须要求他放慢速度,因为我跑不快,而他却能慢跑。
所以,如果你想听普罗泰戈拉和我谈话,那么就去要求他像开始那
样回答我的问题,尽可能简洁,不要答非所问。否则我们又怎么能 B
进行讨论呢?在我个人看来,同伴之间谈话是一回事,公开演讲是
另一回事。”

“但是,苏格拉底,”他说道,“你难道没看见普罗泰戈拉确实认
为有权以适合他自己的方式讲话,这样想是对的,就好像你也是这
样想的,对吗?”

这时候阿尔基比亚德插话了。他说:“不,不对,卡里亚。苏格
拉底坦率地承认自己无法把握长篇讲话,也承认普罗泰戈拉在这 C
方面比他强,但是在一问一答的讨论中,我怀疑普罗泰戈拉是否最
强。如果普罗泰戈拉反过来也承认苏格拉底在讨论中击败了他,
那么苏格拉底就会感到满意。如果普罗泰戈拉坚持他自己原来的
看法, 那么就让他继续进行一问一答的讨论, 而不要用一篇冗长
的讲话来搅混所有问题, 把论证引向歧途, 回避问题, 直到他的 D

---

① 希墨腊(Himera),希腊城市名,位于西西里岛北部海岸。

大部分听众都忘记要讨论的问题到底是什么为止，而不只是苏格拉底一个人健忘。我敢保证，苏格拉底说他健忘只是开个小小的玩笑。我认为他的建议更加合理，我假定每个人都有权说出他的想法。”

如果我没记错,那么在阿尔基比亚德说完之后,正在与普罗狄科和希庇亚交头接耳的克里底亚说话了。他说:“在我看来,卡里
E 亚明显地偏袒普罗泰戈拉,而阿尔基比亚德总是想要出风头。但是现在我们不需要表明自己支持苏格拉底还是支持普罗泰戈拉。让我们一起敦促他们不要中断进行了一半的讨论。”

337 听了此话,普罗狄科发言了。他说:“克里底亚,你说得很对。我们在这里听这场讨论一定要公正地分配我们的注意力,但并不是平等对待。两样事物不可能一模一样。我们要倾听双方的发言,但不会给予同等的重视。对比较聪明的发言人,我们的重视多一些,对较不聪明的发言人,我们的重视少一些。普罗泰戈拉和苏
B 格拉底,我现在要提出我的建议,你们应当和解。让你们的谈话成为一场讨论,而不要成为一场争论。所谓讨论是在朋友中带着善意进行的,而所谓争论则是在对手或敌人之间进行的。以这样的方式,我们的聚会才能顺利进行。你们这两位发言人会得到我们的尊敬,请注意,我说的是尊敬而不是赞扬,因为尊敬是听众发自内心的真正的情感,而赞扬经常是人们违背真心,仅在口头上说说
C 的。我们这些听众所经历到的与其说是快乐,不如说是喜悦。喜悦只能通过学习和参与心灵的理智活动获得,但是快乐是从吃喝玩乐这些身体享受的形式中产生的。”

普罗狄科说完后,许多在场的人都表示同意。此后,聪明的希
D 庇亚说话了。他说:“先生们,我把你们都当作我的亲友和同胞,这是根据本性来说的,而非依据习俗。依据本性,那么同类相聚,但是习俗是人类的僭主,会对本性施加暴力。所以在我们中间有谁

懂得事物的本性，谁就是希腊人的思想领袖。现在这些人都已经
聚集到雅典这座希腊智慧的中心和神龛中来了，在这座城市的这 E
所最漂亮的房子里，如果我们创造出来的东西与我们的名声不相
称，而且还要像最下等人那样争吵，那确实是一种耻辱。

“现在提出我的要求，普罗泰戈拉和苏格拉底。我建议你们和
解吧，让我们做中间人，使你们能够妥协。如果普罗泰戈拉不欢迎 338
简洁的一问一答的方式，那么苏格拉底不要再坚持严格的讨论形
式，作一点让步，把讨论的节奏放慢一些，也可以让我们更多地感
受到庄严和优雅的气氛。而普罗泰戈拉也应当抑制一下他那种漫
无边际的讲话方式，小心在这话语的海洋中碰上暴风雨而触礁沉
没。你们双方都要折衷一下。按我的建议去做，我们可以指定一
名仲裁人或主席，使你们的发言长度保持适中。” B

这个建议得到大家的一致赞同，屋子里响起一片掌声。卡里
亚不让我走，而让我们选一名裁判。但是我说：“为这种事选裁判
是不适宜的。如果选中的裁判造诣不够，那么要他来裁决比他强
的人是错误的；如果他和我们水平相当，那么让他当裁判仍旧是不
合适的，因为他也会和我们一样行事，让他当裁判实际上是多此一 C
举。

“你们会说：‘那么让我们选一个比我们强的人当裁判吧。’但
在我看来，你们要想选出比普罗泰戈拉还要聪明的人是不可能的，
如果你们选了比较弱的人却要他假装比较强的人，这仍然是对普
罗泰戈拉的冒犯，因为你们派人去监督他，没把他放在眼里。而对
我来说倒是无所谓的。

“为了使我们的讨论能够继续下去，我倒有个建议。如果普罗 D
泰戈拉不愿回答问题，那么就让他提问，让我来回答，同时我还会
谦虚地试着告诉他该如何回答问题。等我回答完他想要提出的所
有问题，到那时候再让他试着向我作出同样的解释。如果到那时

他仍旧不想回答问题,那么你们和我可以像现在这样一起请求他
E 别把这场讨论糟蹋了。要做到这一点,我们并不需要一名裁判,而你们也可以一起盯着我们。”

每个人都认为这样做是对的。普罗泰戈拉尽管很不情愿,但他不得不同意我的建议,起先由他来提问,等他问题提够了以后,再交换一下角色,作出简洁的回答。

339 他开始提问,大体上是这样说的:“在我看来,苏格拉底,一个人的教育的最重要部分是成为诗歌方面的权威。这就意味着能用理智评论一首诗歌中好的方面和不好的方面,知道如何区别好坏,当有人提问时,能说出理由来。因此我给你提的问题与我们现在讨论的主题,亦即美德有关,只是转移到诗歌领域中来罢了。这是惟一的一点儿区别。西摩尼得在一首诗中对帖撒利的克瑞翁之子
B 斯拉帕斯说:‘要变成一个好人一方面真的很难,他的手脚和心灵都得循规蹈矩,他的成长方能不受指责。’① 你知道这首诗,或者我得把它全背出来?”

“不需要,”我说道,“我知道这首诗,对它作过许多研究。”

“很好。你认为这首诗写得美或写得好吗?”

“是的。它写得很美,也写得很好。”

“如果诗人自相矛盾,你也认为一首诗写得很美吗?”

“不。”

“那么请你看仔细些。”

C “我真的已经对它作过许多思考了。”

“那么你一定知道这首诗的开头说:‘尽管庇塔库斯确实是个

---

① 此处引文原为诗歌,试译为:“要做好人可真难,举手投足皆受碍,守定心性不受惑,方能博得众人赞。”由于柏拉图在下文中对这几句诗要作逐字逐句的详细分析,因此译者在正文中将原诗含义详细译出,无法顾及诗体。

聪明人，但我并不认为他常说的这句话是对的。这位圣贤说，要做一个高尚的人很难。'你得明白，写这些话的人就是写前面那些诗句的同一位诗人。"

"是的。"

"那么你认为两段话一致吗？"

"在我看来它们是一致的，"我说道，"尽管不那么十分确定。你是怎么看的？"

"你怎么会认为他说的这些话是一致的？他起先说自己认为 D
要做一个真正的好人很难，然后他在写诗的时候又忘了自己原先
说过的话。他对庇塔库斯进行挑剔，而庇塔库斯说的话和他自己
说的话是一回事，要做一个高尚的人很难，拒绝接受庇塔库斯的看
法。然而，指责与自己说过同样话的人，显然也就是在指责自己。
所以，要么他的第一个说法是错误的，要么他的第二个说法是错误
的。"

这番妙语博得听众的赞扬和阵阵掌声。一开始，我就像遭到 E
一名优秀拳击手的痛打一样，在他的话语和听众的掌声面前感到
一阵阵头晕。于是我就转向普罗狄科，喊他的名字。对你们说实
话，这样做是为了争取时间来考虑这位诗人的意思。我说："普罗
狄科，西摩尼得是你的同胞公民，你当然得为他说话。我想我得像 340
河神斯卡曼德请求河神西谟伊斯的帮助一样来请求你的帮助。诗
中说阿喀琉斯坚不可摧，河神斯卡曼德对西谟伊斯说：'亲爱的兄
弟，让我们一起阻遏这位英雄的神力。'① 我请求你别让我们的西
摩尼得被普罗泰戈拉包围，就像发起另一场特洛伊战争。请把你 B
的本事用出来，就好像我们刚才听到你对'希望'和'欲望'，以及诸

① 荷马：《伊利亚特》第21卷，第308行。诗中描述希腊英雄阿喀琉斯在洪水中迎着水流前进，河神掀起的汹涌波涛也难以阻挡他。

如此类的语词,作出精细和优雅的区别。不知你是否会同意我的请求。我不相信西摩尼得会自相矛盾。让我们先来听听你的看法。你认为'变成'(to become)和'是'(to be)是一回事,还是有区别的?"

"肯定有区别,"普罗狄科说道。

C "那么好,西摩尼得开始表达自己的看法时,他说变成一个好人是困难的,对吗?"

"对,"普罗狄科说。

"但是提到庇塔库斯,如普罗泰戈拉所认为的那样,西摩尼得对庇塔库斯的指责不是对同一看法的指责,而是对另一看法的指责。按照庇塔库斯的看法,难的不是'变成'一个高尚的人,这是西摩尼得的看法,而是'是'好人。普罗泰戈拉,就像普罗狄科所说的那样,'是'和'变成'不是一回事,如果它们不是一回事,那么西摩

D 尼得并不自相矛盾。如果普罗狄科以及其他许多人同意赫西奥德的看法,'变成'好人是难的,那么我不会感到惊讶。你们记得,赫西奥德说过:'诸神使那些在通往善德的道路上行走的人流下汗水',可是'一旦达到善德的顶峰,尽管还会遇到困难,但以后的路就容易走了。'"①

普罗狄科表扬了我的解释,但是普罗泰戈拉说:"苏格拉底,你的辩解包含着一个比你想要辩护的那个观点更大的错误。"

E "那么看起来我正在做坏事,"我说道,"我是一名无能的医生,我的治疗反而使疾病蔓延。"

"没错,是这么回事。"

"请你具体说明一下,"我说道。

"如果大家都同意没有什么比保持美德更难的事了,而这位诗

① 赫西奥德:《工作与时日》,第 289 行。

人却说保持美德是一件容易的事,那么他一定非常愚蠢。”

这时候我又说:“我们真是幸运极了,因为我们的朋友普罗狄
科能参加这场讨论。我总是认为他拥有的智慧属于那个古老的和
神赐的部门,始于西摩尼得时代,或者更早。你的学问涵盖许多方 341
面,但似乎不包括这种智慧。我通过成为普罗狄科的学生而熟悉
了它,而你并不熟悉。所以我现在并不认为你明白西摩尼得使用
‘难’这个词和你使用这个词的意思不一样。这个词的意思很像
‘可怕的’①,普罗狄科老是用这个词来责备我,而我在赞扬你或其
他人的时候也会说‘普罗泰戈拉是一个极为能干的人’。普罗狄科 B
说,所谓可怕的就是坏的。没有人会说‘可怕的富裕’或‘可怕的和
平’,而会说‘可怕的疾病’、‘可怕的战争’、‘可怕的贫困’。凯安人
和西摩尼得当时也许把‘难’这个词理解为坏,或者理解为你不知
道的其他意思。让我们问一问普罗狄科才对,他懂得西摩尼得的 C
方言。普罗狄科,西摩尼得说的‘难’是什么意思?”

“坏,”他答道。

“这就是他要责备庇塔库斯说‘做一个高尚的人很难’的原因,因为在他听来庇塔库斯说这句话的意思就等于说做一个高尚的人是坏的。”

“你认为西摩尼得还能有别的什么意思吗?”普罗狄科说,“他正在责备庇塔库斯不懂得如何恰当区分意义,庇塔库斯作为一名列斯堡人,但却在野蛮人的方言中长大。”

“你听到了吗,普罗泰戈拉?”我说道,“对此你还有什么可说 D
吗?”

“根本不是那么回事,”普罗泰戈拉说。“我非常明白西摩尼得

---

① 此处英译文为 terrible,中文释义为可怕的、极度的、极坏的、很糟的、厉害的,俚语中有极好的、了不起的等含义。

说的‘难’的意思与我们的用法是一样的,不是‘坏’,而是不容易,只有通过许多努力才能完成。”

“我本人相信这是西摩尼得的意思,”我说道,“我也肯定普罗
E 狄科明白这一点。不过他刚才是在开玩笑,想要考验一下你们坚持
自己观点的能力。实际上,有句话提供了充分的证据,表明西摩尼
得并没有把‘难’和‘坏’等同。西摩尼得在说了上面那些话后继续
说,‘只有神能拥有这种特权’,他可能并没有先说‘做一个高尚的
人是坏的’,然后再说只有神能够做到,而是把做一个高尚的人当
做一种完全神圣的特权。这就意味着普罗狄科把西摩尼得视为无
342 教养的,不是真正的凯安人。然而,如果你愿意考验一下我在诗学
方面的技艺,这是你说过的,那么我打算谈谈自己对西摩尼得这首
诗含义的看法,但若你不愿意,那么我愿意听你说。”

普罗泰戈拉听了我的话就说:“如果想说,你就说吧。”普罗狄科、希庇亚以及其他人也都竭力怂恿我说。

“那么好吧,”我说,“我会试着把我的看法告诉你们。在希腊
人中,最古老、最多产的哲学之家是克里特和斯巴达,那里的智者
B 多于世界上任何一个地方。但是他们像普罗泰戈拉所说的智者一
样把自己的智慧隐藏起来,装作傻瓜,因此人们不知道他们在智慧
上比其他希腊人优越,反而认为他们的长处在于打仗和勇敢。他
们的想法是,如果他们真正的优点变得众所周知,那么每个人都会
努力变成聪明人。为了伪装自己,那时候的斯巴达人派出一些人
C 去其他城邦,仿效那些城邦的人穿上短褂、绑着皮带去参加体育训
练和竞赛,打得鼻青脸肿,结果使人们留下这样的印象,认为这样
的训练使斯巴达人成为希腊的伟大力量;而斯巴达人自己,当他们
厌倦了必须秘密会见他们的聪明人的方式,想要恢复与聪明人的
自由来往时,他们就把所有外邦居民全都驱逐出去,而无论这些人
对斯巴达人的生活方式认同与否,这样一来他们就能与那些外邦

人所不知道的智者交谈了。相反,他们不允许自己的任何青年去 D
外国,担心他们会忘记在国内所学的东西。克里特人的做法也一样。在这些城邦里,不仅是男人,还有妇女,都为自己的理智和文化感到自豪。

“你们现在该知道我说的是真话了,斯巴达人在哲学和讲演方面受到的教育是最好的。如果你们与最地道的斯巴达人交谈,你
们会发现在大部分时候他都不那么引人注目。而一旦进到谈话的 E
关键时刻,他就会像一名优秀的弓箭手那样一箭中的。他的用语是简洁的、准确的,而与他谈话的人在这种时候都像是无助的婴儿。

“有许多人无视这一事实,过去有这样的人,现在也有,斯巴达人在理智方面的爱好胜过体育方面的爱好,因为这些人明白,如果
承认这一点也就意味着斯巴达人的文化是最高等的文化。传说中 343
的七贤有米利都的泰勒斯、米提利尼的庇塔库斯、普里耶涅的彼亚斯、我们自己的梭伦、林杜斯的克莱俄布卢斯、泽恩的密松,第七位就是斯巴达的喀隆。他们全都是斯巴达文化的仿效者、崇拜者和
学生,他们的智慧可以说都属于同一类型,由他们各自说出的精辟 B
的格言和警句组成。他们还聚集在德尔斐神庙里,把他们智慧的第一批果实奉献给阿波罗神,把人人皆知的那些话语,‘认识你自己’、‘万勿过度’,铭刻在那里。

“我提到这些事实是为了指出,在古人中,拉科尼亚式的简洁[①]是哲学表达的特点。尤其是庇塔库斯的这句格言‘做一个高尚的人很难’,在私下里广为流传,也赢得了聪明人的普遍赞同。
因此,有着哲学野心的西摩尼得认为,如果能够成功地驳斥和推翻 C

---

① 拉科尼亚(Laconia)是希腊伯罗奔尼撒半岛上的一个城邦。该地人讲话简洁明了,后世遂将拉科尼亚式的讲话作为简洁、精练的代名词。

这句流行的格言,那么他自己就能成为那个时代的名人。在我看来,西摩尼得整首诗的宗旨在于反对庇塔库斯的这句格言,他竭尽全力想要诋毁庇塔库斯的名声。

“现在让我们一起来考察这首诗,看我说的是否正确。在这首
D 诗的开头,如果作者希望说的意思是‘变成一个好人是很难的’,而他又在句中加上‘一方面’这几个字,那么这样做就有点不可思议了。插入的这几个字似乎毫无意义,除非我们假定西摩尼得正在用这首诗反对庇塔库斯的格言。庇塔库斯说,‘做一个高尚的人很难’,而西摩尼得对此进行反驳,回答说,‘不,要变成一个好人才是真正困难的’。请注意,他在这里说的不是‘变成一个真正的好
E 人’,‘真正’这个词不是用来修饰好人的,就好像有些人是真正的好人,有些人是好人,但不是真正的好人。如果这样理解的话,那么会给人留下愚蠢的印象,不像是西摩尼得要说的意思。我们必须调换一下‘真正’这个词在诗中的位置,使之与庇塔库斯以前说过的话相称,就好像是他先说,然后西摩尼得回答。因此整个意思
344 是这样的,庇塔库斯说,‘噢,天哪,要做一个高尚的人很难。’西摩尼得答道,‘此话不对,庇塔库斯,不是做一个好人难,而是变成一个好人难,一方面他的手脚和心灵都得循规蹈矩,而他的成长也要不受指责,这才是真正困难的。’

“按照这种理解,我们发现诗中有‘一方面’这几个字是合理的,而‘真正’这个词也在句尾找到了它的恰当位置。后续的诗句
B 都表明我的这种理解是正确的。我们对每一行诗都可以作许多评价,考察它的创作优点。这首诗确实写得很优雅,构思缜密,但要作这样详细地讨论,我们得花费很长的时间。但无论如何,我们已经可以看出它的一般特点和意向,创作这首诗的目的无疑是为了驳斥庇塔库斯的格言。

“接下去,西摩尼得似乎想要提出这样一个论证,尽管变成一

个好人真的很难，然而还是可能的，至少在短时间内是可能的，‘但 C
是变成好人以后要保持这种状态，做一个好人’那是不可能的和超
越人性的，而你们刚才把这个论证说成是庇塔库斯的看法。只有
神才能做到这一点，而‘人只能是坏的，一旦不可改变的厄运降临，
他就会被抛弃。’假定不可改变的厄运降临在一艘船上，谁会被抛
弃？显然不是乘客，因为乘客一上船就已经把自己的命运交给了
船主。你无法把一个已经躺在地上的人打倒，而只能把站着的人
打倒，让他躺在地上。同理，不可改变的厄运可以把那些足智多谋 D
的人抛弃，而不能把始终无所依靠的人抛弃。狂风暴雨可以使舵
手变得无依无靠，坏的季节可以使农夫一无所获，医生也会遇到同
样的厄运。好人可以变坏，这是另一位诗人证明了的，他说：‘好人
有时候是坏的，有时候是高尚的’，但是坏人不能够变成坏的，因为 E
这样做是不必要的。因此足智多谋的人、聪明人、好人，当不可改
变的厄运使他们一无所有时，他们只能是坏的。

“西摩尼得继续说道，庇塔库斯，你说‘要做一个高尚的人很
难’，而在我看来，变成一个高尚的人虽然困难，但却是可能的，要
做一个高尚的人则是不可能的。‘因为如果他进展顺利，那么每个
人都是好的，如果他进展不顺利，那么每个人都是坏的。’那么从字 345
面上说，什么是进展顺利呢？什么事情能使人成为好人呢？显然
是通过学习。怎样才能进展顺利，使人成为一名好医生呢？显然
是学会如何治疗疾病。成为一名坏医生的又是谁呢？显然是一名
医生或者一名好医生。而我们这些对医学一知半解的人决不会通
过进展顺利而变成医生，或成为建筑师和其他专家，不能通过进展
不顺利而成为医生的人显然不能成为一名坏医生。即便如此，好 B
人也可以轻易地变坏，由于年纪、灾难、疾病或其他事故而被剥夺
知识，这才是真正的进展不顺利。但是不可能使坏人变成坏人，因
为他一直是坏人。如果要使他变成坏的，首先得使他变成好的。

C 诗歌的这一部分讲的就是这个道理,做一个好人并继续保持这种
状态是不可能的,但是一个人可以变成好人,同一个人也可以变成
坏人,诸神喜爱的是那些做好人时间最长的人。

“所有这些都是针对庇塔库斯而言,接下去就讲得更清楚了。
西摩尼得继续写道:‘在短促的人生中进行无望的探索,寻求一件
不可能的事情,但我决不会陡然放弃。我想要在那些采摘大地成
熟果实的人中间找到一位不受任何指责的人。等我一发现,我就
D 会告诉你。’你们瞧,这些话有多么激烈!在整首诗中,西摩尼得都
在攻击庇塔库斯的格言。他说:‘我赞扬和热爱所有那些自愿不作
恶的人。诸神本身也在努力反抗必然的命运。’西摩尼得说这些话
全都是为了同样的目的。他不至于愚蠢到要说他赞扬一切自愿不
E 作恶的人,就好像有人自愿作恶似的。我本人确信无疑,没有一个
聪明人会相信有人自愿犯罪,或自愿作恶,或实施任何邪恶的行
为。他们非常明白,一切恶行都是不自愿地犯下的。所以西摩尼
得在这里不是说他赞扬自愿不作恶的人。‘自愿’这个词在这里的
346 真实含义是自己。他的看法是,好人经常迫使自己去爱和赞扬,就
好比当某人的父母或祖国对他不关心,他仍旧要去爱他们和赞扬
他们。当这些人发现自己处在这样的境况下时,如果他们接受这
个事实,揭露和批判他的父母或祖国不对的地方,并从此放弃自己
对他们负有的责任,不顾由此可能引起的他人的责备或批评,那么
这样做是不妥当的。这些人甚至有可能对那些爱莫能助的人夸大
B 自己所受到的不公正待遇,并陡添极大的敌意。而好人就不一样
了,他们不会犯这样的错误,反而会努力赞扬他们的父母和祖国,
即使受到不公正的待遇,他们也会克制愤怒,心平气和地寻求和
解,强迫自己去热爱和赞扬他们的亲友。西摩尼得无疑在心底里
明白自己经常赞扬僭主一类的人,不是出于他的自由意志,而是出
于被迫。

“由于这个原因,西摩尼得下面的话尤其是针对庇塔库斯而言,就好像在说,庇塔库斯,我之所以要责备你,不是因为我喜欢挑 C
剔,而是因为,‘在我看来,那个人既不是坏的,又不是虚弱的,而是心灵健全的,知道公义的,而公义是国家的幸福。我在他身上找不到缺点。’西摩尼得说,我不是一个爱挑剔的人,‘因为过分就是愚蠢。’他说这话的意思是,如果有人以挑剔为乐,那么就让他们挑个够吧。他还说:‘任何人都不愿与傻瓜为伍。’他说这句话的意思不 D
是‘白的不能与黑的混淆’,这在许多场合下都是不对的,而是指在他看来,他愿意不受指责地接受中等状态。他说过:‘我想要在那些采摘大地成熟的果实的人中间找到一位不受任何指责的人。等我一发现,我就会告诉你。’如果我在等待十全十美的人出现,那么我就不会赞扬任何人了。他认为,在我看来,一个人只要达到中等程度,不作恶也就可以了,因为他说‘我赞扬和热爱所有人……’, E
请注意,他在这里用的是列斯堡方言,因为他在对庇塔库斯讲话,‘我赞扬和热爱所有自愿不作恶的人’,这才是‘自愿’这个词应该放的位置,哪怕有些人是我违心地加以赞扬和热爱的。庇塔库斯,如果你以一种合理的、真实的、中庸的方式讲话,那么我决不会责备你。但由于你对这个极为重要的问题发表了完全错误的观点, 347
而且被人们当作是真理,所以我不得不责备你。

“先生们,”我最后小结道,“这就是我对西摩尼得写这首诗歌时的心境所作的解释。”

“你的这番解释,”希庇亚说,“在我看来具有很高的价值。而 B
我自己也曾就这首诗写过一篇论文,如果你愿意,我想讲给你听。”

“很好,不过还是换个时间吧,”阿尔基比亚德说道,“现在苏格拉底和普罗泰戈拉必须达成一致。如果普罗泰戈拉还有问题要问,那么就让苏格拉底回答,如果普罗泰戈拉愿意回答问题,那么就让苏格拉底提问。”

C “我把这一点留给普罗泰戈拉去决定,”我说道,“如果他同意,我建议把这个有关诗歌的主题搁下,因为我乐意就我一开始向普罗泰戈拉提出的那个问题与普罗泰戈拉共同探索,以求得结论。谈论诗歌使我联想起许多第二流的、普通人的宴饮。这些人没什
D 么教养,靠喝酒聊天来娱乐,还会花大钱请来女乐师,和着笛子的声音唱歌,在柔和的颤音中寻求乐趣。但在高尚的、有文化的人参加的宴饮中,你找不到女笛手、女琴师和跳舞的姑娘。能和与自己一样的人相伴,他们就能享受到乐趣,而无需那些肤浅的胡说八道。他们会用自己的嗓子参加严肃的讨论,每个人或是说话,或是
E 聆听,哪怕喝着酒也是如此。我们的集会也一样,如果参加集会的人都像我们自己声称的那样,那么我们并不需要新异的声音,哪怕是诗人的声音也不需要。没有人能够解释清楚诗人在说些什么,在许多场合,只要一讨论起诗歌来,有些人会说诗人是这个意思,有些人会说诗人是那个意思,根本无法对诗歌的主题做出总结性
348 的论证。优秀的人会避免这样的讨论,而乐意使用他们自己的语言,鼓足勇气把自己的观点亮出来。我认为应当追随这样的人,把诗人扔在一边,用我们自己的语言来进行讨论。我们要加以检验的是真理和我们的心灵。如果你想继续提问,我已经做好准备回答;或者说,如果你愿意的话,你可以作我的回答者,以便把我们中途打断了的讨论引向结束,得出结论来。”

B 说完这些,我又说了一些起相同作用的话,但是普罗泰戈拉没有明确表示他想怎么做。阿尔基比亚德看了卡里亚一眼,然后说:“你仍旧赞同普罗泰戈拉的这种做法吗,既不说愿意,也不说不愿意做回答者? 我可不这么认为。让他继续讨论,或者告诉我们他不愿意,这样我们就能知道该怎么办了,苏格拉底可以去和其他人谈话,或者我们中的某个人也能重起一个话题。”

C 阿尔基比亚德的这些话,再加上卡里亚以及其他所有人的请

求,使普罗泰戈拉感到窘迫,或者说这是我的想法,而他并没有感
到羞耻,于是他吞吞吐吐地答应继续讨论。他说他愿意回答问题,
让我提问。

于是我开始提问了。我说:“普罗泰戈拉,除了探讨那些令我
长期困惑的问题,请你不要认为我有其他目的。我相信,当荷马说 D
‘两人一起行走,有一个人会先拿主意’① 的时候,他讲到了事情
的要害之处。然而,我们全都感觉得到,无论是在行动中,还是在
言语和思想上,若有人作伴就可以增强我们的力量。但荷马接着
又说,‘但若只有一个人拿主意’,这就促使我们思考,为什么这个
人要马上去寻找另一个人,对他说明自己的想法,从他那里得到确
认,而如果找不到这样的人,他的想法就得不到检验。这就是为什
么我宁可与你交谈,而不与其他人交谈,因为我认为你最有能力解
释一个好人会关注的问题,尤其是美德问题。我还有必要去找其 E
他人吗?如你自己所相信的那样,有许多好人自己很好,但却不能
把他们的好品质传给其他人,而你不仅是社会的一名优秀成员,而
且还有能力使其他人变好。带着这样的自信,尽管有些人把他们 349
的技艺当作一种秘密,而你则公开对希腊人宣称自己是智者,是文
化与美德的教师,并且第一个宣称提供这种服务是要收费的。因
此,我当然要请你帮我思考这些主题,请你回答我的问题。此外不
可能有别的方式。

“我现在要从头来过,重提我向你提出过的关于这个主题的第
一个问题。有些事我希望你能提醒我,有些事我想在你的帮助下
进行考察。如果我没搞错,这个问题是关于智慧、节制、勇敢、正义 B
和虔诚这五个术语的。它们是一个单一的实体,还是各自是一个
实体,有其自身分离的功能,相互之间也不同吗?你的回答是,它 C

① 荷马:《伊利亚特》第10卷,第224行。

们不是同一事物的不同名称,而是不同分离实体的名称,但所有这些东西都是美德的组成部分。它们不像一块金子的各个同质的组成部分,而像一张脸的组成部分,各部分与整体不同,相互之间也不同,各部分有不同的功能。如果你现在仍旧保持这种看法,那么请你说一下,如果你已经改变看法,那么也请你说明自己的观点。如果你现在表达了不同的看法,我一定不会抓住不放。你可以大胆地讲,就好像你在对我进行考察一样。”

D “不,”他说道,“我认为它们全都是美德的组成部分,其中有四个组成部分相互之间非常相似,但是勇敢则与它们很不相同。我的证据是,有许多人你可以发现他们是不正义、不虔诚、不节制、无智慧的,然而却又是非常勇敢的。”

E “请停一下,”我说道,“你说的这些话值得深究。你把勇敢视为一种自信,或是别的什么东西?”

“对,勇敢是一种自信,渴望面对那些大多数人都会怕得发抖的危险。”

“你把美德视为高尚的,而正因为你假定美德是高尚的,所以你要把它教给别人,对吗?”

“美德是一切事物中最高尚的,除非我发了疯。”

“部分卑鄙部分高尚,还是全部高尚?”我问道。

“全部高尚,极为高尚。”

350 “你知道有什么人会无畏无惧地钻入水中?”

“我知道,潜水员。”

“那是因为他们知道这是他们的工作,还是因为别的原因?”

“因为他们知道这是他们的工作。”

“什么人在骑马时感到自信,训练有素的人还是未经训练的人?”

“训练有素的人。”

“在使用轻盾作战时谁会感到自信,轻盾步兵还是其他人?”

“轻盾步兵。如果你要问的就是这些,那么一般说来都是这样。拥有相关知识的人比那些不拥有相关知识的人更加自信,学 B
会某项工作的时候比没学会以前更加自信。”

“但是,”我说道,“难道你从来没有遇到过这样的人,他对某种危险的工作一无所知,但仍旧自信地从事这项工作?”

“确实有这样的人,他们过于自信了。”

“他们的自信不也包含着勇敢吗?”

“不包含,如果是这样的话,那么勇敢就会成为某种可耻的东西了。这样的人是疯子。”

“那么你如何定义勇敢?你不是说勇敢就是自信吗?”

“是的,我仍旧这样看。”

“好吧,那些无知地自信的人表明他们自己不是勇敢,而是疯 C
狂,相反,在另一个例子中,最聪明的人也是最自信的人,因此也是最勇敢的人,是吗?根据这个论证,他们的知识必定是勇敢。”

“不,苏格拉底,”他说道,“你没有正确地记住我的答复。你问我勇敢是否自信,我说是,但是你并没有问我自信是否勇敢,如果你现在问我这一点,那么我会说,‘并非全部自信都是勇敢’,因此, D
通过揭示勇敢不是自信,你并不能否证我的观点。还有,当你论证说学会某些知识的时候比没学会以前更加自信,也比那些没有知识的人更加自信,由此得出结论说勇敢和智慧是一回事,那么你也可以据此得出结论说体力就是知识。你可以一开始就问,强大是否就是有力量,我会表示同意。接下去你就问我那些懂得如何摔 E
跤的人是否比那些不懂的人更加有力量,是否比他们学会摔跤以前更加有力量,对此我仍旧得表示同意,这时候就可以随你说了,你可以添加同样的证据,最后说我自己承认智慧就是体力。此时我会再次承认有力量就是强大,但是仅当强大就是有力量时才会 351

这样。力量和体力不是一回事,力量可以从知识中得来,也可以从疯狂或热情中得来,而体力是一种天然的构成和身体的培育。同理,在我们现在的讨论中,我否认自信和勇敢是一回事,因为我说过勇敢是自信,但并非一切自信都是勇敢。自信就像力量一样,可以来自技艺,也可以来自疯狂或热情,但是勇敢是一种自然的事,是灵魂的恰当培育。"

B “那好吧,”我说道,“你说过有些人生活得好,有些人生活得坏,是吗?”

他表示同意。

“那么你认为生活得好的人会在痛苦和烦恼中度过一生吗?”

“不会。”

“那么要是快乐地度过一生,你会把他算作生活得好吗?”

“是的。”

C “那么快乐地生活就是好,痛苦地生活就是坏,对吗?”

“对,只要这种快乐是高尚的。”

“你在说什么,普罗泰戈拉?你肯定不知道流行的看法,有些快乐是坏的,有些快乐是好的,对吗?我的意思是说,撇开它们可能产生的任何后果不谈,就快乐本身而言,它们是好的吗?同理,痛苦就其本身而言,是坏的吗?”

D “苏格拉底,”他说道,“我不知道是否应当对你这个不恰当的问题作出一个不恰当的回答,说一切快乐都是好的,一切痛苦都是坏的。但我坚信,有些快乐不是好的,有些快乐不是坏的,另外我们还得说有第三类不好不坏的快乐,这不仅是我现在的看法,而且我会在我的一生中加以坚持。”

“快乐的意思不就是得到或给予快乐吗?”我说道。

“没错。”

E “那么我的问题是,快乐之作为快乐是否好。我在问的实际上是快乐本身是否是一样好事情。”

“让我们一起来考察这个问题，”他答道，“这是你在自我标榜时喜欢说的话。如果我们正在考察的这个命题是合理的，快乐和好可以等同，那么我们都会表示赞同。如果不是这样，那么我们应当表示不同意见。”

“很好，”我说道，“由你来引导这项考察，还是由我来引导？”

“你来引导，因为是你把这个主题引进来的。”

“我怀疑我们是否能够把这个问题说清楚，”我说道，“如果某 352
人正在尝试着根据外表判断别人的健康或身体的某些功能，他会看对方的脸和手，还会说，‘让我看看你的胸膛和后背，这样才能得到更加令人满意的检查。’为了我们当前的考察，我想提一些与此相似的要求。为了能够观察到你对好和快乐的态度是否就像你自己说的一样，我想这样做。把你的心灵的另一个部分敞开吧，普罗泰戈拉。你对知识采取什么态度？你在这方面的观点和流行看法 B
一样吗？一般说来，大多数人认为知识并不是最强大的东西，也不是占主导或统治地位的因素。他们并不这样看。他们认为支配人的并不是知识，而是别的东西，有时候是情欲，有时候是快乐，有时候是痛苦，有时候是爱情，人们经常提到的还有恐惧。他们把知识只当做奴仆，受其他东西的役使。你也是这样看的吗？或者说，你 C
宁愿说知识是一样好东西，能够支配人，只要能够区分善恶，人就不会被迫以知识所指示的以外的方式行事，因为智慧就是他所需要的全部援兵。”

“这不仅是我的观点，”普罗泰戈拉答道，“而且我比其他任何人都更加强调，把智慧和知识视为其他什么东西，而不视为人生最 D
重要的因素，是可耻的。”

“你的回答好极了，非常真实，”我说道，“但是我希望你知道大多数人并不相信我们。他们坚持说，有许多人知道什么是最好的，

只是不愿意去获取它。做好事的大门对他们敞开着,但他们却去
E 做其他事。每当我问这是为什么,他们就回答说,以这种方式行事的人被快乐、痛苦或其他我刚才提到的事情征服了。”

“苏格拉底,民众说错话是司空见惯的事,有什么可惊讶的。”

“那么就试着和我一起来说服他们,告诉他们所谓被快乐征服
353 是怎么回事,为什么尽管他们知道什么是好事,但却不愿意去做好事。如果我们只是简单地说,‘你们错了,你们说的话是错的’,那么他们会问,‘如果不是被快乐所征服,那又是什么呢?你们两个说的出来吗?告诉我们吧。’”

“我们为什么一定要去理会那些普通人的观点,他们说话从来不经过思考?”

B “我相信这样做能帮助我们发现勇敢如何与美德的其他部分相连,”我答道,“所以,如果你乐意继续遵守我们的决定,由我来引导讨论,而无论我朝着什么方向努力,只要我认为有助于解决问题,那么就请你跟随我。否则,如果你愿意的话,我只好中断谈话。”

“不,你说得对,”他说道,“请继续说吧。”

C “那么我就接着说。如果他们问我们,‘你们用什么名称指称那些被我们叫做由于快乐而变坏了的事情?’我会回答说,‘听着,普罗泰戈拉和我会向你们解释的。你们说的无非就是你们经历过的事情,比如你们被饮食男女之类的欲望所征服,食物、饮料、性是快乐的事情,尽管你们知道它们是恶的,但却沉迷于其中。’对此他们会表示同意。然后我们得问,‘在哪方面你们称之为恶?因为它
D 们所提供的快乐,还是因为它们会引起疾病或贫困一类的后果?如果不会引发这些后果,而只是产生纯粹的快乐,那么它们无论怎样提供快乐,它们仍旧是恶的吗?’也就是说,依据它们所产生的真实的、当下的快乐,它们不是恶的,而依据它们带来的后果,比如疾

病等等，它们是恶的，除此之外，我们还能期待有别的什么回答吗？” E

“我相信他们会这样回答，”普罗泰戈拉说。

“‘那么，引起疾病和贫困就是引起痛苦。’我想他们会同意这一点的。”

普罗泰戈拉点了点头。

“‘所以我们认为，你们把这些快乐视为恶的惟一原因在于它们会引起痛苦，剥夺我们进一步的快乐。’他们会同意这种看法吗？”

我们都认为他们会同意。 354

“现在假定我们向他们提出一个相反的问题。‘你们还说痛苦也可以是好的。我想你们指的是体育、军训、医生的治疗，包括烧灼术、外科手术、吃药、节食，等等，是吗？你们说这些事情是好的，但却是痛苦的吗？’他们会表示同意吗？”

“他们会同意。”

“‘那么你们称这些事情为好的，因为它们在某个时刻引起极 B
度的痛苦和呻吟，还是因为它们在将来能够带来身体的健康和强壮、国家的安全、支配其他民族的财富？’我认为他们会选择后一种理由。”

普罗泰戈拉也这样想。

“‘这些事情被称作好的，除了它们的后果是快乐，是终止或防
止痛苦，还有别的什么理由吗？当你们称这些事情为好的时候，除 C
了因为快乐或痛苦，你们还能说自己心中有别的什么目的吗？’我认为他们会说没有。”

“我也这样认为，”他说道。

“‘所以你们把追求快乐视为善，而把避免痛苦视为恶？’对此，他们会表示同意吗？”

"他们会的。"

"'那么你们说的恶就是痛苦,而你们说的善就是快乐。即使自己能够快乐,但只要这种快乐会引起快乐的丧失,或者导致的痛
D 苦超过快乐,你们就会称之为恶。如果你们把快乐称为恶还有别的什么意思,或者说你们并不是这样想的,那么就请你们说出来,但我想你们做不到。'"

"我同意,他们做不到,"普罗泰戈拉说。

"'如果我们再来谈论痛苦,结果不也一样吗?你们把受苦称为好的,只要它们能驱逐更大的痛苦或引出快乐来压倒痛苦。如
E 果当你们把真的承受痛苦称作一件好事时心中还有别的想法,那么你们可以告诉我们,但我想你们做不到。'"

"对,"普罗泰戈拉说。

我继续说道:"'先生们,如果你们问我说这些冗长的废话有什么意义,那么我请求你们的宽容。要解释你们所谓被快乐征服是什么意思不是一件容易的事,而任何解释都与此相关。如果你们
355 能说出善是快乐以外的某样东西,恶是痛苦以外的某样东西,那么你们还可以改变想法。你们的一生只要有快乐而没有痛苦就足够了吗?你们可以提到有既不好又不坏的事情,这些事情最终不能归结为善与恶,如果是这样的话,那么请听我下一个要点。'

"'这个要点会使你们的论证显得滑稽可笑。你们说有人经常
B 知道邪恶的行为是恶的,但却要去作恶,而且并没有外来的压力,因为他受快乐的引导和吸引;另一方面,尽管他知道什么是善,但他不愿行善,因为他被眼前的快乐征服了。如果我们停止使用快乐、痛苦、善、恶这些名称,这个说法的荒唐之处就能显示出来,因为它们实际上只是两样东西,用两个名称来称呼它们也就可以了。
C 它们是善与恶,而快乐和痛苦只是善与恶的不同阶段。如果你们同意这一点,那么我们现在可以假设一个人通过知道什么是恶而

作恶。为什么？因为他被征服了。他被什么东西征服了？我们不
能再说被快乐征服了,因为快乐已经改了名字,被称作善了。要问
我们被什么东西征服,我们得说被善征服。我担心如果向我们提
问的人脾气不好，那么他会笑着挖苦我们说,多么荒谬的胡说八 D
道,一个人要是知道什么是恶就不会去作恶,因为他被善征服了。
我得假设你们说的善与恶相同还是不同？我们显然会回答说,善
不同于恶,否则的话我们说被快乐征服了的人就不会作恶了。提
问的人会说,善以什么样的方式不同于恶,或恶以什么方式不同于
善？恐怕不会是以较大或较小的方式,也不会是以较多或较少的
方式吧？对此我们得表示同意。所以,你们说的被征服的意思一 E
定是用较大的恶交换较小的善。'

"'注意到这个结果,假定我们就同一现象重新表述快乐和痛
苦,好比说一个人作恶,他作的恶是我们从前说的恶,但我们现在
说他采取一些痛苦的行为,他知道这些行为是痛苦的,但他被快乐
所征服,而快乐显然与痛苦并不匹配。当我们把快乐与痛苦联系 356
起来使用时,与某某不匹配这个短语除了与某事物相比较而言超
过或不足又能有什么意思呢？它取决于某事物与另一事物相比是
否比较大或比较小,或者在程度上比较强或比较弱。如果有人反
对说现在的快乐与痛苦和将来的快乐与痛苦有很大的区别,我会
回答说这种区别只能是快乐和痛苦,而不会是别的事物。就好比 B
一名称重量的行家,把快乐与痛苦放在一起,一头担起快乐,一头
担起痛苦,竭力保持平衡,并且说出何者更重。把快乐与快乐作比
较,人们一定总是选择较大的快乐和更大的快乐;把痛苦与痛苦作
比较,人们一定总是选择较小的痛苦和更小的痛苦;要是把快乐与
痛苦作比较,只要快乐超过痛苦,那么不管是眼前的,还是将来的,
人们一定会选择那些会带来快乐的过程;但若痛苦超过了快乐,那
么人们会避免它。难道不是这样吗,我的先生?'我得说他们对此 C

无法加以否认。”

普罗泰戈拉对此表示同意。

我继续说:“‘如果这样的话,那么请你们继续回答。同样大小的东西放在眼前看起来比较大,而放在远处则显得比较小。事物的厚薄和数量也一样。同样的声音,距离较近听起来就比较响,距
D 离较远听起来就比较轻。现在如果我们的幸福取决于行动,我的意思是取决于选择较大的和避免较小的,那么我们的出路在哪里呢?在于度量的技艺还是在于由现象产生的印象?我们难道没有看到现象把我们引上歧途,使我们陷入混乱,因此在我们的行为和
E 选择大小中,我们不断地接受和拒绝相同的东西,而度量的技艺则会消除印象产生的效果,通过对事物真实状态的揭示,可以使灵魂生活在平静与安宁之中,与真理在一起,以此拯救我们的生命。这样说对吗?’出于这些考虑,人们会同意我们的拯救与度量的技艺相连吗?”

普罗泰戈拉表示,他们会同意的。

“‘再说,如果我们的幸福取决于我们对奇数和偶数的选择,我们知道当较小的数以各种方式与它自身或其他数相连时,无论它是远是近,我们一定会选择较大的数,知道这样的选择一定是正确
357 的,那么又会怎样?又有什么能确保我们过上幸福的生活?当然是知识以及度量这种专门的学问,因为这种为人们所需的技艺包含着对过度与不足的估量,或者更加精确地说,是一种算术,因为算术就是处理奇数和偶数的一门学问。’人们会同意我们这种看法吗?”

普罗泰戈拉认为他们会同意。

“我会说,‘那么好吧,既然我们的生命要想获得拯救取决于正
B 确地选择善恶,或大或小,或多或少,或近或远,那么包括考虑过度、不足、相等在内的度量问题岂不成了头等重要的事情了吗?’”

"确实如此。"

"'如果是这样的话,那么它一定是一门专门的技艺或知识。'"

"对,他们会同意这个说法。"

"'我们以后再说它是一门什么样的技艺或知识,要解释你们向我和普罗泰戈拉提的问题,我想事实已经足够了。我想提醒你们,这个问题的产生是因为我们两人同意没有什么比知识更强大的东西了,只要有知识就可以发现它对快乐和别的事情起支配作用。而另一方面,你们坚持快乐经常支配着有知识的人,如果不是快乐在起支配作用,你们就要我们回答这种经历到底是什么。如果我们直截了当地回答说是无知,那么你们会嘲笑我们,但若你们现在嘲笑我们,那么你们实际上也在嘲笑你们自己,因为你们已经同意当人们对快乐与痛苦,亦即善与恶,作出错误选择时,使他们犯错误的原因就是缺乏知识。我们还可以进一步称这种知识为度量的技艺,这是你们同意了的,你们知道自己在没有知识的情况下采取的错误行为是无知的。所以,所谓被快乐支配实际上是被无知支配,这是一种最严重的无知,普罗泰戈拉、普罗狄科、希庇亚自称能治疗这种无知。而另一方面,你们相信它是另外一种东西,因此自己不去向智者学习,也不让自己的孩子去向智者学习,而智者是处理这些事情的专家。正是因为相信没有什么东西是可以传授的,因此你们只想守住你们的金钱。这种做法对你们自己是有害的,对你们的社群也是有害的。'

"这就是我们应当对普通人作出的回答。现在我要问你们,希 358
庇亚、普罗狄科,还有普罗泰戈拉,因为我想要你们分享我们的讨论,你们认为我说的是否正确。"

他们全都表示同意,并且强调我说的是正确的。

"那么你们同意快乐是善,痛苦是恶,"我说道,"我现在请求普罗狄科豁免对我所提的精确区分语词的要求,无论是称之为快乐、

B 惬意，还是喜悦。亲爱的普罗狄科，无论你喜欢用什么名称，请按照我要求的意思加以回答。”

普罗狄科笑着表示同意，其他人也一样。

我继续说：“下面是另外一个要点。一切行为旨在一个目的，亦即快乐地、无痛苦地生活，为此可采取的良好行为必定是善的和有益的。”

他们表示同意。

“如果快乐就是善，那么不会有人知道或相信有另一种可能的
C 行为过程比他正在追随的行为过程更好，可以供他选择。‘不自觉的行动’完全是无知的结果，而‘做自己的主人’是一种智慧。”

所有人都表示同意。

“那么我们可以把无知定义为拥有一种错误的看法或在当前的事情上犯了错误吗？”

他们对此也都表示同意。

“由此可以推论，无人会选择恶或想要成为恶人。想要做那些他相信是恶的事情，而不是去做那些他相信是善的事情，这似乎违
D 反人的本性，在面临两种恶的选择时，没有人会在可以选择较小的恶时去选择较大的恶。”

他们又再次表示同意。

“现在该说到害怕或恐惧这种情感了，我相信你们知道这种情感。但是我怀疑你们的理解能和我一样吗？我是针对你而言，普罗狄科。你是否称之为害怕或恐惧，而我把它定义为等待恶的到来。”

普罗泰戈拉和希庇亚认为这个定义覆盖害怕和恐惧，但普罗狄科说这个定义只适用于害怕，而不适用于恐惧。

E “好吧，普罗狄科，”我说道，“这其实没有什么区别。关键在于我说的是否真实，当人们可以遇到他不害怕的东西时，是否有人愿

意遇到他害怕的东西？我们已经表示同意的那些结论会使它成为不可能的吗？我们已经承认人们会把他害怕的东西当作恶的，没有人会自愿遇到或接受他认为是恶的事情。”

他们全都表示同意。 359

“在此基础上，”我继续说道，“让普罗泰戈拉作一番辩护吧，让他告诉我们他最初的回答是正确的。我指的不是他一开始说的话，他当时坚持美德的五个部分相互之间都不同，各自有其分离的功能，而是指他后来的观点，美德的五个部分中有四个非常相似， B
只有一个，亦即勇敢，与其他部分不同。他当时说，下面的证据会告诉你这一点，‘苏格拉底，你会发现有些人极为不虔诚、不正义、荒淫无耻、无知识，然而却非常勇敢，这就表明勇敢与美德的其他部分很不相同。’当时我对这个回答感到非常惊讶，但是我们现在的讨论使我更加惊讶。我问他是否把勇敢描述为自信，而他回答说，‘是的，并且急于想去。’你还记得你说过的这句话吗，普罗泰戈 C
拉？”

他承认了。

“那么请你告诉我，”我说道，“那个勇敢的人急于想朝着什么方向去？朝着胆怯的方向吗？”

“不。”

“朝着别的什么事情吗？”

“是的。”

“胆小鬼会碰到信心的鼓舞，而勇敢者会碰上可怕的事情吗？”

“人们是这样说的，苏格拉底。”

“我知道他们这样说，但那不是我要问的。你说勇敢的人急于 D
想去碰到什么？既然知道要碰上可怕的事情，难道那还不是可怕的事情吗？”

“你自己的论证已经表明那是不可能的。”

“没错,所以我论证是健全的,没有人会去与那些他相信是可怕的事情相遇,因为受自己支配的人都不是无知的。”

他表示承认。

“至于说到信心,那么每个人都会受到信心的鼓舞,无论是胆小鬼还是勇敢者,因此胆小鬼和勇敢者做的是同一件事。”

E “不管你怎么说,”他答道,“胆小鬼做的事和勇敢者做的事完全相反。比如说,勇敢者想要参加战斗,而其他人不愿意。”

“这种愿意是高尚的还是可耻的?”

“高尚的,”他说道。

“如果是高尚的,那么我们在前面讲过它是好的,因为我们同意所有高尚的行为都是好的。”

“没错,我仍旧这样想。”

360 “非常正确,”我说道,“尽管参加战斗是一件好事,但仍有人不愿意参加,那么你说不愿意参加战斗的人是哪一类人?”

“胆小鬼,”他答道。

“好吧,如果它是高尚的和好的,那么它也是快乐的。”

“我们对此一定会表示同意。”

“那么这些胆小鬼在拒绝接近这些比较高尚、比较好、比较快乐的事情时有没有知识呢?”

“如果我们说有,那么就会与我们前面的结论相冲突了,”他答道。

“那么就说勇敢者好了。他会选择做那些比较高尚、比较好、比较快乐的事情吗?”

“我无法否认。”

B “一般说来,当勇敢者感到害怕时,他们的害怕并没有什么可耻,而当他们感到自信时,他们的自信也没有什么可耻可言。对吗?”

“对。”

“所以他们的害怕和自信都是高尚的，如果是高尚的，那么当然也是好的，是吗？”

“是。”

“另一方面，胆小鬼，以及鲁莽者和疯子，会感受到那种丢脸的害怕或自信，他们这种表现除了因为无知，还有别的原因吗？”

“没有。”

“那么好，使人成为胆小鬼的是胆怯还是勇敢？” C

“胆怯。”

“但是我们已经看到对可怕事物的无知才使他们成为胆小鬼。如果使他们胆怯的是这种无知，你对此也已经表示同意，那么胆怯一定是不知道什么应当害怕，什么不应当害怕。”

他点了点头。 D

“那么好，勇敢是胆怯的对立面。”

他表示同意。

“关于什么应该害怕什么不应该害怕的知识是对这些事情无知的对立面。”

他再次点了点头。

“这就是胆怯。”

在这个地方，他犹豫了很长时间才表示同意。

“因此，关于什么应该害怕什么不应该害怕的知识就是勇敢。”

对此，普罗泰戈拉无法再表示同意了，他只好保持沉默。于是我说，“普罗泰戈拉，你怎么啦，对我的问题既不说是，也不说不是。”

“你自己把它了结掉吧，”他说道。

“还得再问一个问题，”我答道。“你仍旧像原先那样相信，人 E
可以是完全无知的，但却又是非常勇敢的吗？”

"你好像已经得逞了,苏格拉底,让我来回答。为了让你高兴点,我会说,根据我们一致同意的假设,这是不可能的。"

"我向你保证,"我说道,"在提所有这些问题的时候,我心中并无其他用意,只想着要了解关于美德的真理,想知道美德本身是什
361 么。我知道,如果我们弄清了这一点,那么就会帮助我们解开你我作了一连串的论证想要解决的问题。这个问题就是我认为美德不可教,而你认为美德可教。在我看来,我们的谈话到目前为止所取得的结果就像人们在争论中指向我们的一根手指头,是对我们的指责。如果它会说话,那么它会说'苏格拉底和普罗泰戈拉,你们
B 真是荒唐的一对。你们中有一个在开始的时候说美德不可教,但是后来却自相矛盾,想要证明一切都是知识,比如正义、节制、勇敢,等等,以为这是证明美德可教的最佳方式。如果像普罗泰戈拉想要证明的那样,美德是知识以外的某种东西,那么显然它是不可教的。但若它作为一个整体是知识,这是你苏格拉底热衷的,那么如果美德不可教,可就太奇怪了。另一方面,普罗泰戈拉一开始假定美德可教,现在则矛盾地倾向于说明它是知识以外的任何东西,
C 而不是知识,而只有把它说成是知识才最容易把它说成是可教的。'"

"普罗泰戈拉,当我看到人们关于这个主题的看法如此混乱时,我感到有一种最强烈的冲动,想要弄清它。我应当继续我们当前的谈话,下定决心弄清美德本身和它的基本性质。然后我们可
D 以返回到美德是否能教这个问题上来,免得你的厄庇墨透斯会把我们搞糊涂,让我们在考察中受骗,正好像在你讲的这个故事中,他在分配技艺时把我们给忽略了。我更喜欢神话中的普罗米修斯,胜过厄庇墨透斯,所以我会按照他的指引,把时间花在这些事情上,以便对我的整个生活作出预见。如果你愿意,那么就像我在开始时说过的那样,你是我最乐意与之共同进行这项考察的人。"

“我对你的热情和你讲解的技能表示祝贺，苏格拉底，”普罗泰戈拉答道，“我希望自己的表现也不太坏，我是最不会妒忌的人。 E
我曾经告诉过许多人，我从未遇到过像你这样令我尊敬的人，在你的同龄人中肯定没有。我现在要说的是，如果你成为我们时代最杰出的哲学家之一，那么我也不会感到有什么惊讶。好吧，我们以后见面时会再谈这些事，只要你喜欢，不过我们现在得去干些别的事了。”

“就这样吧，如果你希望如此，”我说道，“我确实早就该去赴约 362
了。我之所以还呆在这里，那是因为对卡里亚的奉承的一个让步。”

这场谈话就这样结束了，我们各自离去。

美 诺 篇

提 要

美诺问,美德能教吗?苏格拉底回答说,他肯定不能教人美德,因为他连什么是美德都不知道。美诺列举了一连串各种各样合乎美德的品质来证明美德能教,但是苏格拉底指出了他的错误,说他只是像人们开玩笑时说的那样,把一样东西打碎,把一变成了多。美诺能够说明什么是美德,而同时又能使美德保持完整,不成为正义、节制一类的碎片吗?最后,美诺说美德就是善良的愿望。但是苏格拉底说,每个人都向往善,没有人会向往恶。“因为向往和追求恶的事物除了是不幸以外还能是什么呢?”

美诺和苏格拉底两人试图认真地寻找美德的本质。苏格拉底认为这是能够做到的,因为那些受神灵激励的诗人和祭司相信,我们出生的时候并非处于完全遗忘的状态,亦非一无所有,“人的灵魂不朽。灵魂在某些时候会死亡,在某些时候会再生,但决不会彻底灭绝。”如果我们努力回想自己的灵魂在前世知道些什么,那么我们能够回忆得起来。为了证明这一点,苏格拉底使美诺的一名从未受过教育的童奴能够完全凭借自己的力量推论正方形和三角形。苏格拉底说,这个童奴之所以能够这样做,那是因为他的灵魂在前世知道的事情在今世仍旧存在,只要努力就能回忆起来。美诺和他自己也可以像这名奴隶一样进行尝试,把他们在前世拥有的知识回忆起来。

在对话的最后一部分,苏格拉底证明了美德在任何地方都不可教,因此可教的东西就不是知识,美诺对此虽然表示同意,但很犹豫。他们没有再进一步尝试新的定义,而由苏格拉底作出一个明显具有希腊人特点的结论,如果某个有美德的人能知道什么是美德,并能将美德教给他人,那么他处在其他人中间就像一个真实的事物处在变动的影像之中。

对话快要结束的时候,第三位谈话人阿尼图斯加入了谈话。人们一般认为这位阿尼图斯就是苏格拉底受审判时提议要处死苏格拉底的那个阿尼图斯,对话中的阿尼图斯所作的论述与这种一般看法倒是完全吻合的。

正　文

美诺　请你告诉我,苏格拉底,美德能教吗?或者说,美德是 70
通过实践得来的吗?或者说,美德既不是通过教诲也不是通过实
践得来的,而是一种天性或别的什么东西?

苏格拉底　好吧,美诺。古时候,帖撒利人的财富和马术在希
腊人中享有盛名。而现在看来,他们好像也是哲学家,尤其拉利萨 B
人更是如此,你们的朋友阿里斯提波就是从那里来的。这要归功
于高尔吉亚。他去了那个城邦,用他的智慧抓住了阿留亚戴人中
佼佼者的心,你们崇拜的阿里斯提波就是其中之一,更不必提其他
杰出的帖撒利人了。更重要的是,他使你们养成了提问和回答的 C
习惯,你们可以回答有可能向你们提出的问题,也会带着自信和适
度的尊严向那些知道答案的人提问,正好像高尔吉亚本人曾邀请
全希腊的任何人向他提各种问题,而他在回答时从来没有失败过。
但是在雅典,我亲爱的美诺,情况正好相反。这里发生了饥荒,智 71
慧都从我们国家跑到你们那里去了。不管怎么说,如果你向我们

的人提问,他们一定会发笑,并且对你说,你一定认为只有我是幸运的,知道美德是否能教或如何获取美德。实际上,我根本不知道美德是否能教,也不知道美德本身是什么。

B 我的情况就是这样。在这个方面,我和我的同胞们一样贫困。我很惭愧地承认,我根本没有关于美德的知识。如果连什么是美德都不知道,又如何能知道它的性质呢?好比说我对美诺一无所知,我能说出他长的是否英俊,是否富裕,他的出身是否高贵吗?你认为有这种可能吗?

C **美诺** 不可能。但是,苏格拉底,你说连你也不知道什么是美德,这是真的吗?我们回家以后,可以这样对其他人说吗?

苏格拉底 你不仅可以这样说,而且我坚信,你还可以说我从来没有碰到过知道什么是美德的人。

美诺 你在说什么!高尔吉亚在这里的时候,你见过他吗?

苏格拉底 见过。

美诺 那么你认为他也不知道吗?

苏格拉底 我属于健忘的那一类人,现在说不出我当时是怎
D 么想的。他也许知道,我想你可能知道他曾经谈论过这个问题。那么请你提醒我,或者把你自己的想法告诉我。毫无疑问,你同意他的看法。

美诺 是的,我同意。

苏格拉底 那么我们就不要管他了,他毕竟现在不在这里。你认为什么是美德?我十分急切地向你提出这个问题,请不要拒绝回答,说吧。尽管我说过自己从来没有遇到过任何人知道什么是美德,但若你和高尔吉亚知道什么是美德,那么当我看到自己的观点被证明是错了的时候,我只会感到高兴。

E **美诺** 这个问题不难。首先,如果要找的是男人的美德,那么你很容易看出男人的美德就是能干地管理城邦事务,这样他就能

帮助他的朋友,打击他的敌人,而又使自己不受伤害。如果你要找的是女人的美德,那么这种美德也很容易描述。她必须是一名好主妇,能小心地照管家里的财物,服从她的丈夫。有一种美德是孩子的美德,无论是男孩还是女孩;还有一种美德是老人的美德,无论他是自由民还是奴隶。美德的种类很多,没有必要在此一一列 72
举。在人生的每一时刻和每一行为中,我们每个人都会有一种与之相应的美德,与具体的不同功能相连;同时,我还得说,也会有一种恶德。

苏格拉底　我真是幸运极了！我想要一个美德,但却发现你有一大群美德可以提供,就好像发现了一大群蜜蜂。说实话,这个比喻还是很贴切的,就好像我问你什么是蜜蜂,它的本性是什么, B
而你回答说蜜蜂有许多不同的种类。如果我继续问,它们之所以多种多样、各不相同是因为它们是蜜蜂吗,那么你会怎样回答？或者说,你同意它们之所以有区别并非因为它们是蜜蜂,而是由于别的原因,比如由于大小或美丽之类的性质,是吗？

美诺　我该说,就它们都是蜜蜂而言,它们之间根本就没有什么区别。

苏格拉底　假定我继续说,好吧,这正是我想要你告诉我的。 C
使它们之间无差别并且全都相同的这个性质是什么？我假定你有话要说,是吗？

美诺　是的。

苏格拉底　那么美德问题也一样。尽管美德多种多样,但它们至少全都具有某种共同的性质而使它们成为美德。任何想要回 D
答什么是美德这个问题的人都必须记住这一点。你明白我的意思吗？

美诺　明白,但我还没有像自己所希望的那样真正把握问题。

苏格拉底　好吧,你刚才说男人有男人的美德,女人有女人的

美德,其他人有其他人的美德,这种情况只对美德来说才适用吗?对健康、身材、体力是否也能这样说?或者说,只要是健康,那么它
E 无论在哪里都具有同样的性质,无论它在人那里,还是在动物那里?

美诺 我同意,健康在男人和女人身上都是一样的。

苏格拉底 身材和体力怎么样?如果一位妇女是强壮的,那么使她强壮的是和体力同样的东西吗?我的意思是,就其作为体力的性质而言,无论它在男人还是女人身上,都没有什么区别。或者说,你认为有区别吗?

美诺 没有。

73 **苏格拉底** 那么美德,就其作为美德的性质而言,在孩子或老人,男人或女人那里会有区别吗?

美诺 不知怎么地,我感到这个问题与其他事例不属于同一类型。

苏格拉底 那么好吧,你说过男人的美德在于良好地管理城邦,而女人的美德在于良好地管理家务吗?

美诺 我说过。

B **苏格拉底** 如果没有节制和正义,能管理好某种事务吗,无论是城邦、家庭,还是别的事务?

美诺 肯定不能。

苏格拉底 那么就是说要有节制和正义,对吗?

美诺 当然要有。

苏格拉底 那么,要成为好人,男人和女人都需要同样的性质,亦即正义和节制,对吗?

美诺 好像是这么回事。

苏格拉底 孩子和老人怎么样?如果他们没有节制和正义,能成为好人吗?

美诺 当然不能。

苏格拉底 他们也必须拥有节制和正义吗?

美诺 是的。

苏格拉底 所以每个人成为好人的方式是一样的,因为他们 C
都通过拥有相同的性质而成为好的。

美诺 好像是这样的。

苏格拉底 如果他们不分有相同的美德,那么他们就不会以同样的方式成为好人。

美诺 不会。

苏格拉底 既然他们全都拥有同样的美德,那么请记住这一点,并且把高尔吉亚和你的看法告诉我,什么是美德?你赞同高尔吉亚的观点。

美诺 如果你想找到一种能够覆盖所有事例的性质,那么它 D
无疑就是统治人的能力。

苏格拉底 我确实想这样做。但是你说的这种美德适用于儿童或奴隶吗?奴隶应当有能力统治他的主人吗?如果他这样做了,他还仍旧是奴隶吗?

美诺 我几乎无法这样想。

苏格拉底 当然不可能。另外一点请你考虑。你说"统治的能力",我们是否应该再加上"正义地"这几个字,而不是以别样的方式?

美诺 我想我们应该这样做,因为正义是美德。

苏格拉底 你说的是"美德",还是"一种美德"? E

美诺 你这样问是什么意思?

苏格拉底 我的意思很一般。以圆为例,我应当说它是一种形状,而不只是说它是形状,我的理由是还有别的形状。

美诺 我明白你的意思了,我同意除了正义之外还有别的美德。

74 **苏格拉底** 告诉我,它们是什么。我能够指出我们刚才提到的其他形状,看你能否以同样的方式提到某些其他美德。

美诺 在我看来,勇敢是一种美德,节制、智慧、尊严,还有其他一些,也是美德。

苏格拉底 但这样一来我们又回到了原地,只是方式不一样。我们只想寻找一个美德,但我们却找到了许多美德。我们无法找到贯穿于各种美德的美德。

美诺 找不到,我还不能像你要求的那样找到一个能覆盖所
B 有美德的美德,就好像我在处理其他事例时那样。

苏格拉底 这不奇怪,但我要是能够做到的话,我会尽力使我们有所前进。我想你是明白的,一切事物都存在着这样的问题。如果有人提到我刚才讲过的那个例子,并且问你,“什么是形状?”你回答说,“圆就是形状。”然后他就会像我问过你的那样再问你,“你是说圆是形状还是一种形状?”而你当然会回答说,“圆是一种形状”。

美诺 没错。

C **苏格拉底** 你这样说的理由是,还有别的形状。

美诺 对。

苏格拉底 如果他继续问你,别的形状有哪些,那么你会告诉他。

美诺 对。

苏格拉底 颜色也一样。如果他问你什么是颜色,而你回答白就是颜色,他再问:“白是颜色还是一种颜色?”你会说白是一种颜色,因为也还有别的颜色。

美诺 我会这样说。

D **苏格拉底** 如果他要你说出有哪些颜色,那么你会尽量提及

那些像白一样的颜色。

美诺 是的。

苏格拉底 那么假定他像我一样继续追问,并提出反对意见说,"我们总是得到许多种东西,而这并不是我们想要的回答。你用一个同样的名字称呼许多具体事物,并说它们每一个都是一种形状,哪怕它们相互之间是相反的。请你告诉我,既包括圆也包括直的这个东西是什么,当你说直也是和圆一样的一种形状时,你是
什么意思。你说过这样的话吗?" E

美诺 说过。

苏格拉底 "在这样说的时候,你的意思是,圆并不比直更圆,直也并不比圆更直吗?"

美诺 当然不是。

苏格拉底 "然而你说过圆并不比直更是一种形状,直也并不比圆更是一种形状。"

美诺 没错。

苏格拉底 "那么被你称作'形状'的东西是什么?请你告诉 75
我。"在被问到形状或颜色这样的问题时,你说"我不明白你想要什么",或者说"你这是什么意思",那么你的提问者可能会感到惊讶,并说"你难道不明白我正在寻找它们的共同点吗?"如果问题是"圆、直以及其他被你称作形状的东西,有什么共同点",那么你还是不能够回答吗?你最好还是回答一下,就像你回答有关美德的问题,练习一下也好。

美诺 不,还是你来回答,苏格拉底。

苏格拉底 你想要我把答案告诉你? B

美诺 是的。

苏格拉底 然后你会接着把关于美德的答案告诉我吗?

美诺 我会的。

苏格拉底 这样的话,我一定尽力而为。我有理由这样做。

美诺 当然。

苏格拉底 好吧,现在让我来试着告诉你什么是形状。看你是否接受这个定义。让我们把形状定义为总是与颜色相伴的东西。你对这个定义满意吗?或者说你希望以别的方式给它下定义?如果你给美德下的定义也和我的定义相似,那么我会感到满意的。

C **美诺** 但这是一个非常幼稚可笑的定义,苏格拉底。

苏格拉底 怎么会呢?

美诺 如果我听明白了你的意思,你说的是形状就是总是与颜色相伴的东西。这个定义真是妙得很,但若有人说他不知道什么是颜色,你这个定义并不能使他对形状的理解变得好些,那么你想你给了他一个什么样的回答呢?

苏格拉底 我给了他一个真实的回答。如果向我提问的人是
D 能干的、爱好争论和吵架的,那么我会对他说,“你已经听到了我的回答。如果它是错的,那么该由你用论证来对它进行驳斥。”然而如果是朋友之间的交谈,就像你我一样,那么作出回答一定要比较温和,这样对讨论更有帮助。我这样说的意思是,不仅要答出真实的答案,而且必须使用提问者熟悉的用语。所以我才对你作出这
E 样的回答。现在请告诉我,你是否知道“终端”这个词,我指的是界限或边界,我在同一意义上使用这些词。普罗狄科也许会和我们争论,但我相信你会说一样事物已经到达终点或终结。我的意思就是这些,并没有什么精妙的含义在内。

美诺 我承认这个观念,我相信自己明白你的意思。

76 **苏格拉底** 你也知道“平面”和“立体”,就像几何学中所说的那样,是吗?

美诺 是的。

苏格拉底 有了这些观念,这下子你就能明白我的形状定义

了。我说所谓形状就是立体所达到的边界,或者说得更简单些,形状就是立体的边界,这个定义适用于形状的所有例子。

美诺 那么你怎样定义颜色?

苏格拉底 你真是坏极了,美诺。你不断地要一个老头回答问题,但自己却拒绝锻炼一下记性,不肯把高尔吉亚的美德定义告诉我。 B

美诺 苏格拉底,等你把颜色的定义告诉我以后,我就会告诉你。

苏格拉底 跟你谈话的任何人都会睁着眼睛瞎说,说你长得很英俊,有许多崇拜者。

美诺 你干吗要这样说?

苏格拉底 因为你就像一个被宠坏了的孩子那样行事,像僭主一样老是破坏法规。你肯定发现我无法抗拒姣好的相貌。好吧,我让步了,把答案告诉你。 C

美诺 务必如此。

苏格拉底 你想要一个出自高尔吉亚的答案吗,这是你最愿意接受的?

美诺 当然要。

苏格拉底 你和他相信恩培多克勒的流射说,是吗?①

美诺 完全相信。

苏格拉底 存在着各种孔道可供流射通过,流射的粒子要在这些孔道中开辟自己的道路吗?

---

① 恩培多克勒(Empedocles)是公元前五世纪后半叶的希腊自然哲学家,他认为任何物体都有连续不断的、细微不可见的元素粒子放射出来。流射粒子进入感官,同成分相同的元素的构成部分相遇,进入合适的孔道,就形成各种感觉。

美诺 是的。

苏格拉底 有些流射适宜进入某些孔道,而其他孔道对它们来说则太粗糙或太纤细。

D **美诺** 你说的对。

苏格拉底 你知道“视觉”这个术语吗?

美诺 知道。

苏格拉底 那么请你依据这些观念,如品达所说:“把握我要说的意思”。[1] 所谓颜色就是从那些与视觉相对应的并可用视觉来察觉的形状中发射出来的流射。

美诺 我认为这个答案好极了。

苏格拉底 这无疑是你习惯的定义。你可能明白它也提供了
E 一种方式,可以用来定义声音、气味和许多相似的东西。

美诺 确实如此。

苏格拉底 是的,这个回答非常健全,所以你喜欢它胜过我那个关于形状的回答。

美诺 对。

苏格拉底 不过,阿勒西得谟之子,我相信另一个回答更好些。我相信,如果你不是像昨天告诉我的那样,在秘仪举行前就离开了,而是呆在那里加入秘仪,那么你就会同意我的看法了。

77 **美诺** 如果你能给我更多这样的回答,苏格拉底,那么我会呆下去的。

苏格拉底 你可以相信我并不缺乏这样做的热情,既是为了你,也是为了我自己,但是我担心自己不能经常这样做。不过,现在该轮到你来实践自己的诺言了,请试着告诉我美德的一般性质。不要再把一弄成多,就像那些幽默作家说的那样,有些人把一个盘

---

① 品达:《残篇》82。

子打成碎片。请保持美德的完整和健全,告诉我什么是美德,就像我已经给你作过的示范那样。

美诺 那么在我看来,苏格拉底,所谓美德,用诗人的话来说 B
就是"有能力获得和享有优秀的事物",我把美德定义为对优秀事物的向往和有能力获得它们。

苏格拉底 当你说一个人想要得到优秀的事物,你的意思是他向往好的事物吗?

美诺 当然是。

苏格拉底 那么你认为有些人向往恶,有些人向往好吗?你 C
认为,并非每个人都想要得到好的事物吗?

美诺 不是每个人都这样想。

苏格拉底 那么你会说某些人把恶当作善,或者说尽管他们知道它们是恶的,但仍旧想要得到它们吗?

美诺 我想说,这两种情况都存在。

苏格拉底 你说什么?你真的认为有人知道什么是恶的,但仍旧想要得到它们吗?

美诺 是的。

苏格拉底 以什么方式?拥有它们吗?

美诺 当然。

苏格拉底 他们相信恶的事物会给恶事物的拥有者带来好处 D
还是伤害?

美诺 有些人相信会带来好处,也有人相信会带来伤害。

苏格拉底 你相信那些认为恶的事物会带来好处的人明白这些事物是恶的吗?

美诺 他们不明白,但我无法真的相信这一点。

苏格拉底 那么事情不就清楚了,那些不知道什么是恶的人 E
并不想得到恶,而是想得到他们认为是善的事物,尽管它们实际上是恶的;而那些由于无知而误将坏事物当作好事物的人想要得到的显然是善,是吗?

美诺 就这些人来说,我认为这样讲是对的。

苏格拉底 那么再来说那些相信恶事物会给它们的拥有者带来伤害的人,他们可能知道自己会被恶事物所伤害,是吗?

美诺 他们肯定知道。

苏格拉底 他们难道会不相信那些被恶事物所伤害的人,无论他是谁,就其被伤害而言,是不幸福的吗?

美诺 他们也必须相信这一点。

78 **苏格拉底** 这种人也是不幸的吗?

美诺 是。

苏格拉底 那么好,会有人想要不幸福和遭遇不幸吗?

美诺 我想不会。

苏格拉底 如果不会,那么就没有人会想要得到恶的东西,因为向往和得到恶的东西结果只能是不幸福,对吗?

B **美诺** 你好像是对的,苏格拉底,无人会想要得到恶的东西。

苏格拉底 你刚才说过,美德就是一种对好事物的向往和获得它们的能力。在这个定义中,这种向往对每个人来说都是共同的,在这方面没有人比他的邻居更好。

美诺 似乎如此。

苏格拉底 所以说,如果有人比其他人更好,那么显然是在能力方面,而按照你的解释,美德就是获得好事物的能力。

C **美诺** 对,我的看法确实就和你现在表达的一样。

苏格拉底 让我们来看这一次你是否抓住了真理。你也许是正确的。你说获得好事物的能力就是美德,是吗?

美诺 是的。

苏格拉底 你说的所谓好东西,是指健康和财富一类的事物吗?

美诺 我把获取金银财宝、高官厚禄也包括在内。

苏格拉底 这些就是你所承认的好事物的类别吗?

美诺 对,我把所有这一类事情都算在内。 D

苏格拉底 好吧。这样说来,按照美诺这位伟大国王的世交的定义来看,美德就是获得金银的能力。你要在“获得”这个词前面加上“正义地和公正地”,还是认为加不加无所谓? 哪怕是非正义的获取,你也仍旧称之为美德吗?

美诺 当然不会。

苏格拉底 那么得称作邪恶?

美诺 一点儿没错。

苏格拉底 由此看来,正义、节制、虔诚或美德的其他部分,必 E
须附加到获取上。否则,尽管它是得到好事物的一种方式,但它决不会是美德。

美诺 不是,没有这些东西,你怎么能有美德呢?

苏格拉底 实际上,如果缺乏金银是无能力去获取的结果,无论是为自己获取还是为他人获取,那么在必须以非正义的方式去获取的情况下,那么无能力获取反而是一种美德。

美诺 似乎应当如此。

苏格拉底 那么获得这样的东西并不比缺乏它们更加合乎美德。我们倒不如说,与正义相伴的东西是美德,而无论它是什么,
而没有这种性质的东西,无论它是什么,都是邪恶的。 79

美诺 我同意,你的这个结论似乎是不可避免的。

苏格拉底 但是几分钟前我们还称这些东西,正义、节制以及其他,是美德的组成部分,是吗?

美诺 是的,我们说过。

苏格拉底 因此看起来,你是在愚弄我。

美诺 怎么会呢,苏格拉底?

苏格拉底 我刚刚才要求你别把美德打成碎片,并且向你示范
B 了我想要的答案的类型,但你并没有注意到我的要求,反而告诉我美德就是正义地获取那些好东西,而你同意正义是美德的一部分。

美诺 没错。

苏格拉底 因此,如果你把正义和其他类似的东西称作美德的组成部分,那么从你自己的论述中可以推论出,正义就是按照正义的某个部分去采取行动。关键在于我想要你给我一个关于作为一个整体的美德的解释,而不是要你告诉我任何表现出美德的某个部分的行为都是美德。就好比你已经告诉过我这个整体是什
C 么,所以我不得不认为你正在把它砍成碎片。在我看来,我必须把同一个老问题再向你提出,亲爱的美诺,这个问题就是:什么是美德?是否只要与美德的一部分相结合,一切行为也就变成美德了。当我们说一切正义地实施的行为就是美德时,是否就是这个意思。你是否认为同一个问题需要再提出来?不知道作为整体的美德是什么,有可能知道美德的组成部分是什么吗?

美诺 我认为不能。

D **苏格拉底** 是不能。如果你还记得,当我刚才回答你那个关于形状的问题时,我相信我们应当拒绝回答那些仍有争议、无法达成一致看法的用语问题。

美诺 我们拒绝,这样做是对的。

苏格拉底 那么请你仍旧这样做。当作为一个整体的美德的性质仍旧有争议时,请别假定你可以对任何人用与美德的部分有关的那些用语来解释美德,或者用其他类似的方式来解释美德。你
E 要明白这样做的话老问题仍旧存在,尚未得到解答;你说到这个美德,那个美德,但到底什么是美德?你认为我这样说是胡说八道吗?

美诺 不是,我认为你说得很有理。

苏格拉底 那么就重头开始回答我的问题。你和你的朋友说,什么是美德?

美诺 苏格拉底,在我见到你以前有人告诉我,你经常在一些
非常明显的真理上犯糊涂,而且还使别人产生困惑。此刻我感到 80
你正在对我使用巫术,在你的符咒控制下我一筹莫展。如果我可以说句无礼的话,那么我想你不仅在外表上,而且在其他方面确实像一条海里的、扁平的魟鱼。无论什么人一碰上它,就会中毒麻
痹,就好像你现在对我做的事一样。我的心灵和嘴唇实际上已经 B
麻木了,什么话也说不出来。尽管我已经在大庭广众之下几十遍、上百遍地谈论过美德,而且谈得非常好,至少我这样认为,但是现在我竟然说不出什么是美德。我想建议你别离开雅典去外国。如果你在其他国家作为一个外国人也这样行事,那么你很可能会被当作一名男巫遭到逮捕。

苏格拉底 你真是个无赖,美诺。我几乎上你的当。

美诺 你这样说什么意思?

苏格拉底 我明白你为什么要对我用那个比喻了。 C

美诺 你怎么会这样想?

苏格拉底 你这样做是为了接下去能与其他事物作比较。我很清楚,所有长得漂亮的人都喜欢打比方,从中取乐。他们在打比方的时候可以被比成最好的东西,因为生来漂亮当然会被比成漂亮的东西。但我并不强迫你把我比成漂亮的东西。在我看来,如果魟鱼只有先麻痹自己然后才能麻痹别人,那么你的比喻是正确的,但若不是这样,你的比喻就不对了。我并非自己知道答案,而去使其他人困惑。倒不如说我自己感到困惑,并把这种感觉也传
染了别人。我们关于美德的讨论就是这样。我并不知道什么是美 D
德。你在与我打交道前知道什么是美德,而现在似乎也不知道了。不管怎么说,我准备和你合作,一起来探讨这个问题。

美诺 但是你连它是什么都不知道,又如何去寻找呢?你会把一个你不知道的东西当作探索的对象吗?换个方式来说,哪怕你马上表示反对,你又如何能够知道你找到的东西就是那个你不知道的东西呢?

E **苏格拉底** 我知道你这样说是什么意思。你明白你提出的是一个两难命题吗?一个人既不能试着去发现他知道的东西,也不能试着去发现他不知道的东西。他不会去寻找他知道的东西,因为他既然知道,就没有必要再去探索;他也不会去寻找他不知道的东西,因为在这种情况下,他甚至不知道自己该寻找什么。

81 **美诺** 对,你认为这是个好论点吗?

苏格拉底 不。

美诺 你能解释一下它错在哪里吗?

苏格拉底 可以。我听一些懂得宗教真理的人说……

美诺 他们说什么?

苏格拉底 我想他们说的事情是真实的,他们说得很好。

美诺 他们说了些什么,他们是谁?

苏格拉底 讲这些事的人是男祭司和女祭司,他们想对这种
B 职业和所起的作用作一番解释。品达,还有许多受神灵激励诗人,也谈论过这种事。他们说过这样一些话,看你是否把他们说的当作真理。他们说,人的灵魂不朽。灵魂在某些时候会死亡,在某些时候会再生,但决不会彻底灭绝。由于这个原因,人今生今世必须尽可能正义地生活。“珀耳塞福涅① 会对这些过去遭受厄运的人

① 珀耳塞福涅(Persephone),希腊神话中的冥后,是主神宙斯与谷物女神得墨忒耳生的女儿。她在地面上采花时,大地突然开裂,冥王哈得斯跳出来把她劫走,带入冥府,强娶为后。为此得墨忒耳悲痛万分,到处寻找,致使田地荒芜,到处饥馑。于是宙斯命令哈得斯每年春天允许珀耳塞福涅回到母亲身边。

进行补偿,每隔九年使他们的灵魂复活,升上天空。从他们中产生 C
高贵的国王,身手敏捷,充满智慧。这些人在后来的时代被称为英雄,受到人们的祭祀。”①

既然灵魂是不朽的,重生过多次,已经在这里和世界各地见过所有事物,那么它已经学会了这些事物。如果灵魂能把关于美德的知识,以及其他曾经拥有过的知识回忆起来,那么我们没有必要
对此感到惊讶。一切自然物都是同类的,灵魂已经学会一切事物, D
所以当人回忆起某种知识的时候,用日常语言说,他学了一种知识的时候,那么没有理由说他不能发现其他所有知识,只要他持之以恒地探索,从不懈怠,因为探索和学习实际上不是别的,而只不过是回忆罢了。

我们一定不能被你引用的这个争吵性的论证引向歧途。它就
像意志薄弱者耳边响起的音乐,会使我们懈怠。而其他的理论会 E
使人们产生寻求知识的冲动,使寻求者信服它的真理。我准备在你的帮助下探索美德的本质。

美诺 我明白了,苏格拉底。但是,你说我们并不在学习,所谓学习只不过是回忆罢了,这样说是什么意思?你能告诉我这是为什么吗?

苏格拉底 我说过你是个小无赖,而现在你又在要求我告诉 82
你为什么我要说没有学习这回事,而只有回忆。你显然是在伺机发现我自相矛盾的地方,以便把我抓获。

美诺 不,说老实话,苏格拉底,我不是这样想的。这只是我的习惯。如果你能以某种方式说明你的话正确,那么就请说吧。

苏格拉底 这不是一件易事,但这既然是你的要求,我还得尽

---

① 品达:《残篇》133。原文为诗歌。

B 力而为。我看到你有许多仆人在这里。随便喊一个过来,我会用他来向你证明我说的正确。

美诺 行。(他对一个童奴说)过来。

苏格拉底 他是希腊人,说我们的语言吗?

美诺 确实如此,他是个家生家养的奴隶。

苏格拉底 那么请你注意听,看他是在向我学习,还是在接受提醒。

美诺 好的。

苏格拉底 (苏格拉底在沙地上画了一个正方形ABCD,然后对那个童奴说)孩子,你知道有一种方的图形吗,就像这个一样?

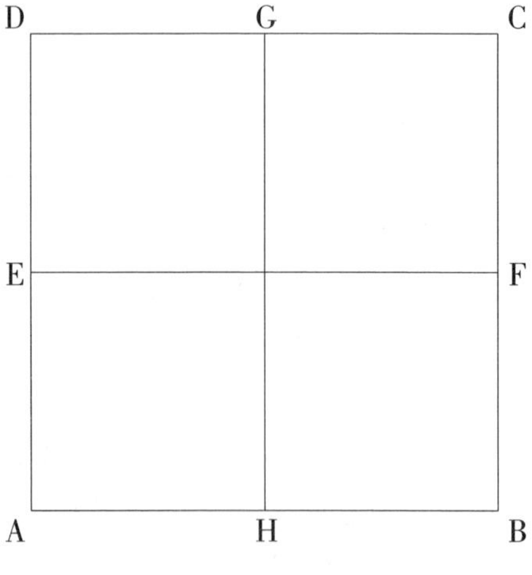

童奴 知道。

C **苏格拉底** 它有四条相等的边吗?

童奴 有。

苏格拉底 穿过图形中点的这些直线也是相等的吗?(线段EF,GH)

童奴 是的。

苏格拉底 这样的图形可大可小，是吗？

童奴 是的。

苏格拉底 如果这条边长两尺，这条边也一样，那么它的面积有多大？你这样想，如果这条边是二尺，而那条边是一尺，那么岂不是马上就可以知道它的面积是二平方尺吗？

童奴 对。

苏格拉底 但是这条边也是二尺长，那么不就应该乘以二吗？ D

童奴 是的。

苏格拉底 二乘二是多少？算算看，把结果告诉我。

童奴 四。

苏格拉底 现在能不能画出一个大小比这个图形大一倍，但形状却又相同的图形，也就是说，画一个所有边都相等的图形，就像这个图形一样？

童奴 能。

苏格拉底 它的面积是多少？

童奴 八。

苏格拉底 那么请告诉我它的边长是多少。现在这个图形的 E
边长是二尺。那个面积是它两倍的图形的边长是多少？

童奴 它的边长显然也应该是原来那个图形的边长的两倍，苏格拉底。

苏格拉底 您瞧，美诺，我并没有教他任何东西，只是在提问。但现在他认为自己知道面积为八平方尺的这个正方形的边长。

美诺 是的。

苏格拉底 但他真的知道吗？

美诺 肯定不知道。

苏格拉底 他以为这个边长也是原来那个正方形的边长的两倍。

美诺 对。

苏格拉底　现在请你注意他是怎样有序地进行回忆的,这是
83 进行回忆的恰当方式。(他接着对童奴说)你说两倍的边长会使图形的面积为原来图形面积的两倍吗?我的意思不是说这条边长,那条边短。它必须像第一个图形那样所有的边长相等,但面积是它的两倍,也就是说它的大小是八(平方)尺。想一想,你是否想通过使边长加倍来得到这样的图形?

童奴　是的,我是想这样做。

苏格拉底　好吧,如果我们在这一端加上了同样长的边(BJ),那么我们是否就有了一条两倍于这条边(AB)的线段?

童奴　是的。

苏格拉底　那么按照你的说法,如果我们有了同样长度的四条边,我们就能作出一个面积为八平方尺的图形来了吗?

童奴　是的。

B **苏格拉底**　现在让我们以这条边为基础来画四条边。(亦即以 AJ 为基准,添加 JK 和 KL,再画 LD 与 DA 相接,使图形完整)这样一来就能得到面积为八平方尺的图形了吗?

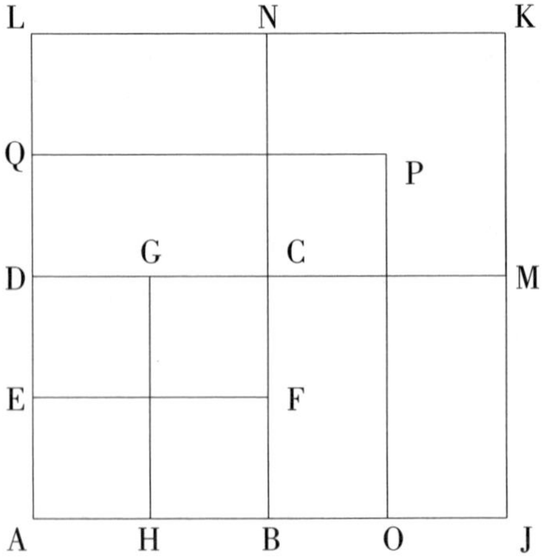

童奴 当然。

苏格拉底 但它不是包含着四个正方形,每个都与最初那个四平方尺的正方形一样大吗?(苏格拉底画上线段 CM 和 CN,构成他所指的四个正方形。)

童奴 是的。

苏格拉底 它有多大?它不是有原先那个正方形的四个那么大吗?

童奴 当然是的。

苏格拉底 四倍和两倍一样吗?

童奴 当然不一样。

苏格拉底 所以使边长加倍得到的图形的面积不是原来的两 C
倍,而是四倍,对吗?

童奴 对。

苏格拉底 四乘以四是十六,是吗?

童奴 是的。

苏格拉底 那么面积为八(平方尺)的图形的边有多长?而这个图形的面积是原先那个图形的四倍,是吗?

童奴 是的。

苏格拉底 好。这个八平方尺的正方形的面积不正好是这个图形的两倍,而又是那个图形的一半吗?

童奴 是的。

苏格拉底 所以它的边肯定比这个图形的边要长,而比那个图形的边要短,是吗?

童奴 我想是这样的。 D

苏格拉底 对。你一定要怎么想就怎么说。现在告诉我,这个图形的边是二尺,那个图形的边是四尺,是吗?

童奴 是的。

苏格拉底 那么这个八平方尺的图形的边长一定大于二尺,小于四尺,对吗?

童奴 必定如此。

E **苏格拉底** 那么试着说说看,它的边长是多少。

童奴 三尺。

苏格拉底 如果是这样的话,那么我们该添上这条边的一半(画 BJ 的一半 BO),使它成为三尺吗?这一段是二,这一段是一,而在这一边我们同样也有二,再加上一,因此这就是你想要的图形。(苏格拉底完成正方形 AOPQ)

童奴 对。

苏格拉底 如果这条边长是三,那条边长也是三,那么它的整个面积应当是三乘三,是吗?

童奴 看起来似乎如此。

苏格拉底 那么它是多少?

童奴 九。

苏格拉底 但是我们最先那个正方形的面积的两倍是多少?

童奴 八。

苏格拉底 可见,我们即使以三尺为边长,仍旧不能得到面积为八平方尺的图形?

童奴 对,不能。

苏格拉底 那么它的边长应该是多少呢?试着准确地告诉我
84 们。如果你不想数数,可以在图上比划给我们看。

童奴 没用的,苏格拉底,我确实不知道。

苏格拉底 请注意,美诺,他已经走上了回忆之路。开始的时候他不知道八平方尺的正方形的边长。他刚才确实也还不知道,但他以为自己知道,并且大胆地进行回答,并以为这样做是恰当
B 的,并没有感到有什么困惑。然而现在他感到困惑了。他不仅不

知道答案,而且也不认为自己知道。

美诺 你说得非常对。

苏格拉底 与不知道相比,他现在不是处在一个较好的状态中吗?

美诺 我承认这一点。

苏格拉底 我们使他感到困惑,使他像遭到魟鱼袭击那样感到麻木,这样做给他带来任何伤害了吗?

美诺 我认为没有。

苏格拉底 实际上,我们在一定程度上帮助他寻找正确的答
案,因为他现在虽然无知,但却很乐意去寻找答案。到目前为止,
他一直以为自己能够在许多场合,当着许多人的面,夸夸其谈,谈 C
论如何得到某个相当于某个给定正方形的面积两倍的正方形,并
坚持说只要使原有正方形的边长加倍就能得到这个正方形。

美诺 他确实是这样的。

苏格拉底 在产生困惑、明白自己无知、有求知的欲望之前,尽管他事实上并不知道答案,但他以为自己知道,在这种情况下他还会去试着寻求或学习吗?

美诺 不会。

苏格拉底 那么使他麻木一下对他来说是好事吗?

美诺 我同意。

苏格拉底 现在请注意,从这种困惑状态出发,通过与我共同
探索真理,他会有所发现,而我只是向他提问,并没有教他什么。 D
如果我给他任何指点或解释,而不是仅就他自己的意见向他提问,
那么你就随时抓住我。

(此时苏格拉底擦去先前的图形,从头开始画)

孩子,告诉我,这不就是我们那个面积为四的正方形吗?(ABCD)

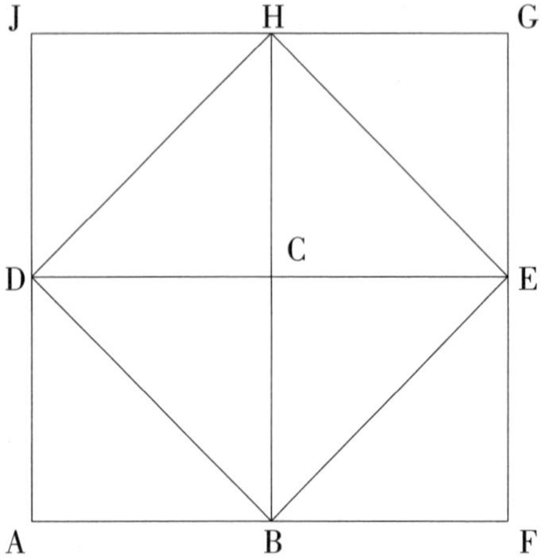

童奴 是的。

苏格拉底 我们还能再加上另一个相同的正方形吗?(BCEF)

童奴 能。

苏格拉底 还能在这里加上与前两个正方形相同的第三个正方形吗?(CEGH)

童奴 能。

苏格拉底 还能在这个角落上添上第四个正方形吗?(DCHJ)

童奴 能。

E **苏格拉底** 那么我们有了四个同样的正方形,是吗?

童奴 是的。

苏格拉底 那么整个图形的大小是第一个正方形的几倍?

童奴 四倍。

苏格拉底 我们想要的正方形面积是第一个正方形的两倍。你还记得吗?

童奴 记得。

苏格拉底 现在你看,这些从正方形的一个角到对面这个角的线段是否把这些正方形都分割成了两半? 85

童奴 是的。

苏格拉底 这四条相同的线段把这个区域都包围起来了吗?(BEHD)

童奴 是的。

苏格拉底 现在想一想,这个区域的面积有多大?

童奴 我不明白。

苏格拉底 这里共有四个正方形。从一个角到它的对角画直线,这些线段把这些正方形分别切成两半,对吗?

童奴 对。

苏格拉底 在这个图形中(BEHD)一共有几个一半?

童奴 四个。

苏格拉底 那么,在这个图形中(ABCD)有几个一半呢?

童奴 两个一半。

苏格拉底 四和二是什么关系?

童奴 四是二的两倍。

苏格拉底 那么这个图形的面积有多大?

童奴 八(平方尺)。 B

苏格拉底 以哪个图形为基础?

童奴 以这个为基础。

苏格拉底 这条线段从这个四平方尺的正方形的一个角到另一个角吗?

童奴 是的。

苏格拉底 这条线段的专业名称叫“对角线”,如果我们使用这个名称,那么在你看来,你认为以最先那个正方形的对角线为边长所构成的正方形的面积是原正方形的两倍。

童奴 是这样的,苏格拉底。

苏格拉底 你怎么想,美诺?他的回答有没有使用不属于他自己的意见?

C **美诺** 没有,全是他自己的。

苏格拉底 但是我们几分钟前认为他并不知道这个答案。

美诺 对。

苏格拉底 那么这些意见存在不存在于他身上的某个地方呢?

美诺 在。

苏格拉底 所以一个无知者可以对某个他不具有知识的主题具有正确的意见。

美诺 似乎如此。

苏格拉底 这些新产生的意见在目前阶段具有梦一般的性质。但若在许多场合以不同的方式向他提出同样的问题,你就能
D 看到最后他会对这个主题拥有和其他任何人一样准确的知识。

美诺 很可能。

苏格拉底 这种知识不是来自于传授,而是来自于提问。他会为自己恢复这种知识。

美诺 对。

苏格拉底 在他身上发生的恢复知识不也就是回忆吗?

美诺 是的。

苏格拉底 要么说他在某个时候获得了他现在拥有的知识,要么说他始终拥有知识。如果他始终拥有知识,那么他必定始终
E 知道;但另一方面,如果说他在从前某个时候没有获得知识,那么他今生就不可能拥有这种知识,除非某人教他几何学。他会以同样的方式表现出他所拥有的全部几何知识,对其他学问也是如此。

那么,有人教过他这些东西吗? 你肯定是知道的,尤其他就是在你家里长大的。

美诺 没错,据我所知,从来没有人教过他。

苏格拉底 那么他有没有这些意见呢?

美诺 我们似乎无法说他没有。

苏格拉底 如果他的意见不是今生得来的,那么岂不是马上就可以清楚地表明他是在其他时候拥有和学到这些意见的吗?

美诺 似乎如此。 86

苏格拉底 当他还没有具有人形的时候吗?

美诺 是的。

苏格拉底 如果他以现在这种形式存在,当他还不是人的时候,这种意见就已经在他那里存在了,那么我们可以说他的灵魂永远处于有知识的状态,是吗? 很清楚,他要么是人,要么不是人。

美诺 这一点很清楚。

苏格拉底 如果关于实在的真理一直存在于我们的灵魂中, B
那么灵魂必定是不朽的,所以人们必须勇敢地尝试着去发现他不知道的东西,亦即进行回忆,或者更准确地说,把它及时回想起来。

美诺 我似乎有理由相信你是正确的。

苏格拉底 是的。我不想发誓说我的所有观点都正确,但有一点我想用我的言语和行动来加以捍卫。这个观点就是,如果去努力探索我们不知道的事情,而不是认为进行这种探索没有必要,因为我们决不可能发现我们不知道的东西,那么我们就会变得更好、更勇敢、更积极。

美诺 在这一点上我也认为你的看法肯定正确。 C

苏格拉底 既然我们同意探索某些自己不知道的事情是对的,那么你是否打算和我一道面对这个问题:"什么是美德?"

美诺 我打算这样做。但我宁可考虑一下开头提出来的那个
问题,并且听听你的看法。这个问题就是:我们把美德当作一种可
D 教的东西,还是一种自然恩赐的禀赋,它是以什么方式来到人这里
的?

苏格拉底 如果你也和我自己一样听从我的吩咐,美诺,那么
我认为在回答出那个主要问题——什么是美德——之前,我们都
不应当去探讨美德是否能教的问题。我认为你很看重自己的自
由,所以你不仅对自己的行为不加约束,而且还想支配我的行
为。你成功了,我让你按自己的想法去做。没别的办法了,我们
E 只好在对其基本性质仍旧茫然无知的情况下去探讨美德的某个性
质。不过请你保证,你得把节奏放慢一些,使我有时间考虑美德
是否能教,你也要使用假设一类的东西,我指的是几何学家在探
讨问题时经常使用的那种假设。比如,有人问几何学家,某个处
于给定的圆中的三角形,其大小有无可能就是某个给定的图形的
87 大小,那么几何学家可能会答道,“我还不知道它能否满足这些
要求,但我想用假设来帮助解决这个问题。假定这个给定的图形
是个长方形,那么我会把它拿去与那条给定的线(亦即直径)作
比较,如果与另一个同类的长方形相比,它是不足的,那么我会
说出一种结果来;如果它不是不足的,那么结果也就不同了。所
B 以,如果你要我描述圆中的这个图形,说出它的大小是否可能与
另一个图形的大小相等,那么我打算以这种假设的方式来回答
你。”

让我们对美德也采用同样的方法。由于我们不知道它是什么
或它像什么,因此让我们采用假设来进行研究,要么假定它是可教
的,要么假定它是不可教的。我们会说:“如果美德是可教的或不
可教的,那么美德一定是灵魂的什么属性呢?”首先,如果美德不是
知识,那么人们有可能教它吗?或者用我们刚才使用过的语言,有

可能提醒其他人吗？我们不必过多地顾忌用什么名称来称呼这个过程，而只需要问美德可教吗？人所教的都是知识，这一点不是很清楚吗？ C

美诺 我也这样想。

苏格拉底 但另一方面，如果美德是某种知识，那么它显然可教。

美诺 当然。

苏格拉底 那么这个问题就容易解决了，我的意思是可以问美德在什么条件下可教。

美诺 请说下去。

苏格拉底 我想，接下去我们就要判定美德是知识还是别的什么不同的东西。

美诺 这是第二个问题，我同意。 D

苏格拉底 好吧，我们断定美德是好东西吗？这个假定对我们来说牢靠吗？

美诺 确定无疑。

苏格拉底 那么，如果有什么好东西并不来自于知识，或与知识无关，那么美德就不一定是某种形式的知识了。但另一方面，知识若是包含一切好东西，那么我们可以怀疑美德是不是知识。

美诺 我同意。 E

苏格拉底 那么美德使我们变好吗？

美诺 是的。

苏格拉底 如果是好的，那么就是有益的。一切好的事物都是有益的，对吗？

美诺 对。

苏格拉底 所以美德本身也一定是有益的，对吗？

美诺 这一点也可以推论得出来。

苏格拉底 现在假定我们考虑什么样的事物对我们有益。把它们列举出来。我们会说气力、美貌、财富,这些东西以及与此相同的东西我们称之为有益的,你同意吗?

美诺 同意。

88 **苏格拉底** 然而我们还说过,这些事物有时候也会带来伤害。你反对这种说法吗?

美诺 不反对,是这么回事。

苏格拉底 现在请注意。在这里决定这些事物有益还是有害的最主要因素是什么?正确地使用它们使之成为有益的,缺乏正确的使用使之成为有害的,是吗?

美诺 当然是。

苏格拉底 我们还必须考虑一些心灵的性质。你知道这些性质,比如节制、正义、勇敢、聪明、记忆力强、品格高贵,等等,是吗?

B **美诺** 是的,我当然知道。

苏格拉底 那么请假定这些性质不是知识而是别的什么东西。你不认为它们既可以是有益的也可以是有害的吗?拿勇敢来说,不谨慎的自信就是鲁莽。无理性的自信对人有害,有理性的自信对人有益,是吗?

美诺 是的。

苏格拉底 节制和聪明也一样。与智慧相连,学习和纪律是有益的,但若没有智慧,学习和纪律是有害的。

美诺 这样说肯定是正确的。

C **苏格拉底** 简言之,人的心灵所祈求或承受的一切,如果在智慧的指导之下,结局就是幸福;但如果在愚蠢的指导之下,其结局只能相反,是吗?

美诺 这个结论是合理的。

苏格拉底 那么如果美德是心灵的一种属性,并且人们都认为它是有益的,那么它一定是智慧,因为一切心灵的性质凭其自身
既不是有益的也不是有害的,但若有智慧或愚蠢出现,它们就成为 D
有益的或有害的了。如果我们接受这个论证,那么美德作为某种有益的事物,一定是某种智慧。

美诺 我同意。

苏格拉底 再来看我们刚才提到过的这些东西,比如财富等等,我们刚才说过它们有时候是好的,有时候是有害的,这些事物和我们说的心灵的性质不也一样吗?有智慧支配我们的身体冲动,就可以使这些东西成为有益的,而在愚蠢的支配下它们就变成
有害的,在心灵的正确使用和控制下,这些物质财富成为有益的, E
而错误的使用它们则使之成为有害的。

美诺 确实如此。

苏格拉底 聪明人的心灵是正确的使用者,愚蠢者的心灵是错误的使用者。

美诺 是这么回事。

苏格拉底 所以,一般说来,这些非心灵事物之善取决于我们
心灵的性格,而心灵本身的东西要成为善的,取决于智慧。这个论 89
证表明智慧一定是有益的成分,而我们同意美德是有益的,二者相合,所以我们可以说,美德整个地或部分地是美德。

美诺 这个论证在我看来似乎相当公允。

苏格拉底 如果这个论证成立,那么好人并非生来就是善的。

美诺 我认为也不是。

苏格拉底 还有一个论据是这样的。如果有天生的善人,那 B
么在我们中间就很可能有这方面的专家,能在孩童中把天生的善人识别出来。这些专家会告诉我们谁是天生的善人,而我们会把

他们带往卫城,[①] 安全地圈养在那里,在门上贴上封条,比保管金条还要小心,不让他们受到腐蚀,确保他们成年时可以为国家所用。

美诺 听起来像是这么回事。

C **苏格拉底** 既然善并非天生的,那么它是通过学习得来的吗?

美诺 我看不出如何能够避免这样的结论。因为我们的假设显然告诉我们,如果美德是知识,那么它是可教的。

苏格拉底 我也这样想。但是,把我们自己捆绑在这个假设上,我怀疑这样做是否正确。

美诺 这个假设刚才还是好好的。

苏格拉底 对,但是我们要使它健全,不仅要它"刚才"好,而且要使它现在和将来都好。

D **美诺** 这当然没错。但是,为什么你要掉过头来反对这个假设,并对美德是知识表示怀疑呢?

苏格拉底 让我来告诉你。如果美德是知识,那么它一定可教,我并没有从这一立场后退。但就美德是知识而言,请看我的怀疑是否有理。如果一切事物,而不仅是美德,都可能成为教育的主题,那么一定不会有教师和学生了,对吗?

美诺 肯定对。

E **苏格拉底** 反过来说,如果关于某个主题,既没有教师也没有学生,那么我们可以保险地推论出这个主题是不可教的,对吗?

美诺 对。但你不是认为有美德的教师吗?

---

① 在希腊文中,卫城(Acropolis)这个组合词由Acros(高)和polis(城、城邦)组成,意思是设防的居民聚居点。卫城最早建在山上或高地上,便于防守,后来由于耕作的发展和定居的需要,也建在平坦的地方或河畔,以城墙和城堡为防卫,遂成为拥有生产场所和宗教生活中心的城市。一个城市加上周围面积大小不等的乡村,成为城邦。

苏格拉底 我说的是，我经常在寻找，想知道有没有美德的教
师，尽管我竭尽全力，还有许多人和我一起寻找，我相信这些同伴
在这方面是最有经验的，但我仍旧没能找到。但是你瞧，美诺，我
们的运气来了。阿尼图斯刚刚在我们边上坐了下来。让他成为我 90
们的同伴一起来探索，没有比这更好的事了。首先，我们得说他是
安塞米翁之子。安塞米翁有很多财产，是个聪明人。他得到这些
钱财不是由于出身显贵或来自馈赠，就像底比斯的伊司美尼亚不
久前碰上克娄苏般的运气，而是凭他的智力和艰苦的工作赚来的。
此外，安塞米翁是个好公民，言行举止非常体面和庄重，从不傲慢、
自夸和冒犯他人。还有，安塞米翁把他的儿子抚养成人，给了他恰
当的教育，这是雅典人交口称赞的。你瞧，他们选他担任城邦的最 B
高公职。我们要找的就是这样的人，我们可以问他有无美德的教
师，如果有，他们是谁。

美诺，他是你的家族的一位朋友，也是我的朋友。阿尼图斯，
请你帮助我们找出谁是这个方面的教师。请这样想，如果我们想
使美诺成为一名好医生，难道我们不应该把他送到医生那里去接 C
受教育吗？

阿尼图斯 当然应该。

苏格拉底 如果我们想使他成为一名鞋匠，那么送他去见鞋匠？

阿尼图斯 是的。

苏格拉底 其他行业也一样吗？

阿尼图斯 是的。

苏格拉底 现在是另一个相关的问题。当我们说要使美诺成
为一名医生应当把他送到医生那里去的时候，我们心里应该明白
要送他去见懂行的人，而不是去见不懂行的人。这些并不懂行的 D
人教人学手艺要收费，还声称无论谁愿意来学，他们都准备教他。

是吗?

阿尼图斯 是的。

E **苏格拉底** 对吹笛子和其他行当来说肯定也一样。如果你想使某人成为一名吹笛手,但又拒绝送他去见教这门技艺的人,拒绝付费,反而要去麻烦其他那些并不想做这方面的教师、不愿收学生的人,想从他们那里学到我们想要我们的青年学习的技艺,那么这样做是很愚蠢的。这样说不是非常合理吗?

阿尼图斯 我应当说,如果拒绝的话是极为愚蠢的。

91 **苏格拉底** 我同意。现在我们可以一起来向我们的来访者美诺询问了。他已经告诉我们,他渴望能够获得使男人能够管理家庭或统治城邦的那种智慧和美德,有了这种智慧和美德,就能够照顾好他们的父母,也能恰当地款待客人,无论是自己的同胞还是外
B 邦人。要做到这一点,我们该把他送去见谁呢?我们刚才说的话似乎表明应当把他送去见那些自称为美德教师的人,他们愿意为任何愿意来学的希腊人提供服务,并为他们提供的教育收取额定的学费。

阿尼图斯 你指的是谁,苏格拉底?

苏格拉底 你肯定明白我指的是那些被称作智者的人。

C **阿尼图斯** 我的天哪!我希望我的亲朋好友,无论是雅典人还是外邦人,没有人会去向这些人学习,免得被他们腐蚀了,这样做简直是发疯。他们就是这样,无论谁与他们打交道,都肯定会被他们带坏。

苏格拉底 你在说什么,阿尼图斯?他们竟会如此不同,不仅不能像其他行业的人那样,用知识对他人托付给他们保管的东西
D 行善,反而要糟蹋它们,并且还要厚颜无耻地为这种行为收费?我感到很难相信你。我只知道智者中有一位普罗泰戈拉,他当智者挣到的钱比一个像斐狄亚斯这样杰出的建筑师再加十个雕刻匠挣

到的钱还要多。修鞋匠和裁缝，如果过了一个月还不能补好鞋子 E
和衣服上的洞，甚至把它们弄得更破了，那么他很快就得饿死。而
普罗泰戈拉在整个希腊招收学生 40 年，腐蚀他们，学生离开他时
比刚来的时候还要坏，这确实令人难以置信。我相信他死的时候
已近 70 岁，从事这个行业也已经有 40 年，从那时起到今天为止，
他的声誉一直很高。除了普罗泰戈拉以外还有许多智者，有些在
他之前，有些到现在还活着。照你看来，他们是在故意欺骗和败坏 92
青年，还是并不明白自己在干些什么？这些极为能干的人这样做，
是像有些人所认为的那样发疯了吗？

阿尼图斯 并非如此，苏格拉底。发疯的不是他们，而是那些
向他们付钱的青年，还有那些对青年负有责任的人，是他们把这些 B
青年交到智者手中的，这些人更坏。最坏的是那些允许智者到来
而不把他们赶走的城邦，无论智者是外邦人还是想要尝试这种技
艺的本邦公民。

苏格拉底 有哪个智者给你个人带来过什么伤害吗？或者
说，你为什么那么恨他们？

阿尼图斯 天哪，没有！我从来没有和任何一名智者打过交
道，我也没听说过我家里的人这样做过。

苏格拉底 所以你对他们根本没有任何经验可谈？

阿尼图斯 我也不想要有这种经验。

苏格拉底 你令我感到惊讶。如果你对某个事物没有任何经 C
验，那么你怎么知道它是好还是坏？

阿尼图斯 这很容易。无论我对它有无经验，但毕竟我知道
它属于哪一类事物。

苏格拉底 我想这是次要的，根据你自己说的话，我无法想象
你是如何知道它们的。不过，我们要问的不是谁的教育会败坏美
诺的品性。如果你愿意的话，让我们笼统地说是智者，而不是具体 D

地说出我们想要问的那个人。假如你回到父亲家里,让你父亲的一个朋友知道在我们这个伟大的城邦里应该向谁去学习我刚才描述过的那种美德,使自己德行圆满,那么你确实是在对他行善了。

阿尼图斯 你为什么自己不去告诉他?

苏格拉底 噢,是的。我确实提到过有些人在我看来是在教
E 这些事情,但我显然是在胡说八道。所以还是请你来说,你的看法可以很正确。现在就请你来指点他,把你喜欢提到的任何雅典人的名字告诉他。

阿尼图斯 为什么要提到某个具体的人?他碰到的任何一位体面的雅典公民都能够比智者更能使他变好,只要他能听取建议。

苏格拉底 那么这些公民同时也应当具有一种优秀的品质,
93 也就是自我教育,还能把这种不需要别人教的美德教给别人,是吗?

阿尼图斯 我认为他们是从和他们一样地拥有这种品质的人那里学来的。你否认在我们的城邦里有许多好人吗?

苏格拉底 不否认。正好相反,雅典现在有许多好政治家,过去也很多。问题在于,他们也是他们自身美德的好教师吗?这是我们正在讨论的要点,我们问的并不是雅典有无好政治家,或过去
B 有无好政治家,而是美德能否教。这个问题就相当于是,现在和过去有无好人知道如何把他们自身的善传递给别人,或者说这种东西是不能传递和接受的。这才是美诺和我长时间感到困惑的问
C 题。还是想想你自己对这个问题怎么看吧。你会说塞米司托克勒是个好人吗?

阿尼图斯 是的,没有比他更好的人了。

苏格拉底 如果有人可以成为他自身美德的好教师的话,他一定是这样的人,对吗?

阿尼图斯 如果他想成为这样的人,我想是这样的。

苏格拉底 但是你难道不认为他肯定也想要别人成为高尚的人，尤其是他的儿子，对吗？你认为他会妒忌这一点，因此故意不把自己的美德传给他的儿子吗？你一定听说过，他使自己的儿子 D
克莱俄芳图得到良好的训练，这个青年骑术精湛，能直立在马背上投镖枪，还有其他高超的技艺，因为他父亲像一名好教练一样在尽可能教他，使他在各方面都很在行。你一定从老一辈那里听说过这件事，是吗？

阿尼图斯 是的。

苏格拉底 那么没有人可以说这个孩子在天赋能力上有任何毛病，对吗？

阿尼图斯 也许没有。 E

苏格拉底 但是你是否曾听任何人，青年或老人，说过塞米司托克勒之子克莱俄芳图像他父亲一样是个好人和聪明人呢？

阿尼图斯 肯定没有。

苏格拉底 那么我们的结论必定是，塞米司托克勒的教育旨在使他的儿子在其他技艺上取得成就，而不是为了使他的儿子具有像他自己那种类型的智慧，比他的邻居更善良。这样的结论不就假定了美德能教吗？

阿尼图斯 我几乎并不认为我们能这样做。

苏格拉底 关于塞米司托克勒能否做一名美德教师我们已经谈论了很多，你本人认为他是从前最优秀的人物之一。让我们再 94
举一个例子，吕西玛库之子阿里斯底德。你认为他是个好人吗？

阿尼图斯 肯定是。

苏格拉底 他也给了他的儿子吕西玛库[1] 雅典最好的教育，凡有教师传授的那些科目他都学习过，但是他使吕西玛库成为比

---

① 此处的吕西玛库与其祖父同名。参阅《拉凯斯篇》179A。

他的邻居更加善良的人了吗？我想你是认识他的，能说出他长得
B 什么样。或者我们还可举伯里克利这位伟大的、聪明的人为例。
他把两个儿子抚养成人，帕拉卢斯和克珊西普，让他们接受骑术、
音乐、体育，以及其他各种技艺，直到他们和其他雅典人一样精通
为止。但他不也没有能够使他们成为善人吗？无疑，伯里克利想
这样做，但我担心这种事并非可以通过教育来完成的。假如你认
C 为只有很少一些微不足道的小人物缺乏这种能力，那么就想一想
修昔底德，他也有两个儿子，美勒西亚和斯特芳，给过他们极好的
教育。除了拥有其他本领外，他们还是雅典最好的摔跤手，因为修
昔底德把一个儿子送到克珊西亚那里去接受训练，另一个送到克
多克索那里去，我想这两人被公认为他们那个时代最优秀的摔跤
手。你记得吗？

阿尼图斯　我听说过他们。

苏格拉底　如果美德能教的话，那么修昔底德确实从来没有
D 让他的孩子去学习那些花费昂贵的技艺，他拒绝让人教他们行善。
这样说对吗？你总不会告诉我，修昔底德是个微不足道的人，或者
说他在雅典和那些结盟的城邦中没有很多朋友吧？他出身于一个
声名显赫的家族，他的家族在此地和在希腊其他地方都是一股强
大的力量。假定美德能教，又假定繁忙的公务使他没有时间亲自
E 对儿子进行美德教育，那么他能找到别人来教育他的儿子，在我们
自己的公民中间找，或是到外邦去找。但是，我亲爱的阿尼图斯，
美德看起来是不能教的。

阿尼图斯　苏格拉底，我认为你太容易得罪人了。如果你能
听取我的建议，那么你还是小心点为好。我要大胆地说一句，在所
95 有城邦里要伤害一个人比对他行善要容易得多，此地也一样，我希
望你能知道你自己。

苏格拉底　阿尼图斯好像生气了，美诺，但我并不感到惊讶。

他以为我正在诬蔑我们的政治家，还自认为是他们中的一员。他不知道什么才是真正的诬蔑，如果他知道的话，那么他会原谅我的。

不过，还是由你自己来告诉我吧。你的国家不也同样有许多优秀人物吗？

美诺 对，肯定有。

苏格拉底 他们用自己的德行去教育青年吗？他们认为美德 B
可教，而自己是教师吗？

美诺 不是这样的，他们的意见很不一致。你会听到他们有时候说美德可教，有时候说美德不可教。

苏格拉底 我们得把那些认为美德不可教的人划入美德教师这类人吗？

美诺 我想这样做几乎是不可能的。

苏格拉底 惟一自称传授美德的智者怎么样？你认为他们是在这样做吗？

美诺 在这件事上我特别敬重高尔吉亚，苏格拉底，他从来没 C
有这样说过，当他听到别的智者这样说的时候，还嘲笑过他们。在他看来，他自己要做的就是使人成为能干的演说家。

苏格拉底 所以你也并不认为智者是教师，是吗？

美诺 我确实不知道该怎么说。我像大多数人一样摇摆不定，有时候我认为他们是教师，有时候我认为他们不是。

苏格拉底 你难道不明白你和我们的政治家在这件事上并不孤立？诗人塞奥格尼也一样，在一个地方说美德可教，在另一个地方说美德不可教。

美诺 真的吗？在什么地方？ D

苏格拉底 在他写的哀歌中。他说："与权贵们一道吃喝座谈，不要嘲笑这种想要博得大人物欢心的做法。因为优秀人的教导能赢得他们,而与下等人的交往会毁掉他们的智慧。”[1] 在这个地方他似乎在说美德能教,是吗?

美诺 显然是。

苏格拉底 但在别处他稍微改变了一下他的看法。他说:“心
灵被人们所创造的技艺填满,就像巨大的酬劳塞满了口袋。”他说
的口袋是指那些有技艺的人的口袋。他还说:“好人的儿子有聪明
96 人的指导不会变坏,但是没有一位教师的技艺能把已经造坏了的
心灵变好。”[2] 你瞧他是多么自相矛盾?

美诺 显然是的。

苏格拉底 你还能说出有其他哪个行业,其中那些自称是这
一行业教师的人不仅不被认为是教师,而且还被认为根本不懂行,
B 并不擅长他们自称能教的那个科目,而那些被承认是这一行中最
优秀的人却对它是否能教心怀二意吗?当他们自己对这个问题的
看法如此混乱不堪的时候,你能说他们是真正的教师吗?

美诺 肯定不能。

苏格拉底 那么好,如果智者和那些自身具有优秀品质的人都不是美德的教师,我敢肯定其他人也不是;如果连教师都没有,那么也不会有学生。

美诺 我非常同意。

C **苏格拉底** 我们还取得过一致意见,一个既无教师又无学生
的科目不是能教的科目。

美诺 是这么回事。

苏格拉底 我们看到美德这个主题既无教师又无学生,所以美德似乎是不可教的。

---

[1] 塞奥格尼:《哀歌》第33行以下。原文为诗体。

[2] 同上书,第435行以下。

美诺 如果我们没有搞错，那么是这么回事。但是苏格拉底， D
使我感到困惑的是，要么根本就没有好人，要么有好人，如果有好人，那么他们又是如何产生的呢。

苏格拉底 我怀疑你和我都不那么好，美诺。我们的老师高尔吉亚和普罗狄科没有对我们进行恰当的训练。我们得把自己拎
在手中，去寻找某个能用钩子来使我们变好的人。我之所以这样 E
说是因为我对最近的一场讨论还记忆犹新，我们的看法相当荒唐，竟然没能看到只有在知识的指引下，人的行为才能善良和正确。我相信正是这一点在妨碍着我们弄清人是如何被造就为好人的。

美诺 你这是什么意思？

苏格拉底 是这样的，我们不是同意过好人必定是有益的或 97
有用的吗？除此之外，不可能再是别的什么了，对吗？

美诺 对。

苏格拉底 我们又同意如果好人正确地管理着我们的事务，那么他们就是有用的。这样说也是对的吗？

美诺 是的。

苏格拉底 但是我们坚持知识是一种必不可少的先决条件，在这个地方我们好像犯了错误。

美诺 怎么会呢？

苏格拉底 让我来解释一下。如果有人知道去拉利萨的路，或者随你喜欢去别的什么地方，那么当他要带着别人去那里时，他是一个好向导，一个能干的向导。你同意吗？

美诺 当然同意。

苏格拉底 但若一个人能够正确地判断该走哪条路，那么尽 B
管他从来没有去过那里，也不知道该走哪条路，他不也能正确地带领其他人到达目的地吗？

美诺 对,他能够做到。

苏格拉底 只要他对那件其他人拥有知识的事情拥有正确的意见,那么他也会像一名向导一样好,他相信真理,但并不知道真理。

美诺 没错。

苏格拉底 因此对行动正确这一目的来说,正确的意见也像知识一样可以起到一个好向导的作用。这就是我们刚才在讨论美
C 德的性质时出差错的地方,我们当时说知识是正确行动的惟一向导。现在看起来,正确的意见也是正确行动的向导。

美诺 似乎如此。

苏格拉底 所以正确的意见有时候并不比知识的用处少。

美诺 差别仅在于有知识的人会一直获得成功,而有正确意见的人只在某些时候获得成功。

苏格拉底 什么?有正确意见的人也不能一直成功吗?

美诺 我认为肯定如此。在这种情况下令我感到困惑的就
D 是,为什么知识应当比正确意见得到更高的奖励,而知识与正确的意见为什么会有区别。

苏格拉底 要我告诉你感到困惑的原因吗,或者说,你知道这个原因?

美诺 不知道,你告诉我吧。

苏格拉底 因为你没有看到代达罗斯的雕像。在你们国家里也许没有他的雕像。

美诺 你干吗要这样说?

苏格拉底 如果不把这些雕像捆绑起来,它们就会逃跑。如果捆住它们,它们就会呆在原来安放它们的地方。

美诺 是这样的吗?

E **苏格拉底** 如果你有一个未加捆绑的达代罗斯的作品,那么

它不值什么钱,因为它会像一个逃跑的奴隶一样溜走。但是一件捆绑住的作品,那就非常值钱了,因为它们都是伟大的杰作。我可以说,正确的意见也一样。正确的意见只要能够固定在原处不动,那么它是一样好东西,可以用它来做各种好事,可惜的是它们不会
在一个地方呆很久。它们会从人的心灵中逃走,所以不用理性来 98
把它们捆住,它们就没有什么价值。我亲爱的美诺,这个过程就是回忆,我们在前面已经对此表示同意了。它们一旦被捆绑住,也就变成知识,成了稳定的东西。这就是知识有时候比正确意见更有价值的原因。有无捆绑是二者的区别。

美诺 没错,确实像你说的一样,是这么回事。

苏格拉底 当然了,我正在这里使用比喻,而不是知识。但是 B
我敢肯定,说正确意见和知识有区别并非仅仅是一种猜测。我可以声称自己几乎不知道什么东西,但在意见和知识的问题上,我至少可以说这一点我是知道的,除此之外我还能说自己知道什么呢?

美诺 你说得很对。

苏格拉底 当正确的意见支配着行动过程的时候,会产生像知识一样好的效果,这样说也是正确的吗?

美诺 是的,我认为这样说也对。

苏格拉底 所以对某个实际目的来说,正确意见的作用并不 C
比知识小,拥有正确意见的人并不比有知识的人用处小。

美诺 是这样的。

苏格拉底 我们现在已经同意好人是有用的。

美诺 对。

苏格拉底 再综合复述一下。假定有好人,他们对社团有用,
那么不仅是知识在使之所以然,而且正确的意见也能起这样的作 D
用,它们都不是天生的,而是获得的。或者说,你认为它们都是天生的吗?

美诺 不是。

苏格拉底 如果二者都是获得的,那么好人本身之所以好并非天生的。

美诺 对。

苏格拉底 如果是这样的话,那么我们要探讨的下一个问题就是他们的善是否一种可教的东西。我们明确说过,如果美德是知识,那么它是可教的,反之亦然,美德若是可教的,那么它是知识。

美诺 对。

E **苏格拉底** 其次,若是有美德的教师,那么美德是可教的;但若一个美德的教师也没有,那么美德是不可教的。

美诺 是这样的。

苏格拉底 但我们同意过不存在美德的教师,所以美德不可教,不是知识。

美诺 对。

苏格拉底 我们同时还同意存在着好的东西,但它的有用和好取决于正确的指导。

美诺 对。

99 **苏格拉底** 正确的意见和知识可以用来指导我们正确行事,拥有它们的人可以成为真正的向导。我们可以把偶然性排除在外,因为凭着偶然性行事也就是没有人的指导。我们可以说,在有人的指导以达到正确目的地方,正确的意见和知识就是两个指导性的原则。

美诺 对,我同意。

B **苏格拉底** 现在,由于美德不可教,我们无法再相信它是知识,所以我们这两条好的和有用的原则中有一条就被排除了,知识并非公共生活的向导。

美诺 不是。

苏格拉底 那么像塞米司托克勒以及阿尼图斯刚才提到的那些人成为他们城邦的领袖并不是因为拥有任何智慧。他们在知识方面并不突出,这一事实解释了为什么他们不能够使其他人成为像他们一样的人。

美诺 你说的无疑是对的。

苏格拉底 还有另外一种说法可供我们选择,有一种用意很 C
明确的推测说,政治家受雇于国家,为国家谋福利。在知识这个问题上,他们无异于预言家和宣布神谕的人,这些人在神的激励下可以说出许多真理来,但对他们所说的事情并无知识。

美诺 肯定是那么回事。

苏格拉底 那么我们是否一定要对此作些解释,这些受神激励的人没有自觉的意识,但他们的言行却一而再、再而三被证明为非常成功?

美诺 肯定是。

苏格拉底 因此我们把宣布神谕的祭司和预言家称为神圣的,这样说是正确的,对诗人也可以这样说。政治家也一样,他们 D
的言行成就了伟大的功业,但却不知道自己在说些什么,只是在神灵的激励下和推动下采取行动。

美诺 肯定是这样的。

苏格拉底 你是知道的,美诺,女人把善人称作“神圣的”,斯巴达人也一样,当赞扬善人时,他们就说“他是神圣的。”

美诺 看起来他们似乎是对的,尽管我们的朋友阿尼图斯会 E
对你这样说感到恼火。

苏格拉底 那我就无能为力了。我们另外再找时间和他谈话。如果在这场讨论中我们说的和我们提出的问题都是正确的,那么美德既不是天生的又不是靠教育得来的。拥有美德的人通过 100

神的恩赐得到美德而无需思索,除非他是政治家一类的人,能够把别人造就为像他自己一样的人。如果有这样的人,那么他在活人中间实际上就像荷马所说的死人中间的提瑞西亚,在冥府中只有他还保留着智慧,"其他人则成为飘忽的魂影。"① 就美德而言,这样的人就好比影子中的一个坚硬的实体。

B **美诺** 你说得很妙,苏格拉底。

苏格拉底 那么,根据当前的推理,我们可以说美德通过神的恩赐而来。但在回答人如何得到美德这个问题之前,我们还不能把握事情的真相,因为我们想要知道什么是美德,美德自身是什么。现在我该走了,我请求你平息一下你的朋友阿尼图斯的愤怒,
C 让他相信你现在的信仰是正确的。如果你获得成功,那么雅典人有理由向你表示感谢。

① 荷马:《奥德赛》,第10卷,第494行。